U0720378

编 委 会

（按音序排列）

社会批判理论纪事

第17辑

教育部人文社会科学重点研究基地
南京大学马克思主义社会理论研究中心　主办

主　　编　张一兵
副 主 编　唐正东　刘怀玉
执行编辑　周嘉昕　孙乐强

Register of Critical Theory of Society

江苏人民出版社

图书在版编目(CIP)数据

社会批判理论纪事. 第17辑/张一兵主编. --南京:江苏人民出版社,2024.8.-- ISBN 978-7-214-29645-0

Ⅰ.C91-55

中国国家版本馆CIP数据核字第20245661WG号

书　　名　社会批判理论纪事(第17辑)
主　　编　张一兵
责任编辑　王　溪
装帧设计　许文菲
责任监制　王　娟
出版发行　江苏人民出版社
地　　址　南京市湖南路1号A楼,邮编:210009
照　　排　江苏凤凰制版有限公司
印　　刷　江苏凤凰数码印务有限公司
开　　本　652毫米×960毫米　1/16
印　　张　26.5
字　　数　402千字
版　　次　2024年8月第1版
印　　次　2024年8月第1次印刷
标准书号　ISBN 978-7-214-29645-0
定　　价　70.00元

卷首语

在人类文明的长河中，思想的光芒如同星辰，照亮了前行的道路，引领着时代的发展。在众多智者的深邃思考中，人的生存状态始终是他们最关切的主题。人生活在自然与社会之中，于是，人的生存状态便建构于人与自然、人与社会的关系之中。本书正是从这两种关系出发，探讨了当下人类生存的生态困境与现代性困境。

生态学马克思主义是国内学界关注已久的研究领域，关于生态学马克思主义的研究成果较多。然而，国内鲜有对保罗·伯克特(Paul Bruke-tt)的系统介绍。作为生态学马克思主义的代表人物之一，他的理论的独特之处在于从马克思成熟时期的政治经济学入手，尤其是从《资本论》入手，阐释了马克思主义的生态思想。伯克特通过对马克思劳动和生产的自然基础、资本主义价值和自然的矛盾问题的深入剖析，强调了马克思的生态价值分析的重要性，揭示了资本主义生产方式与自然环境之间的紧张关系。在此基础上，伯克特批判了奥康纳的双重矛盾理论，驳斥了本顿的价值非物质化理论，反驳了阿里尔、罗根和戴利对马克思生态思想的误解及其自然资本理论。由此观之，伯克特的理论不仅是对马克思理论的一次生态维度的拓展，而且是对第二阶段生态学马克思主义学者和生态经济学家的批判，更是对当下全球环境危机的一次深刻反思。本书的开篇是“生态马克思主义专题”，该专题主要译介了伯克特的论文和评论伯克特思想的文章，以期丰富伯克特的理论形象，为国内生态学马克思主义研究提供更多的文本资料。

作为欧洲激进思想家的吉奥乔·阿甘本，一直是国外马克思主义研究的热点人物。阿甘本的生命政治哲学思想继承了福柯的生命政治学说，同时却从不同于福柯的角度扩展了对生命政治的理解。阿甘本通过对后福特制景观、资本主义的宗教性、暴力的界限等的探讨，向我们展现了现代人的生存与现代性的裂痕。阿甘本独具特色的赤裸生命、神圣人、例外状态等概念，深刻揭示了资本主义政治统治下人的生命存在的本质。他以其别具一格的哲学语言和独特的生命政治哲学思想，挑战了以罗尔斯、哈贝马斯等为代表的传统政治哲学。本书“阿甘本专题”所甄选的文章，为深入解读阿甘本的思想提供了丰富的译介、访谈、评论的文献材料。

本书最后一个“马克思哲学与当代国外马克思主义评论”专题，主要展示思想的多元交流与碰撞。从马克思对需要的早期论述、恩格斯“另一条道路”的思想嬗变，到阿瑟的抽象劳动理论、布尔迪厄和帕瑟隆的哲学与社会科学，再到后殖民理论、东欧新马克思主义的乌托邦构想、西方市场社会主义思潮研究，这一系列文章不仅丰富了马克思主义理论的国际视野，也为国内学术界带来了新的研究方向。

本书的三个专题，不仅是知识的传播，更是思想的互动与创新。本书是一场思想盛宴，通过构建一座横跨理论与实践、历史与现实的桥梁，为我们理解当代生态危机、现代性挑战、社会变迁与人类生存未来图景提供新的视角。

目 录

生态马克思主义专题

关于《资本一般与马克思〈资本论〉结构》的评析①

保罗·伯克特②
（美国印第安纳州立大学经济学系）

伯克特对马克思《资本论》的结构进行了辩证的解读，并批评了海因里希的主张，即“资本一般”和“许多资本”之间的区别被打破了。伯克特进一步指出，他偏爱的阅读方式为马克思在《资本论》中的方法和目的提供了更令人满意的解释。

辩证逻辑在马克思《资本论》中的作用，是近年来“分析主义”和“原教旨主义”的马克思主义者关于马克思政治经济学方法论的争论中的一个重要问题。一方面，分析主义马克思主义者否认辩证法在《资本论》中发挥了有用或重要的作用，也否认辩证法是当今马克思主义政治经济学的

① 本文译自 Paul Burkett, “Some Comments on ‘Capital in General and the Structure of Marx’s Capital’”, *Capital & Class*, vol. 15, no. 2, 1991, pp. 49－72.
本文为国家社科基金重点项目“《资本论》话语形态与当代中国经济学话语建构研究”（22AKS005）的阶段性成果。

② 作者简介：保罗·伯克特（1956—2024），美国雪城大学经济学博士，曾任印第安纳州立大学经济学系教授，研究领域包括经济发展与危机、马克思主义与生态学、宏观经济学等。伯克特关于生态马克思主义的著作包括《马克思与自然：一种红色与绿色的视角》（*Marx and Nature: A Red and Green Perspective*）、《马克思主义和生态经济学：走向红与绿的政治经济学》（*Marxism and Economies: Toward a Red and Green Political Economy*）、《马克思与地球：一种反批判》（*Marx and the Earth: An Anti-Critique*）。译者简介：王鸽，江苏省习近平新时代中国特色社会主义思想研究中心南京信息工程大学基地特约研究员，研究方向为马克思主义哲学史、国外马克思主义、中国生态文明研究。

有效工具①。相比之下,对《资本论》的辩证解读,结合了"资本一般"和"许多资本"之间的方法区别,是最近原教旨主义努力综合和更新马克思的资本主义分析的关键因素②。在这种解读中,《资本论》被看作"对资本主义生产方式的思想重建"③,通过辩证逻辑的运用,这种生产方式特有的经济范畴得到了系统的发展。这种观点认为,马克思用辩证的方法确立了剥削、阶级斗争和危机是资本主义固有的,并表明了这种生产方式在历史上的特殊性和暂时性。此外,马克思对辩证方法(包括从"资本一般"到"许多资本"的系统递进)的运用,是为了区分资本主义生产方式的基本方面和从属方面——这是革命政治的关键区别。

在这篇文章中,我不会尝试去审视原教旨主义和分析主义马克思主义者之间关于辩证法在马克思的《资本论》或更普遍的马克思主义政治经济学中的作用的整个辩论。相反,本文考察了海因里希最近的一项分析,如果该分析被接受,将对原教旨主义的观点提出相当大的质疑。与罗斯多尔斯基(Roman Rosdolsky)④相反,海因里希认为,从《政治经济学批判》的出版到《资本论》的写作,马克思分析资本主义的方法论发生了根本性的变化。特别是,马克思为了维持"资本一般"和"许多资本"之间的概念区别所作的努力失败了⑤,因为马克思被迫引入涉及"许多资本"的因素来分析与"资本一般"有关的问题。一定程度上基于马克思《1861—1863年经济学手稿》,海因里希认为,"资本一般"的基本问题是,它"必须包含

---

① For example, John Roemer, "'Rational choice' Marxism: some issues of method and substance", in John Roemer ed., *Analytical Marxism*, Cambridge: Cambridge University Press, 1986.

② Ernest Mandel, *Late Capitalism*, London: New Left Books, 1975; Roman Rosdolsky, *The Making of Marx's 'Capital'*, London: Pluto Press, 1977; Ben Fine and Laurence Harris, *Rereading Capital*, New York: Columbia University Press, 1979; John Weeks, *Capital and Exploitation*, Princeton: Princeton University Press, 1981; David Harvey, *The Limits to Capital*, Chicago: University of Chicago Press, 1982; Tony Smith, *The Logic of Marx's Capital*, Albany, New York: State University of New York Press, 1990.

③ Tony Smith, "Roemer on Marx's theory of exploitation", *Science & Society*, vol. 53, no. 3, 1989, p. 328.

④ Roman Rosdolsky, *The Making of Marx's 'Capital'*, London: Pluto Press, 1977.

⑤ Michael Heinrich, "Capital in general and the structure of Marx's Capital", *Capital & Class*, vol. 38, 1989, pp. 68, 71.

一个特定的内容，即在资本的现实运动中出现的所有特征”，同时，“这个内容必须在一个特定的抽象层次上呈现”。① 更具体地说，资本一般“被打破了，因为无法阐明从‘一般’过渡到许多资本的抽象的‘实际运动’所必需的一切形式规定”②。

根据海因里希，马克思对这一难题的回应是重新定义“资本的对象[为]对‘资本主义生产方式’的考察”，“将单个资本和社会总资本的构成……分为三个连续的层次：直接生产过程、流通过程和以生产和流通统一为前提的总过程”。此外，有人认为，马克思为了支持这种新的“方法论概念”而放弃了“资本一般”，这解释了在《政治经济学批判大纲》(*Grundrisse*，以下简称《大纲》）和《资本论》出版之间发生的马克思政治经济学计划顺序的变化。

本文从原教旨主义的角度解读马克思的《资本论》，对海因里希的论点展开了两个基本的、相互关联的批评。首先，海因里希对“资本一般”和“许多资本”的区分与马克思和罗斯多尔斯基的区分是不同的。一旦这种误解得到纠正，《资本论》中的概念顺序似乎实际上比马克思早期的手稿更一致地保持了“资本一般”和“许多资本”之间的区别。从 1859 年到 1867 年，马克思的政治经济学计划的改变一定程度上更加反映了方法论的一致性，也体现了马克思受到相当大的个人限制，体现了让工人阶级读者能够读懂和使用《资本论》的必要性。第二，马克思的抽象方法不能简化为“资本一般”与“竞争”的严格对立③。虽然这里的部分问题源于对“资本一般”的错误描述，但海因里希似乎也没有意识到马克思在“资本一般”和“许多资本”的更广泛层面上发展范畴(如流通)的辩证方法。的确，辩证法可以解释《政治经济学批判》和《资本论》的共同出发点(商品)，以及《资本论》中概念的具体顺序——这是海因里希的另一种解释无法做到的。

---

① Michael Heinrich, “Capital in general and the structure of Marx's Capital”, *Capital & Class*, vol. 38, 1989, p. 72.

② Ibid., p. 75.

③ Ibid., p. 73.

一、"资本一般"的含义

根据罗斯多尔斯基和马克思，海因里希将"资本一般"定义为"所有单个资本共同特征的总和……也就是说，'资本一般'应该包含那些必须增加价值才能成为资本的特征……因此，这也成了每个单个资本的品质"。此外，海因里希将《大纲》的方法描述为："资本必须在'资本一般'一节中'最终'确定，包括所有在竞争中表现出来的特征。"①

海因里希的解释存在三个问题。首先，它没有充分解决"资本一般"与马克思的理论课题之间的关系，马克思的理论课题是分析资本主义作为一种特定的社会生产的历史形式。即使我们(暂时)接受"资本一般"包含"所有单个资本共有的特征"，在没有对资本主义生产方式特有的要素进行系统抽象的情况下，如何确定这些特征呢？事实上，在海因里希引用的段落中，罗斯多尔斯基说：

> 然而，所有的资本都有哪些共同特点呢？很明显，这些原则是适用于资本而不是任何其他形式的财富的原则，是体现资本主义生产方式的特殊历史特征的原则。②

同样，马克思将"资本一般"定义为：

> 资本一般……抓住了与所有其他财富形式或（社会）生产发展方式相区别的资本的特征的一种抽象。资本一般，这是每一种资本作为资本所共有的规定，或者说是使任何一定量的价值成为资本的那种规定。③

---

① Michael Heinrich, "Capital in general and the structure of Marx's Capital", *Capital & Class*, vol. 38, 1989, pp. 65 - 66.

② Roman Rosdolsky, *The Making of Marx's 'Capital'*, London: Pluto Press, 1977.

③《马克思恩格斯全集》第30卷，北京：人民出版社1998年版，第440页。

简而言之，抽象层次的“资本一般”意在捕捉资本主义生产方式的特定因素。这无疑削弱了这样一种论点，即选择“对‘资本主义生产方式’的检验作为资本主义的对象”[①]涉及马克思分析方法的一些基本变化。

海因里希的解释的第二个问题是，它似乎把马克思在“资本一般”层面上使用的术语“单个资本”与更具体的“许多资本”概念等同起来。通常，当在“资本一般”的层面上运作时，马克思将“单个资本”“仅仅作为资本一般的一个‘代表’部分”。弗利(Duncan K. Foley)对此问题进行了特别有益的讨论：

> 马克思经常没有明确说明他所研究的总量水平。他经常通过讨论一个系统的典型或平均元素来解释系统的总体行为……在《资本论》的第一卷中，马克思谈到了平均或典型资本(average or typical capital)，这实际上是总资本，或总资本的比例模型。[②]

“单个资本”(作为“资本一般”的代表)和“许多资本”之间的这种区别与《大纲》中的其他段落一致，在这些段落中，马克思更明确地以更综合的术语指代“资本一般”：

> 但是，第二种资本始终又是资本本身；而我们在这里考察的是资本本身，也可以说是全社会的资本。资本的差别性等还与我们无关……如果我考察某个国家内与总雇佣劳动(或者也与地产)相区别的总资本，或者说，我把资本当作与另一个阶级相区别的某一阶级的一般经济基础来考察，那我就是在考察资本一般。这就如同我从生理学上考察与动物相区别的人一样。[③]

---

① Michael Heinrich, “Capital in general and the structure of Marx's Capital”, *Capital & Class*, vol. 38, 1989, p. 74.

② Duncan K. Foley, *Understanding Capital: Marx's Economic Theory*, Cambridge, Massachusetts: Harvard University Press, 1986, p. 6.

③《马克思恩格斯全集》第30卷，北京：人民出版社1998年版，第312页；《马克思恩格斯全集》第31卷，北京：人民出版社1998年版，第265页。

罗斯多尔斯基还明确区分了“单个资本”（作为“资本一般”的代表）和“许多资本”。例如，当提到“资本和信贷体系的竞争”时，他指出，“在这两种情况下，问题都是真正资本的真正运动——具体现实中的资本，而不是某种‘理想平均’的资本”。相反，海因里希错误地将“罗斯多尔斯基对‘资本一般’的理解描述为一个包含许多资本的所有共同特征的通用概念”①。海因里希随后对罗斯多尔斯基扭曲的描述提出了一种相当奇怪的批评，即“平均利润率也是所有资本的共同特征，但根据罗斯多尔斯基的说法，它应该被排除在表述之外”。这种批评只有在罗斯多尔斯基将代表性的“单个资本”与更具体的“许多资本”等同起来时才有可能成立——正如我们刚才看到的，事实并非如此。此外，平均利润率并非“所有资本都有”，确切地说，因为它是“许多资本”在各个生产部门中经营的不同利润率的平均值。

海因里希将具有代表性的“单个资本”与“许多资本”合并在一起，这就引出了他的“资本一般”概念的第三个问题：即它必须包含“在竞争中表现出来的所有特征”②。按照这种观点，对“资本一般”层面的分析注定要“失败”，因为即使它被认为是“从竞争中抽象出来的”，它仍然必须解释“马克思在‘竞争’下包含的一切：不仅是单个资本的实际运动，而且是涉及许多资本的任何关系，无论抽象水平如何”③。

海因里希的解释似乎否认了在“许多资本”层面上发展起来的概念和过程有任何不能简化为“资本一般”的实际情况。这与马克思的观点截然不同，马克思认为，在“资本一般”层面上发展起来的规律只能在更具体的“许多资本”层面上完全实现，而在后者层面上发展起来的过程不能简单地简化为前者。这一点在海因里希部分引用的一段话中很明显，马克思说：

① Michael Heinrich, “Capital in general and the structure of Marx's Capital”, *Capital & Class*, vol. 38, 1989, p. 66.

② Ibid., p. 67.

③ Ibid., pp. 66-68.

> 从概念来说，竞争不过是资本的内在本性，是作为许多资本彼此间的相互作用而表现出来并得到实现的资本的本质规定，不过是作为外在必然性表现出来的内在趋势。资本是而且只能是作为许多资本而存在，因而它的自我规定表现为许多资本彼此间的相互作用。
>
> 资本既是按比例的生产的不断确立，又是这种生产的不断扬弃。现在比例必然会由于剩余价值的创造和生产力的提高而不断被扬弃。但是，要求生产同时一齐按同一比例扩大，这就是向资本提出外部的要求，这种要求决不是由资本本身产生的；……同样必须指出，在资本的简单概念中已经潜在地包含着以后才暴露出来的那些矛盾。①

明确这一点很重要。对"许多资本"这一更具体层面的分析是必要的，不仅因为"资本的统治只能在竞争中并通过竞争实现"②，甚至也不仅仅因为具体现象"向资本提出外部的要求，这种要求决不是由资本本身产生的"③。相反，在"许多资本"的层面上发展起来的更复杂、更具体的形式，对于任何特定时代的资本主义生产方式的复杂现实的分析都是绝对不可或缺的：

> 按照资本的一般概念考察资本时，资本的一切要素是包含在资本中的，这些要素只有当资本实在地表现为许多资本时，才能获得独立的现实性，才能显示出来。那个在竞争范围内并且通过竞争而存在的内在的活的组织，只有这时候才更广泛地展开。……资本的不同循环的同时并存，如同资本的不同规定的同时并存一样，只有以许多资本为前提时，才变得很清楚。这正像人的生命过程要经过不同的年龄一样。但是，人的各种年龄是并存的，分属于不同的个人。④

---

①《马克思恩格斯全集》第 30 卷，北京：人民出版社 1995 年版，第 394—395 页。

② Roman Rosdolsky, *The Making of Marx's 'Capital'*, London: Pluto Press, 1977, p. 42.

③《马克思恩格斯全集》第 30 卷，北京：人民出版社 1995 年版，第 395 页。

④ 同上书，第 517 页；《马克思恩格斯全集》第 31 卷，北京：人民出版社，1998 年版，第 28 页。

简而言之,海因里希的“资本一般”概念与马克思的不同之处是,它抹杀了“许多资本”的理论作用:这就是要说明,在“资本一般”层面上发展起来的规律,是如何被资本之间的竞争所实现、扩展甚至改变的。这是必要的,因为“许多资本”的层面涉及的现象(如利息和不平等交换)不是资本主义作为一种社会生产形式所特有的,因此是从“资本一般”的层面上抽象出来的。事实上,如果海因里希的解释是准确的,那么人们就有理由问,为什么马克思要把“资本一般”和“许多资本”的区分——或者使用任何抽象的方法——放在首位!因为“资本一般”的概念包含了“涉及许多资本的任何关系,无论抽象水平如何”①,它将不适合马克思对“政治经济学”对象的定义,即“财富的特殊社会形式,或者不如说是财富生产的特殊社会形式”②。例如,如果马克思要从榨取工人的剩余劳动中确定利润确切的资本主义来源,那么绝对有必要从通过不平等交换进行的利润再分配中抽象出来:

> 关于剩余收益的学说不是在纯粹的形式下考察的,而是同实际利润的学说混为一谈,而后一学说则归结为各种不同的资本分享一般利润率的份额,因此就产生了极大的混乱和神秘性。资本家的利润或资本的利润,在它能够被分配以前,必须已经存在,想用它的分配去说明它的产生是极其荒谬的。③

这当然不像是一个理论家试图将“许多资本”的层面完全纳入更抽象的“资本一般”法则之下。同样,关于作为剩余价值再分配(这是资本主义特有的)的利益范畴(这不是资本主义特有的),马克思指出:

> 利润和利息之间的实际区别是作为货币资本家阶级和产业资本

---

① Michael Heinrich, “Capital in general and the structure of Marx's Capital”, *Capital & Class*, vol. 38, 1989, p. 67.

②《马克思恩格斯全集》第31卷,北京:人民出版社1998年版,第266页。

③ 同上书,第81页。

家阶级之间的区别而存在的。但是,这两个阶级能够互相对立,资本家的二重存在,要以资本所创造的剩余价值的分解为前提。……货币资本家和产业资本家所以能形成两个特殊的阶级,只是因为利润能够分为两种收入部门。①

马克思曾有意使"资本一般"包括"在竞争中表现出来的所有特征"②,这是完全错误的。例如,在写于1862年1月至1863年7月间的关于危机理论的初稿笔记中,马克思明确指出:

只要危机是由同商品的价值变动不一致的价格变动和价格革命引起的,它当然就不能在考察资本一般的时候得到说明,因为在考察资本一般时假定价格同商品的价值是一致的。③

二、"许多资本"与"资本一般"的真实存在

迄今为止的讨论强调了海因里希如何误解了马克思关于"资本一般"和"许多资本"之间的区别。然而,更普遍的是,海因里希的论点似乎部分植根于马克思(《政治经济学批判》)的观点,即马克思的方法可以简单地描述为试图维持"资本一般"和"竞争"的严格对立④。这在海因里希关于利润率下降趋势(Tendency of the rate of profit to fall, TRPF)的讨论中很明显:

① 《马克思恩格斯全集》第31卷,北京:人民出版社,1998年版,第265—266页;《马克思恩格斯全集》第31卷,北京:人民出版社,1998年版,第264页。

② Michael Heinrich, "Capital in general and the structure of Marx's Capital", *Capital & Class*, vol. 38, 1989, p. 67.

③ 《马克思恩格斯全集》第34卷,北京:人民出版社,2008年版,第584页。

④ Michael Heinrich, "Capital in general and the structure of Marx's Capital", *Capital & Class*, vol. 38, 1989, p. 73.

另一个问题出现在利润率下降趋势的规律中。如果有一个普遍的规律，那么它应该在竞争之前提出，也就是说，在“资本一般”一节中提出。另一方面，马克思清楚地指出，下降的是平均利润率……然而，平均利润率在它下降的规律之后，直到关于竞争的一节才应该被讨论。①

在海因里希看来，利润率下降趋势必须在“资本一般”或“许多资本”中的某一项下发展，而不是在两者下都发展。这忽略了一种可能性，即马克思可以首先在“资本一般”的层面上建立一个抽象的利润率下降趋势概念，然后在“许多资本”的层面上考虑对这一概念的修改，并将其与更具体的现象联系起来。当然，人们可能会怀疑马克思是否成功地证明，“许多资本”层面上的“抵消趋势”最终不会阻止利润率下降趋势作为平均利润率的实际下降而实现②。这里的要点是，马克思在“资本一般”和“许多资本”下对利润率下降趋势的处理，绝不意味着这些抽象层次的任何“不确定性”③。事实上，这种处理方法与马克思对经济危机分析的辩证解释是相当一致的，根据马克思的分析，“这个矛盾的比较抽象的形式会再现在并包含在比较具体的形式中这一点，也必然得到证明”④。

类似的观点也适用于海因里希的论点，即对“资本一般”层面上的再生产计划的分析（在《政治经济学批判》和《1861—1863 年经济学手稿》中都有）是一个不一致的程序，因为“整个社会资本的各个部门也是资本的‘特殊形式’，因此明确地排除了‘资本一般’的呈现”。但这忽略了马克思在“资本一般”和“许多资本”这两个更广泛的理论层面内和跨理论层面上发展概念（在这里是资本流通）的辩证方法。对“社会总资本的再生产和

---

① Michael Heinrich, “Capital in general and the structure of Marx's Capital”, *Capital & Class*, vol. 38, 1989, p. 68.

② For example, see Tony Smith, *The Logic of Marx's Capital*, Albany, New York: State University of New York Press, 1990, pp. 179 - 185.

③ Michael Heinrich, “Capital in general and the structure of Marx's Capital”, *Capital & Class*, vol. 38, 1989, p. 68.

④《马克思恩格斯全集》第 34 卷，北京：人民出版社，2008 年版，第 578 页。

流通”的分析原则上符合“‘资本一般’的抽象水平”①，因为社会总资本划分为不同的部门（分别生产消费品和生产资料）是资本主义生产方式所固有的：

> 有很多方法可以区分资本单位。不同的循环可以通过投入的和/或获得的资金数量、使用的生产资料种类、生产过程中使用的劳动力技能、生产商品的销售方式等来区分，这种区别取决于偶然的历史环境。但是有一种区分循环的方法不是偶然的，它与循环中产生的产品有关。无论发生什么，无论何时何地，如果要发生资本积累，就必须生产生产资料。无论发生什么，无论何时何地，都必须生产消费手段，以满足工薪劳动者和资本家的欲望和需要。这种区分资本积累循环的方式是资本本质中固有的。因此，这被马克思选择为区分资本的两个不同环节的标准。②

因此，将再生产计划定位在“资本一般”的层面上是相当合理的，即从通过许多资本之间的竞争而发生的剩余价值再分配中抽象出来。相比之下，海因里希首先认为，再生产计划必然涉及“不同的资本”，然后解释了在“资本一般”的层面上对再生产计划的处理，作为马克思在维持“资本一般”和“许多资本”之间的区别方面正在经历“困难”的证据。但这错误地假设“流通过程的内在特征需要呈现不同的资本”，而这些“不同的资本”位于竞争层面上——这（对海因里希来说）需要“涉及许多资本的任何关系，无论抽象水平如何”。一旦人们认识到某些流通范畴可以在“资本一般”的层面上辩证地发展，海因里希的论点就站不住脚了。

当然，如果有人把马克思的方法解释为包含了“资本一般”和“许多资本”的非辩证并列，那么人们只能对马克思的评论感到困惑，即“与各特殊

① Michael Heinrich, “Capital in general and the structure of Marx's Capital”, *Capital & Class*, vol. 38, 1989, pp. 68 - 69.

② Tony Smith, *The Logic of Marx's Capital*, Albany, New York: State University of New York Press, 1990, pp. 150 - 151.

的现实的资本相区别的资本一般，本身是一种现实的存在”①。事实上，海因里希将这一评论作为关于“资本一般”的“不确定性”的证据，因为马克思（据推测）“从未具体说明他对这个真实存在的理解”。但是马克思继续陈述了这一点：

> 这种一般形式上的资本，尽管也属于单个的资本家所有，但在它作为在资本的基本形式上形成并在银行中进行积累或通过银行进行分配的资本，形成像李嘉图所说的那样令人惊异地按照生产的需要进行分配的资本……信用也是这样的一种形式，在这种形式中资本极力使自己区别于单个资本，或者说，单个资本极力使自己表现为区别于自己的数量限制的资本。②

同样，马克思在1858年4月2日致恩格斯的信中（海因里希引用了这封信），将信用称为“整个资本对单个的资本来说，表现为一般的因素”③。因此，马克思明确地指出，“资本一般”的“真实存在”不过是资本作为过程中的价值这一抽象概念的更具体的实现，它是通过在“许多资本”的层面上发展信用体系实现的。此外，如果海因里希更仔细地研究这个问题，他会发现“资本一般”的“真正存在”最终源自资本主义下的商品和货币交换的基本概念——正如马克思在1865年6月指出的那样：

> 只要仔细看看价值的货币表现，换句话说，仔细看看价值向价格的转化，你们就会发现，这是一个过程，一个使一切商品的价值能具有一种既独立又同质的形式，或者，一个使一切商品的价值能表现为等同的社会劳动量的过程。④

---

①《马克思恩格斯全集》第30卷，北京：人民出版社1995年版，第440页。

② 同上；《马克思恩格斯全集》第31卷，北京：人民出版社1972年版，第51—52页。

③《马克思恩格斯全集》第29卷，北京：人民出版社1972年版，第299页。

④《马克思恩格斯全集》第21卷，北京：人民出版社2003年版，第184—185页。

换句话说，“资本一般”的“真实存在”——作为银行中积累的大量可贷资本——发展的最终基础是这样一个事实：商品交换要求价值将一种独立的、同质的形式作为货币①。当然，这并不意味着生息资本和信贷体系被抽象地归入“资本一般”的范畴。例如，价值必须具有货币的独立形式，这就意味着，出售不一定伴随着购买—因此，“资本一般”层面的危机就有可能发生。但是，“这种可能性要发展为现实，必须有整整一系列的关系”，包括“一个接一个的支付的锁链和抵消支付的人为制度”——“从简单商品流通的观点来看（即‘一般资本’），这些关系还根本不存在”②。因此，马克思对“资本一般”的“真实存在”的提法并没有暗示任何方法论上的“不确定性”，而是为马克思方法的辩证解释提供了进一步支持。事实上，这种“真实的存在”生动地说明了在“许多资本”层面上更为复杂的范畴是如何合并——但不是简单地简化为——在“资本一般”层面上发展起来的更为抽象的形式的。

三、马克思《资本论》中的“资本一般”和“许多资本”

尽管存在上述问题，但是否能够证明以下两点：(1) 马克思在《大纲》和《1861—1863 年经济学手稿》中并没有始终坚持“资本一般”和“许多资本”（被正确理解）之间的区别；(2) 这种不一致性反映了基本的方法论问题，迫使马克思放弃了“资本一般”与“许多资本”的区别，而采用海因里希所提出的《资本论》中的“方法论概念”。请注意，支持海因里希的论点，(1)和(2)都是必要的，即“资本一般”概念的“崩溃”迫使马克思的方法在《大纲》和《资本论》之间发生了根本性的变化。

在《大纲》和《1861—1863 年经济学手稿》中，“资本一般”和“许多资本”之间的区别并没有被充分考虑，这并不奇怪。毕竟，这些文本只是一些粗略的草稿，记录了马克思最初试图系统地把资本主义的范畴发展为

---

① Cf. David Harvey, *The Limits to Capital*, Chicago: University of Chicago Press, 1982, p. 72.

②《马克思恩格斯全集》第 44 卷，北京：人民出版社 2001 年版，第 135—136、162、136 页。

社会生产的特定历史形式的工作。因此，马克思有时似乎把“流通”的一般范畴等同于“许多资本”的更具体的层面：

> 流通其实还与我们无关，因为我们在这里考察的是资本一般，而流通只能在作为货币的资本形式和作为资本的资本形式之间起中介作用……如果我们想像同一个资本生产自己的原料、自己的工具和自己的最终产品，这一点就完全清楚了。如果假定是不同的资本，那么资本停留在生产过程阶段的持续时间本身就是流通的一个要素。但是我们在这里要讨论的还不是许多资本。这就是说，这个要素还不属于这里研究的范围。①

《大纲》还包括对平均利润率的初步论述，这些处理被认为是在“资本一般”的层面上进行的分析，并以诸如“这个问题的进一步研究，属于竞争篇的范围”②等语句加以限定。马克思似乎还把对再生产计划的分析与平均利润率的形成和作为地租和利息的剩余价值的再分配等不同的、更具体的问题混为一谈。同样的情况是，直到1862年8月2日（在给恩格斯的一封信中），马克思表示他想把平均利润率和租金率纳入《资本论》第一卷③，而海因里希从《1861—1863年经济学手稿》中得到的证据表明，马克思仍然计划在这个时候把平均利润率列入“资本一般”一项④。

当然，使用这些段落必须非常谨慎，因为通常很难判断马克思是否真的不确定一个特定概念发展的适当抽象层次，或者相反，马克思只是偏离了他对概念的系统发展——也就是说，记下一些想法以供以后使用。更重要的是，必须记住，从1857年到1863年的手稿显示了马克思在发展后来在《资本论》中使用的概念的过程。在这种情况下，当马克思在研究“资

---

①《马克思恩格斯全集》第30卷，北京：人民出版社1995年版，第312页；《马克思恩格斯全集》第30卷，北京：人民出版社1995年版，第514页。

②《马克思恩格斯全集》第30卷，北京：人民出版社1995年版，第422页。

③ 参见《马克思恩格斯全集》第30卷，北京：人民出版社1975年版，第265页。

④ Michael Heinrich, “Capital in general and the structure of Marx's Capital”, *Capital & Class*, vol. 38, 1989, p. 70.

本一般”的更高抽象层次时，诸如“流通”一类的范畴可能暂时被转移到“许多资本”的层次上，这并不奇怪，只是随后在较低抽象层次上被纳入“资本一般”的范畴。只有把马克思的辩证方法错误地理解为“资本一般”和“许多资本”之间的“严格对立”[①]，才有可能忽略这个问题。

归根结底，海因里希论点的有效性取决于马克思的《资本论》是否放弃了“资本一般”和“许多资本”之间的区别。海因里希指出，“‘资本一般’既没有作为章节标题使用，也没有作为《资本论》的文本使用”，这是“马克思对这种区分的正式承认”。但是，如果有人把《资本论》第一卷和第二卷的全部内容解释为“资本一般”层面上的发展范畴，那么期望“资本一般”成为任何一章的标题就很奇怪了。更重要的是，资本意味着“工人阶级更容易获得，这一考虑[对马克思来说]超过了[其他]一切”——不像《大纲》所显示的马克思处于界定资本主义范畴的过程中：

> 工作（即资本）的效果关键取决于工人阶级中最具意识的一部分人直接接受它，而不需要通过专业的资产阶级经济学期刊筛选……《大纲》和《资本论》第一卷在形式上有相反的特点。后者是表现方法的模式，前者是工作方法的记录。将《大纲》作为一种“风格”来模仿将是一种荒谬的矫揉造作。[②]

沿着海因里希的推论思路，人们可以认为《资本论》也导致了对辩证方法的放弃，因为相对于《大纲》（充满了对黑格尔逻辑范畴的引用），《资本论》的表述不再强调辩证术语的使用。但是，对于马克思一再提到的辩证方法对资本发展的重要性，我们又该如何理解呢？相反，如果有人把《资本论》解释为一种辩证运动，通过一般抽象层次的“资本一般”和“许多资本”——牢记向工人阶级读者呈现的要求——尽管没有诸如“资本一

---

① Michael Heinrich, “Capital in general and the structure of Marx’s Capital”, *Capital & Class*, vol. 38, 1989, p. 70.

② 出自 Martin Nicolaus 为马克思《大纲》1973 年英译本所作的译者序。Karl Marx, *Grundrisse*, translated and introduced by Martin Nicolaus, London: Penguin Books, 1973, p. 61.

般”之类的术语，但这种对辩证方法的引用没有问题。

《资本论》保留了“资本一般”和“许多资本”（被正确理解）之间的区别，这一事实表明，马克思早期阐述中的所有歧义都以一种与该解释一致的方式得到了解决。在《资本论》中，马克思明确地将第二卷中对再生产计划的分析与只在第三卷中讨论的更具体的平均利润率、租金率和利息率的概念区分开来。后一种概念只是在“许多资本”的层面上发展起来的，因为有必要将“资本一般”与资本主义作为一种社会生产的历史形式所特有的现象（例如不平等交换和信用关系）区分开来。事实上，在《资本论》第一卷付印一周之后，马克思就在给恩格斯的一封信中指出，“我的书最好的两个地方”之一是：

> 研究剩余价值时，撇开了它的特殊形态——利润、利息、地租等等……古典经济学总是把特殊形态和一般形态混淆起来，所以在这种经济学中对特殊形态的研究是乱七八糟的。①

如前所述，海因里希认为，资本的流通和再生产计划（在《资本论》第二卷中分析）内在地涉及“许多资本”。但在给恩格斯的一封信（1868 年 4 月 30 日）中，马克思把这些概念放在与第一卷相同的一般抽象层次上，并明确地把这个抽象层次与第三卷中对“许多资本”现象的处理区分开来：

> 如你所知，在第二册中，资本的流通过程将根据第一册中所阐述的前提来论述。因此就有了从流通过程中产生的新的形式规定，如固定资本、流动资本、资本的周转等……在第三册中，我们将要说到剩余价值转化为它的各种不同的形式和彼此分离的组成部分。②

《资本论》中对利润率下降趋势的处理也符合马克思维持“资本一般”和“许多资本”之间的区别的假设。在这里，马克思首先推导出资本价值

---

①《马克思恩格斯全集》第 31 卷，北京：人民出版社 1972 年版，第 331 页。
②《马克思恩格斯全集》第 32 卷，北京：人民出版社 1974 年版，第 70—71 页。

构成上升的趋势，假设价值构成的变化与资本技术构成的变化相对应——与“资本一般”层面上的价格和价值的对应一致①。他还考虑到对加强剥削的限制，以抵消第一卷中不断上升的价值构成②。利润率下降趋势对“许多资本”层面上平均利润率的更具体影响直到第三卷才讨论③。同样，人们可能会对马克思关于利润率下降趋势的具体含义的论述细节提出异议，但他在《资本论》中对这一概念的处理并没有表明他对《大纲》中所采用的分析方法有任何根本的改变。

当然，《资本论》第一卷并不只是在“资本一般”中从较高抽象层次到较低抽象层次系统地发展出来的范畴。它还包含了这些概念的大量历史插叙，以及一些题外话，这些题外话暗示了这些概念在“许多资本”层面上的一些更具体的含义。但是这些插叙和题外话并不是马克思随意选择的。相反，为了使资本成为工人阶级斗争的有用工具，它们是必要的，因为要“达到这种效果，描述首先要具体”④。例如，对工作日、工作条件等的历史分析不仅有助于说明在“资本一般”水平上产生的关于剩余价值率的阶级斗争，而且还反映了“马克思认为在生产场所延续斗争历史是非常重要的”⑤这一事实。同样，在发展“资本主义积累的一般规律”时，马克思认为有必要指出这一规律对阶级斗争的一些重要含义——例如资本的集中——即使“资本的这种集中(规律)……不可能在这里加以阐述”⑥，大概是因为它们恰当地位于“许多资本”的层面上。

除了政治上的考虑，也有可能是“马克思疾病缠身导致他在《资本论》中引入了如此多的历史材料”⑦。由于不确定自己是否能看到第二卷和第

---

① 参见《马克思恩格斯全集》第 44 卷，北京：人民出版社 2001 年版，第 876—887 页。

② 参见同上书，第 374—389 页。

③ 参见《马克思恩格斯全集》第 46 卷，北京：人民出版社 2003 年版，第 235—289 页。

④ Karl Marx, *Grundrisse*, translated and introduced by Martin Nicolaus, London: Penguin Books, 1973, p. 61.

⑤ Tony Smith, *The Logic of Marx's Capital*, Albany, New York: State University of New York Press, 1990, p. 124.

⑥《马克思恩格斯全集》第 44 卷，北京：人民出版社 2001 年版，第 722 页。

⑦ Tony Smith, *The Logic of Marx's Capital*, Albany, New York: State University of New York Press, 1990, p. 236.

三卷的印刷，马克思可能还把一些涉及“许多资本”的初步题外话写进了第一卷。这些个人的限制——由于马克思每天都参与国际工人协会和其他政治组织而加剧——不仅有助于解释在《资本论》第一卷中包含历史插叙和理论议题，而且有助于解释相对于《大纲》时期，马克思的总体计划缩减了（即放弃了计划中的关于国家、对外贸易和世界市场的著作）。因此，为了解释《资本论》中表象的这些方面，没有必要在马克思的分析方法中设想一个基本的变化。

尽管上述考虑削弱了海因里希的论点，但值得注意的是，海因里希对《资本论》的另一种“方法论概念”也是难以置信的。尤其是马克思不可能从“直接生产过程层面的单个资本”出发，对“资本主义生产方式”进行系统的“考察”①，因为这假定“单个资本”的范畴已经确立——这是一个不合理的假定。此外，“单个资本”（被误解为处于“许多资本”的层面上，而不是简单地作为“资本一般”的“理想平均”）并不能作为确定价值形式和剩余价值利润来源的基础。在第一卷中，单个企业从不平等的交换和贷款中获利，早在资本主义作为一种历史上特定的社会生产形式发展之前——马克思想要清楚地将这种交换价值和利润的偶然决定因素与它们特定的资本主义形式区分开来。

与《大纲》一样，《资本论》第一卷不是从“单个资本”开始的，而是从商品开始的。这与对资本主义生产方式的辩证分析是一致的，这种分析是从“资本一般”的最高抽象层次开始的。资本主义生产方式与早期生产方式的区别在于，所有的生产投入（包括劳动力）和生产的使用价值都是以市场上交换的商品的形式出现的。因此，对马克思来说，商品是最简单的范畴——“经济细胞形式”——它抓住了资本主义作为一种社会生产形式的历史特殊性。是商品而不是“单个资本”，是“资本一般”和“许多资本”等范畴系统发展的必要出发点②

---

① Michael Heinrich, “Capital in general and the structure of Marx's Capital”, *Capital & Class*, vol. 38, 1989, pp. 74 - 75.

② Tony Smith, *The Logic of Marx's Capital*, Albany, New York: State University of New York Press, 1990, pp. 57 - 78.

四、结论

所有这些并不是说马克思从《大纲》到《资本论》所写的一切都是正确的——就像教皇关于天主教教义的名言被认为是绝对正确的那样。相反,如果我们要剥离马克思政治经济学的缺陷,首先必须弄清楚他的分析方法。当然,马克思的分析有许多结果是可以被质疑的,即使一个人同意辩证的方法(包括“资本一般”和“许多资本”之间的区别)在分析资本主义的复杂现实、从资本主义发展到社会主义的理论基础方面是相当有用的。如前所述,利润率下降趋势的具体影响就是这样一个有争议的结果。马克思将无报酬的家庭劳动纳入“作为商品的劳动力”的范畴,也一直饱受批评。此外,本顿(Ted Benton)最近提出,马克思的理论没有充分地纳入“劳动过程不可操纵的自然条件”(即生态)和“资本一般”层面上的积累过程之间的相互作用。此外,马克思的分析需要扩展到涵盖具体的制度和过程(例如跨国公司和银行、贸易网络,以及随之而来的国家形式的变化),这些都是在20世纪发展起来的。

如果我们想弄清楚为什么对马克思的分析进行这样的修改和扩展是必要的,以及如何进行,那么绝对有必要弄清楚马克思是如何得出他的理论结果的,以及为什么他认为资本主义最终会“让位于更高级的社会生产状态”是合理的①。上述分析表明,马克思的分析方法从《大纲》到《资本论》具有基本的连续性。海因里希试图表明,马克思放弃了“资本一般”和“许多资本”之间的区别,其基础是对这一区别和马克思的辩证方法的误解。我完全同意海因里希的呼吁,即“对政治和经济之间的历史特定关系及其在制度形式中的具体化进行调查”。但是,辩证法——而不仅仅是一个“表象”或“哲学上的混淆”的问题——对于进行这样的调查并把握“马克思对政治经济学的批判的社会和经济实质”②,毕竟有可能是至关重要的。

---

① 《马克思恩格斯全集》第31卷,北京:人民出版社,1998年版,第149页。

② Michael Heinrich, “Capital in general and the structure of Marx's Capital”, *Capital & Class*, vol. 38, 1989, p. 63.

自然的“免费礼物”与价值的生态意义[①]

保罗·伯克特
（美国印第安纳州立大学经济学系）

本文认为，马克思的“无偿占用”范畴并没有包含反生态的偏见，而是澄清了财富的真正来源（自然和社会劳动的结合）与资本主义将财富作为抽象劳动时间的货币表征之间的矛盾。在此基础上指出，当前对马克思价值分析的一些最流行的生态学批判，未能把握马克思对价值、交换价值和使用价值的基本界定。如果理解得当，相较于那些不加批判地将价值“赋予自然”的人的非历史方法而言，马克思的分析对于资本主义环境问题提供了更敏锐的洞见。

人们常说，马克思的价值分析低估了自然作为资本主义生产条件的重要性。即使在“生态马克思主义”的文献中，人们也发现了这样的论断：马克思认为自然条件是没有价值的、没有成本的，而且/或者实际上是无限的，没有真正考虑到自然资源的稀缺。例如，德里格（Jean-Paul Deléage）假定，马克思的劳动价值论“没有赋予自然资源内在价值”。类似地，坎贝尔（Robert W. Campbell）提到，“一些成本，根据马克思主义的观点，根本不是成本，即机会成本……自然资源”。显然，马克思“在无限资

① 本文译自 Paul Burkett, “Nature's ‘Free Gifts’ and the Ecological Significance of Value”, *Capital & Class*, vol. 22, issue 68, 1999, pp. 89 - 110.
本文为江苏高校哲学社会科学研究重大项目“生态产品价值实现促进农村共同富裕的实践路径研究”（2023SJZD074）的阶段性成果。译者为王鸽。

源的假设上阐述了他的经济理论”，不能或不愿意“将资源稀缺因素纳入他的理论”。

最近有人试图为马克思的价值分析辩护，反对这些批评。这种新兴辩护的一个关键因素是承认：尽管价值不能充分代表自然条件，但这是资本主义的矛盾，而不是马克思分析的矛盾。马克思认识到自然和劳动都对使用价值作出了贡献，也认识到资本主义把财富简化为以货币为表现形式的抽象的社会劳动时间。因此，马克思的分析“创造了一种可能性，即把经济过程看成价值的转变（价值形式和价值增殖），把经济过程看成物质和能量的转变（劳动过程，人与自然之间的‘新陈代谢相互作用’）”①。尽管“自然环境本身没有任何价值——至少在资本主义的计算中没有价值”，价值的生产仍然“意味着改变自然”，尽管“按照资本价值投资的原则，从环境的具体情况中抽象出来”。②

然而，马克思价值分析的生态辩护主要是在基本价值/使用价值（basic value/use value）的区分上进行的。本文对关于马克思的分析最常见的一些生态学批判（如上所述）一一进行了更为系统的回应。这一回应将交换价值（为使用价值支付的货币价格）与价值（商品使用价值中客观体现的必要的雇佣劳动时间）和使用价值（自然总是对其作出贡献）区分开来，将资本的使用价值要求与人、社会、生态发展意义上的使用价值区分开来。本文所考察的这些批评家都（或明或暗地）提到了马克思的所有三个关键范畴（价值、使用价值和交换价值），他们对价值分析的具体批评都涉及对上述范畴之间的区别和关系的误解。

接下来的两节论述了这种误解的一个方面，即马克思将自然条件视为“资本对自然的无偿赠予”③。接下来的两个部分讨论了最近试图将价值归于自然所产生的困难，并批评马克思坚持认为劳动对价值和使用价

---

① Elmar Altvater, *The Future of the Market: An Essay on the Regulation of Money and Nature after the Collapse of Actually Existing Socialism*, London: Verso, 1993, p. 188.

② Elmar Altvater, "The Foundations of Life (Nature) and the Maintenance References of Life (Work)", *International Journal of Political Economy*, vol. 20, no. 1, 1990, p. 24.

③ 参见《马克思恩格斯文集》第5卷，北京：人民出版社2009年版，第696页。

值都是必要的。马克思价值分析的生态批评家将价值、使用价值和交换价值反复地混为一谈。这种混乱导致了分析上的不一致，以及无法把握资本主义自然社会化的剥削性和历史局限性。

必须强调的是，本文并不是对价值生态批评的全面回应，更不是对经典马克思主义受到的所有生态批评的全面回应。只是希望将马克思的价值、使用价值和交换价值范畴系统地应用到一组具有代表性的批评家身上，有助于使关于马克思价值分析的生态意义的辩论更加尖锐和明确。简而言之，这里的目的是激发进一步的讨论，而不是阻止讨论。

一、无偿占用的定义和范围

马克思关于资本对自然条件的“无偿”占用的引用，通常被用来证明反生态的假设，或者至少是对自然资源限度的严重漠视，它被构建在马克思对资本主义的分析中。例如，乔治斯库-罗根(Georgescu-Roegen)反驳了马克思关于“自然提供的一切都是免费的”的教条，而卡彭特(Geoffrey Carpenter)则把马克思关于自然条件的论述当作“生产者可以免费使用”，来支持他自己的主张，即马克思将自然视为“一种无限丰富的资源”。要评价这种解释，就必须重构马克思所设想的资本对自然和社会条件的无偿占用。

根据马克思的定义，只要生产条件有利于资本主义使用价值的生产，而不增加生产商品的总价值，资本就无偿地占用生产条件。鉴于价值的实质是必要的雇佣劳动时间，被无偿占用的条件不应是雇佣劳动的产品，如下文所述的情况：

> 这十分清楚地表明，生产资料转给产品的价值绝不会大于它在劳动过程中因本身的使用价值的消灭而丧失的价值。如果生产资料没有价值可以丧失，就是说，如果它本身不是人类劳动的产品，那么，它就不会把任何价值转给产品，它只是充当使用价值的形成要素，而

> 不是充当交换价值的形成要素。①

注意，马克思这里所说的使用价值并不是一般意义上的使用价值，而是作为价值和资本积累的条件的使用价值。无偿占用的生产条件所贡献的使用价值可能是在生产中的使用价值，也可能是在消费中的使用价值，或者两者都是，但它们绝不应与作为生产并实现价值和剩余价值的工具的使用价值相混淆。当然，当生产条件被无偿占用时，将其在资本主义生产中加以利用，可能会影响到生产条件在货币积累之外的用途。现在的观点是，当马克思考虑资本主义的无偿占用时，他谈论的是有助于满足资本的绝对使用价值要求的条件：可剥削的劳动力的再生产。并且在这种条件下，这种劳动力可以通过商品使用价值中的剩余劳动力的物化而被剥削。

在这类无偿占用的资本主义生产条件中，我们发现，“一切未经人的协助就天然存在的生产资料，如土地、水、风、矿脉中的铁、原始森林中的树木等等”②：

> 作为要素加入生产但无须付代价的自然要素，不论在生产中起什么作用，都不是作为资本的组成部分加入生产，而是作为资本的无偿的自然力，也就是，作为劳动的无偿的自然生产力加入生产的。但在资本主义生产方式的基础上，这种无偿的自然力，像一切生产力一样，表现为资本的生产力。③

当马克思把无偿占用的自然条件说成是“无须付代价”的自然条件时，这是从价值和资本整体的角度来理解的，而不一定是从单个企业或消费者为与这些条件相关的使用价值所支付的货币量的角度来理解的。下一节将进一步讨论这一点。

---

①②《马克思恩格斯全集》第 44 卷，北京：人民出版社 2001 年版，第 237 页。
③《马克思恩格斯全集》第 46 卷，北京：人民出版社 2003 年版，第 843 页。

由于资本主义生产不是一个纯粹的自然过程，而是涉及特定的社会关系，马克思强调资本也无偿占用重要的社会生产条件。这些包括"来自分工、协作、机器的一切生产力"，而且就额外的雇佣劳动时间而言，"不花费任何代价"。① 资本还无偿占用科学知识。马克思认为，在生产中被无偿占用的自然条件的利用往往是由科学知识提供的，科学知识也被资本无偿占用：

> 撇开自然物质不说，各种不费分文的自然力，也可以作为要素，以或大或小的效能并入生产过程。它们发挥效能的程度，取决于不花费资本家分文的各种方法和科学进步。②

当资本运用关于自然力量的科学知识提高了生产商品的劳动生产率时，其结果是相应的被生产产品的贬值：

> 自然因素本身没有什么价值。因此，它不可能给产品增加任何价值，而且相反，只要它能代替资本或劳动，不论是直接劳动还是积累劳动，它就会使产品的价值减少。只要自然科学教人以自然因素来代替人的劳动，而不用机器或者只用以前那些机器(例如利用蒸汽锅炉，利用许多化学过程等，这也许比以前还便宜)，它就可以使资本家(以及社会)不费分文，而使商品绝对降价。③

此外，资本还无偿占用了人类的某些自然和社会劳动能力。例如，考虑劳动的"保存材料和工具的价值"，即"而原料和工具所以被保存，恰好是由于它们同活劳动重新接触并且被当作工具和原料来使用"的事实。马克思坚持认为，这种"产品价值的保存不花费资本"④。因此，

---

①《马克思恩格斯全集》第 32 卷，北京：人民出版社 1998 年版，第 503—504 页。
②《马克思恩格斯文集》第 45 卷，北京：人民出版社 2003 年版，第 394 页。
③《马克思恩格斯全集》第 34 卷，北京：人民出版社 2008 年版，第 624—625 页。
④《马克思恩格斯全集》第 30 卷，北京：人民出版社 1995 年版，第 325—326 页。

> 劳动的这种起死回生的自然力——它在使用原料和工具时以这种或那种形式保存了它们，从而保存了对象化在它们中的劳动，即它们的交换价值——这种自然力就像劳动的每一种不是以前劳动的产物或不是必须重复的那种以前劳动的产物（例如工人的历史发展等等）的自然力或社会力一样，变成了资本的力量，而不是劳动的力量。①

一般来说，资本无偿占用个人和集体劳动能力，这些劳动能力不仅是商品消费的产物，也是工人家庭生活的产物，也是工人成长和生活于其中的更广泛的社会环境的产物。从这个意义上说，“工人不会因为能够思想而得到报酬”③。这也是马克思将“人口的增加”描述为“劳动的一种不用资本支付报酬的自然力”④的意义。

马克思从资本对生产力的无偿占用和其他方面的全面发展来分析资本对自然和社会条件的无偿占用。这种分析的一个重要动机是，资本只有在“它们的应用不需要任何费用的限度内”的情况下才自由利用自然和社会条件⑤：

> 我们已经知道，由协作和分工产生的生产力，不费资本分文。它是社会劳动的自然力。用于生产过程的自然力，如蒸汽、水等，也不费分文。可是，正像人呼吸需要肺一样，人要在生产上消费自然力，就需要一种“人的手的创造物”。要利用水的动力，就要有水车，要利用蒸汽的压力，就要有蒸汽机。利用自然力是如此，利用科学也是如此。电流作用范围内的磁针偏离规律，或电流绕铁通过而使铁磁化的规律一经发现，就不费分文了。但是要在电报等方面利用这些规

① 《马克思恩格斯全集》第30卷，北京：人民出版社1995年版，第325—326页。
③ 参见《马克思恩格斯全集》第30卷，北京：人民出版社1995年版，第326页。
④ 参见同上书，第378页。
⑤ 《马克思恩格斯全集》第32卷，北京：人民出版社1998年版，第503页。

律，就需要有极昂贵的和复杂的设备。①

简而言之，尽管“自然力”对资本来说不费分文，但“自然力推动的原动机，或使自然力适用于劳动过程的原动机是有价值的”②。

二、无偿占用的意义

前面的引述表明，当马克思谈到资本对自然和社会条件的“无偿占用”时，这并不意味着从一个全面的、全社会的立场上来看，这些条件是无成本的或无限的。相反，资本主义的无偿占用仅仅意味着不需要雇佣劳动力去生产作为物质手段或社会手段的价值生产和积累的特定条件。从社会的角度来看，这种无偿占用当然并不意味着被占用的条件没有机会成本或其他用途。关于无偿占用的更广泛的、超越历史的概念也可以这样说，它包括所有自然和社会条件，这些条件的存在虽然有助于产生可出售或不可出售的使用价值，但并不需要花费任何劳动时间来生产或不生产商品。显然，人类个人和集体对许多自然条件（例如洁净的空气）进行了利用，这些自然条件不需要人类劳动进行任何事先加工，就能产生使用价值。同样明显的是，这些条件是有限的，因此具有正机会成本，无论它们是否在给定的（当下的和预期的）自然和社会条件下由人类劳动生产出来。正如马克思所指出的，某种东西可以“直接”或“自然自发地提供”，这一事实绝不意味着从社会（和长远的）角度来看，它不是稀缺的或有价值的。换句话说，马克思将某些自然条件描述为“免费礼物”，这并不意味着赞同资本主义（或任何其他社会形式）在使用它们时倾向于挥霍。无偿占用不一定意味着浪费、破坏或不可持续的占用。大自然的恩赐被珍惜和关心的程度取决于管理其使用方式的特定社会组织。

再次聚焦于资本主义，资本显然可以无偿占用土地的使用价值（例

①《马克思恩格斯全集》第 44 卷，北京：人民出版社 2001 年版，第 443—444 页。

②《马克思恩格斯全集》第 37 卷，北京：人民出版社 2019 年版，第 143 页。

如，土地靠近空气），但这并不意味着土地的数量是无限多的。的确，如果土地是无限的，资本就不可能以这种方式将劳动力排除在这种必要的生产条件之外，因而雇佣劳动和资本主义生产是不可能的。正如马克思指出，

> 假如土地作为自然要素供每个人自由支配，那么，资本的形成就缺少一个主要要素。一个最重要的生产条件，而且是——如果不算人和人的劳动本身——唯一原始的生产条件就不能转让、占有，因而不能作为他人的财产同劳动者对立并因此把他变成雇佣工人。这样一来……资本主义意义上的劳动生产率，他人的无酬劳动的"生产"，就不可能了。这样一来，资本主义生产就根本完结了。①

总之，在马克思看来，生产者与有限的自然条件的社会分离，将这些条件转化为资本主义私有财产，将自然的使用价值转化为资本主义生产的无偿占用条件，都是一个单一过程的各个方面。资本对自然条件的无偿占用并不意味着对自然条件的无限供应，这一点从上文引用的《资本论》第三卷的段落中也可以清楚地看出。在这里，马克思讨论了一种情况，即无偿占用的自然条件变得稀缺，导致在这种情况下生产的商品价格更高：

> 因此，如果这样一种本来无须付代价的自然力加入生产，那么，只要利用它提供出来的产品足以满足需要，它在价格的决定上就不会计算进去。但是，如果在发展的进程中，必须提供的产品比利用这种自然力所能生产出来的还要多，也就是说，如果必须在不利用这种自然力的情况下，或者说必须在人或人的劳动的协助下生产出这个追加产品，那么，一个新的追加的要素就会加入资本中去。因此，要获得这个产品，就需要付出相对来说比较多的资本。在一切其他条

---

①《马克思恩格斯全集》第 34 卷，北京：人民出版社 2008 年版，第 41 页。

件不变的情况下，生产就会变得昂贵。①

这种对价格变化的分析显然假定了在无偿占用的情况下，自然力量的可用性是有限的。当然，马克思也承认，许多自然条件为个别土地所有者或企业带来租金[正交换价值(positive exchange values)]。收取这种租金本身假定了有关的自然条件相对于竞争公司对其所有权和/或使用的需求而言是稀缺的。事实上，就其本质而言，这些“成为所投资本有较高生产力的条件，这种条件是不能由资本本身的生产过程创造的”②。这种有用的自然条件数量的有限是它们垄断的先决条件。然而，只要这些条件及其租金能够产生有用的效果，只有通过支出额外的雇佣劳动时间以及扩大对其他自然条件的利用，这些条件及其租金才会被无偿占用。

无偿占用产生租金的自然条件清楚地表明租金本身再分配的基本性质(见下一节)。此外，它澄清了卡彭特在以下陈述中的误解：

> 马克思对自然界的评价是天然地无价值的，这源于他对稀缺性的定义。马克思假设，自然作为一种无限丰富的资源，是当代经济学家所说的“零价格商品”。经济学家将零价格商品定义为经济中生产者或消费者可免费获得的商品或资源，或没有直接交换价值的商品或资源。③

根据他的错误假设，只有无限丰富的资源才会是零价值。卡彭特忽略了一个事实，即无偿占用的自然条件可以有一个价格，即“一个没有价值的物有着一个价格”④。

---

①《马克思恩格斯全集》第46卷，北京：人民出版社2003年版，第843页。

② 同上书，第727页。

③ Geoffrey P. Carpenter, “Redefining Scarcity: Marxism and Ecology Reconciled”, *Democracy & Nature*, vol. 3, no. 3, 1997, p. 147.

④《马克思恩格斯全集》第35卷，北京：人民出版社，2013年版，第381页。

到目前为止,应该很清楚,马克思的无偿占用概念并没有贬低自然条件对使用价值或财富生产的贡献。事实上,有用的财产往往是自然条件所具有的,而不需要任何人类劳动的帮助。事实上,资本无偿占用自然条件的这种基础非常重要,因此在《资本论》第一卷第一章第一节中占有显著地位:

> 一个物可以是使用价值而不是价值。在这个物不是以劳动为中介而对人有用的情况下就是这样。例如,空气、处女地、天然草地、野生林等。①

仔细研究一下,认为马克思的无偿占用概念贬低了自然价值的观点包含了一个双重错误。一方面,它忽视或贬低了马克思所坚持的观点,即价值必须体现在使用价值中,而自然和劳动总是对使用价值作出贡献。鉴于这一要求,可以得出这样的结论:无偿占用的自然条件同其他生产资料一样支持资本积累,通过提供便于资本榨取剩余劳动力、物化劳动力可供出售的使用价值的物质条件。“与生产资料一样,无偿占用的自然条件”可以吸收额外的劳动,因此“这些自然力就会增加剩余价值,从而增加利润”②。因此,在“决定积累量的情况”中,马克思不仅提到资本对“劳动对象……由自然无偿赠予的。如金属矿石、矿物、煤炭、石头等”的无偿占用,还提到土地对“(农业)产量的提高发生奇迹般的作用”。③ 马克思强调,只有通过这种对有用的自然条件的无偿占用,资本才能“把它的积累的要素扩展到超出似乎是由它本身的大小所确定的范围,即超出由体现资本存在的、已经生产的生产资料的价值和数量所确定的范围”④。例如,资本无偿占用自然条件所获得的劳动生产率收益,可以在同等条件下降低劳动力的价值,从而增加资本占有的剩余价值:

---

①《马克思恩格斯全集》第 44 卷,北京:人民出版社 2001 年版,第 54 页。

②《马克思恩格斯全集》第 46 卷,北京:人民出版社 2003 年版,第 725 页。

③《马克思恩格斯文集》第 5 卷,北京:人民出版社 2009 年版,第 691、696、697 页。

④ 同上书,第 697 页。

> 由于这些自然因素没有价值，所以，它们进入劳动过程，却并不进入价值增值过程。它们使劳动具有更高的生产能力，但并不提高产品的价值，不增加商品的价值。相反，它们减少单个商品[的价值]，因为它们增加了同一劳动时间内生产的商品量，因而减少了这个商品量中每一相应部分的价值。只要这些商品参与劳动能力的再生产，劳动能力的价值就减少了，或者说，再生产工资所必需的劳动时间就缩短了，而剩余劳动则增加了。可见，资本之所以占有自然力本身，并不是因为它们提高商品价值，而是因为它们降低商品价值……①

难怪马克思以资本对自然条件的无偿占用为例，来说明"最初我们所看到的只是充当经济关系的物质基质的使用价值本身是怎样作为一个决定因素进入经济范畴的"②。

另一方面，正是由于忽视了马克思的分析中使用价值的重要性，"无偿占用"的生态学批判绕开了资本的自然条件的使用价值与更广泛的自然的使用价值概念之间的关键区别，一旦使用价值和自然对资本的贡献不被简化为仅仅是价值增殖的条件，自然的使用价值或许会成为可能。实际上，通过将自然降低到资本积累的状态来"贬低自然的价值"的是资本主义，而不是马克思，但马克思的分析可以帮助我们揭开这种贬值的神秘面纱，并以此为基础，通过非剥削性的生产关系，设想并争取自然财富的非剥削性的社会化(non-exploitative socialization of natural wealth)。

马克思赋予了无偿占用重大的社会意义，认为它是资本发展生产的社会特性的一个组成部分——通过利用劳动和自然中潜在的生产力来促进竞争性货币积累的扩张性、变革性驱动。同时，马克思指出资本对自然条件和社会条件的无偿占用如何强化了资本生产社会化所固有的人的异化。随着资本对生产条件的支配地位日益增强，使用价值(劳动和自然满

---

①《马克思恩格斯全集》第 37 卷，北京：人民出版社 2019 年版，第 202 页。

②《马克思恩格斯全集》第 32 卷，北京：人民出版社 1998 年版，第 504 页。

足人类需求的社会结合)越来越不是主导生产的动机,而是越来越多地服务于价值增殖。生产的自然条件和社会条件一旦转化为资本的力量,就会对生产者施加一种异化的社会力量,只要生产形式仍然是资本主义的,生产者就无法对他们与自然的物质交换进行任何协作性的调控。正如马克思所指出的,"劳动条件"成为"对于工人来说是异己的情况"①,因为"工人的劳动的社会性质作为从某种意义上说资本化的东西同工人相对立",而"各种自然力和科学也自然也发生同样的情况:它们作为资本的力量同工人相对立"②:

> 连社会地发展了的劳动的形式……都表现为资本的发展形式,因此,从这些社会劳动形式发展起来的劳动生产力,从而还有科学和自然力,也表现为资本的生产力。事实上,协作中的统一,分工中的结合,自然力和科学以及作为机器的劳动产品在生产中的应用,所有这一切,都作为某种异己的、物的东西,单纯作为不依赖于工人而支配着工人的劳动资料的存在形式,同单个工人相对立……而事实上,……所有这些对科学、自然力和大量劳动产品的应用本身,只表现为劳动的剥削手段,表现为占有剩余劳动的手段,因而,表现为属于资本而同劳动对立的力量。③

简而言之,对马克思来说,无偿占用是资本发展自然和社会生产条件的过程中的一个主要因素,但只有通过"把这些条件同单个的独立的劳动者分割开来","把这些条件作为统治单个工人的、对单个工人来说是异己的力量来发展"④,通过这种"与实际生产者分离的社会生产条件……资本越来越表现为社会权力,这种权力的执行者是资本家"⑤。生产条件所获

---

① 参见《马克思恩格斯全集》第 37 卷,北京:人民出版社 2019 年版,第 145 页。
② 同上书,第 317 页。
③ 同上书,第 316—318 页。
④ 同上书,第 318 页。
⑤ 参见《马克思恩格斯全集》第 46 卷,北京:人民出版社 2003 年版,第 293 页。

得的“异化的、独立的社会权力”对整个社会,特别是生产者及其共同体构成了挑战。这一挑战在于,通过明确地“把生产条件改造成为一般的、公共的、社会的生产条件”①,以更民主的社会化取代资本异化的、阶级分化的生产社会化。

三、价值、使用价值和自然条件的定价

马克思认为,即使“这就像使用价值总是交换价值的承担者,但不是它的原因一样”,“如果一物没有使用价值……它也就没有交换价值”②。既然自然总是对使用价值作出贡献,那么自然和使用价值都是交换价值的必要条件,尽管它们对交换价值的数量没有贡献——至少在交换价值受价值调节的情况下是这样。鉴于交换价值是价值(抽象的雇佣劳动时间)的必要形式,我们也可以说,自然价值和使用价值是价值和资本积累的必要条件。

然而,将价值直接归于自然会产生严重的问题。这些难题在甘纳·希尔贝克(Gunnar Skirbekk)对马克思的批判中得到了说明。希尔贝克认为,只有在生产投入仅由劳动力产生,而不是从自然中提取的情况下,劳动力才是价值的来源。对于后一种情况,希尔贝克认为,自然为产品增加了价值:

> 建立在劳动基础上的马克思主义价值理论对生产的再生产形式是有效的。但在开采性生产形式中,价值从资源转移到利润,这时可称为开采性剩余利润(extractive surplus profit)。这种剩余利润可以是如此之大,以至于整个生产过程,在所有层面上,能够从中获得比劳动本身所创造的更多的价值。③

---

①《马克思恩格斯全集》第 46 卷,北京:人民出版社 2003 年版,第 294 页。

② 同上书,第 728 页。

③ Gunnar Skirbekk, “Marxism and Ecology”, *Capitalism, Nature, Socialism*, vol. 5, no. 4, 1994, p. 100.

但是自然的价值是以什么形式存在的呢？希尔贝克的答案是，自然的价值体现在工人和资本家从开采自然资源并将其用作生产投入中获得的更高的货币收入。这些更高的货币收入对应着工人和资本家以牺牲自然和后代为代价获得的更高的生活水平：

> 但是，谁被这种开采性的剩余利润所“剥削”(exploited)呢？答案是大自然，以及未来的世代(间接地)。开采性剩余利润代表着未来的贫困化。例如，石油公司不仅免于结算当前的生态支出，而且还通过剥夺后代的重要资源来节省未来的支出。①

简而言之，每当“一部分自然资源被使用而没有得到恢复，没有等量的财富被归还给自然”，“这种对有限自然财富的破坏性开采代表着子孙后代的贫困”，自然就被“剥削”了。② 因此，“剥削”一词既意味着自然财富的减少，也意味着这种减少所造成的后代生活水平的降低。不幸的是，尚不清楚如何撇开后者来定义前者，在这种情况下，将内在价值归因于自然就不成立了。把在自然中进行的开采与导致子孙后代贫困的开采相提并论，就是把价值与使用价值混为一谈。由于马克思坚持自然的使用价值，希尔贝克的批判已经失败了。此外，尽管马克思的分析使我们将一般的自然财富与作为价值和资本积累条件的自然财富较为有限的作用区分开来，但希尔贝克却将价值和使用价值混为一谈，无法作出这样的区分。事实上，通过将对自然“价值”的“剥削”限制为“开采性的生产形式”，希尔贝克似乎将资本主义的倾向归化了，即将自然视为一个被动获取使用价值的取之不尽的蓄水池，而不是一个与人类生产共同进化的生物圈系统。

希尔贝克的论点中还有另一个同样严重的矛盾。认识到人类的生活条件取决于社会组织对自然产生的使用价值的占有是一回事，但是，断言利用自然条件，包括以更高的货币收入形式提取价值则完全是另一回

---

① Gunnar Skirbekk, “Marxism and Ecology”, *Capitalism*, *Nature*, *Socialism*, vol. 5, no. 4, 1994, p. 101.

② Ibid., p. 99.

事——也就是说，除非人们愿意将价值封存并交换价值。当希尔贝克思考如何获得从自然中提取价值的货币收入这个问题时，这一难题就显而易见了。一方面，他认为这些收入取决于市场上自然资源的低价，这使得利用自然资源作为投入的企业和部门享有较低的生产成本。另一方面，他认为，在开采部门内部（例如石油工业），由于从自然中提取的价值，自然资源价格超过了这些部门中劳动力的单位增加值，自然就被剥削了[①]。显然，对自然的剥削同时关系到对自然资源的定价过高和定价过低，是哪种情况呢？另一方面，希尔贝克并没有解释，为什么开采部门自然资源的定价过高并不能抵消资源利用部门自然资源的定价过低，从而导致从资源开采中获得的货币净收益为零，因此自然的开采率为零。

这里的问题在于，通过对自然资源定价过高和定价过低来定义自然价值及其剥削，希尔贝克实际上是在论证价值可以在交换领域增加或减少。换句话说，他将价值与交换价值等同起来。事实上，他甚至将这一推论扩展到对劳动力的剥削本身，认为工人被剥削的范围是“由产品中劳动力的低报酬产生的利润”[②]。更一般地说，希尔贝克认为，由于“利润等于销售价格减去成本价格，可以通过提高销售价格或降低成本价格来增加利润”[③]。他没有解答这一推论该如何解释单个企业所挪用的是货币交换价值，而不是整个经济中所产生的价值以外的任何东西。简而言之，希尔贝克试图将价值归因于自然，结果却落入了将不平等交换视为价值来源的普遍错误的陷阱[④]。因此，他忽略了马克思的基本观点，尽管从自然条件的买卖中实现整个系统正剩余价值（positive surplus value）的净占有是不可能的（因为一方在交换中的收益就是另一方的损失），但是对劳动力的剥削并不取决于不平等交换，而是取决于工人在既定的自然和社会条件下消耗超过自身再生产所需的劳动能力。正如阿尔特法特（Elmar Altvater）观察到的：

---

① Gunnar Skirbekk, “Marxism and Ecology”, *Capitalism, Nature, Socialism*, vol. 5, no. 4, 1994, pp. 99－101.

②③ Ibid., p. 100.

④ 参见《马克思恩格斯全集》第44卷，北京：人民出版社2001年版，第207—231页。

> 在价值的创造中，实际上只有劳动才能创造价值和剩余价值。从能量循环的角度来看，劳动力（即工人）在这个过程中投入的能量（大脑、肌肉、心脏和双手）比他最终以能量和物质的形式从这个过程中获得的能量更多。剩余以剩余价值的形式流向资本家。资本主义生产方式的特定形式使工人（对他来说）产生了这种精力消耗的赤字……但是大自然呢？它的价值创造能力在哪里？自然创造的价值是以什么形式产生的？如果按照热力学定律进行自然再生产，剩余是如何产生的？①

希尔贝克试图回答阿尔特法特的问题，他的前提是将特定交换价值与更一般的价值范畴混为一谈。的确，个别交换价值可以囊括从占有和生产性利用稀缺自然条件中获得的剩余利润，马克思在他对资本主义地租的分析中处理了这种价值的再分配。然而，希尔贝克不仅忽视了马克思的地租理论，而且混淆了地租形式的价值再分配与价值本身的生产。

最后，通过自然资源定价过低和过高的概念，通过对自然的"开发"，希尔贝克假定价格形式可以充分代表自然的使用价值。这使他绕开了作为自然财富社会形式的交换价值的矛盾。例如，目前自然资源定价过低的观念似乎表明，更高的价格将解决资源耗竭问题。然而，根据希尔贝克自己的逻辑，更高的价格不仅会加剧开采业对自然的货币剥削，它们还会刺激资本主义企业寻找和开采新的资源储备，并加强对目前已知的储备包括以前未利用的替代资源储备的开采，从而加速资源消耗。马克思的地租分析可以解释这一矛盾，而希尔贝克的框架却不能。

四、劳动、价值与自然的使用价值

大卫·奥顿（David Orton）对马克思的劳动价值论贬低自然这一主题

① Elmar Altvater, "The Foundations of Life (Nature) and the Maintenance References of Life (Work)", *International Journal of Political Economy*, vol. 20, no. 1, Spring 1990, p. 14.

提出了另一种常见观点，他抱怨说，对马克思来说，“自然是没有价值的，除非经过人类的加工”。从上下文来看，我们并不清楚奥顿是用使用价值，还是用作为交换价值的社会物质的价值来衡量“无价值”的。在这方面，奥顿的批评至少具有模棱两可的优点，而杰弗里·卡彭特(Geoffrey Carpenter)则倾向于直接将使用价值和价值混为一谈：

> 对马克思来说……自然的使用价值只有在生产环节中才能实现，在生产环节，自然被劳动转化为商品或服务。马克思说，“没有人类劳动被物化的纯自然材料就没有价值，因为只有物化的劳动才是价值”。①

鉴于这种价值和使用价值的混淆，奥顿和卡彭特都没有为价值归于自然所引发的任何一个基本问题提供可行的答案，即：自然的价值形式是什么，或者换句话说，自然的价值是什么，又为谁服务？然而，与其立即驳斥他们的论点，不如让我们依次考虑这两种可能性。首先，马克思是否认为自然财富只有与人类劳动结合才能作为使用价值实现？答案当然是肯定的。这解释了为什么马克思能够将使用价值定义为“劳动的这样一个自然的承担者”②。然而，这里经常被忽略的是，马克思把初级占有(狩猎和采集、捕鱼、采矿，甚至更基本的行为，如呼吸、视觉、听觉、触觉、感觉等，特别是在我们讨论一般的财富生产而不仅仅是生产价值的劳动时)纳入了他的劳动概念，而这种劳动是实现作为满足人类需求的使用价值的自然财富所必需的。大自然产生的使用价值只有在被占有后才能满足人类(生产或消费)的需求，这一点与这些使用价值必须存在于大自然中才能被占用这一事实一样显而易见。例如，在资本主义制度下，“如果一个使用价值不用劳动也能创造出来，它就不会有交换价值，但作为使用价

① Geoffrey P. Carpenter, “Redefining Scarcity: Marxism and Ecology Reconciled”, *Democracy & Nature*, vol. 3, no. 3, 1997, p. 146.

②《马克思恩格斯全集》第25卷，北京：人民出版社1974年版，第728页。

值，它仍然具有它的自然的效用”①。换句话说，马克思坚持把劳动作为使用价值生产的条件，这几乎不排除把目前未被占用的自然使用价值作为财富的一部分计算在内。马克思所表明的是，未被占用的自然财富作为潜在使用价值的意义，一定程度上取决于它与人类劳动最终的结合，即使这只是初步占用劳动。

第二，马克思是否只在自然条件物化人类劳动的情况下才赋予其价值？答案还是肯定的。然而，这里必须记住，创造价值的劳动只包括生产商品的雇佣劳动。例如，这排除了吃饭、睡觉和其他恢复体力的活动——更不用说抚养孩子的劳动和维护居住场所的劳动——也就是由工人在“下班时间”（一般定义为包括工薪阶层家庭的所有非工资劳动时间）进行的劳动。这些活动当然涉及对自然财富的侵占，不仅包括人类以外的自然条件（例如清洁的空气），而且还包括家庭劳动力的自然力量。但是，与这种家庭活动有关的可剥削劳动力的维持和发展却被资本无偿占用。它是一个使用价值，而不是一个价值。只有在家庭活动降低了劳动力的价值（通过提高工资劳动的生产率或降低工人的商品化消费要求）的情况下，资本增强对家庭劳动力的无偿占用才会提高剩余价值率。

前面的讨论揭示了马克思价值分析的生态学批判的一个基本困境。为了自圆其说，这一批判当然要谴责马克思，因为他没有把价值归于家庭劳动和资本无偿占用的自然财富。不幸的是，这样的论断加剧了价值与使用价值的混淆，从而加剧了资本的使用价值（即作为货币积累条件的资本）与工人阶级和整个社会的使用价值的混淆。在将价值归于自然和将价值归于家庭劳动各自所产生的问题之间，不仅仅是形式上的相似之处。交换价值可以而且应该被“修正”，以充分考虑到自然、家庭劳动等的使用价值，这一概念等于否定了交换价值和使用价值之间基本的、不可调和的矛盾——资本积累的物质和社会需求与真正使人类、社会和生态发展的物质和社会需求之间的矛盾。这相当于断言，生态和其他人类社会使用

①《马克思恩格斯全集》第46卷，北京：人民出版社2003年版，第728页。

价值可以货币化，同时充分保持它们的人类发展特性。简而言之，它归结为这样一种主张：资本主义不是一种存在阶级矛盾的、历史上有限的人类生产和发展的历史形式。人们不禁要问：这种对马克思的“生态马克思主义”批评到底是何种“马克思主义”？

五、结论

本文指出，那些指责马克思的价值分析贬低自然价值的人，应该把批判的矛头转向资本主义本身。价值作为一种资本主义形式的特殊财富，并不代表马克思对自然的规范性评价。从《资本论》第一卷的下列讨论中可以清楚地看出这一点：

> 商品世界具有的拜物教性质或劳动的社会规定所具有的物的外观，使一部分经济学家迷惑到什么程度，也可以从关于自然在交换价值的形成中的作用所进行的枯燥无味的争论中得到证明。既然交换价值是表示消耗在物上的劳动的一定社会方式，它就像例如汇率一样并不包含自然物质。①

既然价值是财富的一种社会形式，就不能把它看作是由自然决定的。然而，正是因为价值是财富的一种形式，它的积累取决于财富的自然基础和实体。这是资本主义的矛盾，而不是马克思分析的矛盾。

相比之下，任何不考虑财富社会形式的历史特殊性而直接将价值归因于自然的尝试，都会导致无法具体说明自然所采取的准确的价值形式（价值是什么？为了谁？），而不会遇到严重的理论困难。这里最常见的问题是，在没有界定价值、交换价值和使用价值的情况下，无法定义自然的“价值”，从而掩盖了与资本无偿占用自然相关的真正的生态矛盾和阶级矛盾。

---

①《马克思恩格斯全集》第44卷，北京：人民出版社2001年版，第100页。

马克思主义与生态学：对利比兹的评论[①]

保罗·伯克特
（美国印第安纳州立大学经济学系）

本文从历史和方法论两个层面上评论了利比兹的文章。在历史层面上，利比兹忽视了苏联留下的生态遗产，也忽视了马克思主义的政治内容和生态内容的历史作用。关于马克思主义生态问题，利比兹认为马克思主义必须辅之以大量的"波兰尼主义"思想，才能使生态正确。对此，作者从方法论层面上反驳道，利比兹混淆了马克思生产力与生产关系的核心观点与苏联教条主义片面"肯定"生产力历史发展的观点。利比兹狭隘的工业主义解释歪曲了马克思关于人与自然可持续发展的生产力理论。

阿兰·利比兹(Alain Lipietz)的文章论述了马克思主义与生态政治学之间的历史和方法论关系。在历史层面上，利比兹指责马克思的世界观是苏联式共产主义的生态和政治的产物。然而，在把马克思主义与资本主义区分开来时，他忽视了苏联教条主义在理论和实践中留下丰富生态遗产的整个历史。最近约翰·贝拉米·福斯特(John Bellamy Foster)

---

① 本文译自 Paul Burkett, "Marxism and Ecology: A Comment on Lipietz", *Capitalism, Nature, Socialism*, vol. 11, no. 2, 2000, pp. 90-96.

本文为江苏高校哲学社会科学研究重大项目"生态产品价值实现促进农村共同富裕的实践路径研究"(2023SJZD074)的阶段性成果。译者为王鸽。

论述道，这一遗产始于马克思和恩格斯，但一直延续到20世纪30年代斯大林的反革命。利比兹还忽视了苏联的孤立和西方国家的外部攻击在促进采用资本主义技术和实现“为生产而生产”的目标方面所起的作用，其结果是在苏联国内普遍存在生态破坏。

利比兹似乎不确定马克思主义的实际历史作用。我们被告知，任何关于马克思主义未来的讨论，都必须明确区分“马克思主义”这一纯粹的思想事业，和“马克思主义是一群志同道合的人对一种思维方式的应用”。这里明显的思想/行动二分法并不符合利比兹对整个“受卡尔·马克思思想启发的政治政权和社会运动”的政治生态谴责。这种未解决的二元论有一种模糊的影响，即不同的“志同道合的个人”可能对什么是马克思主义（或捏造它的新版本）有不同的看法，部分原因是他们在现实世界中的阶级立场和政治观点不同。总之，马克思主义的政治内容和生态内容本身可以成为阶级斗争的对象。这一点尤其重要，因为利比兹呼吁抛弃“马克思主义范式的思想支撑”，是基于苏联教条主义者对这一范式内容的解释。

因此，利比兹试图将“马克思学”（Marxology）归为某种纯粹的知识领域是完全可以理解的。这有助于使他对马克思的生态批评的采纳合法化，所有这些批评都是通过苏联教条主义的有色眼镜来解读马克思的。只要对关于马克思生态意义的“马克思学”文献进行认真考察，就会使利比兹的整个思想和政治计划成为风口浪尖上的问题，而不是空洞的断言——是友好的辩论，而不是把持不同意见的人驱逐到一个虚构的、与政治无关的纯粹思想领域。

尽管人们不可能从利比兹的论述中了解到这一点，但近年来，对马克思的反生态的“生产主义”解读一直受到强烈质疑。与马克思进行这种新的生态学嫁接的目的并不纯粹是知识性的，尽管它的部分动机是需要从苏联教条主义的滥用和红绿（包括现代和后现代）对马克思主义的曲解中恢复马克思主义。诚然，任何建构马克思主义生态学的尝试，都必须对以马克思及其后世马克思主义者的著作为代表的“马克思主义范式的思想支撑”进行认真而彻底的反思。特别是，它必须从一个生态的角度细致地分析马克思对政治经济学批判的各种范畴——这是一个“思想”专题研究，与许多马克思的生态批评家所使用的机会主义引述和廉价的语言游戏手法大不相同。但该专题研究更根本的目的是帮助构建一个真正的马克思主义生态学的方法论基础，它能够宣告(并被告知)一种生态的工人阶级的政治。非马克思主义绿色运动明显的理论弱点增强了这一目的。尽管利比兹注意到了这一弱点，但不幸的是，他仍然强调这一点，他重复了一句陈词滥调，即马克思主义必须辅之以大量的“波兰尼主义”(Polanyian)思想，才能使生态正确。这一论断忽视了波兰尼关于人类生存的资本主义市场化限度的宝贵论述，明显源于马克思在《资本论》第一卷中的工作日分析——这一分析将人类劳动力视为受到资本及其“市场力量”威胁的共同资源，在资本对人类和人类以外的生命力的破坏之间找到了许多相似之处。

在这一点上，如果读者想从更平衡的角度了解马克思主义生态学问题，或许只需参考前面脚注中的出版物即可。但是，我不想仿效利比兹“置身事外”的做法，而是要提到两个具体问题，他在这两个问题上的讨论已经相当过时，甚至在纯粹的逻辑基础上也是存疑的。

首先，有人断言，马克思对生产关系和生产力的核心作用的关注，无论是在历史上还是在资本主义中，都显然是不正确的。这在一定程度上涉及利比兹将马克思与苏联教条主义片面地“肯定”生产力历史发展的观点混为一谈的错误做法：就好像马克思没有分析工人和共同体相对于社会发展的劳动生产力和自然生产力的异化，又好像马克思没有分析和谴责资本将这些生产力转化为“破坏了一切财富的源泉——土地和工人”①的破坏性力量。但更根本的问题在于，利比兹没有提供逻辑上的论据，论证为什么强调人类生产关系和人类生产力的方法论，必须在定义上削弱自然生产条件和环境问题的作用。

事实上，利比兹为反生态生产主义的指控提供的唯一证据，简要提及了本顿(Ted Benton)批判马克思的劳动过程分析的尝试②。我之所以说

---

①《马克思恩格斯文集》第 5 卷，北京：人民出版社 2009 年版，第 580 页。

② Ted Benton, “Marxism and Natural Limits: An Ecological Critique and Reconstruction”, *New Left Review*, vol. 178, 1989.

“尝试”，是因为本顿忽视了马克思对劳动过程基本范畴(特别是劳动工具和材料)的详细区分，以及马克思对劳动过程和生产过程的区分(后者包括生态规范的生产过程，不需要生产条件和人类劳动之间直接的、即时的联系)。一旦考虑到这些差异和马克思的其他方法论程序，就会发现马克思的劳动过程概念在生态学上比本顿的更正确(例如，通过能够将甚至不涉及生态调节劳动的狩猎和采集过程纳入其中来衡量)。这有助于解释为什么马克思在《资本论》第二卷中对生态调节生产的详细分析(本顿完全忽视了这些分析)，远远超出了绿色理论家近期工作所取得的成就——尤其是在自然条件与资本周转等基本范畴的衔接方面。简言之，本顿的劳动过程批判无法支持利比兹浮夸的指控(例如，马克思声称效忠于“征服自然的圣经式的笛卡尔意识形态……达到极致”)。这在逻辑上和事实上都是错误的。

在这方面，必须指出的是，以人类生产和发展为中心的生态学观点无需仅仅将自然看作是为了人类发展目的而被掠夺的物质使用价值的来源。甚至本顿也认识到，关于自然的“人类中心”观点不一定是纯粹的“工具”观点，也就是说，“人类福利生态学家所认可的一些与自然有关的人类需求，实际上很难与生态中心主义者所认为的人类中心主义的一个决定性特征——与自然的‘工具’关系相适应”。不幸的是，本顿显然混淆了“有用”和“工具”，阻碍了这一点的发展。这使他无法认识到马克思的使用价值概念(进而马克思关于自然和社会条件下人类发展的整个概念)完全涵盖了人类对自然的非工具性“使用”，例如纯粹的审美使用价值以及当代环境经济学家所称的“存在价值”(existence values)——不需要人类直接接触特定的自然条件。非工具的人类中心主义并不是本顿首创。

利比兹对“生产力”的批判提出的第二个主要问题是，正如本顿所指出的，对人类发展的任何生态分析都必须赋予“社会生产作为一种独特的人类特征”以核心作用，进而言之：“非人类世界的要素和关系是由人类活动的众多条件和材料构成的，而这些条件和材料建立在社会关系、技术手段、社会生产的知识和文化形式的历史变化模式的基础上。”也就是说，需要某种生产主义(productivist)的方法，这种方法不仅要把握生态危机的原因，而且要设想和争取一个人类发展更契合自然条件的替代系统。我们可能不喜欢资本主义特殊阶级形式的生产主义，但我们需要了解它的运动规律和它所产生的斗争，以便设想一种新的生产主义，在这种生产主义中，人类的发展与自然和社会环境产生可持续的共鸣。

在马克思针对这一问题的阶级方法中，资本主义对生产关系和生产力的剥削性和异化性的发展，矛盾地创造了使人类与其自然和社会条件之间限制较少、更符合人性的关系的潜力。马克思关于限制较少的人类发展的概念远非即刻反生态的，而是涉及更丰富、更普遍、更多变的人与自然的关系——这些关系显然不能归结为资本主义遗留的、对环境不利的生产消费技术的进一步量化发展。但是这种潜力的实现需要生产、科学、消费在物质上和社会上的质的转变。这又需要生产者及其共同体进行长期的斗争，争取一种社会与生产的自然条件的新的结合。简而言之，马克思的革命愿景决不能还原为利比兹对马克思阶级斗争的狭隘的工业主义解释。当然，现在是时候摆脱这种由冷战引发的关于马克思主义在生态学上的不正确性的陈词滥调了。

生态经济学中的价值问题：重农主义者和马克思的借鉴[①]

保罗·伯克特
（美国印第安纳州立大学经济学系）

也许生态经济学中最令人困扰的问题是，自然是否价值的直接来源和（或）实质。有些人将价值直接归因于自然资源，并认为货币交换价值（价格和利润）在很大程度上或者完全代表从自然中提取的价值。另一些人把自然作为一种客观条件或价值基础，定义为精神收入或“享受生活”。本文将马克思对重农主义的批判运用到当代的这场辩论中。这两派生态经济学家都没有充分考虑使用价值与资本主义价值之间的关系。因此，两者从根本上都对自然价值的市场形式不加批判，没有区分资本主义再生产的环境危机和资本主义引起的人类发展的自然条件危机。马克思对自然、价值和使用价值的辩证思考为打破这一僵局提供了一条潜在的出路。

一个人对自然经济价值的看法有助于塑造他对自然在生产和环境危机中的作用的看法。然而，考虑到经济价值问题所带来的难题，自然的价值长期以来尤其困扰着经济学家。这尤其适用于当代生态经济学，它“在

① 本文译自 Paul Burkett, “The Value Problem in Ecological Economics: Lessons From the Physiocrats and Marx”, *Organization & Environment*, vol. 16, no. 2, 2003, pp. 137 – 167. 本文为江苏高校哲学社会科学研究重大项目“生态产品价值实现促进农村共同富裕的实践路径研究”（2023SJZD074）的阶段性成果。译者为王鸽。

最广泛的意义上处理生态系统和经济系统之间的关系”——考虑到这一主题的复杂性，这一点非常恰当——坚持方法论的多元主义。尽管如此，在生态经济学家中，关于自然价值的两种广泛立场似乎已经出现。一种是将价值直接归于自然资源。尽管这一立场一直由能源价值学派(energy value school)主导，但也包括生态-斯拉法学派和生态马克思主义理论家(eco-Sraffian and eco-Marxist theorists)，他们认为货币交换价值(价格和利润)大体上或完全代表从自然中提取的价值。与这种自然价值分析相反的是另一种较为广泛的视角，它把自然——尤其是低熵物质和能量——作为一种客观条件或价值基础，定义为精神收入或“享受生活”(psychic income or “enjoyment of life”)。本文从马克思对重农主义的批判出发，对这一价值争议进行了阐释。

马克思与重农主义的交锋集中在自然和经济价值的问题上，然而，它却被当代的自然价值辩论所忽视。因此，本文在概述了生态经济学家关于自然价值的争论之后，回顾了重农主义体系的基本要素。结果表明，重农主义思想是生态经济学家所持立场的复杂混合体。有趣的是，马克思批评重农主义者不是因为他们强调自然是财富或使用价值的来源，而是因为他们把资本主义的价值与其自然基础混为一谈。事实上，他批判性地将重农主义的要点融入到他自己对价值和资本积累的分析中。

马克思对重农主义者的分析被应用于生态经济学家之间关于自然价值的争论。争论的双方都像重农主义者一样，没有充分考虑使用价值和资本主义价值之间的关系。因此，双方对自然价值评估的市场形式从根本上都未加批判，都未能区分资本主义再生产的环境危机和资本主义引起的人类发展的自然条件危机。文章最后指出，马克思关于自然、价值和使用价值的辩证方法为摆脱这种分析僵局提供了一条潜在的出路。

一、自然的价值：生态经济学家的观点

生态经济学家对有限的自然条件在人类生产中的作用深为关切。与新古典经济学家相反，他们坚持认为生产依赖于人力和技术无法替代的

不可再生资源。生态经济学家之间围绕价值辩论的主要问题是，将经济价值直接赋予自然，是否将这种对有限自然条件的关注建立在对自然和当代环境问题的市场评析之上的最合理、最有效的方式。

1. 自然是价值的直接来源和实质

一些生态经济学家将自然视为价值的直接来源和实质。这一思路是由"具体能源"(embodied energy)理论家主导的，他们认为，生产的"主要投入"是能源。因为"免费的"或"可用的"能源是生产所有商品和服务所必需的，是其他投入所不能替代的，所以它被视为"唯一的'基本'商品……最终成为唯一的'稀缺'生产要素"①：

> 一种能源价值理论认为，至少在全球范围内，来自太阳的免费或可用的能量(加上过去作为化石燃料储存的太阳能和地核的余热)是该系统唯一的"主要"输入。劳动力、制造资本和自然资本是"中间投入"。因此，人们可以将价值理论建立在可用能源生产的使用上。②

这里的假设是，"能够解释交换价值的基于生产的理论"必须赋予物质生产的某一特定投入以逻辑或时间上的首要地位③，还假定价值理论的主要目的是"解释经济系统中的交换价值(市场价格)"④。简而言之，具体能源理论"实际上是一种生产成本理论，所有成本都被直接或间接地转移到生产它们所必需的太阳能上"⑤。该方法与李嘉图的劳动价值论密切而自觉地一致，认为能源取代劳动成为主要生产要素⑥。

鉴于刚才提到的相似之处，用来检验能源理论的主要方法之一是斯拉法的价格决定的投入产出分析，这不足为奇。事实上，真弓浩三(Kozo Mayumi)表明，具体能源投入产出框架在形式上与当下和过去的劳动条

①②③ S. C. Farber, R. Costanza and M. A. Wilson, "Economic and ecological concepts for valuing ecosystem services", *Ecological Economics*, vol. 41, no. 3, 2002, p. 382.

④ S. C. Farber, R. Costanza and M. A. Wilson, "Economic and ecological concepts for valuing ecosystem services", *Ecological Economics*, vol. 41, no. 3, 2002, p. 383.

⑤ R. Costanza, "Embodied energy and economic valuation", *Science*, vol. 210, 1980, p. 1224.

⑥ S. C. Farber, R. Costanza and M. A. Wilson, "Economic and ecological concepts for valuing ecosystem services", *Ecological Economics*, vol. 41, no. 3, 2002, pp. 376 - 377, 382 - 383.

款所表示的斯拉法系统相同[①]。唯一的区别是，能源系统用直接和间接能源需求取代了各部门产出的直接和间接劳动力需求[②]。将能源核算框架应用于美国数据，能源分析师发现部门产出的货币价值与直接或间接体现在这些产出中的能源数量之间有很强的统计相关性[③]。其他更综合的分析则调查国民生产消耗的总能源（控制燃料质量，以从不同来源获得的能源所占份额为代表）与以国内生产总值或国民生产总值为标准的货币增加值之间的相关性。这类研究发现，在美国和其他工业化经济体中，总能源消费与总货币增加值的比率相对稳定或至少是可预测的[④]。

尽管有三位支持者认为“能源价值论……似乎是将一般生物物理价值理论操作化的唯一合理、成功的尝试”[⑤]，这种方法“由于未能认识到物质特性的重要性，以及经济系统中除能源限制外的‘其他’因素的作用”[⑥]，而受到强烈批评。这种对“能源是价值的唯一原因”[⑦]的否定沿着三条分析路径发展。

第一种路径反对所谓的“新李嘉图和经济估值的具体能源方法的趋同”[⑧]，它使用斯拉法的投入产出模型来分析市场交换价值的决定（以及分配冲突和经济危机的相关问题），但没有将任何单一的主要投入作为唯一的价值来源。从这些模型的角度来看，能源作为生产的首要因素的观念

---

① K. Mayumi, *The origins of ecological economics*, London: Routledge, 2001, pp. 65 - 66.

② Cf. D. H. Judson, “The convergence of neo-Ricardian and embodied energy theories of value and price”, *Ecological Economics*, vol. 1, no. 3, 1989, pp. 267 - 268.

③ R. Costanza, “Embodied energy and economic valuation”, *Science*, vol. 210, 1980, pp. 1219 - 1224; R. Costanza, “Embodied energy, energy analysis, and economics”, in H. E. Daly and A. F. Umaña eds., *Energy, Economics, and the Environment*, Boulder: Westview, 1981, pp. 119 - 145.

④ C. J. Cleveland, R. Costanza, C. A. S. Hall and R. Kaufmann, “Energy and the U. S. economy”, *Science*, vol. 225, pp. 890 - 897; R. Kaufmann, “A biophysical analysis of the energy/real GDP ratio”, *Ecological Economics*, vol. 6, no. 1, pp. 35 - 56.

⑤ S. C. Farber, R. Costanza and M. A. Wilson, “Economic and ecological concepts for valuing ecosystem services”, *Ecological Economics*, vol. 41, no. 3, 2002, p. 384.

⑥ D. H. Judson, “The convergence of neo-Ricardian and embodied energy theories of value and price”, *Ecological Economics*, vol. 1, no. 3, 1989, p. 266.

⑦ Ibid., p. 268.

⑧ Ibid., p. 267.

取决于其他因素具有可重复性的外在假定——具体来说，就是将它们的再生产任意简化为纯能源。

人们不能用斯拉法模型来论证“劳动而不是其他投入——例如玉米、铁或能源——创造价值并被剥削”①。同样地，斯拉法的分析为那些认为生态经济学应该“没有一般的价值理论”的人提供了一些支持，在这个意义上，他们把价值独特地赋予了能源或任何其他“主要投入”②。因此，生态-斯拉法观点认为，生产和货币交换价值取决于“劳动、资源和环境服务”的所有物理和生物多样性③。在这个更广泛的意义上，它仍然把自然当作价值的直接来源。

第二条路径是“概括”(generalizing)马克思主义的剥削理论，使之不仅包含对劳动的剥削，也包含对自然的剥削。由于马克思对劳动剥削的分析是在剩余价值范畴下展开的，这个“生态马克思主义”研究必然涉及把自然本身作为价值和剩余价值的来源进行处理。然而，生态马克思主义者与能源价值理论家不同，他们并不以纯粹的能源术语来概念化自然资源的使用，或者他们至少认为，生产只在高度抽象的层面上可以还原为能源加工。在他们看来，自然开发涉及从生物和物理上各不相同的生态系统中提取利润，因此，它要求的不是价值能源理论，而是真正的“生物物理”或“生物能量”的价值理论④。

例如，希尔贝克(Gunnar Skirbekk)认为，只要资本主义从自然中获取的财富多于投入的财富，它就是“一种榨取的生产形式”，其中“价值从资源转移到利润”⑤。他认为，这种“可提取的剩余利润”使“整个生产过程，

① A. Saad-Filho, *The value of Marx*, London: Routledge, 2002, p. 24.

② J. Martinez-Alier and J. M. Naredo, “A Marxist precursor of energy economics: Podolinsky”, *Journal of Peasant Studies*, vol. 9, no. 2, p. 219.

③ J. M. Gowdy, “The entropy law and Marxian value theory”, *Review of Radical Political Economics*, vol. 20, no. 2/3, 1988, p. 38.

④ J. P. Deléage, “Eco-Marxist critique of political economy”, in M. O'Connor ed., *Is Capitalism Sustainable?*, New York: Guilford, 1994, pp. 48 - 50; A. Salleh, *Ecofeminism as Politics*, London: Zed Books, 1997, p. 154.

⑤ G. Skirbekk, “Marxism and ecology”, *Capitalism, Nature, Socialism*, vol. 5, no. 4, 1994, p. 100.

在所有层面……获得更多的价值……比劳动本身所创造的还要多”①。这种价值提取的形式使资本家和/或工人获得更高的货币收入——更高的收入是以牺牲“自然，以及间接牺牲子孙后代”④为代价获得的。类似地，布伦南(T. Brennan)认为资本主义剥削自然，只要“自然物质”“消耗的速度快于它们自我再生产的速度”⑤。

2. 自然是“享受生活”的基础

第三条反对能源价值分析的路径是由著名生态经济学家尼古拉斯·乔治斯库-罗根(Nicholas Georgescu-Roegen)和赫尔曼·戴利(Herman Daly)主导的。他们的批评由两部分构成。首先，像前两条路径一样，罗根和戴利反对将生产还原为能源学。他们指出，有用商品和服务的生产不仅涉及能源，还涉及质量上多样化的物质储备和流动，这使得各种形式的有目的的人类活动和智慧——劳动、科学和技术——成为这一过程的基本要素⑥。尽管所有的生产都需要能量，但“物质也很重要”，因为“在宏观层面上，不存在将能量转化为物质或将任何形式的物质转化为能量的实际程序”⑦。其次，与前两条路径不同的是，罗根和戴利并没有将经济价值直接归于自然。相反，他们将自然视为生产提高价值的商品和服务的一个基础或条件(以及人类活动和人类知识)，用非物质使用价值术语将价值定义为“享受生活”⑧。

---

① G. Skirbekk, “Marxism and ecology”, *Capitalism, Nature, Socialism*, vol. 5, no. 4, 1994, p. 100.

④ Ibid., p. 101.

⑤ T. Brennan, “Economy for the earth”, *Ecological Economics*, vol. 20, no. 2, 1997, p. 185.

⑥ H. E. Daly, *Steady-state economics* (2nd ed.), London: Earthscan, 1992, pp. 216 - 217.

⑦ N. Georgescu-Roegen, “Energy analysis and economic valuation”, *Southern Economic Journal*, vol. 45, no. 4, 1979, p. 1040; Cf. H. E. Daly, *Steady-state economics* (2nd ed.), London: Earthscan, 1992, p. 25.

⑧ N. Georgescu-Roegen, “The entropy law and the economic problem”, in H. E. Daly ed., *Economics, Ecology, Ethics*, San Francisco: Freeman, 1973, p. 53; N. Georgescu-Roegen, “Energy analysis and economic valuation”, *Southern Economic Journal*, vol. 45, no. 4, 1979, p. 1042. See H. E. Daly, “Postscript: Unresolved problems and issues for further research”, in H. E. Daly and A. F. Umaña eds., *Energy, economics, and the Environment*, Boulder: Westview, 1981, p. 168; H. E. Daly, *Steady-state economics* (2nd ed.), London: Earthscan, 1992, p. 36.

罗根和戴利通过应用热力学定律在很大程度上发展了这两点，他们首先观察到生产“既不生产也不消耗物质—能量；它只吸收物质—能量，并不断地将其抛出”①。然后，他们诉诸熵定律，认为生产涉及物质和能量从更有序（因而更有用）的形式转化为更无序（因而更没用）的形式。简而言之，“宇宙中最终可用的物质是低熵物质—能量……它以两种形式存在：陆地存量和太阳流（a terrestrial stock and a solar flow）”②，这两种形式都是有限的（即使一些低熵物质—能量存量“在人类的时间尺度上是可再生的”）。因此，低熵物质—能量——作为生产的最终投入和约束——意味着在某个时刻，全球经济将不得不调整到“稳定状态”，以确保其自身的可重复性③。

然而，在反对能量值分析时，罗根和戴利否认生产可以简化为纯能量，甚至纯熵。正如罗根所说，“认为（生产）可以用一个庞大的热力学方程组来表示，这将是一个巨大的错误……熵过程在人格化范畴的错综复杂的网络中移动，尤其是效用和劳动。”④同样地，戴利观察到“不能一视同仁地对待所有的低熵物质—能量”⑤：各种低熵物质—能量在适合人类生产和消费所需的物质和能量转换方面存在很大差异。

因此，罗根和戴利从人的需求和欲望的角度出发，将价值定义为生产的“最终产品”，而不是任何一个或几个生产要素的首位。从这个角度来看，生产的“真正产品”“不是物质和能量消耗的物质流动，而是享受生活——也包括劳动的苦差事”⑥。价值因此被定义为“精神收入”⑦、“一种

---

① N. Georgescu-Roegen, “The entropy law and the economic problem”, in H. E. Daly ed., *Economics, Ecology, Ethics*, San Francisco: Freeman, 1973, p. 50.

② H. E. Daly, *Steady-state economics* (2nd ed.), London: Earthscan, 1992, p. 21.

③ H. E. Daly, “The economics of the steady state”, *American Economic Review*, vol. 64, no. 2, 1974; Georgescu-Roegen, “The entropy law and the economic problem”, in H. E. Daly ed., *Economics, Ecology, Ethics*, San Francisco: Freeman, 1973, pp. 53 - 54, 58.

④ N. Georgescu-Roegen, “Energy analysis and economic valuation”, *Southern Economic Journal*, vol. 45, no. 4, 1979, p. 1042.

⑤ H. E. Daly, *Steady-state economics* (2nd ed.), London: Earthscan, 1992, p. 25.

⑥ N. Georgescu-Roegen, “Energy analysis and economic valuation”, *Southern Economic Journal*, vol. 45, no. 4, 1979, p. 1042.

⑦ H. E. Daly, *Steady-state economics* (2nd ed.), London: Earthscan, 1992, pp. 31 - 36.

非物质的通量”，低熵物质—能量和有目的的人类劳动是其基本前提[①]。换句话说，“服务（精神净收入）是经济活动的最终收益。吞吐量（熵物理流）是最终成本”[②]。

二、重农主义者和马克思的自然、财富和价值

尽管重农主义者认为“土地是财富的唯一来源”，但在生态经济学家的价值争论中，重农主义者很少受到关注。克利夫兰（Cutler Cleveland）认为重农主义者“对自然是财富来源的坚定信念在整个生物物理经济学中成为一个反复出现的主题”[③]，但他没有同时作出详细说明。罗根将重农主义（特指魁奈的《经济表》）描述为一种“分析—生理学方法”，意思是“将经济现象进行类似于生物学的生理分析的显著努力”[④]。但他并没有把这种方法论上的描述与自然价值的问题联系起来。同样，在“生态经济学的历史根源”的概述中，克里斯滕森（Christensen）将重农主义者（以及其他前古典和古典经济学家）列入了一些人的行列，他们通过使用“从土地上获取的物质和食物的转化角度来看待生产”的“再生产”方法，显示出“对经济活动的物质方面的早期关注”[⑤]。然而，他没有考虑价值理论问题，尽管他断言斯拉法分析是这种早期“再生产”传统逻辑上的继承人[⑥]。

除了“大多数经济学家”普遍认为“重农主义者代表了一种历史的好奇心”[⑦]之外，再没有别人了，他们在自然价值辩论中被边缘化的主要原因可能是热力学和能源价值理论在这场辩论中所扮演的主导角色。事实

---

① Georgescu-Roegen, “The entropy law and the economic problem”, in H. E. Daly ed., *Economics, Ecology, Ethics*, San Francisco: Freeman, 1973, p. 53.

② H. E. Daly, *Steady-state economics* (2nd ed.), London: Earthscan, 1992, p. 36.

③ C. J. Cleveland, “Biophysical economics”, *Ecological Modelling*, vol. 38, 1987, p. 50.

④ N. Georgescu-Roegen, *Energy and Economic Myths*, New York: Ergamon, 1976, p. 236.

⑤ P. P. Christensen, “Historical roots for ecological economics”, *Ecological Economics*, vol. 1, no. 1, 1989, p. 18.

⑥ Ibid., pp. 33 - 34.

⑦ C. J. Cleveland, “Biophysical economics”, *Ecological Modelling*, vol. 38, 1987, p. 50.

上，重农学派的出现早于热力学定律的发展，这可能有助于解释为什么他们不仅在生态价值分析的历史上，而且在一般的生态经济学历史上几乎被抹杀。因此，马丁内斯-阿里尔（Juan Martinez-Alier）颇具影响力的生态经济学史只关注那些“计算卡路里”的经济学家。因此，它开始于19世纪60年代中期，“当时热力学定律已经建立起来”——其理念是“把能源的使用作为生态经济学的中心点，在分析上不会损失太多”。如果一个人不接受这种能量还原论的观点，那么从重农主义身上学到的教训会更加深刻。

1. 重农主义的要素

18世纪中期，法国正处于经济发展双重危机的阵痛之中。与英国相比，法国的制造业不发达，效率低下，而封建生产关系（农民和佃农受到越来越多的不在场地主的严重剥削）和“大量的税收”阻碍了法国农业的发展，其中包括用于支持“一系列灾难性战争和宫廷的奢侈”的繁重的粮食出口税①。在农民那里，“起义已经成为长期性的”②。重农主义者试图通过发现支配财富生产和分配的自然规律来确定这场危机的原因，以及克服危机的最佳政策。他们的“主要目的是阐明决定经济活动总体水平的根本原因的运作”，或“如何使像法国这样的欠发达国家的国民收入从低水平提高到高水平”③。总而言之，正如他们伟大的祖师弗朗斯瓦·魁奈所言，重农主义者的目标是“为社会实现尽可能的繁荣”，与“自然秩序的一般规律”相一致。④

重农学派进行调查的方式既受到其社会地位的影响，也受到该学派

① R. L. Meek, *The economics of Physiocracy: Essays and translations*, Cambridge: Harvard University Press, p. 25; Cf. H. Higgs, *The Physiocrats*, New York: Langland, 1952, pp. 5-11.

② N. J. Ware, "The Physiocrats: A study in economic rationalization", *American Economic Review*, vol. 21, no. 4, 1931, p. 613.

③ R. L. Meek, *The economics of Physiocracy: Essays and translations*, Cambridge: Harvard University Press, pp. 19, 368; Cf. J. J. Spengler, "The Physiocrats and Say's law of markets. II.", *Quarterly Journal of Economics*, vol. 53, no. 4, p. 345.

④ F. Quesnay, "General maxims for the economic government of an agricultural kingdom", in R. L. Meek, *The Economics of Physiocracy: Essays and Translations*, Cambridge: Harvard University Press. 1963, p. 231.

创始人兼主要人物魁奈的个人经历的影响。正如韦尔所指出的，“重农主义者不是专业的经济学家，而是从法国官僚机构中涌现出来的各种各样的官员，他们攀上了土地拥有者的行列，甚至进入了贵族阶层”①。尽管重农主义者所属的“新地主阶级”“很快就获得了贵族的论调”②，但它比它所模仿的贵族更资产阶级。这尤其适用于新的土地所有者对他们的农业资产的态度，他们以强烈的商业视角来看待这些资产。“在旧地主时代，对土地的一切要求就是谋生”，但是

> 新的地主……盈余是经济活动的必要条件，不管贵族的追求和与他们的接触有多大的吸引力，任何资产阶级国家官员都不会满足于不产生盈余的资本。③

魁奈的医学科学背景（他因1755年在尼维尔奈购买了一大片地产而升为贵族）有助于强化重农思想中对农业盈余生产潜力的潜在关注④。除了接待蓬巴杜夫人和路易十五，魁奈博士还写了大量关于人体生理学的文章，强调血液循环，以及需要一种终极的“首要力量”来启动和维持这种循环⑤。有了这样的背景，重农主义者不仅“相信把经济活动设想成一种‘循环’的形式，或者我们今天所说的循环流动是有用的”，而且“努力发现一些关键变量，其运动可以被视为在经济活动的一般水平上引

---

① N. J. Ware, “The Physiocrats: A study in economic rationalization”, *American Economic Review*, vol. 21, no. 4, 1931, p. 608.

② N. J. Ware, “The Physiocrats: A study in economic rationalization”, *American Economic Review*, vol. 21, no. 4, 1931, pp. 608 - 609.

③ Ibid., p. 609.

④ V. Foley, “An origin of the Tableau Économique”, *History of Political Economy*, vol. 5, no. 1, 1973; E. Fox-Genovese, *The origins of Physiocracy*, Ithaca, NY: Cornell University Press, 1976, ch. 2.

⑤ H. S. Banzhaf, “Productive nature and the net product”, *History of Political Economy*, vol. 32, no. 3, 2000, p. 539; P. P. Christensen, “Fire, motion, and productivity: The proto-energetics of nature and economy in François Quesnay”, in P. Mirowski ed., *Natural images in economic thought*, Cambridge: Cambridge University Press, 1994, pp. 264 - 265.

起扩张或收缩的基本因素”①。考虑到他们在半封建的重商主义体系中的资产阶级地主地位，农业负担过重，制造业落后，重农主义者自然而然地“发现农业领域是经济的主要流动领域”，认为“其他一切都取决于农业的扩张”②。

重农主义者的理论是基于土地生产生活资料的独特能力③。对于他们来说，非农业生产包含农业创造的生存物质资料的有用性的增加——“将原材料与在这种增加之前就存在的消费支出结合起来所带来的增长”；从这个意义上说，非农业生产是“相互结合的财富项目的相加”。相比之下，农业需要实际的“财富的产生或创造”，只要它“构成再生财富的更新和真正的[物质]增长”④。事实上，重农主义者将真正的财富和经济价值与土地所产生的“生存和基本物质”联系起来。⑤ 正如杜尔哥所说：

> 地球……始终是所有财富的第一和唯一的来源，它是作为耕种的结果产生所有收入的地方，它也是在所有耕种之前提供第一笔预付的地方。

因此，根据定义，只有农业能够生产超出农业劳动者生存所需数量的物质生活资料的“净产品”或“过剩”。然而，尽管这种剩余是大自然“纯粹

---

① R. L. Meek, *The economics of Physiocracy*: *Essays and translations*, Cambridge: Harvard University Press, 1963, p. 19; Cf. H. S. Banzhaf, “Productive nature and the net product”, *History of Political Economy*, vol. 32, no. 3, 2000, pp. 546 - 547.

② J. J. Spengler, “The Physiocrats and Say's law of markets. II.”, *Quarterly Journal of Economics*, vol. 53, no. 4, 1945, p. 320.

③ P. P. Christensen, “Fire, motion, and productivity: The proto-energetics of nature and economy in François Quesnay”, in P. Mirowski ed., *Natural images in economic thought*, Cambridge: Cambridge University Press, 1994, pp. 271 - 273.

④ F. Quesnay, “Dialogue on the work of artisans”, in R. L. Meek, *The Economics of Physiocracy*: *Essays and translations*, Cambridge: Harvard University Press, 1963, p. 207.

⑤ P. P. Christensen, “Fire, motion, and productivity: The proto-energetics of nature and economy in François Quesnay”, in P. Mirowski ed., *Natural images in economic thought*, Cambridge: Cambridge University Press, 1994, p. 272.

的礼物”，它的生产还是依赖于人类的劳动和智慧，净产品“是肥沃土壤的物质结果，是使土壤肥沃的智慧（远远超过辛勤劳动）和手段的实际结果”①；因此，正是“农夫的劳动”“产出超过了他的需求”，并作为“独立的、可丢弃的”剩余的来源，“土地将其作为纯粹的礼物给予耕种者”②。重农主义者因此将农业劳动视为“社会不同成员之间劳动分工顺序”的起点，这是首要的。在这种意义上，非农业劳动者的物质生存依赖于农业劳动者“生产超出其劳动工资的产品”③的能力。因为农业本身就能产生剩余的物质生活资料，即，农夫的劳动给社会劳动分工带来了第一个动力：“这种循环，通过需求的相互交换，使人们成为彼此的必需品，形成了社会的纽带”④。

诚然，耕耘者和非农业的“手艺人”“同样勤劳”，但耕耘者的劳动“从土地上生产，或者更确切地说，从土地上吸取不断涌现的财富，为整个社会提供了生活和一切需要的物质”；另一方面，工匠只是“致力于给这样生产出来的材料提供使其适合于人使用的准备和形式”⑤。简而言之，“农夫在自给自足之外，收集一种独立的、可丢弃的财富，他既不购买也不出售”。而就物质而言，非农业工人通过加工农业提供的物质财富，“只生产他们的生计”⑥。

考虑到农业工人和土地所有者之间的区别，重农主义者将社会划分为生产阶级、私有阶级、贫瘠阶级的广为人知的做法，直接遵循了他们对财富生产的基本设想。生产阶级当然是“通过耕种其领地。带来国家财富的再生”⑦。“业主阶层”或土地所有者“依靠耕种的收入或净产品生存”。最后，

---

① A. R. J. Turgot, *Reflections on the Formation and Distribution of Riches*, New York: Macmillan, 1898, p. 9.

② Ibid., p. 14.

③ Ibid., p. 9.

④ Ibid., p. 7.

⑤ Ibid., p. 10.

⑥ Ibid., p. 9.

⑦ F. Quesnay, “Analysis”, in R. L. Meek, *The Economics of Physiocracy: Essays and translations*, Cambridge: Harvard University Press, 1963, p. 150.

> 非生产阶级是由所有从事农业以外的其他服务或工作的公民组成的，他们的费用由生产阶级和业主阶级支付，业主阶级本身从生产阶级获得收入。①

魁奈假定工匠是自营职业者，因此没有区分非农业工人和资本家。杜尔哥明确地将非生产阶级或工薪阶级划分为“资本家和纯粹的工人”②。两人都基于马尔萨斯式的理由认为，工人之间的竞争将农业和非农业的工资限制在维持生计的水平上，因此，“两个劳动阶级或不能自由支配阶级”只得到“劳动的报酬”③。因为，在重农主义者的物质流动视角中“除了土地的净产出外，没有任何收入”，而农夫“使土地生产出超出自己需要的那部分产品”的财富数量是：

> [非农业工人]得到的作为其辛劳报酬的工资的唯一基金。当后者利用这种交换所得再购买农夫的产品时，只是将自己从农夫那里所得到的全部又返还给农夫。④

同样，所有非农业利润“都是由这种收入所支付的，或者构成用来生产这种收入的开支的一部分”⑤。

重农主义者虽然把农夫视为唯一的生产(剩余生产)阶级，但并不认为其他阶级是完全无用的消费者。首先，所有者可以依靠净产品生活的事实意味着他们“可以被雇用来满足社会的一般需求，例如战争和司法行政”⑥。或者，所有者可以“将其部分收入(即净产品)交给国家，用于雇用

---

① F. Quesnay, “Analysis”, in R. L. Meek, *The Economics of Physiocracy: Essays and translations*, Cambridge: Harvard University Press, 1963, p. 150.

② A. R. J. Turgot, *Reflections on the Formation and Distribution of Riches*, New York: Macmillan, 1898, p. 54.

③ Ibid., p. 15.

④ Ibid., pp. 7-8, 96.

⑤ Ibid., p. 96.

⑥ Ibid., p. 96.

工人以提供这些一般需求"[①]。这一安排的社会功能与重农学派成员的个人情况相匹配,他们当中许多人是地主和政府官员。此外,重农主义者清楚地意识到,将"土地的产品"转化为有用的商品和服务需要"漫长而艰难的准备"[②]。因此,他们认为,在财富生产的整个过程中,贫瘠阶层是一个"有用而必要的"齿轮——这就是为什么他们有理由接受"足以提供食物、住房等的货币价值……和[在非农业业主的情况下]预付款的回报"[③]。没有实际价值的阶层的货币支出(因而非农业产品的生产和销售)对产生(通过市场销售)农业净产品也是必不可少的。

考虑到农业本身产生的"可支配盈余超过必要成本"[④],重农主义者的政策建议主要针对增加农业净产品的规模。减少农业出口税将通过农产品价格上涨增加净产品[⑤]。同样,将过多的农业税合并为单一的对土地净产品征收的适度税,将增强"简单、公正和节约"(因为所有的税收无论如何都必须"最终从这一基金中支付"),同时提高农业投资回报的水平和确定性[⑥]。最后,自由放任的政策,特别是"完全竞争自由"和终止对效率低下的非农业企业的重商主义保护,将在农业和非农业活动之间建立"一种平衡"[⑦]。这种均衡将鼓励农业投资的稳定增长,而不会过度抑制产生与

---

① J. J. Spengler, "The Physiocrats and Say's law of markets. I.", *Quarterly Journal of Economics*, vol. 53, no. 3, 1945, p. 201.

② A. R. J. Turgot, *Reflections on the Formation and Distribution of Riches*, New York: Macmillan, 1898, p. 5.

③ J. J. Spengler, "The Physiocrats and Say's law of markets. I.", *Quarterly Journal of Economics*, vol. 53, no. 3, 1945, p. 200; Cf. L. Herlitz, "The Tableau Économique and the doctrine of sterility", *Scandinavian Economic History Review*, vol. 9, no. 1, 1961, pp. 12, 39.

④ R. L. Meek, *The economics of Physiocracy: Essays and translations*, Cambridge: Harvard University Press, 1963, p. 20.

⑤ H. S. Banzhaf, "Productive nature and the net product", *History of Political Economy*, vol. 32, no. 3, 2000, pp. 518-519; N. J. Ware, "The Physiocrats: A study in economic rationalization", *American Economic Review*, vol. 21, no. 4, 1931, p. 607.

⑥ H. Higgs, *The Physiocrats*, New York: Langland, 1952, p. 44.

⑦ F. Quesnay, "General maxims for the economic government of an agricultural kingdom", in R. L. Meek, *The Economics of Physiocracy: Essays and Translations*, Cambridge: Harvard University Press. 1963, p. 237; A. R. J. Turgot, *Reflections on the Formation and Distribution of Riches*, New York: Macmillan, 1898, p. 83.

加工净产品所需的非生产阶级支出和非农业活动①。《经济表》为简单再生产的情况阐述了这种理想平衡的循环条件②。

2. 重农主义者与自然价值之争

重农主义是当今生态经济学家对自然价值持有的不同观点的有趣混合体。与重农主义者一样，自然价值理论家(能源学派、生态—斯拉法学派和生态马克思主义)将自然视为经济价值的直接来源。重农主义的论点，即土地的剩余生产能力是财富生产的基础，与能源价值理论和罗根、戴利的"享受生活"方法一致，这两种方法分别找到了能源和"低熵物质—能量"的最终净投入。然而，由于罗根和戴利反对能源理论对主要净投入的价值认同，他们不会认同重农主义的论点，即农业是净价值产品的唯一来源。尽管如此，罗根、戴利以及重农主义者都认为人类活动不仅仅是财富生产的一种独立的物质投入：在这两种观点中，人类的劳动和智慧对于释放自然的物质能量生产力并将其转化为有用的商品和服务至关重要。只是重农主义者不把经济价值与"享受生活"等同起来，而把经济价值与物质生存手段等同起来。换句话说，他们把价值定义为人类生活的物质基础和实质，而不是用非物质的、精神的术语来理解人类生活。

3. 马克思对重农主义的批判

马克思在价值问题上与重农主义的主要接触是在《剩余价值理论》的第二章。这一章给读者留下深刻印象的是，马克思对重农主义者的极高敬意不仅限于魁奈的《经济表》，也延伸到他们的分析方法的基本特征。在马克思看来，"重农主义者伟大而具体的贡献"是"它不是从流通中而是从生产中引出价值和剩余价值"③。在马克思看来，重农学派"同货币主义

---

① R. L. Meek, *The economics of Physiocracy: Essays and translations*, Cambridge: Harvard University Press, 1963, p. 396; F. Quesnay, "Dialogue on the work of artisans", in R. L. Meek, *The Economics of Physiocracy: Essays and translations*, Cambridge: Harvard University Press, 1963, p. 223.

② R. L. Meek, *The economics of Physiocracy: Essays and translations*, Cambridge: Harvard University Press, 1963, pp. 265-296; F. Quesnay, "Analysis", in R. L. Meek, *The Economics of Physiocracy: Essays and translations*, Cambridge: Harvard University Press, 1963.

③《马克思恩格斯全集》第33卷，北京：人民出版社2004年版，第22页。

和重商主义相反”①,这使得他们的分析是第一次“试图分析剩余价值一般的性质”②。它还解释了为什么“重农主义体系是对资本主义生产的第一个系统的理解”③。

马克思对重农主义者的思想印象尤为深刻:

> 分析了资本在劳动过程中借以存在并分解成的各种物质组成部分。决不能责备重农学派,说他们和他们所有的后继者一样,把工具、原料等等这些物质存在形式,脱离它们在资本主义生产中出现时的社会条件,当作资本来理解,总之,不管劳动过程的社会形式如何,在它们是劳动过程本身的要素的形式上把它们当作资本来理解,并把生产的资本主义形式变成生产的一种永恒的自然形式。对于他们来说,生产的资产阶级形式必然表现为生产的自然形式。重农学派的巨大功绩是,他们把这些形式看成社会的生理形式,即从生产本身的自然必然性产生的,不以意志、政策等等为转移的形式。④

然而,尽管马克思赞扬重农主义者关注生产的“物质规律”,但他认为重农主义者的错误认识是把“特定历史阶段的物质规律看成同样支配着一切社会形式的抽象规律”⑤。马克思这样说是什么意思呢?

问题在于重农主义者没有批判性地分析资本主义自身的财富价值形式,也就是说,没有从历史特定的、社会关系的角度考虑“价值”。结果,他们混淆了真正财富的自然实质与资本主义的“价值”。马克思因此指出,重农主义者“对价值性质的一般看法,按照他们的理解,价值不是人的活动(劳动)的一定的社会存在方式,而是由物质,由土地、自然以及这个物质的各种变态构成的”⑥。这是一种“把价值同物质混淆起来,或者确切些

---

①《马克思恩格斯全集》第 33 卷,北京:人民出版社 2004 年版,第 22 页。
②《马克思恩格斯全集》第 46 卷,北京:人民出版社 2003 年版,第 886 页。
③《马克思恩格斯全集》第 45 卷,北京:人民出版社 2003 年版,第 399 页。
④⑤《马克思恩格斯全集》第 33 卷,北京:人民出版社 2004 年版,第 15 页。
⑥ 同上书,第 19 页。

说，把两者等同起来的看法”，它塑造了“重农学派的全部见解”①。在马克思看来，资本主义将经济价值归结为一种特定的社会物质：抽象的（同质的，社会必要的）劳动时间。因此，从马克思的立场来看，重农主义者对价值和物质财富的混淆解释了为什么“他们还没有把价值一般归结为它的简单实体：劳动量，或劳动时间”②。这反过来也解释了为什么他们“没有看出剩余价值的秘密”③。

在马克思看来，剩余价值的来源是工人的劳动力生产的商品能够包含比其工资更高的价值。当然，这种剩余的前提是农业劳动的生产力足以生产出比农民自己所需更多的生活资料。否则，农业中就没有剩余产品，也就没有非农业工人的生活资料，因此就没有（农业或非农业的）剩余价值。从这个意义上说，剩余价值有其自然基础。不幸的是，重农主义者将这种自然基础与具体资本主义生产关系下剩余价值的实际决定混为一谈：

> 农业劳动者得到的是最低限度的工资，即“绝对必需品”，而他们再生产出来的东西却多于这个“绝对必需品”，这个余额就是地租，就是由劳动的基本条件——自然——的所有者占有的剩余价值。因此，重农学派不是说：劳动者是超过再生产他的劳动能力所必需的劳动时间进行劳动的，所以他创造的价值大于他的劳动能力的价值，换句话说，他归还的劳动大于他以工资形式得到的劳动量。而是说：劳动者在生产时消费的使用价值的总量小于他所生产的使用价值的总量，因而剩下一个使用价值的余额。如果他只用再生产自己的劳动能力所必需的时间来进行劳动，那就没有什么余额了。但是重农学派只抓住这样一点：土地的生产率使劳动者能够在一个工作日（假定为已知量）生产出多于他维持生活所必需消费的东西。这样一来，这个剩余价值就表现为自然的赐予，在自然的协助下，一定量的有机物

① 《马克思恩格斯全集》第 33 卷，北京：人民出版社 2004 年版，第 34 页。
② 同上书，第 19 页。
③ 《马克思恩格斯全集》第 34 卷，北京：人民出版社 1972 年版，第 41 页。

(植物种子、畜群)使劳动能够把更多的无机物变为有机物。①

需要强调的是,马克思既没有否定剩余产品,也没有否定剩余价值的自然基础。尽管他认为以非历史的、非社会的方式对待剩余价值,仅仅将其视为"自然的纯粹礼物"是错误的,但他仍然说重农主义者之所以这样做,部分原因是"农业劳动者得到的是最低限度的工资,即'绝对必需品',而他们再生产出来的东西却多于这个'绝对必需品',这个余额就是地租,就是由劳动的基本条件——自然——的所有者占有的剩余价值"②。事实上,马克思特意为重农主义者的困境开脱,因为重农主义者对农业生产力的关注是由他们的历史环境所决定的。重农学院"只是从这个方面把农业同还很不发达的工场手工业加以对比"③,另外,

> 在农业中,土地从它的化学等作用来说,本身已经是一种机器,这种机器使直接劳动具有较高的生产效率,从而较早地提供剩余额,因为这里较早地使用了机器,即自然的机器。④

马克思甚至宽恕了重农主义者,因为农业是唯一"劳动工具的自然力明显地能够使劳动者所生产的价值多于他所消费的价值的领域"⑤:

> 劳动能力的价值和这个劳动能力的价值增殖之间的差额……无论在哪个生产部门都不如在农业这个最初的生产部门表现得这样显而易见,这样无可争辩。劳动者逐年消费的生活资料总量,或者说,他消费的物质总量,小于他所生产的生活资料总量。在制造业中,一般既不能看到工人直接生产自己的生活资料,也不能看到他直接生产超过这个生活资料的余额。过程以买卖为中介,以各种流通行为为中介,而要理解这个过程,就必须分析价值本身。在农业中,过程

①②《马克思恩格斯全集》第33卷,北京:人民出版社2004年版,第24页。
③④《马克思恩格斯全集》第30卷,北京:人民出版社1995年版,第591页。
⑤ 同上书,第290页。

> 在生产出的使用价值超过劳动者消费的使用价值的余额上直接表现出来，因此，不分析价值本身，不弄清价值的性质，也能够理解这个过程。因此，在把价值归结为使用价值，又把使用价值归结为物质本身的情况下，也能够理解这个过程。所以在重农学派看来，农业劳动是唯一的生产劳动。①

因此，由于所有这些原因，"把农业劳动同其他一切劳动部门区别开来的是剩余价值形式"②。其缺陷是重农主义者有限的社会历史视野使他们无法批判性地分析资本主义的财富价值和剥削的具体形式，也就是说，"重农学派完全抛弃了形式，仅仅考察单纯的生产过程"③。因此，他们"只要接触到价值实体，就把价值仅仅归结为使用价值(物质、实物)"④：

> 他们的错误在于，他们把那种由于植物自然生长和动物自然繁殖而使农业和畜牧业有别于制造业的物质增加，同交换价值的增加混淆起来了。在他们看来，使用价值是基础。而一切商品的被归结为烦琐哲学家所说的普遍物的使用价值，就是自然物质本身，而自然物质在其既定形式上的增加，只有在农业中才会发生。……他们对剩余价值本身的理解是错误的，因为他们对价值有不正确的看法，他们把价值归结为劳动的使用价值，而不是归结为劳动时间，不是归结为没有质的差别的社会劳动。⑤

鉴于资本主义的兴起与工业革命之间的密切联系，重农主义者强调农业，却将资本主义价值与物质财富或使用价值混为一谈，这似乎是矛盾的。在马克思看来，这一悖论反映了重农主义的历史背景——"在封建社

---

①《马克思恩格斯全集》第33卷，北京：人民出版社2004年版，第19页。
② 同上书，第20页。
③《马克思恩格斯全集》第30卷，北京：人民出版社1995年版，第289—290页。
④《马克思恩格斯全集》第33卷，北京：人民出版社2004年版，第160页。
⑤ 同上书，第37、138页。

会框架内盛行的新资本主义社会……脱离封建秩序的资产阶级社会”。因此，重农主义者“把生产的资本主义形式变成生产的一种永恒的自然形式”[①]，但它“是封建制度即土地所有权统治的资产阶级方式的再现”[②]。

重农主义体系的这种“封建外壳”有助于解释它的一些局限性和矛盾，特别是它关于“资本最先得到独立发展的工业部门……是‘非生产的’劳动部门，只不过是农业的附庸而已”[③]的论述，因此，它没有将非农业生产视为剩余价值的来源。重农主义者认为，“地租，就被看成剩余价值的唯一形式……不存在真正的资本利润”[④]。换句话说，重农主义者认为地租是“剩余价值的一般形式”，而“工业利润和货币利息只是地租依以进行分配的各个不同项目”[⑤]。简而言之，在重农学派中，“唯一的生产剩余价值的资本，它所推动的农业劳动，是唯一的生产剩余价值的劳动”[⑥]。它是“是按封建主义方式从自然而不是从社会，是从对土地的关系而不是从交往引申出来的”[⑦]。尽管如此，马克思说，重农主义体系“实际上是第一个对资本主义生产进行分析，并把资本在其中被生产出来又在其中进行生产的那些条件当作生产的永恒自然规律来表述的体系”[⑧]。

如前所述，重农主义的三阶级模式假定了农业中的资本主义关系，或如马克思所说，“不言而喻，这里是假定土地所有者作为资本家同劳动者相对立”[⑨]。在马克思看来，这种假设至少使重农主义者中的一位，即杜尔哥，能够“在农业劳动范围内对剩余价值是有正确理解的，他们把剩余价值看成雇佣劳动者的劳动产品”[⑩]。重农主义的“土地所有者本质上是一个资本家”，他“以商品所有者的身份与自由劳动者对抗”，马克思一语中的：

①《马克思恩格斯全集》第33卷，北京：人民出版社2004年版，第15页。
②③ 同上书，第23页。
④⑤《马克思恩格斯全集》第33卷，北京：人民出版社2004年版，第20页。
⑥《马克思恩格斯全集》第46卷，北京：人民出版社2003年版，第886页。
⑦《马克思恩格斯全集》第33卷，北京：人民出版社2004年版，第25页。
⑧ 同上书，第23页。
⑨ 同上书，第24页。
⑩ 同上书，第31页。

资本发展的第一个条件，是土地所有权同劳动分离，是土地——劳动的这个最初条件——作为独立的力量，作为掌握在特殊阶级手中的力量同自由劳动者相对立。①

由于重农主义者将资本主义的生产关系视为自然条件（至少在农业领域），他们未能分析这些生产关系与资本主义的财富价值具体形式之间的联系。事实上，他们对定性的价值形式问题几乎没有兴趣。因此，在他们的体系中，"价值本身只不过归结为使用价值，从而归结为物质"，"重农主义者对这个物质所关心的"不是它的社会形式，而是"量，即生产出来的使用价值超过消费掉的使用价值的余额，因而只是使用价值相互之间的量的关系，只是这些使用价值的最终要归结为劳动时间的交换价值"。②重农主义价值理论对定量的强调体现在他们把货币仅仅当作一种方便的交换媒介和价值衡量手段，而不是用这种价值作为一般代表的必要性表示潜在的生产关系，反之亦然③。另一方面，重农主义者将交换价值和货币视为财富或使用价值的自然形式，而不是（潜藏着矛盾的）资本主义财富价值形式。因此，他们支持"无拘无束的自由竞争，工业摆脱国家的任何干预、垄断等等"，以及对农业征收单一税，以确保农业净产品的流通和生产转型"不受干扰地、最便宜地进行"④。

4. 马克思对重农主义思想的批判性继承

马克思与重农主义者的区别在于他将"价值"定义为资本主义经济价值的具体形式。重农主义者将经济价值的来源和实质界定为自然的物质生产力和一般的农业劳动，与此不同的是，马克思坚持认为资本主义价值应该从资本主义特定生产关系的角度来分析。在马克思看来，资本主义将价值贬低并物化为商品同质的社会必要劳动时间。他把这种贬值（re-

①《马克思恩格斯全集》第33卷，北京：人民出版社2004年版，第23页。

② 同上书，第25页。

③ F. Quesnay, "Dialogue on the work of artisans", in R. L. Meek, *The Economics of Physiocracy: Essays and translations*, Cambridge: Harvard University Press, 1963, pp. 217-219.

④《马克思恩格斯全集》第33卷，北京：人民出版社2004年版，第26页。

duction)看作是劳动者与土地和其他必要的生产条件的社会分离的结果，在这种社会分离的基础上，社会生产主要是通过竞争企业之间的市场关系组织起来的，这些企业雇佣劳动力以获取利润。换句话说，劳动时间的贬值并不代表马克思关于哪一种物质生产投入最重要或最“主要”(无论是逻辑上还是时间上)的判断。马克思始终坚持，就实际财富或使用价值而言，自然和劳动是同等重要的①。马克思在抽象劳动中发现了价值的实质，简而言之，就是他对具体的资本主义生产进行分析的结果②。

由此可见，在马克思看来，劳动时间的贬值不适用于非资本主义形式的生产。同样明显的是，马克思没有把抽象劳动时间看作是财富(包括自然财富)的合适的表征或衡量标准。事实上，在《资本论》中，使用价值(包括其自然基础和实质)与价值之间的矛盾就像一条红线贯穿了马克思的分析③。因此，尽管他指出价值必须用一般等价物——货币来表示，即使他指出价值和剩余价值必须物化为可出售的使用价值，马克思也没有断言商品的货币交换价值准确地反映了所有自然多样性和社会多样性的财富——无论是定性的还是定量的④。事实上，在马克思看来，货币交换价值没有定性或定量地把握住自然条件对资本的特定有用性，因为它们是由商品价值决定的——这一矛盾表现在向具有垄断性质的自然生产条件的所有者支付租金(剩余价值的再分配)上。马克思的分析也没有断言租金充分反映了自然对于资本的使用价值，更不用说更广泛意义上的自然对于人类再生产和发展真正有贡献的使用价值了⑤。

马克思关于价值的社会历史性关系的方法与重农主义者粗糙的唯物主义(因此也是唯心主义)方法有很大的不同。然而，马克思的唯物主义使他能够批判性地将某些重农主义概念纳入他自己对资本主义的分析。马克思思想中的重农主义元素源于他对资本的物质需求的理解：可剥削

① P. Burkett, *Marx and Nature*, New York: St. Martin's, 1999, p. 26.

② A. Saad-Filho, *The Value of Marx*, London: Routledge, 2002, ch. 3.

③ P. Burkett, *Marx and Nature*, New York: St. Martin's, 1999, ch. 7.

④ R. Rosdolsky, *The Making of Marx's 'Capital'*, London: Pluto, 1977, ch. 4 and 5.

⑤ P. Burkett, *Marx and Nature*, New York: St. Martin's, 1999, pp. 90 - 98.

的劳动力和工人劳动在可出售的使用价值(商品)中的物化①。只要大自然能提供这些条件,它就有助于资本的积累。正如马克思所说:

> 资本所能支配的劳动量,不是取决于资本的价值,而是取决于构成资本的原料和辅助材料、机器和固定资本要素以及生活资料的数量,而不管这些物品的价值如何。②

尽管资本主义价值的实质是抽象劳动时间,但物质世界必须为资本提供"物质实体"(material substance),而这些"资本的物质要素"必须"用来吮吸追加劳动,从而也可以用来吮吸追加的剩余劳动,由此形成追加资本"③。

鉴于资本的物质需求,马克思认为,"剩余价值等是以某种自然规律为基础的"④,也就是说,"以土地的肥力为基础,即以能生产出多于工人绝对必需的生活资料的劳动的自然生产率为基础,这种自然生产率当然以它的——土地等的——无机自然界性质为基础"⑤。马克思对重农主义这一核心原理的认可在前面已经讨论过了,即没有农业剩余,农业中就不可能有剩余劳动力,也就没有非农业工人的生存手段,因此整个经济中就没有剩余价值。在这方面,马克思唯一的抱怨是重农主义者将剩余价值的社会物质规定降低到这个自然基础上,因为他们不加批判地接受了资本主义生产关系(至少在农业方面)。

和重农主义者一样,马克思经常把生产的自然条件称为自然的"礼物"。只要这些礼物能够提供条件,使其能够从工人身上榨取剩余劳动力并物化为可用价值,而不增加生产商品所需的雇佣劳动力,资本就会无偿占用这些礼物。大自然的礼物可以作为资本的免费礼物。换句话说,这是因为即使它们不是雇佣劳动的产品,它们仍然提供了资本生产和实现

① P. Burkett, *Marx and Nature*, New York: St. Martin's, 1999, ch. 5.
②③《马克思恩格斯全集》第46卷,北京:人民出版社2003年版,第277页。
④《马克思恩格斯全集》第36卷,北京:人民出版社2015年版,第207页。
⑤《马克思恩格斯全集》第37卷,北京:人民出版社2019年版,第354页。

剩余价值所需要的使用价值。与重农主义者不同的是，马克思认为这样的礼物“只是充当使用价值的形成要素，而不是充当交换价值的形成要素”①。他认为无偿占用自然的礼物是资本主义发展的一个关键因素，但在某种程度上承认资本主义生产关系的基本作用。在马克思看来，资本主义将自然的礼物转化为剩余价值生产的条件，是通过从土地和其他必要的生产条件中“解放”劳动力而得以实现的。因此，在马克思看来，自然界礼物的资本化既是资本主义系统将实际财富异化的条件，也是人类可持续发展的自然需求和社会需求的结果②。

三、重新审视自然价值的争论

与重农主义者一样，生态经济学家并不将自然价值问题归根于资本主义的基本生产关系：将劳动力从土地和其他必要的生产条件中“解放”出来，并将劳动力和生产条件重新统一为雇佣劳动和生产商品以获取利润的资本。从这个意义上说，关于自然价值的争论并没有把自然的货币价值作为一种具体的资本主义价值形式来考虑。与重农主义一样，对于系统的内部经济关系及评估自然的方式之间的联系缺乏关注，其后果是将自然的价值与其使用价值相混淆，接受交换价值和货币是评价自然界的自然方式，以及对自然价值的片面量化视角。这些倾向产生的方式是由辩论各方关于使用价值和交换价值的不同概念所决定的。

1. 能源价值理论

对于能源理论家来说，具体化的能源——真正的初级投入或资源——最好地解释了商品的相对成本和总生产成本。假设价格反映的是生产成本，他们认为能源体现的是真正的来源和经济价值的实质，以货币来衡量。

问题是，市场估值被认为在质量和数量上足以衡量生产的真正资源

---

①《马克思恩格斯文集》第5卷，北京：人民出版社2009年版，第237页。

② P. Burkett, *Marx and Nature*, New York: St. Martin's, 1999, ch. 5.

成本。因此，在抨击能源价值理论时，戴利（H. E. Daly）指出，该理论不仅隐含地假定资源和生产商品的市场不存在垄断性的“缺陷”，而且还假定生产中使用的所有能源和能源类型都存在市场，包括照亮和加热地球的免费太阳能，没有太阳能显然就无法进行生产[①]。鉴于这种难以置信的假设，在能量和货币价值之间呈现的统计相关性极有可能不是“一个真正的经验发现”，而是“分析框架的强加结果”，特别是“只有一个主要投入，即能量”的假设[②]。更糟糕的是，由于寻求主要投入的单一的量化“圣杯”（quantitative Holy Grail），能源方法假定所有自然资源都可以简化为纯粹的能量。结合“体现的能量价值是……市场价值的准确指标，反之亦然”的假设，这表明“市场能源价格可能被用来根据其中蕴含的能量来评估自然生态系统结构和过程”[③]。

科斯坦扎（Costanza）对戴利的批判所作的回应验证了能源理论的还原论及其对市场的非批判方法。关于将自然的使用价值降格为生产投入的能源，他只是以更“物质”和“熵”的术语重申了该理论的两个假设：（1）“隐含能源[④]（Embodied Energy）生产有组织的物质结构所需的直接和间接能源（与非结构化质量结合）”；（2）“物质结构中蕴含的能量被作为其组织程度的衡量标准——它们所包含的低熵量”。如果这两点阐明了什么的话，那就是能源理论对主要投入的探索是由它将价值问题简化为寻找某种通用的使用价值衡量标准所驱动的，这种标准是脱离了特定的社会历史生产关系而设定出来的。做出这一设定后，人们就会认为，货币和市场只是方便的社会工具，用来将这些量化的“能源价值”记为交换价值。

的确，我们很难不得出这样的结论，即能源理论家对价值量化的关注，在很大程度上是出于他们对货币和货币价格的推崇，将其作为使用价值的单维度衡量标准。例如，汉农（Hannon）通过类比“容易理解的……使

---

① H. E. Daly, “Postscript: Unresolved problems and issues for further research”, in H. E. Daly and A. F. Umaña eds., *Energy, Economics, and the Environment*, Boulder: Westview, 1981, pp. 168-169.

② Ibid., p. 167.

③ Ibid., p. 168.

④ 隐含能源是指产品加工、制造、运输等全过程所消耗的总能源。——译者注

用公约数(如货币)的效用",来"衡量价值",提出了"能源价值标准"的理由。显然,"应该采用货币以外的评价标准……为传统的货币价值标准增加另一个维度"①。尽管如此,这个额外的维度仍然是纯定量的(英热单位),并且本身是用货币来评估的。因此,汉农提到,"能源消耗较少的各种商品或服务的替代品的金钱成本"②。

在这种自然价值理论中,市场的缺陷被归结为货币兑换价值与能源价值的数量偏差。此外,这些偏差并不要求放弃市场,以支持其他(比如政治)的经济决策形式,而是要求更完全和完善的自然市场化:

> 隐含能源的价值理论假设,一个功能完善的市场将通过复杂的进化选择过程,达到与隐含能源强度成比例的价格。国家投入产出表所涵盖的交易是在表现相对良好(尽管不完美)的市场中进行的,该理论预测了这些部门的市场价格和隐含能源强度之间存在良好(尽管不完美)的经验关系。这是对现有市场运作方式的积极表述。鉴于这个陈述是相对准确的,我们可以对市场(影子)价格在完美状态下会是什么作出一个规范性的陈述。戴利批评说,隐含能源的价值理论意味着市场价格与隐含能源强度之间不可能存在差异,这是不准确的。相反,我看到大量交易(即在生态系统中)所处的市场不存在或不完整。这些系统的隐含能源明显偏离市场价格。正是这些分歧点最有趣,因为隐含能源可能有助于纠正不完善的所有权和其他市场缺陷。③

在科斯坦扎看来,市场导向的生产造成的环境破坏问题并不是因为

---

① B. M. Hannon, "An energy standard of value", *Annals of the American Academy of Political and Social Science*, vol. 410, 1973, p. 139.

② Ibid., p. 140.

③ R. Costanza, "Reply: An embodied energy theory of value", in H. E. Daly and A. F. Umaña eds., *Energy, Economics, and the Environment*, Boulder: Westview, 1981, pp. 189–190.

自然财富和市场价值之间存在任何本质上的紧张关系，而是因为自然财富的市场缺失、不完整或不完美。显然，如果自然的使用价值被适当地减少到它所包含的能源，然后适当地用货币来衡量，环境问题就会自动纠正。简而言之，正如戴利所指出的，“能源价值理论令人惊讶和不安的含义……是它将市场价格扩展到至今仍被认为在市场领域之外的生态系统服务的价值”①。事实上，汉农将货币范畴直接应用到能源本身的数量上，指的是一种新货币的未来“流量”，“由特定时期能源预算的数量调节”②。最近，为了回答“自然如何评价人的价值”，汉农分析了非人类生态系统的“净产出”（简化为纯能量项），使用了市场价值、价格和利润率的范畴③。

能源理论家对自然市场化的非批判立场也反映在他们对新古典效用理论（市场价格与个人主观对自然的估值之间的对应关系）的不可解释的主张上。科斯坦扎因此声称“隐含能源（或能源成本）的价值理论与基于效用的价值理论之间没有内在的冲突”④。显然，效用本身最终可以简化为能量流（或者反之亦然？），否则，主张“以最优化为基础的经济原则”来揭示基于成本的方法和基于效用的方法的一致性是毫无意义的。这也许可以解释为什么法伯等人在倡导了能源价值理论之后，能够支持构建自然资源人工货币估值的各种尝试，包括在相关市场不存在的情况下基于个别受访者的主观估值。

鉴于能源学派在价值问题上深刻的社会主义方法，其主要成员科斯坦扎基于技术悲观主义，即对新技术克服经济增长预先确定的自然（特别是熵）限制的能力持怀疑态度，就不足为奇了。尽管科斯坦扎提到了方法论多元化，但他的生态经济学并不包含资本主义生产关系、自然价值以及

① H. E. Daly, “Postscript: Unresolved problems and issues for further research”, in H. E. Daly and A. F. Umaña eds. , *Energy*, *Economics*, *and the Environment*, Boulder: Westview, 1981, p. 167.

② B. M. Hannon, “An energy standard of value”, *Annals of the American Academy of Political and Social Science*, vol. 410, 1973, p. 153.

③ B. M. Hannon, “How might nature value man?”, *Ecological Economics*, vol. 25, no. 3, 1998, pp. 273 - 277.

④ R. Costanza, “Embodied energy, energy analysis, and economics”, in H. E. Daly and A. F. Umaña eds. , *Energy*, *Economics*, *and the Environment*, Boulder: Westview, 1981, p. 140.

生产耗尽和破坏自然条件的趋势之间的任何内在联系。

2. 生态斯拉法的方法

与能源学派一样，生态—斯拉法学派(eco-Sraffian)也倾向于将资本主义对自然的纯粹量化、货币化和市场化的评价自然化，并将环境问题归咎于自然资源市场的缺失或不完整。最基本的问题是斯拉法投入产出模型不能区分对劳动力的剥削和对其他投入的剥削。他们将生产视为由特定技术参数连接起来的离散生产要素的组合，并没有抓住资本主义的具体剥削关系：雇佣劳动。因此，这些模型不能用来构建资本主义对自然价值具体形式的批判视角。

例如，佩瑞(Charles Perrings)告诉我们，他的动态投入—产出分析的目标是"确定价格机制在经济—环境系统中可以预期做什么和不能做什么"①。但是，他没有具体说明支撑(或多或少)一般市场关系的具体生产关系，而是声称"强制性生产制度，如奴隶制度、封建制度或徭役制度，直接类似于我们更熟悉的对非人类环境的剥削"②。结果，他发现资本主义的"根本缺陷"不在于该制度的生产关系，而在于"环境外部效应"③。显然，问题在于，并非所有"资源都受制于权利和财产"，因此，有些自然资源"具有商品的地位，而有些不具有"。总之，"环境资源在经济的价格体系之外"，其结果是"持久的外部影响"。假设所有自然资源都能以某种方式市场化和货币化，"价格制度使环境过程不可观察和不可控制"的问题就能得到解决。④ 毫不奇怪，佩瑞支持新古典主义经济学家罗伯特·索洛(Robert Solow)的倡议，即利用"环境纽带"作为实现"外部效应的社会控制"的一种方法⑤。这种债券相当于购买者支付的自然资源使用费，费用

① C. Perrings, *Economy and Environment*, New York: Cambridge University Press, 1987, p. 12.

② Ibid., p. 20.

③ Ibid., p. 1.

④ Ibid., pp. 10-11.

⑤ C. Perrings, *Economy and Environment*, New York: Cambridge University Press, 1987, p. 164. See also C. Perrings, "Environmental bonds and environmental research in innovative activities", *Ecological Economics*, vol. 1, no. 1, 1989, pp. 95-110; R. M. Solow, "The economist's approach to pollution control", *Science*, vol. 173, 1971, pp. 498-503.

将根据与使用相关资源有关的社会(“外部”)成本的货币价值来确定。当然,这一工具假定金钱是衡量自然财富的适当标准,尽管与有关自然资源使用的所有不确定性、质量上的各种收益和成本,以及人的价值相冲突。

同样,高迪(J. M. Gowdy)首次提出了投入—产出“增长核算框架”,该框架“将显示劳动、资源和环境服务对经济增长的贡献”①。然后,他赞同在货币方面对这类模型进行实证量化的各种努力,甚至赞同“根据环境破坏调整GDP”②的尝试。对于那些批评对自然财富进行货币估值的人,他的回应是什么呢?“一位智者曾经说过,任何值得做的事,做得再糟糕也值得做。考虑到这些损失,关注全球环境质量加速恶化的人,需要开始量化过去的经济增长和生产率。”③但这种回应假设了对自然财富的货币量化是“值得做的”,也就是说,它不带价值判断,如“越多越好”,也假设了人为财富和自然财富的可替代性,这与高迪和其他生态经济学家的本体论立场相矛盾。

需要明确的是,本评论的意图并不是反对使用投入—产出方法来表示生物物理和能源生产数据,来作为对“经济的社会机构和信号系统”所面临的环境问题提出分析性问题的一种方式④。当输入输出系统被货币交换价值所覆盖时,困难就出现了,而货币交换价值被认为是表示自然“价值”(真正使用价值)的质量上足够的方法。令人惊讶的是,这种方法甚至被一些在其他地方坚持自然使用价值不可通约性的生态经济学家所使用。

例如,马丁·奥康纳(Martin O'Connor)和胡安·马丁内斯—阿里尔(Juan Martinez-Alier)强烈批评了自然的货币化和资本化,即将其贬低为数量交换价值和“回报率”。然而,他们也使用斯拉法投入产出模型来分析环境可持续性和生态冲突的问题。在一篇文章中,他们将价值与交换

---

① J. M. Gowdy, “The entropy law and Marxian value theory”, *Review of Radical Political Economics*, vol. 20, no. 2/3, 1988, p. 38.

②③ Ibid., p. 39.

④ C. Perrings, *Economy and Environment*, New York: Cambridge University Press, 1987, p. 7. Cf. M. O'Connor, “Entropic irreversibility and uncontrolled technological change in economy and environment”, *Journal of Evolutionary Economics*, vol. 3, no. 4, 1993, pp. 285-315; W. E. Rees, “Consuming the earth”, *Ecological Economics*, vol. 29, no. 1, 1999, pp. 23-27.

价值(相对价格)等同起来,并认为即使"环境成本一般不能令人信服地转化为价格",斯拉法定价模型仍然可以提供"关于自然资本库存和流动估值的洞见"。他们的"斯拉法生态经济学"代表了"工业商品经济"中"关于自然资本的占有和使用的社会利益冲突"。尽管经济的生产关系没有明确规定,但该模型假定商品生产和自然使用价值的货币通约性。事实上,它甚至将货币价格和利润的范畴应用到非商品过程中,如"经济所有者将经济浪费……植入到环境中,[这]带来了些许生态资本的退化"以及"生态资本"本身的生产。①

基于这些假设,"生态价值体系冲突"被"描述于两个层面。首先是定义……现行价格制度;二是在此价格体系中被定义的剩余价值分配的竞争"②。因此,所有冲突的结果都被简化为纯粹的货币数量,作为生态"价值"的精确度量,其中价值与使用价值相一致。显然,模型假设的影响远远超出了单纯的"说教"。正是因为斯拉法框架"没有处理更广泛的社会/文化问题,如政治筹划、价值不可通约性(incommensurability of values)、合法性制度"③,它必然会塑造一个人对环境可持续性和生态冲突的基本愿景。因此,奥康纳和马丁内斯—阿里尔将他们的斯拉法方法与"一般均衡方法"进行了一个正向的类比,发现环境"外部性问题"的根源在于自然资源的"市场缺失"和由此产生的资本主义企业"成本转移","转移到当地共同体、'纳税人'和后代身上"④。尽管他们急忙补充说,"通过定义[产权]权利和随后的'资本化'来创造市场不一定是迈向社会正义和可持续性的一步"⑤,但他们自己的分析逻辑与这一设定相违背。

在切断了系统核心生产关系与其对自然的估值之间的一切可能联系之后,当生态—斯拉法主义者不把环境问题归咎于市场缺失时,他们或多

---

① J. Martinez-Alier and M. O'Connor, "Ecological and economic distribution conflicts", in R. Costanza, O. Segura and J. Martinez-Alier eds., *Getting Down to Earth*, Washington: Island Press, 1996, pp. 161-164.

② Ibid., p. 166.

③ Ibid., p. 163.

④⑤ M. O'Connor and J. Martinez-Alier, "Ecological distribution and distributed sustainability", in S. Faucheux, M. O'Connor and J. van der Straaten eds., *Sustainable development: Concepts, rationalities, and strategies*, Boston: Kluwer, 1998, p. 38.

或少地诉诸飘忽不定的意识形态、制度和技术因素，这也就不足为奇了。因此，高迪将“现代经济对经济增长的关注”称为“攫取性心态（extractive mentality）的一个主要例子”，这种心态与“由统治阶级推动的某些‘仪式性’活动污染环境、浪费资源”一起，导致了文明与自然极限的冲突①。另一些人则指责“工业家”意识形态，这种意识形态显然不是资本主义特有的，因为它也曾折磨过苏联，而且据说被马克思和后来的大多数马克思主义者所接受②。工人及其共同体、土地和其他必要的生产条件的社会分离可能与生态问题有关，这一点似乎被忽视了，这可能与教条地使用模型有关，这些模型没有具体说明系统的阶级关系。

3. 生态马克思主义自然剥削观

在论证资本主义生产不仅从劳动力而且直接从自然中提取价值时，生态马克思主义含蓄地对资本主义价值采取了一种不加批判的立场，这似乎有些矛盾。然而，问题在于，这种方法并没有通过系统对工人与自然条件的社会分离以及他们作为雇佣劳动和资本的统一的异化形式，来调节资本对自然条件的占有。因此，生态马克思主义将价值直接归因于自然的尝试，在试图解释“自然的价值一旦被提取出来会以何种形式出现”时，遇到了矛盾。

根据希尔贝克（Skirbekk）的观点，每当“一部分自然资源被使用而没有得到恢复，没有等量的财富被归还给自然”时，而且“这种对有限自然财富的破坏性开采代表着子孙后代的贫困”，自然就被剥削了。③ 注意，在使用“剥削”一词来表示自然财富的净提取和由此造成的子孙后代的贫困时，这种方法将价值与使用价值等同起来。人们不需要价值理论就能说资本主义（或任何其他形式的生产）侵占了自然财富。但是我们对资本主

① J. M. Gowdy, “Marx and resource scarcity”, *Journal of Economic Issues*, vol. 18, no. 2, 1984, p. 397.

② J. Martinez-Alier, “Political ecology, distributional conflicts, and economic incommensurability”, *New Left Review*, vol. 211, 1995, pp. 70 - 88.

③ G. Skirbekk, “Marxism and ecology”, *Capitalism, Nature, Socialism*, vol. 5, no. 4, 1994, p. 99.

义的自然利用和自然价值的具体形式与其他历史形式有何不同一无所知①。

当希尔贝克试图展示剥削自然如何创造更高的货币收入时，这种困难变得明显起来。一方面，他认为资本家和/或开采行业（如石油）的工人从以高于其劳动价值的价格出售自然资源中获益，这是“开采性剩余利润”的重要来源。另一方面，他认为利用资源的工业受益于自然资源的定价过低，从而使其单位生产成本相对于其产出价格降低了②。显然，开采性剩余利润涉及自然资源相对于其劳动价值同时发生的定价过高和定价过低——但希尔贝克没有解释为什么这两种不平等交换形式在总体上不能相互抵消。

另一种说法是，自然剥削的路径混淆了价值和交换价值③。例如，在马克思的观点中，个人交换价值可以包含占用稀缺自然条件的剩余利润。然而，这种剩余利润代表了剩余价值以租金形式的再分配，不要与新的剩余价值的产生混淆④。

更根本的是，就自然资源定价过低和定价过高而言，整个剥削概念的前提是，市场价格和货币可以在质量上充分代表自然的使用价值。如果价格被“合理”设定，或许就不会有对自然的剥削（但这当然会与“剥削”并提取自然财富[使用价值]相矛盾）。与能源理论家和生态—斯拉法主义者相似，这一观念绕开了作为自然财富形式的市场价格和货币的生态矛盾。因此，自然剥削方法将资本对自然的破坏性利用降格为定量的“开采”一词，这往往混淆了系统对生态掠夺的各种定性形式。

4. 熵和享受生活

罗根和戴利将低熵物质—能量的有效利用视为精神收入或“享受生活”的价值基础。在此基础上，他们拒绝将价值直接归因于自然的“生产

---

① P. Burkett, *Marx and nature*, New York: St. Martin's, 1999, pp. 101 - 102.

② G. Skirbekk, "Marxism and ecology", *Capitalism, Nature, Socialism*, vol. 5, no. 4, 1994, pp. 99 - 101.

③ P. Burkett, *Marx and nature*, New York: St. Martin's, 1999, pp. 102 - 103.

④ Ibid., pp. 90 - 93.

成本”方法。然而，尽管存在这种分歧，他们也未能将自然价值问题与资本主义生产关系联系起来，这反映在对市场估值的批判立场不足。在这种情况下，市场关系的归化采取了分配和规模之间任意二分的形式。要开始理解这一点，请考虑一下罗根或戴利对基于成本的价值理论的批评，可以用简单的供需术语重新表述，因为它没有考虑到需求侧的因素。正如戴利在提到假设的低熵价值理论时所说：

> 尽管低熵是一个东西具有任何价值的必要条件，但它并不能充分解释一种商品相对于另一种商品的价值。首先，熵完全处于供应或成本层面。还需要再作考虑。铁杉的熵可能比橙汁低；加热到211°F的洗澡水的熵比110°F的洗澡水低，但并不更有价值。①

这种批评理所当然地认为，价值理论的目的是解释相对价格，而供求分析是实现这种解释的适当方法。显然，市场价值是，或者可以是，在享受生活意义和获得这种享受的成本方面的充分价值指标。当人们考虑到罗根和戴利的享受生活概念与新古典主义的“纯偏好和选择的心理范畴”②有多么遥远时，这种暗示就变得特别令人不安。戴利的“价值”尤其认为，非物质的享受生活根植于“人类或其他物种的客观需求，它们被认为是与生态群落和社会系统相结合的生物实体”③。罗根在人类需求和抽象效用（或公开偏好）之间做了类似的对比，并用它来论证需求是不可衡量的、可满足的和“等级化的”。戴利认为，这种层次结构可以分为“相对的需要和绝对的需要”④，前者涉及对自己与他人状况的主观比较，后者则不涉及这种比较。

我们一会儿再来讨论相对欲望和绝对欲望的区别。这里需要强调的

---

① H. E. Daly, *Steady-state economics* (2nd ed.), London: Earthscan, 1992, p. 25.

② H. E. Daly, “Postscript: Unresolved problems and issues for further research”, in H. E. Daly and A. F. Umaña eds., *Energy, Economics, and the Environment*, Boulder: Westview, 1981, p. 171.

③ H. E. Daly, *Steady-state economics* (2nd ed.), London: Earthscan, 1992, p. 213.

④ Ibid., p. 40.

是，尽管罗根和戴利对抽象效用理论进行了最激烈的批判，指出了享受生活所必需的生态和文化基础，但他们仍然没有质疑使用价值可以用货币和市场价格充分表现和衡量的新古典主义原则。这种对市场估值的不加批判的接受，表明了新古典主义和罗根、戴利在将财富市场化与体系的核心生产关系联系起来这一方面的共同失败。

矛盾的是，戴利将市场仅仅视为分配资源的便利工具，这一点在他对市场的环境批判中表现得最为明显。他反对新古典主义理论，认为幸运的是只有相对需求是无法满足的，而考虑到满足人类需求的“终极手段”（即低熵物质和能量）的“绝对稀缺”。不幸的是，市场只关心“相对稀缺性”，即“一种特定资源相对于另一种资源的稀缺性”①。换句话说，市场体系的问题不在于资源分配效率低下或以反生态的方式进行，而在于它没有考虑到绝对的稀缺——规模的问题。因为“规模不是由价格决定的”，它要求“反映生态限制的社会决策”②。市场“通过提供必要的信息和激励来解决分配问题，它在这一点上做得非常好。它没有解决的是最优规模的问题”③。

支持这种分配—规模二分法的观点是，市场交换仅仅是个人之间的方便统筹，也就是说，市场分配比规模问题更私人化、具有更少的社会性。尽管市场所迎合的相对需求涉及主体间的比较，但这一点仍然得到了肯定。正如戴利所言，“分配和规模涉及关系……这在本质上是社会的，而不是个人的”④。他在与科斯坦扎合著的一篇文章中进一步阐述了这一点：

> 与微观分配问题相关的成本和收益函数是那些致力于最大化自

① H. E. Daly, *Steady-state economics* (2nd ed.), London: Earthscan, 1992, p. 39.

② H. E. Daly, “Allocation, distribution, and scale”, *Ecological Economics*, vol. 6, no. 3, 1992, p. 188.

③ H. E. Daly, “Elements of environmental macroeconomics”, in R. Costanza ed., *Ecological economics*, New York: Columbia University Press, 1991, p. 35.

④ H. E. Daly, “Allocation, distribution, and scale”, *Ecological Economics*, vol. 6, no. 3, 1992, p. 190.

> 己作为消费者和生产者的私人效用的个人的成本和收益函数。市场协调和平衡这些个人主义的最大化努力,并在这样做时设定了一套衡量机会成本的相对价格。个人被允许从生态系统中获取物质能量,以达到他们个人的目的。由于这种征用的收益大多是私人的,而成本主要是社会的,有一种过度扩张经济规模的趋势……因此,宏观配置或规模问题应被视为一种社会或集体决策,而不是个人主义的市场决策。①

因此,分配—规模、私人—社会二分法模仿了环境问题"外部性—缺失市场"(externalities-missing markets)的标准观点。唯一的区别是戴利从宏观层面概念化了外部性,即经济对低熵物质—能量的过度使用和对高熵物质—能量的过度排放。与新古典主义理论一样,戴利将经济本身视为一个社会关系黑箱,其内部结构关系被简化为自由流动的个人之间的私人市场交易。毫不奇怪,戴利的政治对策与新古典主义环境经济学的对策非常相似。他建议利用私人市场来定价和分配自然资源"消耗指标"以及总出生率指标。换句话说,"根据生态和伦理标准确定数量限制,然后允许价格制度通过拍卖和交换,有效地分配消耗配额和出生配额"②。戴利对市场手段的赞赏也反映在他对"自然资本"的货币估值的支持上,以及"调整"国家甚至世界收入的衡量标准以考量资源消耗和其他环境成本的努力上③。

当然,围绕这整个方法的关键问题是,分配和规模是否真的是经济活动和经济与自然相互作用的独立方面。一旦人们偏离了经济作为低熵物质—能量的集中处理器的愿景,就会清楚地发现,对特定(有生命的和无

---

① R. Costanza and H. E. Daly, "Natural capital and sustainable development", *Conservation Biology*, vol. 6, no. 1, 1992, p. 41.

② H. E. Daly, "The economics of the steady state", *American Economic Review*, vol. 64, no. 2, 1974, p. 20.

③ R. Costanza and H. E. Daly, "Natural capital and sustainable development", *Conservation Biology*, vol. 6, no. 1, 1992, pp. 41-43; H. E. Daly, "Elements of environmental macroeconomics", in R. Costanza ed., *Ecological economics*, New York: Columbia University Press, 1991, p. 41; H. E. Daly and J. B. Cobb, *For the common good*, Boston: Beacon, 1989, pp. 401-455.

生命的)物质和能量形式(或应用于不同财富水平和社会生态环境的家庭中的任何出生指标)的消耗指标设置本质上是一种分配决策。鉴于环境“外部性”在市场经济中是“生产和消费过程固有且普遍的部分”①,几乎毫无例外。此外,上述指标的市场分配以及由此产生的经济活动和社会物质的再生产模式当然会对自然和社会财富,即对人类生活的所有文化和生态多样性产生各种数量和质量上的影响。简而言之,要将规模与分配分开是不可能的,除非我们将市场对后者的决定视为自然的“给定”,并相应地将规模的所有问题减少到总(即全球)低熵物质—能量使用,用且只能用货币的单一指标来衡量。

分配—规模二分法(allocation-scale dichotomy)有助于说明为什么罗根和戴利的方法无法对人类是如何陷入目前的环境困境作出任何有意义的解释。由于缺乏与经济生产关系和分配机制相关的批判性视角,人们倾向于诉诸外生的技术和意识形态因素。罗根将经济史简化为“物质—能量的熵的退化”,甚至将化石燃料的发现视为一种原罪,使“现代工业发展的狂热”成为可能,人们因此“沉迷于工业奢侈品”——问题在于“人的本性是这样的,他总是对明天发生的事感兴趣,而不是对几千年后发生的事感兴趣”。②

戴利则指责“重新设计世界的技术项目(用技术圈代替生态圈)以允许无限的经济增长”,并说“这种增长狂热的概念根源可以在‘相对稀缺’和‘绝对需求’的正统学说中找到”。③ 尽管戴利批判了对于满足欲望和增加利息收入贪得无厌的“货币拜物教”(money fetishism),但他并没有把资本主义社会中金钱的支配力量与这种制度的生产关系联系起来(米达斯④的故事毕竟是相当古老的)。因此,他没有质疑过对货币和利息的批

① R. U. Ayres and A. V. Kneese, “Production, consumption, and externalities”, *American Economic Review*, vol. 59, no. 3, 1969, p. 295.

② N. Georgescu-Roegen, “The entropy law and the economic problem”, in H. E. Daly ed., *Economics, Ecology, Ethics*, San Francisco: Freeman, 1973, pp. 54, 58.

③ H. E. Daly, “The economics of the steady state”, *American Economic Review*, vol. 64, no. 2, 1974, p. 17.

④ 米达斯(Midas),亦译“迈达斯”,希腊神话中的弗里吉亚王。他贪恋财富,求神赐予点物成金的法术,酒神狄俄尼索斯满足其愿望。最后连他的爱女和食物也都因被他手指点到而变成金子。他无法生活,又向神祈祷,一切才恢复原状。——译者注

判是否同样适用于资本和利润①。总而言之，我们被建议不要与充斥着环境破坏气息的、以市场为导向的利润生产制度作斗争（那将是太危险和不切实际的），而是要攻击"增长的意识形态"②。显然，最有希望的攻击路线是由"传统宗教"提供的，"教导人们通过知识、自律和克制倍增的欲望，使灵魂符合现实"③。

四、结论

尽管马克思肯定重农主义对资本主义生产的唯物主义分析，甚至借用了重农主义的一些概念以达到自己的目的（特别是自然馈赠和剩余价值的自然基础的概念），但他批评了重农主义对价值、对自然的物质使用价值的认同。在他看来，这种认同带来了资本主义价值形式（交换价值、货币和利润）以及支撑其阶级关系的不幸归化。这篇文章表明，同样的批评适用于当代的自然价值争论。与重农主义者一样，这场辩论的参与者将价值以这样或那样的形式与使用价值等同起来，并没有批判性地处理一般财富（特别是自然财富）的市场化和货币化所提出的定性问题。与重农主义一样，这种差距可以说是源于生态经济学家未能发展资本主义生产关系和资本主义价值之间的内在联系。因为他们没有在一般意义上把自然的生产使用价值同资本主义生产的物质要求区别开来，所以辩论的参与者无法把可持续发展同可持续资本主义区分开来。事实上，他们甚至无法用资本主义的术语具体地说明环境危机的原因。因此，他们无法区分资本主义再生产的环境危机和资本主义引起的人类发展的自然条件危机。

相反，在马克思看来，资本主义再生产的社会形式和物质要求直接与

① H. E. Daly, *Steady-state economics* (2nd ed.), London: Earthscan, 1992, pp. 45, 186－187.

② H. E. Daly, "The economics of the steady state", *American Economic Review*, vol. 64, no. 2, 1974, p. 19.

③ H. E. Daly, *Steady-state economics* (2nd ed.), London: Earthscan, 1992, p. 44. Cf. H. E. Daly and J. B. Cobb, *For the common good*, Boston: Beacon, 1989.

人类健康和可持续发展的要求相矛盾。因此，马克思能够清楚地区分资本积累的环境危机（例如，由于原材料短缺）和资本对自然条件的剥削占用所带来的人类发展条件的危机①。马克思用来获得这些洞见的方法和所涉及的分析中介太过复杂，在这里无法完全叙述。就目前的目的而言，只要注意到马克思在自然、价值和使用价值的辩证方法上起到的关键作用就足够了。

在马克思看来，如前所述，资本主义对劳动时间的价值贬低建立在这种制度下劳动权力与土地及其他必要生产条件的社会分离之上，并且只有在资本剥削雇佣劳动以获取利润的情况下，二者才会重新结合。从这个意义上说，资本主义的基本价值形式植根于福斯特所称的人与自然之间的“新陈代谢断裂”(metabolic rift)。资本主义的价值评估还体现了价值和资本的物质要求、使用价值要求——可剥削的劳动力，这种剥削能够发生的条件，以及将工人的劳动物化为可出售商品的必要性。毕竟，资本主义是人类物质生产的一种社会形式，因此，它仍然有材料、使用价值的要求。但是，与经济和自然健康地、可持续地互动的要求相比，这些要求显然是微不足道的。事实上，资本主义原则上可以在任何自然条件下继续自我再生产，无论其退化程度如何（以及熵值水平多么高），除非人类生命灭绝。这正是为什么从总体上分析区分资本主义再生产和人类—自然再生产是如此重要。

此外，马克思坚持认为，市场对社会生产的调节（价值必须物化于可销售的商品中）本身是建立在生产者与必要生产条件的分离之上的。的确，市场和货币已经存在了上千年，但利润驱动的商品生产的主导地位和生产者不断面临的竞争压力，应归功于“自由”劳动力的商品化和自主（现在是“独立的”）企业支配生产条件、雇佣劳动力。将自然条件转化为纯粹由市场和利润驱动的生产条件（通过对自然条件的无偿占用，或通过将自然条件正式资本化为可产生租金的私人或国家财产），特别是由于劳动力

---

① P. Burkett, “Nature and Value Theory: Airing out the Issues”, *Science & Society*, vol. 67, no. 4, 2003.

从这些条件中被“解放”出来。今天，只要公共土地私有化，只要公司获得更自由的支配，可以开发国家森林和其他自然资源，这个过程就会继续下去。

马克思的分析包含了对资本主义自然财富价值的有力的生态控诉①。它凸显了资本主义对抽象劳动时间的贬值与自然对财富生产的贡献之间的矛盾（人们经常把这种矛盾归咎于马克思，但真正的罪魁祸首是资本主义）。它还强调了价值的货币形式与自然环境之间的紧张关系。与自然和生态财富在质量上的多样性与相互关联性、位置上的独特性和数量上的限制相比，货币是同质的、可分割的、流动的、在数量上是无限的。资本主义环境危机——包括积累危机和人类发展条件的危机——清楚地体现了这些紧张关系②。

马克思分析的影响力在于它建立了自然的市场价值与资本主义的核心阶级关系——雇佣劳动之间的内在联系。货币交换价值与自然的真正财富及其再生产条件之间的质和量的矛盾，根源于资本主义使生产者与他们的生存条件相异化。这一观点向世界各地的工人和共同体提出了挑战：将资本主义对自然价值的异化社会形式转化为明确的公共形式，以适应人类与环境（包括其他物种）共同发展。只有通过真正的共同体，在这种共同体中，人们能够控制其生存的社会条件（而不是将其置于剥削和无政府竞争的牟利手段之下），社会才能够以健康和可持续的方式调节其与自然的新陈代谢交换。这种生产者和生产条件相结合的愿景，以及对资本主义在历史上的特殊性和有限性的认识，使马克思关于自然价值的观点比那些隔绝了历史和乌托邦，接受货币、资本和市场作为人类和自然财富的永久社会形式的方法要“开放”得多。

---

① P. Burkett, *Marx and Nature*, New York: St. Martin's, 1999, ch. 6-8.

② Ibid., ch. 9.

马克思再生产计划与环境①

保罗·伯克特
(美国印第安纳州立大学经济学系)

生态经济学家认为,马克思的再生产计划是自成一体的循环流动,削弱了自然条件的重要性。本文根据马克思的方法论和他对魁奈《经济表》的回应来评估这一批评。本文表明,马克思跟随魁奈明确区分了货币循环流动和物质吞吐量,他的计划概括了《资本论》其他部分展开叙述的资本主义生产对自然条件的依赖。同时,马克思的计划不是为了将环境危机理论化,而是为了阐述资本主义再生产作为一个物质和社会阶级过程所必需的基本交换。马克思对资本主义环境危机的分析在《资本论》的其他地方也有所展开。

一、引言

在生态经济学家对马克思提出的所有指控中,最具体的也许是《资本论》第二卷中的再生产计划——马克思用这些计划来分析资本主义再生产作为物质过程和社会阶级过程所需的基本交换——忽视或淡化了生产对自然条件的依赖以及生产的环境影响。本文根据马克思的方法论和他

① 本文译自:Paul Burkett, "Marx's reproduction schemes and the environment", *Ecological Economics*, vol. 49, issue 4, 2004, pp. 457-467. 本文为国家社科基金一般项目"中国式现代化扬弃资本逻辑的理论与实践研究"(23BKS063)的阶段性成果。译者为王鸽。

对魁奈《经济表》的回应，评估了对再生产计划的主流生态学批评。

本文第二节详细介绍了生态学批判的核心主张：马克思的计划是自给自足的循环流动。作为解决这一主张的关键，第三节考察了魁奈的《经济表》是否受到同样的指控。这一点很重要，因为生态经济学家经常不合理地将马克思的工作与重农主义者的分析相提并论，尽管马克思的再生产计划与《经济表》之间存在着广为人知的联系。本节的主要结论是，《经济表》绝对没有把经济再生产还原为自给自足的循环流动。

第四节表明，马克思赞同《经济表》的物质再生产和循环货币流动的概念性区分。马克思还向魁奈致以敬意，因为他从理论上阐述了经济再生产与其自然环境之间的相互作用。第五节表明，马克思自己的计划坚持并进一步发展了物质再生产和循环货币流动之间的区别，并且明确承认了资本主义再生产对自然条件的依赖。

《资本论》第二卷中的再生产计划并不涉及生产对环境的影响，生产对环境的依赖也不是其主导话题。第六节和第七节表明，这两点可以从马克思的方法论方面来理解，特别是再生产计划在他对资本主义的总体分析中极其有限的作用。马克思在《资本论》的其他部分拓展了资本主义生产对自然条件的一般依赖性，而这种依赖性被囊括在再生产计划所采用的范畴中。马克思对资本主义环境危机的分析也在《资本论》其他部分得到了发展，因此，再生产计划中没有这种危机，并不能用于判定马克思对资本主义的分析在生态方面存在任何弱点。第八节总结了本文的论述。

二、生态经济学家论马克思的再生产计划

生态经济学家对马克思再生产计划的批评，都是源于这些计划主张将经济作为一个不依赖自然环境的自我再生产系统。因此，尼古拉斯·乔治斯库-罗根(Nicholas Georgescu-Roegen)认为："在马克思著名的再生产图表中……经济过程被表现为一件完全是循环的、自我运行的事情。"①

① N. Georgescu-Roegen, "The entropy law and the economic problem", in H. E. Daly ed., *Economics, Ecology, Ethics*, San Francisco: Freeman, 1973, p. 50.

马克思的计划显然模仿了"标准教科书用循环图表示经济过程,在一个完全封闭的系统中,生产和消费之间进行钟摆运动"①。罗根甚至断言,对于马克思和"主流经济学家"来说,"经济过程和物质环境之间存在着持续的相互影响,这一明显的事实无足轻重"②。

同样,赫尔曼·戴利(Herman Daly)声称,"马克思的简单再生产和扩大再生产模型基本上是独立的循环流动"③。在戴利看来,马克思的计划和主流经济原理文本中的循环流动图都犯了"混淆抽象"的错误,因为它们没有将货币循环流动与物质生产的"线性吞吐量"区分开来。④ 马丁内斯-阿里尔(Martinez-Alier)和纳雷多(J. M. Naredo)声称:"主流经济学常见的机械类比被马克思所共享,例如在'简单再生产'的计划中,毫无疑问,这个过程可以无限继续。没有强调原材料从哪里来的问题,也没有强调这个机器的动力是什么。"⑤

马克思再生产计划中所谓的"生态盲点"常常被归咎于他把自然财富当作自然界的"免费礼物",而这又被归咎于他的劳动价值论。例如,戴利推测,"与环境的关联在马克思的计划中被淡化了","因为资源被认为是自然的免费礼物,而不是独立于劳动的价值来源"。⑥ 罗根谴责说,马克思主义者之所以"不重视"经济与环境的相互作用,是因为他们"信奉马克思的教条,即自然界提供给人类的一切都是自发的礼物"⑦。查尔斯·佩瑞(Charles Perrings)赞同这一论断,他说马克思的"免费礼物假设"解释了为什么他"假设经济可以无限制地扩张而牺牲环境"⑧。

---

① N. Georgescu-Roegen, "The entropy law and the economic problem", in H. E. Daly ed., *Economics, Ecology, Ethics*, San Francisco: Freeman, 1973, p. 49.

② Ibid., p. 50.

③ H. E. Daly, *Steady-state economics* (2nd ed.), London: Earthscan, 1992, p. 196.

④ Ibid., pp. 196-197.

⑤ J. Martinez-Alier and J. M. Naredo, "A Marxist precursor of energy economics: Podolinsky", *Journal of Peasant Studies*, vol. 9, 1982, p. 208.

⑥ H. E. Daly, *Steady-state economics* (2nd ed.), London: Earthscan, 1992, p. 196.

⑦ N. Georgescu-Roegen, "The entropy law and the economic problem", in H. E. Daly ed., *Economics, Ecology, Ethics*, San Francisco: Freeman, 1973, p. 50.

⑧ C. Perrings, *Economy and Environment*, New York: Cambridge University Press, 1987, pp. 5, 7.

对马克思再生产计划的生态学批判，是生态经济学家和其他环境理论家共同提出的更普遍观点的核心内容，即“马克思的理论”包含了一种“封闭系统”的经济观点，“忽略了环境作为一个互动领域”①。在这种普遍的解释中，环境在马克思那里“只扮演了一个善意的和被动的角色”②。

三、《经济表》中的生产和循环流动

由于魁奈和重农主义者宣称“土地是财富的唯一来源”③，他们得到生态经济学家的同情也就不奇怪了。事实上，生态经济学家们经常将重农主义与马克思主义进行比较。卡特勒·克利夫兰(Cutler Cleveland)说，虽然重农主义者们“坚信自然是财富的源泉，这成为整个生物物理经济学一个反复出现的主题”，“但他们的生物物理学原则很少在……马克思主义理论中体现出来”。④ 保罗·克里斯坦森(Paul Christensen)赞扬了重农学派“早期对经济活动的物质方面的关注”，特别是他们的“再生产”方法，“从土地上获取的材料和食物的转化角度看待生产”。⑤ 他继续把马克思主义排除在这种再生产传统之外，断言马克思主义经济学与“现代[新古典]经济学的机械主义罪恶”相同——两者都忽视了“经济活动的生物物理学基础”。

然而，在所谓的重农主义相对于马克思主义的生态优势中存在着一个悖论：它如何同马克思的再生产计划和魁奈的《经济表》之间的密切关系相协调？在这方面，罗根甚至断言，马克思“借用”了魁奈《经济表》中的

① A. H. Hawley, “Human ecological and Marxian theories”, *American Journal of Sociology*, vol. 89, 1984, p. 912.

② C. Perrings, *Economy and Environment*, New York: Cambridge University Press, 1987, p. 5.

③ F. Quesnay, “General maxims for the economic government of an agricultural kingdom”, in R. L. Meek ed., *The Economics of Physiocracy: Essays and Translations*, Cambridge: Harvard University Press. 1963, p. 232.

④ C. J. Cleveland, “Biophysical economics”, *Ecological Modelling*, vol. 38, 1987, p. 50.

⑤ P. P. Christensen, Historical roots for ecological economics, *Ecological Economics*, vol. 1, 1989, p. 18.

再生产计划[1]。然而，正如我们所看到的，他也谴责马克思的再生产计划忽视了经济与环境的相互作用。人们会认为，如果马克思的计划在生态学上是不正确的，那么这个《经济表》也是不正确的。然而，据笔者所知，无论是罗根还是任何其他生态经济学家都没有得出这个结论——更不用说将其与所谓重农学派相对于马克思主义的生态学优势相协调。

魁奈的《经济表》是否也可能同样具有马克思的计划所谓的生态学缺陷？该《经济表》是否将经济活动的物质和货币层面都描述为自我维持的循环流动？如果断章取义地看待重农主义者的某些陈述，那么人们可能会得到这样的印象：答案是肯定的，也就是说，该《经济表》可以被看作当代主流经济学原理文本中的循环流动图的先驱。约瑟夫·熊彼特(Joseph Schumpeter)说，重农主义者"把(静止的)经济过程想象成一个循环流动，在每个时期都会自我回归"[2]。罗纳德·米克(Ronald L. Meek)说，在试图"阐明决定经济活动总体水平的基本原因的运作"时，重农学派的学者们

> 认为把经济活动想象成一种"圆圈"的形式是有用的，或者像我们今天所说的那样，是一种循环流动。在这个经济活动圈中，生产和消费是相互依存的变量，它们在任何经济时期的作用和互动，按照某些社会决定的规律进行，为下一个经济时期以同样的一般形式重复这一过程奠定了基础。[3]

同样，大卫·麦克纳利(David McNally)认为，"重农主义者的主要理论成就"是"他们围绕经济生活的循环流动(或'再生产')建构的经济相互依赖的一般模型"[4]。这样的说法并没有将该《经济表》与今天原理教科书

---

① N. Georgescu-Roegen, *The Entropy Law and the Economic Process*, Cambridge: Harvard University Press, 1971, p. 263.

② J. A. Schumpeter, *History of Economic Analysis*, New York: Oxford University Press, 1954, p. 243.

③ R. L. Meek, *The economics of Physiocracy: Essays and translations*, Cambridge: Harvard University Press, p. 19.

④ D. McNally, *Political Economy and the Rise of Capitalism*, Berkeley: University of California Press, 1988, p. 85.

中的循环流动图明确区分开来。后者通常显示企业从家庭收购生产要素("资源"),而家庭用获得的收入从企业购买商品和服务——没有明显的自然环境的投入或吞吐①。然而,仔细观察就会发现,该《经济表》并不存在同样的生态学缺陷。

在展示(货币和物质)财富在生产阶级(耕种者)、私有阶级(土地所有者)和贫瘠阶级(非农业者)之间的循环如何使年再生产得以实现的过程中,该《经济表》确实描绘出了几种货币循环,在这些循环中,支出之后会有货币的流动或"回流",流向最初消费它的阶级。例如,农民支付给地主的租金,最终通过销售农产品流回农民手中——部分流向地主,部分流向没有实际价值的阶层②。但这种货币回流不能与构成经济再生产的实际物质流动中的任何循环相混淆。魁奈在《关于手工业者的工作的对话》(*Dialogue on the Work of Artisans*)中向他假设的对谈者解释了这一点:

> 因此,除了先有支出后有再生产、先有再生产后有支出的循环,这里没有其他的循环可言,这个循环是通过衡量支出和再生产的货币流通来实现的。因此,你不应该再把计量和被计量的东西混为一谈,也不应该再把一个人的流通和另一个人的分配混为一谈。③

斯宾塞·班扎夫(Spencer Banzhaf)敏锐地指出:"魁奈对财富循环的分析……从某种意义上说,根本不是循环,而是财富的单向流动,然后是消费。"④《经济表》中的货币循环流动只是社会工具,物质再生产的非循环

---

① For example, see R. E. Hall and M. Lieberman, *Macroeconomics: Principles and Applications* (2nd edn), Mason: Thomson-Southwestern, 2003, p. 156.

② R. L. Meek, *The economics of Physiocracy: Essays and translations*, Cambridge: Harvard University Press, pp. 273-275.

③ F. Quesnay, "Dialogue on the work of artisans", in R. L. Meek, *The Economics of Physiocracy: Essays and translations*, Cambridge: Harvard University Press, 1963, p. 226.

④ H. S. Banzhaf, "Productive nature and the net product", *History of Political Economy*, vol. 32, no. 3, 2000, p. 546.

过程是通过它进行的。在将“生产和消费”描述为“生活和原材料从自然界通过经济的单向流动”时，该《经济表》明确地假定“[土地的]生命形式和动力潜能的重构和再生”①。对于魁奈来说，这种重建和再生是通过农民和土地所有者明智的土地管理实践（包括对土地的投资、使用牛来肥沃土壤）实现的②。如果把这个《经济表》理解为物质和货币财富的自我循环流动，这些生产阶级的功能就无法解释了。后一种解释是否更准确地适用于马克思的再生产计划？

然而，在处理这个问题之前，要注意到另一个反例。如前所述，生态经济学家把马克思再生产计划所谓的环境缺陷，与他把自然财富当作“免费礼物”联系起来。然而，在生态学上更正确的重农主义者也把土地独特的剩余创造能力说成是“纯粹的礼物”和大自然的“自发礼物”。③ 除了对马克思价值理论的解释存疑（见第六节），也许部分问题在于错误地假设了马克思混淆了两个不同的主张：(1)许多生产性使用价值是自然界的礼物（即不是由人类劳动产生的财富）；(2)自然界的礼物是无限的和/或可替代的，所以使用它们没有任何实际的经济成本。重农主义者显然没有犯后一种主张的错误，正如我在其他地方详述的那样④，马克思也没有犯这种错误。

四、马克思关于《经济表》的观点

我们不至于断言马克思向魁奈“借用”了他的再生产计划，我们可以

① P. P. Christensen, “Fire, motion, and productivity: the proto-energetics of nature and economy in François Quesnay”, in P. Mirowski ed., *Natural images in economic thought*, Cambridge: Cambridge University Press, 1994, p. 277.

② F. Quesnay, “General maxims for the economic government of an agricultural kingdom”, in R. L. Meek ed., *The Economics of Physiocracy: Essays and Translations*, Cambridge: Harvard University Press. 1963, pp. 232 - 235, 242 - 243.

③ A. R. J. Turgot, *Reflections on the Formation and Distribution of Riches*, New York: Macmillan, 1898, pp. 9, 14; F. Quesnay, “Rural philosophy (extract)”, in R. L. Meek, *The Economics of Physiocracy: Essays and translations*, Cambridge: Harvard University Press, 1963, p. 60.

④ P. Burkett, *Marx and Nature*, New York: St. Martin's, 1999, ch. 6.

说《经济表》深刻影响了马克思自己对资本主义再生产的分析。马克思对《经济表》的赞美，以他的标准来看，绝对是溢美之词。他说这是“一个极有天才的思想，毫无疑问是政治经济学至今所提出的一切思想中最有天才的思想”①。在他为恩格斯的《反杜林论》撰写的章节中，马克思把这个《经济表》描述为“对于以流通为中介的年度再生产过程所作的简单的、在当时说来是天才的说明”②。

马克思谈到“通过流通媒介进行再生产”向我们提供了一条线索，说明他认为这个《经济表》最吸引人的地方是它把货币流通描述为商品生产和交换的产物。正如马克思在《剩余价值理论》中所说：“在这个《经济表》中要注意的第一点……是货币流通表现为完全是由商品流通和商品再生产决定的，实际上是由资本的流通过程决定的。”③马克思的资本流通概念将商品生产和交换作为其环节(moment)之一。而对马克思来说，商品的生产和交换都是完全受自然规律制约的物质社会过程④。

因此，当马克思称赞该《经济表》将货币流通作为“商品流通和再生产”的功能来处理时，他只是认可了魁奈的唯物主义观点，根据这一观点，物质生产塑造了(商品和货币)流通的形式。这与马克思对重农主义者分析“生产资本的各种要素在劳动过程中的不同作用”⑤所给予的更普遍的赞誉不谋而合。毕竟，重农主义者的“巨大功绩是，他们把这些形式看成社会的生理形式，即从生产本身的自然必然性产生的，不以意志、政策等等为转移的形式”⑥。

同样重要的是，马克思对《经济表》的探讨并没有假定物质再生产是脱离其自然环境的自我再生产。相反，他十分赞同魁奈对物质生产和自然条件之间相互作用的描述。马克思在认可了《经济表》的“物质观点”，

---

①《马克思恩格斯全集》第 33 卷，北京：人民出版社 2004 年版，第 415 页。
②《马克思恩格斯全集》第 26 卷，北京：人民出版社 2014 年版，第 268 页。
③《马克思恩格斯全集》第 33 卷，北京：人民出版社 2004 年版，第 374 页。
④ P. Burkett, *Marx and Nature*, New York: St. Martin's, 1999, parts 1 and 2.
⑤《马克思恩格斯全集》第 45 卷，北京：人民出版社 2003 年版，第 220 页。
⑥《马克思恩格斯全集》第 33 卷，北京：人民出版社 2004 年版，第 15 页。

即“上一年度的收获，理所当然地构成生产期间的起点”①之后，指出：

> 经济的再生产过程，不管它的特殊的社会性质如何，在这个部门（农业）内，总是同一个自然的再生产过程交织在一起。后者的显而易见的条件，会阐明前者的条件，并且会排除只是由流通幻影引起的思想混乱。②

马克思对《经济表》的唯物主义和自然主义的认可已经明确，他本人的计划是否像他的批评者所说的那样，通过将物质再生产还原为自成一体的循环流动而使其成为“循环的幻觉”（the illusions of circulation）的牺牲品，还有待考察。

五、马克思再生产计划中的生产、自然和货币流动

下面对马克思再生产计划的分析，代表了斯拉法的实物投入—产出解释和一些马克思主义者所持的观点之间辩证的中间立场，即这些计划的主要目的是分析货币资本数量的再生产③。在目前的观点中，马克思的计划旨在揭示资本主义再生产所需要的基本交换，这种交换作为生产和财富流通的阶级划分的统一体④。因此，这些计划从作为资本主义生产特点的交换价值和使用价值的矛盾统一体即雇佣劳动的商品生产出发，提出了再生产的问题⑤。

马克思把社会资本总量划分为两个大的生产部门：生产资料（第Ⅰ部类）和消费资料（第Ⅱ部类）。在马克思对资本主义再生产必然发生的部类内和部类间交换的考量中，货币循环流动确实发挥了重要作用。例如，

---

①②《马克思恩格斯全集》第45卷，北京：人民出版社2003年版，第399页。

③ F. Moseley, “Marx's reproduction schemes and Smith's dogma”, in G. Reuten and C. Arthur eds., *The Circulation of Capital*, London: Macmillan, 1999, pp. 159－185.

④ D. K. Foley, *Understanding Capital*, Cambridge: Harvard University Press, 1986, p. 63.

⑤ Roman Rosdolsky, *The Making of Marx's 'Capital'*, London: Pluto Press, 1977, p. 457.

马克思表明，第Ⅱ部类对生产资料的购买和第Ⅰ部类对消费品的购买之间的平等，对应于两个部类之间的货币循环流动[①]。更根本的是，他强调“货币资本……表现为发动整个过程的第一推动力”[②]，因此，他把上述部类间的循环流动解释为“资本家把原来对他构成不变的固定资本和流动资本的货币形式的货币也投入流通”[③]这一命题，并称这是“整个机制的必要条件”。再生产当然要求“资本的一切由商品构成的部分——劳动力、劳动资料和生产材料，都必须不断地用货币一再购买”[④]。

然而，马克思立即对最后一句话进行了限定，他说：“正如第一册已经指出的，由此决不能得出结论说，资本执行职能的范围，生产的规模——即使在资本主义的基础上——就其绝对的界限来说，是由执行职能的货币资本的大小决定的。”[⑤]这种限定的原因是明显的：马克思的计划并不只是为了描述货币流通，而且是为了确立资本主义再生产所需要的基本交换——它作为生产和流通、使用价值和价值的统一，尤其是作为既是物质的又是社会的阶级过程。

因此，马克思坚持认为，资本主义再生产“既要受社会产品的价值组成部分相互之间的比例的制约，又要受它们的使用价值，它们的物质形态的制约”[⑥]。因此，“再生产过程必须从 W' 的各个组成部分的价值补偿和物质补偿的观点来加以考察”[⑦]。在这种情况下，“自然形式上的劳动产品”[⑧]是最重要的。资本主义再生产意味着雇佣劳动关系的再生产，以及随之而来的“直接生产过程具有特殊资本主义生产过程特征”[⑨]。而雇佣劳动要求“可变资本向劳动力的转化”，“劳动力并入资本主义生产过程”，“商品的出售，包含工人阶级对商品的购买”，以及“工人阶级的个人消

---

①《马克思恩格斯全集》第 45 卷，北京：人民出版社 2003 年版，第 442—446 页。
② 同上书，第 392—393 页。
③ 同上书，第 368 页。
④⑤ 同上书，第 393 页。
⑥ 同上书，第 438 页。
⑦ 同上书，第 436 页。
⑧《马克思恩格斯全集》第 42 卷，北京：人民出版社 2016 年版，第 819 页。
⑨《马克思恩格斯全集》第 38 卷，北京：人民出版社 2019 年版，第 26 页。

费”,更不用说向资本主义阶级提供消费品了。[①] 这整个生产和消费的“运动”涉及“的仅是价值补偿,而且是物质补偿”[②]。

与这些唯物主义主旨相一致,马克思强调“不断更新的生产过程,是资本在流通领域不断地重新经历各种转化的条件”[③]。他谈到“在资本主义生产基础上发生的货币的流动和回流”,再次明确指出物质生产高于其货币形式。他还坚持认为,“货币贮藏并不是实际再生产的要素”[④],“这种简单的货币贮藏并不是实际再生产的要素”[⑤],以及(第三次)“虽然这个以货币形式贮藏的剩余价值不代表追加的新的社会财富,但是……它还是代表着新的可能的货币资本”[⑥]。

此外,在马克思看来,生产的“不断重复”并不是物质上的自我再生产,它不是简单地由独立于其自然环境的劳动所驱动。将马克思与德斯蒂·德·特拉西(Destutt de Tracy)对再生产的分析相比较,马克思拒绝了特拉西关于“劳动是一切财富的源泉”[⑦]的论断(采纳了亚当·斯密)。因此,他强调,“如果劳动没有那种在它之外独立存在的生产资料,没有劳动资料和生产材料,它也不可能转化为产品”[⑧]。他指出,“活劳动”作为“有用的、具体的劳动”和“形成价值的劳动”,取决于使用价值,即“生产资料和消费资料”的“具体的、自然的形式”。例如,“为了开始商品的再生产(总之,就是为了使商品生产过程成为持续的过程),在商品生产上消费的原料和辅助材料”[⑨]。马克思还把这两个部门之间的均衡交换描述为:“价值以生产资料的实物形式存在于它们的生产者手中……要和以消费资料的实物形式存在的价值交换”[⑩]。

马克思的再生产分析还提到了劳动的速率和形式由自然过程决定的

---

① 《马克思恩格斯全集》第45卷,北京:人民出版社2003年版,第390页。
② 同上书,第438页。
③ 同上书,第390页。
④⑤ 同上书,第551页。
⑥ 同上书,第552页。
⑦ 《马克思恩格斯全集》第26卷,北京:人民出版社2014年版,第759页。
⑧ 《马克思恩格斯全集》第45卷,北京:人民出版社2003年版,第478页。
⑨ 同上书,第502页。
⑩ 参见同上书,第442页。

行业。在“劳动带有季节性或在不同期间需要不同劳动量的地方，例如在农业中”①，“生产资料必须经常更新”的要求显然变得更加复杂，马克思密切注意“生产资料借以更新、补偿的流通行为”②。马克思在《资本论》第二卷第十三章中为这些分析奠定了基础，其中详细论述了生产时间和工作时间的差异，包括它们对资本流通的物质和价值的影响。在这些情况下，“所涉及的是……一种独立于劳动过程长度的中断，是一种受产品及其生产性质制约的中断，在这期间，劳动对象受到或短或长的自然过程影响，在劳动过程完全或部分中止时，必须经历物理、化学或生理的变化”③。

六、马克思再生产计划的分析背景

马克思的再生产计划概括了他之前用开放系统术语对资本主义生产的描述，即资本主义生产是一种从自然环境中汲取资源并向自然环境排放废物的物质生产系统。

在《资本论》第一卷第一部分分析商品和货币时，马克思明确指出，价值既是一种社会关系（人—人），也是一种物质关系（人—自然）。商品是一种有用的商品或服务，被摆出来进行交换。认识到这种“使用价值……是由商品的物理属性决定的”，马克思认为商品使用价值是资本主义下“财富的物质的内容”④。众所周知，马克思坚持认为，自然界和人类劳动都有助于所有使用价值的生产⑤。因此，在分析商品和货币时，他强调“种种商品体，是自然物质和劳动这两种要素的结合”⑥。而且他承认能量（“自然力”）在人类劳动加工自然材料中的作用。

即使马克思把商品视为价值，他也没有把这个价值维度与具有自然基础的商品的使用价值维度分开。因此，“对于价值[作为抽象劳动]来

①②《马克思恩格斯全集》第45卷，北京：人民出版社2003年版，第503页。

③ For details, see P. Burkett, *Marx and Nature*, New York: St. Martin's, 1999, pp. 41–47.

④《马克思恩格斯全集》第28卷，北京：人民出版社2018年版，第309页。

⑤ P. Burkett, *Marx and Nature*, New York: St. Martin's, 1999, p. 26.

⑥《马克思恩格斯文集》第5卷，北京：人民出版社2009年版，第56页。

说，它由什么样的使用价值来承担都是一样的，但是它必须由一种使用价值来承担"①。由于自然界和劳动共同创造使用价值，价值显然包括生产中人与自然的关系。无论是从价值还是从使用价值的角度考虑，商品交换都是一种物质—社会动态——"社会新陈代谢的过程"②。

在马克思看来（与重农主义者和古典经济学家不同），商品交换不是一个由自然规律支配的过程，而是"人类劳动的新陈代谢过程"在其具体的资本主义形式下的产物：雇佣劳动。雇佣劳动关系建立在工人与必要的生产条件——首先是与土地——的社会分离之上。这种分离，以及工人相应地需要出售他们的劳动能力以获得生活资料，构成了主要靠雇佣劳动能力获取利润的竞争性企业之间的市场关系的生产组织基础，而正是这套特定的生产关系解释了为什么资本主义把价值降低为商品中客观化的（同质的、社会必要的）劳动时间。

与亚当·斯密和大卫·李嘉图不同，马克思并没有把价值还原为劳动时间建立在规范性和/或经验性的假定上，即劳动作为生产投入比自然更重要或更主要。相反，马克思认为，价值（作为抽象劳动）与自然条件明显的相互独立性反映了工人异化于这些条件，即劳动力转化为可购买的商品。马克思对价值的历史特殊性的认识并不意味着对物质生产及其自然条件缺乏关注。与重农主义者不同，他们把价值看作是物质（特别是自然）财富的直接反映，而马克思努力理解资本主义价值关系如何塑造财富的生产，反之亦然③。

例如，《资本论》第一卷第七章把具体劳动（使用价值的生产）和抽象劳动（价值的生产）不是作为独立的过程，而是作为单一资本主义劳动过程的两个矛盾的方面。价值生产不能与"使用价值的生产"分开，也就是说，不能与作为"人和自然之间的过程……是为了人类的需要而对自然物

---

①《马克思恩格斯文集》第5卷，北京：人民出版社2009年版，第220页。

② Cf. W. Sheasby, *Metabolism in Marx's theory*, Unpublished manuscript, Whittier: Rio Hondo College, 2002.

③ A. Saad-Filho, *The Value of Marx*, London: Routledge, 2002, pp. 21 - 34; P. Burkett, "The value problem in ecological economics: lessons from the Physiocrats and Marx", *Organization and Environment*, vol. 16, 2003.

的占有，是人和自然之间物质变换的一般条件”的劳动分开①。因此，马克思一再强调在劳动过程中发挥重要作用的“生产资料，它们是天然存在的，不是自然物质和人类劳动的结合”②。无论社会生产的发展程度如何，马克思坚持认为，“劳动生产率是同自然条件相联系的”，包括“瀑布、可以航行的河流、森林、金属、煤炭等”能源的可用性。③

马克思甚至认为，“在重农学派那里，困难的性质已经不同。他们作为资本的实际上最早的系统代言人，试图分析剩余价值一般的性质。对他们来说，这个分析和地租的分析是一致的，因为在他们看来，地租是剩余价值借以存在的唯一形式。因此，在他们看来，提供地租的资本或农业资本，是唯一的生产剩余价值的资本，它所推动的农业劳动，是唯一的生产剩余价值的劳动，所以从资本主义的观点出发，完全正确地把这种农业劳动看作唯一的生产劳动。他们完全正确地把剩余价值的生产看作决定性的事情。”④他确实认为，重农主义者把这种自然基础与剩余价值本身的实质混为一谈，即把价值与使用价值等同起来，是错误的。但马克思坚持认为，“剩余产品无论如何不是来自人类劳动的某种天生的神秘性质”⑤。

马克思关于劳动力及其被资本剥削的概念本身是从热力学和生物物理学方面发展起来的。例如，在分析工作时间的长度和强度的限制时，马克思经常采用土壤的过度开发（导致肥力的丧失）和劳动力的过度开发（导致工人生命力的丧失）之间的类比⑥。而他用新陈代谢的“能量收支”框架来发展这个类比。

剩余价值的创造和资本家对它的占有天然地不仅需要可剥削的劳动力，而且需要有利于劳动力的剥削和工人的劳动在可销售的使用价值中对象化的物质条件。因此，在马克思看来，资本积累作为一个价值过程，特别依赖于对自然财富的占有。因此，就“决定积累程度的情况”而言，马

---

① 参见《马克思恩格斯文集》第5卷，北京：人民出版社2009年版，第207、215页。
② 同上书，第215页。
③ 同上书，第586页。
④《马克思恩格斯全集》第46卷，北京：人民出版社2003年版，第886页。
⑤《马克思恩格斯文集》第5卷，北京：人民出版社2009年版，第589页。
⑥ P. Burkett, *Marx and Nature*, New York: St. Martin's, 1999, pp. 138－139.

克思不仅纳入了“土壤本身”，还纳入了“不是过去劳动的产品，而是由自然无偿赠予的劳动对象，如金属矿石、矿物、煤炭，石头等”①。毕竟，“资本所能支配的劳动量，不是取决于资本的价值，而是取决于构成资本的原料和辅助材料、机器和固定资本要素以及生活资料的数量，而不管这些物品的价值如何”②。

在资本主义制度下，财富或使用价值的形式是“庞大的商品堆积”③，也就是对价值承担者即物质材料的庞大的加工过程，这种材料加工随着资本家为加快从工人身上提取利润而努力竞争所带来的劳动生产率（每劳动小时产生的使用价值）的提高而加速。马克思指出：“劳动生产力的增长正是表现为这样一个关系，即吸收一定量的劳动需用更多的原料，也就是表现为，比如说，一个劳动小时内转化成产品即加工成商品的原料量增加了。”④劳动生产率的提高意味着资本为了实现一定的价值增殖而必须增加材料和生产工具占有自然力和自然物的数量。马克思明确地把能源包括在资本主义对“辅助”材料或“附属”材料日益增长的需求中，即那些虽然不构成“产品的主要物质”，却需要“作为其生产的附属品”的材料。正如马克思所观察到的，“资本家把更大量的资本投入机器以后，就不得不花费更大量的资本来购买一般原料和为开动机器所必需的原料。”⑤这种能源消耗由于资本主义机械发展规模日益扩大而得到极大推动。因此，马克思在《资本论》第一卷第十五章“机器和大工业”的分析中，把能源消耗和传输放在了中心位置（这一章是对资本主义发展分析的核心部分，占全卷的近五分之一）。

七、再生产计划和环境危机

《资本论》第二卷第三部分的再生产分析承认资本主义对自然条件的

① 参见《马克思恩格斯全集》第 44 卷，北京：人民出版社 2001 年版，第 696 页。
② 《马克思恩格斯全集》第 46 卷，北京：人民出版社 2003 年版，第 277 页。
③ 《马克思恩格斯全集》第 42 卷，北京：人民出版社 2016 年版，第 21 页。
④ 《马克思恩格斯全集》第 46 卷，北京：人民出版社 2003 年版，第 124 页。
⑤ 《马克思恩格斯全集》第 6 卷，北京：人民出版社 1961 年版，第 653 页。

依赖,但它没有明确处理自然资源短缺使再生产无法发生的情况。这种不涉及环境危机的情况,可以理解为马克思的计划不是为了分析再生产的中断,也不是为了解决资本积累的危机。对马克思来说,资本积累导致危机的过程涉及技术和其他参数的变化,改变了生产的物质和价值结构①。这些方面在《资本论》第一卷(特别是第 4、第 5 和第 7 部分)中有所介绍,但它们被明确排除在第二卷第三部分的计划之外,这些计划——与它们对社会资本总量的循环平衡的关注相一致——"产品按照它们的价值交换,而且还要假定,生产资本的组成部分没有发生任何价值革命"②。

在马克思看来,资本主义经济危机在形式上的可能性源于货币经济中商品销售和购买在时间上的分离,即源于销售所得的货币可能被储蓄起来(或用于清偿债务),而不是用于购买其他商品③。然而,"简单商品流通"意味着"危机的可能性,但仅仅是可能性"④。积累和危机的变动"只能从资本主义生产的现实运动、竞争和信用中来说明"⑤。在这方面,马克思非常清楚地指出:"只要危机是由同商品的价值变动不一致的价格变动和价格革命引起的,它当然就不能在考察资本一般的时候得到说明,因为在考察资本一般时假定价格同商品的价值是一致的。"⑥由于再生产计划排除了这种价值—价格变动,它们不能被用来分析危机。

当然,由于这些计划是对资本主义再生产所需的部门间货币交换的分析,它们确实揭示了各种危机的可能性。正如马克思所说,这些计划说明了"使交换从而也使再生产(或者是简单再生产,或者是扩大再生产)得以正常进行的某些条件,而这些条件转变为同样多的……危机的可能

① J. Weeks, "The process of accumulation and the 'profit squeeze' hypothesis", *Science and Society*, vol. 43, 1979, pp. 267 - 269; D. K. Foley, *Understanding Capital*, Cambridge: Harvard University Press, 1986, p. 64.

②《马克思恩格斯全集》第 45 卷,北京:人民出版社 2003 年版,第 436 - 437 页。

③ Cf. Peter Kenway, "Marx, Keynes and the possibility of crisis", *Cambridge Journal of Economics*, vol. 4, no. 1, 1980, pp. 23 - 36.

④《马克思恩格斯全集》第 42 卷,北京:人民出版社 2016 年版,第 96 页。

⑤《马克思恩格斯全集》第 34 卷,北京:人民出版社 2008 年版,第 581 页。

⑥ 同上书,第 584 页。

性”①。在这些“非正常过程的条件”中，马克思列举了几个涉及生产依赖于自然资源的条件，包括“第Ⅱ部类的商品资本有一部分要用不变资本的实物要素来补偿”，以及需要通过保持“原料等等的储备超过每年的直接需要(这一点特别适用于生活资料)”②。

资本积累的环境危机的变动最初是在其他地方——分析资本对包括能源在内的原材料日益增长的需要时涉及的。在这里，马克思表明，资本主义技术产生的不断提高的劳动生产率，导致物质吞吐量的不断提高与其单位价值的下降之间的差别越来越大。在某种意义上，马克思由此得出结论：“这种生产方式……只有原料和销售市场才是它的限制”③。

但是，对于资本积累引起的材料短缺导致利润率变化和市场价格偏离价值的分析，不得不等到《资本论》第三卷，其中首次涉及相关现象。在那里，我们可以看到关于“原材料价格的上涨如何缩减或抑制整个再生产过程”的详细讨论，它导致“不能使生产过程按照同它的技术基础相适应的规模继续进行”④，“因此，剧烈的价格波动，会在再生产过程中引起中断，巨大的冲突，甚至灾难”⑤。材料短缺在物质上和价值上都会产生“再生产过程中的干扰”，因为它们不仅提高了不变资本的成本(从而降低了利润率)，而且还在物质上破坏了生产。结果，“一部分固定资本要闲置起来，一部分工人会被抛到街头”⑥。在这种情况下，马克思强调了资本积累和影响着积累必需的材料供应的“不可控制的自然条件”之间的矛盾⑦。

马克思对物质供应干扰的分析表明，资本积累在物质或价值上远不是一个自动的自我再生产过程，它与自身的自然(包括能源)需求处于一种永久的紧张状态。但是，马克思也发现了资本积累与适合人与自然的社会共生的可持续生产发展之间的矛盾。毕竟，资本的基本要求(可剥削

---

①《马克思恩格斯全集》第24卷，北京：人民出版社1972年版，第558页。
②《马克思恩格斯全集》第46卷，北京：人民出版社2003年版，第558、526页。
③《马克思恩格斯文集》第5卷，北京：人民出版社2009年版，第519页。
④《马克思恩格斯全集》第46卷，北京：人民出版社2003年版，第124页。
⑤ 同上书，第134页。
⑥《马克思恩格斯全集》第34卷，北京：人民出版社2008年版，第584—585页。
⑦ Cf. P. Burkett, *Marx and Nature*, New York: St. Martin's, 1999, pp. 112-119.

的劳动力和雇佣劳动可以在可售商品中被物化的条件），从物质上讲，在人类灭绝之前的任何自然条件退化的情况下都可以实现。这有助于解释为什么《资本论》中最突出的环境危机类型不是材料供应对积累的干扰，而是资本主义工业化产生的人类发展的自然条件的危机。

马克思在结束他对机器和大工业空前的分析时指出，在生产者与土地的社会化分离之后，资本主义在农业和城市制造业之间发展了一种分工，“破坏着人和土地之间的物质变换”①。这种新陈代谢的断裂使“土地的组成部分不能回归土地”，这反过来“破坏土地持久肥力的永恒的自然条件”，“同时就破坏城市工人的身体健康”②。简而言之，资本主义生产“发展了社会生产过程的技术和结合，只是由于它同时破坏了一切财富的源泉——土地和工人”③。与物质供应的干扰不同，这种环境危机的趋势不需要涉及资本积累的危机。尽管如此，它表明马克思并没有把资本主义经济看作一个自我驱动的永动机，而是一个开放的系统，在这个系统中，价值增殖是靠耗尽和掠夺自然财富（包括人类的和非人类的）来支撑的④。

八、结论

生态经济学家认为，马克思的再生产计划描述了自成一体的循环流动，这反映了马克思将环境视为“同时是富饶之角和无底之渊”的更普遍的倾向⑤。目前的回应首先提出了一个悖论：鉴于马克思的计划和魁奈《经济表》之间的密切关系，这种典型的批评如何与生态经济学家的通俗观点，即重农主义理论在生态学上优于马克思的经济学相吻合？然后针对该悖论提出了一个解决方案。

---

①《马克思恩格斯全集》第42卷，北京：人民出版社2016年版，第518页。

② 同上书，第518—519页。

③ 同上书，第519—520页。

④ P. Burkett, *Marx and Nature*, New York: St. Martin's, 1999, ch. 9－10; J. B. Foster, *Marx's Ecology*, New York: Monthly Review Press, 2000, pp. 141－177.

⑤ C. Perrings, *Economy and Environment*, New York: Cambridge University Press, 1987, p. 5.

这个解决方案归根到底是说，对马克思再生产计划的典型生态批判是不正确的。魁奈的《经济表》和马克思对它的评价都清楚地认识到，货币循环流动是由一个物质生产过程支撑的，这个过程的重复取决于自然条件。此外，根据对马克思计划写作背景的调查，它们概括了马克思在《资本论》中展开的生产对环境的依赖性。同样，马克思的计划中没有写到环境危机，这并不影响马克思的一般方法足以说明生产对环境的影响。马克思对环境危机的分析是在《资本论》的其他部分阐述的，与他对资本主义的整体分析中再生产计划被严格限定的目的相一致。

马克思政治经济学批判中的新陈代谢、能量和熵：超越波多林斯基神话①

保罗·伯克特 约翰·贝拉米·福斯特②

（美国印第安纳州立大学经济学系 美国俄勒冈大学社会学系）

直到最近，大多数评论家，包括生态学马克思主义者，都认为马克思的历史唯物主义对生态学的关注不够，甚至认为它是明确反生态的。然而，过去十年的研究表明，马克思不仅认为生态唯物主义对政治经济学的批判和对社会主义的研究至关重要，而且从许多方面来看，相比于20世纪末之前的社会理论家，他对自然和社会共同进化的论述是最复杂的。但是，人们仍然对马克思和恩格斯对热力学的理解以及他们的工作与生态经济学的核心原则的冲突程度提出批评。在这方面，马克思和恩格斯漠视乌克兰社会主义者谢尔盖·波多林斯基（能量学的创始人之一）的开创性贡献，这也正是其在生态学方面备受指责的主要原

① 本文译自 Paul Burkett, John Bellamy Foster, "Metabolism, energy, and entropy in Marx's critique of political economy: Beyond the Podolinsky myth", *Theory and Society*, vol. 35, no. 1, 2006, pp. 109－156. 译文为国家社科基金重点项目"《资本论》话语形态与当代中国经济学话语建构研究"(22AKS005)的阶段性成果。译者为王鸽。

② 约翰·贝拉米·福斯特(1953—)，加拿大约克大学政治学博士，现为美国俄勒冈大学社会学系荣誉退休教授，美国著名左翼杂志《每月评论》编辑。他的研究致力于对理论和历史的批判性探究，主要关注资本主义和帝国主义的经济、政治和生态矛盾，但也涵盖了更广泛的社会理论领域。主要著作有：《垄断资本主义理论：马克思政治经济学的阐释》《马克思的生态学：唯物主义与自然》《生态学反对资本主义》等。《赤裸裸的帝国主义：美国对全球主导地位的追求》《生态革命：与地球和平相处》等。主要合著有：《金融大危机：起因与后果》《生态鸿沟：资本主义与地球的战争》《每个环保主义者都需要知道的资本主义：资本主义与环境的公民指南》《马克思与地球：一种反批判》等。

因之一。在对马克思和恩格斯关于波多林斯基的回应的早期分析的基础上,本文表明,他们依靠的是一个开放系统、新陈代谢—能量模型,该模型遵守生态经济学的所有主要规定——但它也(与生态经济学不同)将违反太阳能和其他环境可持续发展条件的行为扎根于资本主义社会的阶级关系中。其结果是对古典历史唯物主义对经济和社会的生态方法产生更深的理解——提供一个生态唯物主义的批判,可以帮助揭示今天的“踏轮磨房式生产”(treadmill of production)和全球环境危机的系统根源。

在马克思主义和生态经济学之间的分歧中,最突出的是这样一种观点,即马克思和恩格斯对波多林斯基[①]将热力学的某些要素纳入社会主义理论的做法反应冷淡,甚至持否定态度。这一论点最初由胡安·马丁内斯-阿里尔(Juan Martinez-Alier)和纳雷多(J. M. Naredo)提出,它的依据可以通过三个基本假设来概括。[②] 第一,在19世纪80年代早期,波多林斯基发表了一篇关于人类劳动的分析性论文,试图将马克思的劳动价值论与热力学第一定律和第二定律相协调。第二,当面对波多林斯基的分析时,马克思简单地忽略了它,而恩格斯没有认真考虑就草草地否定了它——尽管波多林斯基直接征求了他们的意见。第三,马克思和恩格斯

① 谢尔盖·波多林斯基(Sergei Podolinsky, 1850－1891)是乌克兰的社会主义者和医生。他出生于一个上层阶级家庭。青年时期,他在基辅学习自然科学,后来被经济学教师尼古拉·西伯(Nikolai Sieber, 马克思经济学的追随者)所吸引,开始学习经济学。尔后,1872年,波多林斯基完成学业,前往苏黎世学习医学。1876年,波多林斯基在生理学家鲁道夫·彼得·海因里希·海登汉(Rudolf Peter Heinrich Heidenhain)的指导下获得医学博士学位。在苏黎世期间,他还在生理学家卢迪马尔·赫尔曼(Ludimar Hermann)的指导下学习。1877年以后,波多林斯基流亡到法国蒙彼利埃定居。此后他的工作和研究,主要涉及医学、社会主义活动、撰写经济学著作。直到19世纪70年代末,波多林斯基开始研究农业能量学,正是这项研究引起了现代生态经济学家的重视和关注,也正是这项研究成了“波多林斯基事件”的研究主题。接着,从1880年到1883年间,他发表了一系列关于农业能量学和人类劳动热力学分析的文章。这段时期正是波多林斯基事件发生的时期。后来,波多林斯基精神崩溃。1885年,他的父母获得遣返他回基辅的许可。直到1891年去世,波多林斯基都是在基辅度过的。——译者注

② Juan Martinez-Alier and J. M. Naredo, “A Marxist Precursor of Ecological Economics: Podolinsky”, *Journal of Peasant Studies*, vol. 9, no. 2, 1982, pp. 207－224; see also Juan Martinez-Alier, *Ecological Economics*, Oxford: Basil Blackwell, 1987.

对波多林斯基的消极回应反映了马克思主义普遍倾向于忽视生态问题，尤其是热力学问题。

上述论述被反复强调，现已成为生态经济学家和其他环境思想家的传统观点的主要内容，他们认为马克思主义存在固有的生态缺陷。本文第一节概述了我们最近研究的“波多林斯基作品”的一些主要结论，这些结论对传统叙述的所有三个假设都提出了严肃的质疑。① 然而，本文的主要目的是明确的。我们希望研究马克思和恩格斯自身对资本主义的分析在何种程度上已经包含了对波多林斯基的分析所提出（或被认为是提出）的具体关切的积极回应。

第二节指出，马克思对资本主义生产和剥削的分析充分融入了关于人类劳动的新陈代谢—能量（metabolic-energy）观点，这种观点是在与自然科学的密切接触中形成的。马克思把劳动力的价值和资本主义对工人的剥削视为受制于能量守恒和物质能量耗散（或如现在所称的熵增加）。马克思的新陈代谢—能量观点与恩格斯在他对波多林斯基的评论和《自然辩证法》中关于人类劳动的能量还原主义方法的局限性的意见相一致。

第三节展示了如何将对热力学和新陈代谢的思考纳入《资本论》对机器和大工业的分析中。马克思从机器系统的发展方面考察了资本主义工业化，该系统将动力转移到工具和材料的直接接触的那一部分，这与热力学第一定律是一致的。他对资本主义机械化的分析提供了一个结构性的、基于阶级的解释，即人类生产如何以及为什么最终“打破依靠太阳能生活的限制，开始依靠地质资本（geological capital）生活”②。因此，它有助于解释资本主义制度产生的劳动生产率和物质能量吞吐量的空前增长——这一考虑反映在恩格斯对波多林斯基未能充分说明该制度以煤炭、矿物和森林的形式挥霍“过去的太阳热量”的批评中。同时，马克思承

① John Bellamy Foster and Paul Burkett, “Ecological Economics and Classical Marxism: The ‘Podolinsky Business’ Reconsidered”, *Organization & Environment*, vol. 17, no. 1, 2004, pp. 32 - 60.

② Herman E. Daly, *Steady-state Economics*, Second Edition, London: Earthscan, 1992, p. 23.

认摩擦和其他磨损的重要性(这与热力学第二定律相一致),以及现代工业(不仅仅是农业)中不可或缺的生物化学要求。恩格斯在回答波多林斯基时说,计算工业产品的纯能量值实际上是不可能的,这可以部分地看作对马克思的分析所揭示的复杂性的一种简单验证。

第四节简要介绍了马克思对工业化农业和城乡划分所揭示的资本主义在人类和自然之间的新陈代谢断裂的论述。马克思对生产的生物化学和能量条件的关注在他对农业的分析中得到了充分的展示,在这里,很明显,"物质很重要"。继李比希(Justus von Liebig)之后,马克思认为,生态上可持续的农业需要不断地恢复土壤的营养物质。此外,马克思强调了资本主义的城市工业和工业农业所产生的不健康的物质循环是如何损害了人类劳动力和土地的综合新陈代谢再生产能力的。马克思的方法将环境危机追溯到工人与土地和其他生产条件的阶级分离,从而将唯物主义和社会问题纳入环境分析中。

在结论部分,我们讨论了马克思和恩格斯的历史的和辩证的框架之间的关系,以及他们对超越机械论和还原论的复杂生态和社会系统的理解。对马克思和恩格斯来说,重点是不可逆转的变化和质的转变,使他们的辩证唯物主义成为当代复杂性理论的先驱。尽管他们赞赏来自萨迪·卡诺(Sadi Carnot)的封闭系统模型(以可逆过程为特征)的热力学分析[①],但他们明白,真正具体的答案要在这样一个世界中找到,在这个世界中,自然历史像人类历史一样受到时间之箭[②](the arrow of time)的控制。在这个意义上,马克思和恩格斯对新陈代谢、能量和熵及其与人类生产的相互联系的分析,预示着(通常在更深的层次上)当前生态经济学和环境社会学中的"踏轮磨房式生产"模式的见解。

---

① 本文中提到的"卡诺"是指萨迪·卡诺,除非另有说明。——原注

② 时间之箭是一个假定时间是"单向方向"或"不对称"的概念。此概念源自英国天体物理学家亚瑟·爱丁顿在1927年提出的一个普通物理学问题,但至今仍未被解决。按照爱丁顿的说法,研究原子、分子和物体的组织既可以确定时间的方向,又可以把它绘制在一张四维的相对论世界地图上。——译者注

一、波多林斯基的神话还剩下什么？

当我们第一次意识到波多林斯基争论的重要性时，我们承认对以下说法持怀疑态度，即马克思和恩格斯拒绝为劳动价值论建立能量基础，这表明他们对环境问题和具体的热力学漠不关心。我们知道，马克思和恩格斯在多个笔记本中摘录了他们那个时代的主要自然科学作家的文章，并对其进行了评论。我们还知道，这些笔记本涵盖了广泛的科学领域——物理学、化学、生物学、生理学、地质学和农学——在每一个领域中，能量动力学的分析即使不是核心，也占据了重要地位。事实上，当我们进一步研究这个问题时，我们发现马克思和恩格斯对许多参与发展热力学（包括第一和第二定律）的科学家的著作有一定的了解，在某些情况下还密切研究他们的著作——包括赫尔曼·冯·亥姆霍兹（Hermann von Helmholtz）、朱利叶斯·罗伯特·迈尔（Julius Robert Mayer）、詹姆斯·普雷斯科特·焦耳（James Prescott Joule）、尤斯图斯·冯·李比希（Justus von Liebig）、让-巴蒂斯特·约瑟夫·傅立叶（Jean-Baptiste Joseph Fourier）、萨迪·卡诺（Sadi Carnot）、鲁道夫·克劳修斯（Rudolf Clausius）、威廉·汤姆森（William Thomson）、彼得·格思里·泰特（Peter Guthrie Tait）、威廉·格鲁夫（William Grove）、詹姆斯·克拉克·麦克斯韦（James Clark Maxwell）和路德维格·爱德华·波兹曼（Ludwig Eduard Boltzmann）。此外，我们知道，在1867年《资本论》第一卷出版前后的几年里，马克思参加了许多关于自然科学的公开讲座。其中包括英国物理学家约翰·丁达尔（John Tyndall）的一系列讲座，他是《热被认为是一种运动模式》①的作者。丁达尔本身就是发展中的物理学的主要人物，他是J. R. 迈尔思想的主要倡导者——能量守恒（热力学第一定律）的共同发现者之一。马克思关注丁达尔对太阳光的研究，特别是与热有关的研究。

① John Tyndall, *Heat Considered as a Law of Motion*, London: Longman, Green & Co., 1863.

马克思和恩格斯还密切关注有关电力知识的发展，包括发明了第一个电动机的迈克尔·法拉第(Michael Faraday)的工作。1882 年，马克思密切关注法国物理学家马赛尔·德普勒(Marcel Deprez)的成果，后者的研究方向是电力的远距离传输。同年，马克思还阅读了爱德华·霍尔皮耶(Edouard Hospitalier)的《电的主要应用》(*Principal Applications of Electricity*)，他在上面做了大量笔记。①

鉴于对理论物理学和实际能源问题的这种兴趣，在我们看来，马克思和恩格斯不可能对波多林斯基的任何新作品表现出无动于衷，更不用说是充耳不闻，这些作品代表了在将热力学概念引入社会主义理论方面的潜在突破。此外，马克思和恩格斯不可能对以任何方式提及自己作品的当代著作漠不关心或保持沉默。

当我们深入研究波多林斯基的工作与马克思和恩格斯的工作生活之间的时间发展关系时，我们的怀疑与日俱增。我们发现，波多林斯基的文章在 1880—1883 年间以四种不同的语言出版，而这四个版本之间存在着重大差异。重要的是，马丁内斯-阿里尔和纳雷多用来批评马克思(因为他们认为马克思忽视了波多林斯基的论点)的文章版本是在马克思逝世后才于 1883 年发表在德国社会主义报纸《新时代》(*Die Neue Zeit*)上的。② 此外，恩格斯在 1882 年 12 月(马克思去世前不到三个月)寄给马克思的两封信中对波多林斯基的评论，是基于 1881 年发表在意大利《人民

① 关于马克思和恩格斯自然科学研究的上述以及其他方面，参见 Pradip Baksi, "Karl Marx's Study of Science and Technology", *Nature, Society, and Thought*, vol. 9, no. 3, 1996, pp. 261 - 296; Pradip Baksi, "MEGA IV/31: Natural Science Notes of Marx and Engels, 1877 - 1883", *Nature, Society, and Thought*, vol. 14, no. 4, 2001, pp. 377 - 390. 本文第二、三节中也补充列举了其他具体的例子。

② Juan Martinez-Alier and J. M. Naredo, "A Marxist Precursor of Ecological Economics: Podolinsky", *Journal of Peasant Studies*, vol. 9, no. 2, 1982, pp. 207 - 224; Martinez-Alier, *Ecological Economics*, Oxford: Basil Blackwell, 1987. 波多林斯基文章的德文版分两期出版，见 Sergei Podolinsky, "Menschliche Arbeit und Einheit der Kraft", *Die Neue Zeit*, vol. 1, no. 9, 1883, pp. 413 - 424 and vol. 1, no. 10, 1883, pp. 449 - 457.

日报》(*La Plebe*)杂志上的版本[1]——这个版本的影响远不如1883年《新时代》上发表的版本那么广泛。《人民日报》上的版本本身的影响比1880年6月发表在巴黎《社会主义评论》(*La Revue Socialiste*)上的早期版本[2]更加广泛。

当我们意识到马克思实际上已经详细摘录了波多林斯基的作品,但只是参考了波多林斯基在1880年4月初寄给他的法语版本时,这一切就变得更加重要。这个版本似乎是《社会主义评论》上那篇文章的早期草稿。遗憾的是,尽管我们从波多林斯基自己的信件中得知,马克思至少给他回过一次信,但那封信和马克思可能寄给波多林斯基的任何其他信件都没有保存下来。尽管如此,马克思似乎仍有可能向波多林斯基寄送了对草稿的评论,其中一些或全部被纳入已出版的法语版本中。(最有可能的原因是,在马克思的文件中没有发现波多林斯基原稿的副本,而我们所拥有的只是马克思笔记本的大量逐字摘录,这是因为在没有复印机的那个年代,马克思按照惯例和预期,将手稿寄回给波多林斯基,并在手稿上作了旁注)。有趣的是,就我们从马克思在波多林斯基寄来的草稿中摘录的内容来看,发表于《社会主义评论》的这篇文章的文本包含对寄给马克思的早期草稿的重要补充。在这些新增内容中,主要提到了马克思的剩余劳动概念,波多林斯基自己对农业劳动及其产出的能量当量的计算,以及波多林斯基对封建主义、奴隶制、资本主义和社会主义生产方式下劳动的能量效率的猜测。

尽管所有这些都明显削弱了马克思和恩格斯没有认真对待波多林斯基的传统观点,但要全面评估这一观点,就必须仔细研究波多林斯基的文章。只有这样,我们才能确定恩格斯在给马克思的信中是否公平对待波多林斯基。更具体地说,只有这样,我们才能确定波多林斯基的分析是否

---

① 就像德文版一样,波多林斯基文章的意大利文版也分两期出版,见 Sergei Podolinsky, "Il Socialismo e l'Unita delle Forze Fisiche", *La Plebe*, vol. 14, no. 3, 1881, pp. 13-16 and vol. 14, no. 4, 1881, pp. 5-15.

② Sergei Podolinsky, "Le Socialisme et l'Unit'edes Forces Physiques", *La Revue Socialiste*, vol. 8, 1880, pp. 353-365.

提供了重要的新见解，而这些见解可以而且应该被历史唯物主义或马克思主义的价值分析所采用，而马克思和恩格斯（以及后来的马克思主义者）由于自身理论的生态缺陷而无法或不愿采用。因此，我们整理了波多林斯基作品的《人民日报》版本的英译本[①]——恩格斯阅读和评论的版本。

我们发现，波多林斯基甚至没有为马克思和恩格斯可能采用的劳动价值理论建立一个可信的热力学基础。事实上，波多林斯基的分析，虽然以剩余劳动的积累如何与热力学第一定律相一致的问题为开端（见下文），但继续提出了与熵的现实及其对人类行动的限制相矛盾的主张。波多林斯基的分析与价值和剩余价值的确定没有直接关系，因为它们在马克思主义的具体意义上是抽象的（同质的，社会必要的）劳动时间。相反，波多林斯基主要分析的主题是：（1）人类劳动在以有用的形式在地球上积累能量方面具有独特的天赋；（2）这种独特的能力意味着劳动的人类能够满足（甚至超出了）卡诺理论中"完美机器"的热力学要求[②]；（3）社会主义相对于资本主义和其他阶级社会的优越性，可以从这样一个概念来理解，即社会主义通过提供最佳条件来利用完美的人类机器的肌肉劳动，具有最大限度地积累地球能量的更大潜力。我们发现，即使是波多林斯基对不同种类的农业劳动的能量生产率的计算，也不是作为价值分析的基础，而是作为人类机器与植物和动物相比具有更大的能量积累能力的证明。

鉴于波多林斯基的分析被用来批评马克思主义中所谓的生态缺陷，我们发现波多林斯基分析的这些内容相当令人惊讶。波多林斯基的分析框架不仅是能量还原论，而且还犯了一个逻辑错误，即把只适用于封闭、孤立系统的理想化概念（卡诺的"完美机器"概念）直接应用于远离平衡、非孤立、非封闭系统的更复杂的现实，如一般的生命和人类社会/劳动。将人类劳动视为卡诺"完美机器"的唯一方式，就是忽略摩擦等因素，即劳动的自然物质性，以及人类劳动有机体固有的生物化学或新陈代谢性质及其与自然环境的相互作用。

---

① Sergei Podolinsky, "Socialism and the Unity of Physical Forces", trans. Angelo Di Salvo and Mark Hudson, *Organization & Environment*, vol. 17, no. 1, 2004, pp. 61 - 75.

② Sadi Carnot, *Reflections on the Motive Power of Fire*, Gloucester: Peter Smith, 1997.

哈利勒(Elias L. Khalil)最近提出"经济过程应按照卡诺循环而不是熵定律来构想",这引起了大多数生态经济学家对波多林斯基的完美机器论证的局限性的思考。与波多林斯基类似,哈利勒认为,只要人类劳动和"卡诺循环"(Carnot cycle)都是"有目的的"设计,以产生净功或"自由能量",就不会受到"非目的性的、机械性的熵法"的限制。① 洛萨达(Gabriel A. Lozada)恰如其分地将这种论点描述为"基本上是一种'极端资本主义'的企图,即否认有生命的、有目的的人完全受制于基本物质的所有规律,如熵律"②。正如威廉姆森(Williamson)所指出的,人们永远不应该把"一个有目的的机构……可能介入一个本来自发的过程,以产生有用的工作"的可能性与"有目的的机构可能具有无限效力"相混淆。③ 正如比安卡迪(Biancardi)等人所观察到的,基本问题在于哈利勒(以及我们可以补充的波多林斯基)的假设,即"卡诺循环具有与经济过程相同的形式"。与卡诺理想中的无摩擦发动机不同,它被设想为一个孤立的热力学系统(对物质和能量的转移是封闭的),人类经济是一个耗散系统,它既利用(事实上是开采)又将废弃物倒回其自然环境。因此,"每一个经济过程都可以被看作一个不可逆转的转变",也就是说,从生态学上讲,它永远不会"回到初始条件"。④ 由于忽视了这一关键的形式差异,哈利勒和波多林斯基都混淆了这样一个事实,即人类生命的繁衍依赖于低熵物质能量在有用形式中的(暂时)固定,而从人类繁衍系统与之共同演化的整个生物圈系统的角度来看,这不需要涉及熵的增加这一奇妙概念。

那么,当我们意识到恩格斯对波多林斯基的主要批评已经恰恰集中在上述的一些限制上时,可以想象我们的惊讶。在 1882 年 12 月 19 日给

---

① Elias L. Khalil, "Entropy Law and Exhaustion of Natural Resources: Is Nicholas Georgescu-Roegen's Paradigm Defensible?", *Ecological Economics*, vol. 2, no. 2, 1990, p. 171.

② Gabriel A. Lozada, "A Defense of Nicholas Georgescu-Roegen's Paradigm", *Ecological Economics*, vol. 3, no. 2, 1991, p. 157.

③ A. G. Williamson, "The Second Law of Thermodynamics and the Economic Process", *Ecological Economics*, vol. 7, no. 1, 1993, pp. 70-71.

④ C. Biancardi, A. Donati and S. Ulgiati, "On the Relationship Between the Economic Process, the Carnot Cycle and the Entropy Law", *Ecological Economics*, vol. 8, no. 1, 1993, pp. 9-10.

马克思的信中，恩格斯不仅反对波多林斯基的人类劳动的能量还原主义概念，提出了一个新陈代谢的替代方案，而且还强调波多林斯基的能源生产率计算没有考虑到人类生产迄今作为“固定的太阳热的消耗者”运作的巨大影响，特别是“能的储备——煤炭、矿山、森林等等方面的浪费”①。恩格斯对波多林斯基的讨论显然是由马克思对恩格斯的文章，即《马尔克》(*The Mark*)的一些评论引起的。这篇文章作为恩格斯《社会主义从空想到科学的发展》(*Socialism: Utopian and Scientific*)德文版的附录发表，研究了德国农民面临的社会生态压力，这些压力源于土地所有权和资本主义竞争日益增长的影响——例如，农民获得公共土地的机会减少，以及在没有牛粪的情况下维持农民生产的困难。

总之，根据我们对波多林斯基在《人民日报》上发表的那篇文章的研究，我们对恩格斯评论的背景和实质进行了重新考察，发现恩格斯的回答在生态学上比波多林斯基的分析要先进得多(不管后者的贡献多么突出和重要)。此外，恩格斯的批评没有直接涉及价值问题，现在看来是非常合理的。因为波多林斯基对价值理论本身并没有什么重要的论述。事实上，将波多林斯基的能源生产率计算解释为价值分析的潜在基础，不仅是坚持了一种能量还原论，这种还原论遭到了生态经济学中一些主要人物的强烈反对，包括乔治斯库-罗根(Georgescu-Roegen)和赫尔曼·戴利(Herman Daly)②，而且还将马克思基于阶级的理论与斯密—李嘉图(Smith-Ricardo)(即粗糙的唯物主义者)的“具体劳动”价值方法混为一谈③。

那么波多林斯基神话还剩下什么呢？首先，对于波多林斯基最初提

① 《马克思恩格斯全集》第35卷，北京：人民出版社1971年版，第129页。

② Nicholas Georgescu-Roegen, "Energy and Economic Myths", *Southern Economic Journal*, vol. 41, no. 3, 1975, pp. 347-381; Nicholas Georgescu-Roegen, *Energy and Economic Myths*, New York: Pergamon, 1976; Herman E. Daly, "Postscript: Unresolved Problems and Issues for Further Research", in Herman E. Daly and Alfred F. Umaña eds., *Energy, Economics, and the Environment*, Boulder: Westview, 1981, pp. 165-185.

③ Alfredo Saad-Filho, *The Value of Marx*, London: Routledge, 2002; Paul Burkett, "The Value Problem in Ecological Economics: Lessons from the Physiocrats and Marx", *Organization & Environment*, vol. 16, no. 2, 2003, pp. 137-167.

出的关于剩余价值与热力学第一定律(能量守恒)的一致性的问题,马克思和恩格斯是否提供了充分的答案。正如波多林斯基所言:

> 根据马克思所提出的并为社会主义者所接受的生产理论,用物理学语言表述的人类劳动在其产品中所积累的能量,比工人在生产劳动力中所消耗的能量还要多。这种积累是为什么以及如何产生的?……在接受物理力量统一论或能量守恒理论时,我们也不得不承认,严格意义上讲,没有任何东西是可以通过劳动创造出来的①……

请注意,即使这种说法也没有谈到剩余价值,而是在更普遍的意义上,适用于不同生产方式的剩余劳动的能量当量。尽管如此,就标准解释将其视为对马克思价值分析的挑战而言,我们应该考虑马克思是如何回答波多林斯基关于资本主义剩余劳动的具体形式的问题的。

其次,即使我们承认恩格斯对波多林斯基的评论体现了开放系统和新陈代谢—能量(metabolic-energy)的关注,但仍然存在一个问题,即马克思和恩格斯对资本主义的分析在方法论上如何体现这些关注。对波多林斯基神话的揭穿可能不足以推翻传统观点,即作为一般规则,马克思和恩格斯将经济视为不依赖其自然环境的自我再生产系统。乔治斯库-罗根用他的说法来体现这种传统观点,他认为,对"马克思主义经济学家"来说,"经济过程和物质环境之间存在着持续的相互影响这一明显的事实是没有分量的"②。同样,佩瑞(Perrings)断言,马克思"假定经济可以不受限制地以牺牲环境为代价进行扩张",实际上把环境既视作"富饶之角",又视为"无底之渊"③。这种传统观念的基础是霍利(Hawley)的观点,即"马克思主义理论"代表了一种关于经济的"封闭系统"观点,它"忽略了环境

① Podolinsky, "Socialism and the Unity of Physical Forces", trans. Angelo Di Salvo and Mark Hudson, *Organization & Environment*, vol. 17, no. 1, 2004, p. 61.

② Nicholas Georgescu-Roegen, "The Entropy Law and the Economic Problem," in Herman E. Daly eds., *Economics*, *Ecology*, *Ethics*, San Francisco: W. H. Freeman, 1973, p. 50.

③ Charles Perrings, *Economy and Environment*, New York: Cambridge University Press, 1987, p. 5.

作为一个互动领域”。①

虽然我们已经在早期的相关著作中证明了马克思和恩格斯思想中蕴含相当丰富的生态内容，但重要的是重新考察开放系统能量和熵的考虑在多大程度上被纳入马克思的《资本论》，以及这种纳入是否与恩格斯对波多林斯基的批评相一致。只有这样，我们才能最终确定波多林斯基事件为马克思主义与生态经济学关系所提供的经验。

二、能量——马克思对价值和剥削的新陈代谢分析视角

在马克思看来，商品生产中的雇佣劳动是人类劳动的具体资本主义形式，“是人与自然之间新陈代谢的普遍条件”。因此，资本主义与任何其他人类生产形式一样，都要受自然规律的制约。正如马克思所说，“决不应该像有时发生的情况那样，把各种神秘的观念同这种自然发生的劳动生产率联系起来”②；“人只能像自然本身那样发挥作用，就是说，只能改变物质的形式。不仅如此，他在这种单纯改变形态的劳动中还要经常依靠自然力的帮助”③。

人类劳动不断得到自然力量帮助的最基本方式，也许是太阳能对地球环境的影响，没有太阳能就没有生命，因而也就没有劳动。在这方面，恩格斯指出，波多林斯基的能源生产率计算没有考虑到工人“从太阳辐射中吸收的新鲜热量”所带来的复杂情况。因此，恩格斯关于计算太阳能全部影响的复杂性的观点，与戴利对某些形式的能量学的当代批评在逻辑上是一致的：

> 即使在计算“直接或间接生产”所有商品所必需的太阳能时，实际体现的能量核算也是非常不完整的。它只计算进入农业、森林和

---

① Amos H. Hawley, “Human Ecological and Marxian Theories”, *American Journal of Sociology*, vol. 89, no. 4, 1984, p. 912.

②《马克思恩格斯全集》第42卷，北京：人民出版社2016年版，第526页。

③《马克思恩格斯全集》第43卷，北京：人民出版社2016年版，第34页。

> 渔业的太阳能。但是太阳能显然通过提供光和热进入了所有的生产过程……如此巨大的共同成本如何分配到所有的联合产品中……超出了我的想象。①

换句话说，太阳能在人类劳动中的作用不能被任何简单的、机械化的核算模式所完全捕捉，能量在一端作为燃料进入，在另一端作为有用的工作出现。在更深入地探讨马克思对资本主义的综合新陈代谢方法的问题之前，我们应该提出三个初步观点。首先，马克思对“新陈代谢”的使用远不止是一个简单的比喻。正如格瑞西(Griese)和帕维兹格(Pawelzig)所指出的，马克思在他所有的主要经济学著作中都运用和发展了新陈代谢分析(metabolic analyses)，从《大纲》(*Grundrisse*)到他的《关于阿道夫·瓦格纳的笔记》(*Notes on Adolph Wagner*)。② 格瑞西和帕维兹格接着说：

> 这里涉及的不是图片，不是可视化的比喻，而是一个丰富的概念。根据生理学家的定义，生命系统的物质交换对马克思来说仍然是它的本质，既没有被淡化，也没有被“泛化”，就像人们经常做的。物质交换是指物质的吸收、重塑、储存和放弃，同时进行能量交换。这种内容同样——这里是马克思的发现——不仅适用于生活，而且适用于社会系统，因为社会生活实际上也是生理意义上的生活，从社会生活中产生并进一步发展其物质基础。③

---

① Herman E. Daly, “Postscript: Unresolved Problems and Issues for Further Research”, in Herman E. Daly and Alfred F. Umaña eds., *Energy*, *Economics*, *and the Environment*, Boulder: Westview, 1981, pp. 165 - 185.

② A. Griese and G. Pawelzig, “Why Did Marx and Engels Concern Themselves with Natural Science?”, *Nature*, *Society*, *and Thought*, vol. 8, no. 2, 1995, pp. 157 - 158.

③ A. Griese and G. Pawelzig, “Why Did Marx and Engels Concern Themselves with Natural Science?”, *Nature*, *Society*, *and Thought*, vol. 8, no. 2, 1995, pp. 132 - 133. 恩格斯在《自然辩证法》中对新陈代谢概念的使用也遵循了“生理学家的定义”，从以下关于生命的定义中可以清楚地看出这一点：“生命是蛋白质体的存在方式，其基本要素在于与蛋白质体之外的自然环境不断进行新陈代谢，随着这种新陈代谢的停止，蛋白质的分解也随之停止……新陈代谢是蛋白质体的特有活动”。Friedrick Engels, *Dialectics of Nature*, Moscow: Progress Publishers, 1964, pp. 306 - 307.

其次,马克思认为劳动过程本身构成了人与自然之间的主要新陈代谢关系。但在李比希(Liebig)的影响下,他还详细探讨了自然与社会之间的新陈代谢断裂,这种断裂表现为从土壤中提取营养物质(如氮、磷和钾)(作为食物和纤维),并将其运输到成百上千英里外的城市中心,最终以人类和动物粪便的形式出现——破坏了本来将营养物质还给其原生土壤的自然循环。通过这种方式,马克思探讨了人类对自然的依赖问题,这些问题虽然与能量问题无关,但不能简化为纯粹的能量问题。马克思坚决拒绝接受能量还原论,这似乎预示着乔治斯库-罗根的著名论断:"物质也很重要。"①

第三,马克思对商品生产和交换的新陈代谢解释,直接启发了他对作为价值(抽象的、社会必要劳动的储存库[repositories of abstract, socially necessary labor])的商品的分析。因此,他认为商品交换是一个"社会新陈代谢的过程",而"商品的价值形式"是这种新陈代谢的"经济的细胞形式"②。当然,商品是一种有用的商品或服务,它被摆出来进行交换。认识到这种"使用价值……是由商品的物理属性决定的",马克思认为商品的使用价值是资本主义下"财富的物质内容"③。众所周知,马克思还坚持认为,自然界和人类劳动都有助于所有使用价值的产生④。因此,在分析商品和货币时,他强调,"商品体,是自然物质和劳动这两种要素的结合。"⑤马克思还坚持认为,"没有任何东西可以成为价值而不成为实用的对象。如果东西是无用的,它所包含的劳动也是无用的;劳动不算是劳动,因此不创造价值。"⑥换个说法:"价值[作为抽象劳动]与它所承载的特定使用价值无关,但某种使用价值必须作为其承载者。"⑦因此,因为商品和所有使用价值一样,都是劳动和自然的产物,而且劳动本身就是与自然的互

① Nicholas Georgescu-Roegen, "Energy Analysis and Economic Valuation," *Southern Economic Journal*, vol. 45, no. 4, 1979, p. 1039.

②《马克思恩格斯全集》第 42 卷,北京:人民出版社 2016 年版,第 14 页。

③ 同上书,第 22 页。

④《马克思恩格斯全集》第 25 卷,北京:人民出版社 2001 年版,第 8 页。

⑤《马克思恩格斯全集》第 42 卷,北京:人民出版社 2016 年版,第 29 页。

⑥ Karl Marx, *Capital*, Vol. I, New York: International Publishers, 1967, p. 131.

⑦ Ibid., p. 295.

动，所以商品的生产和交换既是一种社会（人与人）关系，也是一种新陈代谢（人与自然）关系。在马克思的概念中，价值和使用价值的辩证关系不是简单的二分法，而是差异中的统一或运动中的矛盾。资本主义对雇佣劳动的剥削充满了矛盾，这主要是因为价值积累的物质要求与雇佣劳动和雇佣劳动者的新陈代谢本性（metabolic nature）之间的矛盾。

1. 劳动力及其价值

马克思把“劳动力或劳动能力”定义为“一个人的身体即活的人体中存在的、每当他生产某种使用价值时就运用的体力和智力的总和”①。劳动力“是一个自然物，一个东西，尽管是一个有生命的、有意识的东西”②，它“最重要的是，自然界的物质转变成了人类的有机体”③。马克思概念中的新陈代谢—能量（metabolic-energetic）内容，不仅体现在他对劳动力这一术语的选择上，而且还体现在对刚才引用的定义的另一种（更具描述性的）阐释上：“劳动力本身就是通过营养物质传递给人类有机体的能量。”④

因此，对能量的考察是马克思分析劳动力价值的核心。众所周知，马克思把劳动力的价值等同于进入工人及其家庭消费的商品的价值。这种消费有两个方面的区别：物质生存要素和“历史的和道德的要素”⑤。我们在这里主要关注的是物质生存的因素。当然，这首先是工人的“自然需求，如食物、衣服、取暖和居住”——这些需求“由于一个国家的气候和其他自然特点不同”⑥。即使在这个基本层面上，马克思也承认物质—能量耗散的作用，以及工人个人再生产的能量需求。正因为“劳动力只是作为活的个人的能力而存在”⑥，所以它在本质上（无论在劳动过程中发生了什么）会受到“损耗和死亡”⑦的影响。“劳动力所有者是会死的”⑧，因而必

① 《马克思恩格斯全集》第42卷，北京：人民出版社2016年版，第156页。
② Karl Marx, *Capital*, Vol. I, New York: International Publishers, 1967, p. 310.
③ Ibid., p. 323.
④ Ibid., p. 215.
⑤⑥ 《马克思恩格斯全集》第42卷，北京：人民出版社2016年版，第160页。
⑥ 同上书，第159页。
⑦ 同上书，第161页。
⑧ 同上书，第160页。

须“依靠繁殖使自己永远延续下去”[①]。因此，劳动力的价值包括商品的价值，“工人的补充者即工人子女的生活资料，只有这样，这种独特的商品占有者的种族才能在商品市场上永远延续下去”[②]。也许我们不应该惊讶，马克思在论述生产的生理和能量需求时，总是意识到“时间之箭”的存在。

但是，只有在马克思考虑到工人的劳动活动和劳动力的价值之间的联系时，新陈代谢的层面才会完全显现出来。“劳动力的使用即劳动”而“劳动力的购买者通过让劳动力的出售者工作来消耗劳动力”[③]。无论劳动被认为是使用价值的生产还是价值的生产，都是如此。即使价值的实质是抽象劳动（“同质的人类劳动，……不考虑其支出形式的人类劳动能力的消耗”），“价值的创造”仍然需要“把劳动力转变成劳动”，即“人类大脑、肌肉、神经、手等的生产性支出，每个普通人在其身体机体中拥有的劳动力”[④]。因此，保护劳动的价值创造能力对工人提出了额外的维护要求。

> 但是，劳动力只有表现出来才能实现，只有在劳动中才能发挥出来。而劳动力的发挥即劳动，耗费人的一定量的肌肉、神经、脑等，这些消耗必须重新得到补偿。*支出增多，收入也得增多。*劳动力所有者今天进行了劳动，他必须明天也能够在同样的精力和健康条件下重复同样的过程。因此，生活资料的总和应当足以使劳动者个人能够在正常生活状况下维持自己。[⑤]

斜体句的另一种诠释是：“这一增加的支出需要更大的收入。”[⑥]在这里，马克思采用了一个“能量收入和支出”的框架，该框架改编自伟大的德国能量生理学家卢迪玛·赫尔曼（Ludimar Hermann）的著作。我们知

①②《马克思恩格斯全集》第 42 卷，北京：人民出版社 2016 年版，第 161 页。

③ Karl Marx, *Capital*, Vol. I, New York: International Publishers, 1967, p. 283.

④ Ibid., p. 283, 128, 323, 134 - 135.

⑤《马克思恩格斯全集》第 42 卷，北京：人民出版社 2016 年版，第 160 页。

⑥ Karl Marx, *Capital*, Vol. I, New York: International Publishers, 1967, p. 171.

道，马克思研究了赫尔曼的《人体生理学要素》(*Elements of Human Physiology*)，该书从生物化学的角度探讨了人类劳动中的能量流动。[①] 在赫尔曼的分析中，“能量收入”是指可转化为工作的能量的消耗，而“能量消耗”是指劳动者在工作时的能量损失。马克思显然认为赫尔曼的方法对于确定“劳动力价值的最低限度或最小限度”非常有用，即“每天得不到就不能更新他的生命过程的那个商品量的价值”，不仅仅是“萎缩的状态”。[②] 此外，马克思无疑知道李比希在《化学通信》(*Familiar Letters on Chemistry*)的最后一章中对热力学在生理学中的应用的讨论，该章标题为“力的联系和等价”[③]。

马克思追随赫尔曼和李比希，拒绝将能量收入和支出的内容简化为纯粹的能量。对赫尔曼来说，能量收入和支出的生化过程，以及它们与营养和其他新陈代谢功能的兼容程度，有助于确定任何特定的劳动情况是否与劳动者的健康再生产相一致。[④] 不同的劳动（就类型和强度而言）需要不同的生物化学形式的能量收入，同时也受到劳动者之前劳动的休息程度的影响。不能把工人当作一个蒸汽机，只要有足够的煤被铲入，就会一直保持运转。马克思在讨论以每日工作时间的长短来衡量劳动力的价值时，运用了赫尔曼的这一方法：

> 随着工作日的延长，劳动力的价格尽管名义上不变，甚至有所提高，还是可能降到它的价值以下。我们记得，劳动力的日价值是根据劳动力的正常的平均持续时间或工人的正常的寿命来计算的，并且是根据从生命物质到运动的相应的、正常的、适合人体性质的转变来

---

① Ludimar Hermann, *Elements of Human Physiology*, 5th edn, London: Smith and Elder, 1875; Pradip Baksi, “MEGA IV/31: Natural Science Notes of Marx and Engels, 1877 - 1883”, *Nature, Society, and Thought*, vol. 14, no. 4, 2001, p. 378.

②《马克思恩格斯全集》第 42 卷，北京：人民出版社 2016 年版，第 162 页。

③ Justus von Liebig, “On the Connection and Equivalence of Forces”, in Edward L. Youmans, ed., *The Correlation and Conservation of Forces*, New York: D. Appleton & Co., 1864, pp. 387 - 397.

④ Ludimar Hermann, *Elements of Human Physiology*, 5th edn, London: Smith and Elder, 1875, pp. 199 - 200, 215 - 225.

计算的。与工作日的延长密不可分的劳动力的更大损耗,在达到一个定点之前,可以用增多的报酬来补偿。超过这一点,损耗便以几何级数增加,同时劳动力再生产和发挥作用的一切正常条件就遭到破坏。劳动力的价格和劳动力的剥削程度就不再是可通约的量了。①

在上述段落的脚注中,马克思引用了“燃料电池之父”——英国法官和物理化学家威廉·罗伯特·格罗夫爵士(William Robert Grove)的著作《物理力的相互关系》(*Correlation of Physical Forces*)中的一段话,其中写道:“一个人在24小时内所经历的劳动量,可以通过检查他体内发生的化学变化来近似地计算出来,这些变化是物质的形式,表明了动力的前运动。”②事实上,早在1864至1865年,马克思和恩格斯就饶有兴趣地阅读了格罗夫的书,作为他们研究热的机械理论和不同形式能量的可转换性的一部分。他们熟悉1862年出版的格罗夫著作的第四版,其中格罗夫已经对热力学第二定律进行了详细讨论。马克思显然发现这些研究与他对劳动力价值的分析直接相关。③

马克思对劳动力价值的分析明显包含了能量守恒以及物质—能量耗散的不可避免性。在《资本论》中,马克思引用卢克莱修(Lucretius)的话,以唤起基本的唯物主义原则(守恒原则),即“从无生有”④。马克思没有使用“熵”“热力学”或“第一和第二定律”等术语,这是因为这些术语当时才被引入物理学,因此在马克思写《资本论》时甚至在科学界也没有广泛使用。(克劳修斯[Clausius]在1865年,即《资本论》出版前两年,引入了“熵”一词——来自希腊语的结构,意思是“转化”,而克劳修斯的《力学的热理论》[*Mechanical Theory of Heat*]出版在1867年,与《资本论》是同一年。第一次在书名中使用“热力学”一词是在1868年泰特[Tait]的《热

---

①《马克思恩格斯全集》第42卷,北京:人民出版社2016年版,第539—540页。

② Karl Marx, *Capital*, Vol. I, New York: International Publishers, 1967, p. 664.

③ Cf. Kenneth M. Stokes, *Man and the Biosphere*, Armonk, NY: M. E. Sharpe, 1994, pp. 52-53; Baksi, “MEGA IV/31: Natural Science Notes of Marx and Engels, 1877-1883”, *Nature, Society, and Thought*, vol. 14, no. 4, 2001, p. 378.

④《马克思恩格斯全集》第42卷,北京:人民出版社2016年版,第210页。

力学》[*Thermodynamics*]中。[①])

由于当时熵定律刚刚被认识，它的全部含义仍有待科学家们去研究。英国能量耗散（或后来被称为熵）思想的主要倡导者威廉·汤姆森（William Thomson）在1852年否认在任何意义上可以将动物视为相当于蒸汽机的热力学机器。[②] 恩格斯尤其对热力学在随后的一些分析中被用于粗暴的机械主义和能量还原主义目的保持警惕。正如他在《自然辩证法》中所写的那样：

> 让他们把随便某种熟练劳动转换成千克米，并试试以此规定工资吧！从生理学观点看来，人体包含着各个器官，从一个方面来看，这些器官的整体可以看作一架获得热并把热转化为运动的热动机。但是，即使我们假设身体其余器官的条件不变，能否直接用千克米把所做的生理学的功，即使是提升重物的功，完全表示出来，也还是问题，因为在身体中同时进行内部工作在结果上并没有表现出来。身体毕竟不是一部只发生摩擦和损耗的蒸汽机。只有当身体本身不断地发生化学变化时，才能做出生理学的功，并且这还有赖于呼吸过程和心脏的工作。当肌肉每一次收缩和松弛时，神经和肌肉都会发生化学变化，这些变化和蒸汽机中的煤的变化是不能相提并论的。当然，我们可以把其他条件相同的情况下所做的两个生理学的功加以比较，但是不能用蒸汽机等的功来量度人的生理学的功；它们的外部结果当然是可以比较的，但是，在不做重大保留的情况下，过程本身是不能比较的。[③]

---

① Crosbie Smith, *The Science of Energy: A Cultural History of Energy and Physics in Victorian Britain*, London: The Athlone Press, 1998, p. 255; David Lindley, *Degrees Kelvin: A Tale of Genius, Invention, and Tragedy*, Washington, DC: Joseph Henry Press, 2004, p. 110.

② Silvanus P. Thompson, *The Life of Lord Kelvin*, Two Volumes, New York: Chelsea Publishing Co., 1976, vol. I, p. 289.

③《马克思恩格斯全集》第26卷，北京：人民出版社2014年版，第757—758页。

在上述评论写完七年后，恩格斯遇到了波多林斯基的幼稚尝试，他试图“按照蒸汽机的工作来计算人的体力劳动”，即简单地比较劳动者摄入的食物热量与（农业）劳动过程中体力产出所体现的热量。[①] 恩格斯向马克思转达了他对波多林斯基的能量核算工作的看法，重提他以前对能量还原主义的批评。如前所述，他指出，波多林斯基的计算忽略了所有工人从太阳中新陈代谢吸收的能量。他还指出，工人消耗的食物卡路里（每人每天 10000 卡路里[②]）“在转化为其他形式的能时，实际上由于摩擦等要损耗一部分，这一部分不能变为有用的能。在人体内甚至要损耗很大的一部分。因此，在经济劳动过程中所用的体力劳动任何时候也不可能等于一万个热量单位，它总是要少一些”[③]。

在初步明确认识到物质—能量耗散（matter-energy dissipation）之后，恩格斯进一步考虑了波多林斯基的能源生产率计算的新陈代谢限定条件（metabolic qualifications）。他指出，波多林斯基是如何假定所有“体力劳动都是经济劳动”的，而实际上工人的大部分能量消耗都“耗费于人体热量的增加和散发等上，它们所留下来的有用的东西，只是排泄物的肥效”[④]。例如，“在狩猎业和渔业中”，“从一个人的正常的营养来说，他通过狩猎或捕鱼所获得的蛋白质和脂肪的数量，并不取决于他所消耗的这些物质的数量”[⑤]。与波多林斯基的能量还原主义框架相比，恩格斯的新陈代谢方法——与马克思对劳动力价值的分析完全一致——显然对劳动过程的复杂和熵的性质更加敏感。

在这一点上值得注意的是，恩格斯有时在生态学文献中被批评为对热力学第二定律持怀疑态度。正如马丁内斯-阿里尔所写的那样，

---

① Podolinsky, “Socialism and the Unity of Physical Forces”, trans. Angelo Di Salvo and Mark Hudson, *Organization & Environment*, vol. 17, no. 1, 2004, pp. 64 - 65; John Bellamy Foster and Paul Burkett, “Ecological Economics and Classical Marxism: The ‘Podolinsky Business’ Reconsidered”, *Organization & Environment*, vol. 17, no. 1, 2004, pp. 39 - 40.

② 这里的 10000 卡路里，即一万个热量单位。——译者注

③《马克思恩格斯全集》第 35 卷，北京：人民出版社 1971 年版，第 127 页。

④⑤ 同上书，第 128 页。

> 恩格斯在1875年写的一些笔记中提到了第二定律，这些笔记后来成为《自然辩证法》的著名段落。恩格斯提到了克劳修斯的熵定律，发现它与能量守恒定律相矛盾，并表示希望能找到一种方法来重新利用照射到空间的热量。恩格斯对第二定律的宗教解释感到担忧是可以理解的。在1869年3月21日给马克思的信中，当他意识到第二定律时，他抱怨威廉·汤姆森(William Thomson)试图把上帝和物理学混为一谈。①

马丁内斯-阿里尔提到的恩格斯《自然辩证法》中的特定片段题为"进入宇宙空间的热辐射"②，专门论述与热力学第二定律相关的更广泛的宇宙学含义。这些是唯物主义与唯心主义/宗教的问题，与宇宙的诞生和未来可能的毁灭的替代概念有关。恩格斯提出了一些复杂的问题和逻辑上的困难。在此基础上声称恩格斯对热力学第二定律持怀疑态度，甚至否定该定律，就像马丁内斯-阿里尔和其他一些人所做的那样，是自以为是的。这样的结论是特别不能接受的，因为在《自然辩证法》的其他地方，恩格斯对卡诺和克劳修斯的成果表达了深深的敬意，并使自己的观察和分析符合第二定律的要求。

同样错误的是，马丁内斯-阿里尔暗示(在上述引文中)，恩格斯在1869年3月21日写给马克思的信中表明，他当时才意识到热力学第二定律。我们知道，恩格斯在1865年——在马克思之后不久——就读了格罗夫的《物理力的相互关系》(可能是1862年的第四版)。格罗夫的著作在"热"这一重要章节中，结合对卡诺、克劳修斯和汤姆森发现的讨论，对第二定律进行了非常详细的论述。恩格斯或马克思——他们都赞扬了格罗夫的书——不可能错过这一讨论。此外，由于恩格斯多次提到汤姆森和泰特的1867年经典物理学著作《自然哲学论》(*A Treatise on Natural*

---

① Martinez-Alier, *Ecological Economics*, Oxford: Basil Blackwell, 1987, p. 221; see also Juan Martinez-Alier, "Political Ecology, Distributional Conflicts, and Economic Incommensurability", *New Left Review*, vol. 211, 1995, p. 71.

② 《马克思恩格斯全集》第26卷，北京：人民出版社2014年版，第728页。

Philosophy)(而不是该著作的任何后期版本),因此很有可能他在阅读该著作初版时也遇到了第二定律。如果这还不够,马丁内斯-阿里尔引用的那封信中没有直接提到热力学第二定律(也没有提到汤姆森的名字),所以这一点似乎是一个粗略的推断。相反,恩格斯的信涉及宇宙"热寂"的假设,与亥姆霍兹、克劳修斯、汤姆森和其他人有关。恩格斯抱怨说,声称宇宙最终"热寂"的原因,以及宇宙起源于"原热状态"的宇宙学主张,仅仅基于熵的概念,是荒谬的,因为它们必须建立在"迄今为止,他们对自然法则知之甚少"①。总之,从这些评论中不能得出关于恩格斯对热力学的立场的不利结论。

2. 马克思如何回答波多林斯基的问题

如果马克思对能量和价值的处理方法与波多林斯基不一致(无论如何,他在这方面只作了暗示性的评论),那么马克思论证的具体性质是什么?在《资本论》及其准备工作中的一些地方,马克思认为剩余价值的创造有以下区别:(1) 劳动力价值的能量当量,由生产用工资购买的生活资料所需的劳动决定;(2) 劳动力消耗的能量,只要它与价值被客观化的商品的能量含量相对应。但是,鉴于商品(价值)形式不能符合劳动力和它所从事的工作的新陈代谢—能量的要求,把劳动力价值的能量当量与进入劳动力再生产的所有能量相提并论,就像把商品价值的能量含量与进入其生产的所有能量相提并论一样,是不正确的。因此,波多林斯基开篇提出的问题,即热力学第一定律如何与能量—产品(energy-product)超过"工人生产劳动力所消耗"的能量的部分相一致,就其意指马克思的理论而言,充满了误解。② 此外,对马克思来说,剩余价值的生产是资本主义特有的社会和物质效果;它不可能得到纯自然科学的证明。尽管如此,马克思对剩余价值的能量收支方法的应用,表明了他的理论在热力学上的一致性。

---

① Engels to Marx, March 21, 1869, in Karl Marx and Frederick Engels, *Collected Works*, Vol. 43, New York: International Publishers, 1988. p. 245 – 246.

② Sergei Podolinsky, "Socialism and the Unity of Physical Forces", trans. Angelo Di Salvo and Mark Hudson, *Organization & Environment*, vol. 17, no. 1, 2004, p. 61.

在马克思看来，剩余价值的可能性源于劳动力的“使用…创造价值，而且创造的价值比它本身的价值大”①。这种使用价值有两个重要特点。第一，鉴于资本主义把“价值”还原为抽象的劳动时间，“劳动能力的使用价值，也就是劳动本身，即创造和增加价值的力量”②。第二，“包含在劳动力中的过去劳动和劳动力所能提供的活劳动，劳动力一天的维持费和劳动力一天的耗费，是两个完全不同的量。”③虽然劳动力的价值是由工人的商品化生活资料的价值决定的，

> 对这种劳动力的使用却只受劳动者的工作能力和体力的限制。劳动力每天或每周的价值同劳动力每天或每周的消耗全然不同，就像一匹马所需要的饲料和它能供人乘骑的时间全然不同一样。限制工人劳动力价值的劳动量，决不能限制他的劳动力所能完成的劳动量。④

用能量术语来说，“自由工人卖出的东西永远不过是力量一支出的一个具体的、特定的措施”；但“劳动力作为一个整体，大于每一个特定的支出”⑤。“那么，在这种交换中，工人……作为结果出卖自己”，并“作为原因，作为活动，工人被资本所吸收”⑥。其结果是对资本家的能量补贴，资本家占有并出售在工作日期间生产的超过工资所代表的生活资料所需的部分的商品。因此，工人的劳动力与其价值的表面上的平等交换，“转变成了自己的对立面……工人没有所有权和把他的劳动让渡出去”⑦。马克思从剩余劳动和工人商品化的生活资料中客观化的“必要劳动”之间的区别来发展这一观点：

---

①《马克思恩格斯全集》第 44 卷，北京：人民出版社 2001 年版，第 270 页。
②《马克思恩格斯全集》第 32 卷，北京：人民出版社 1998 年版，第 125 页。
③《马克思恩格斯全集》第 42 卷，北京：人民出版社 2016 年版，第 186 页。
④《马克思恩格斯全集》第 21 卷，北京：人民出版社 2003 年版，第 191 页。
⑤ Karl Marx, *Grundrisse*, New York: Vintage, 1973, p. 464.
⑥⑦《马克思恩格斯全集》第 31 卷，北京：人民出版社 1998 年版，第 70 页。

> 劳动过程的第二段时间,工人超出必要劳动的界限做工的时间,虽然耗费工人的劳动,耗费劳动力,但并不为工人形成任何价值。这段时间形成剩余价值,剩余价值以从无生有的全部魅力引诱着资本家。①

当然,这种价值(能量)剩余并不是真的无中生有。相反,它代表了资本主义对体现在劳动力中的部分潜在工作的占有,这些劳动力主要是在非工作时间内从新陈代谢的再生中收回的。而这只有在以下情况下才是可能的:从能量和生物化学的角度来看,劳动力的再生不仅包括从用工资购买的商品中消耗卡路里,还包括新鲜空气、太阳热能、睡眠、放松,以及工人的卫生、饮食、衣服和住房所需的各种家务活动。只要资本主义迫使工人在必要的劳动时间之外进行劳动,它就侵占了所有这些再生活动所需的时间。正如马克思所观察到的,

> 时间实际上是人的积极存在,它不仅是人的生命的尺度,而且是人的发展的空间。随着资本侵入这里,剩余劳动时间成了对工人精神生活和肉体生活的侵占。②

以这种方式来看,马克思对剩余价值的新陈代谢—能量分析是他分析资本主义"超越劳动时间的自然限制"的倾向的重要基础——这种倾向"才迫使甚至以资本主义生产为基础的社会……为正常工作日的长度强制规定硬性的界限"③。除非被强行制止,否则资本主义生产不仅侵占了工人"满足其智力和社会要求"所需的时间,而且还侵占了"劳动力的物理极限":

> 一个人在 24 小时的自然日内只能支出一定量的生命力。正像

①《马克思恩格斯全集》第 42 卷,北京:人民出版社 2016 年版,第 210 页。
②《马克思恩格斯全集》第 37 卷,北京:人民出版社 2019 年版,第 161 页。
③ 同上书,第 28 页。

> 一匹马平均每天只能干8小时的活。这种生命力每天必须有一部分时间休息、睡觉；人还必须有一部分时间满足身体的需要；人要吃饭、穿衣等。……但什么是一个工作日呢？当然比一个自然日短。短多少呢？关于这个极限，即工作日的必要界限，资本家有他自己的看法。作为资本家，他只是人格化的资本；他的灵魂就是资本的灵魂。而资本只有一种自然倾向，一个唯一的动机；这就是增殖自身，创造剩余价值，……吮吸尽可能多的剩余劳动量。①

事实上，资本主义将工作时间延长到超过劳动力的新陈代谢—能量极限的内在动力，是《资本论》第一卷的主要主题之一。但更基本的一点是，马克思对剩余价值的分析已经回答了波多林斯基的问题：它不仅与热力学第一定律而且与第二定律完全一致。具有讽刺意味的是，波多林斯基对他自己关于劳动过程与能量转移和转化的关系问题的回答违反了第二定律，因为他把工人当作了“完美的机器”——而且就现实世界而言，正是资本主义把劳动力转化为剩余劳动机器的企图威胁到了工人新陈代谢的再生产，这一点更是如此：

> 资本由于无限度地盲目追逐剩余劳动，像狼一般地贪求剩余劳动，不仅突破了工作日的道德极限，而且突破了工作日的纯粹身体的极限。它侵占人体的成长、发育和维持健康所需要的时间。它掠夺工人呼吸新鲜空气和接触阳光所需要的时间。它克扣吃饭时间，尽量把吃饭时间并入生产过程本身，因此对待工人就像对待单纯的生产资料那样，给他饭吃，就如同给锅炉加煤、给机器上油一样。资本把积蓄、更新和恢复生命力所需要的正常睡眠，变成了恢复精疲力竭的有机体所必不可少的几小时麻木状态。在这里，不是劳动力维持正常状态决定工作日的界限，相反地，是劳动力每天尽可能达到最大

① 《马克思恩格斯全集》第43卷，北京：人民出版社2016年版，第237页。

量的耗费(不论这是多么强制和多么痛苦)决定工人休息时间的界限①……

作为下一节的前奏,值得注意的是,马克思运用新陈代谢—能量分析法,将工作时间的过度延长与土地的过度开发进行了直接比较。毕竟,他仔细研究了他那个时代的主要农学家的作品,包括李比希和詹姆斯·约翰斯顿(James Johnston)——这些作品强调了维持土壤肥力所需的生化循环过程。② 在马克思看来,资本主义在任何特定时间段内尽可能多地生产剩余价值的持续压力,导致它违反了维持土地和劳动力的生产活力的新陈代谢条件。③ 马克思在《资本论》中直接提到了约翰斯顿的工作,他认为,"特定作物的种植取决于市场价格的波动,以及随着这些价格波动而不断改变种植的方式——资本主义生产的全部精神,即以最直接的货币利润为导向——与农业形成了矛盾,因为农业必须关注人类世代相传所需的全部永久性生活条件"④。

同样,在林业方面,马克思建议:

漫长的生产时间(只包括比较短的劳动时间),从而漫长的资本周转期间,使造林不适合私人经营,因而也不适合资本主义经营。资本主义经营本质上就是私人经营,即使由联合的资本家代替单个资本家,也是如此。文明和产业的整个发展,对森林的破坏从来就起很

---

①《马克思恩格斯选集》第2卷,北京:人民出版社2012年版,第191页。

② Wolfgang Krohn and Wolf Schäfer, "Agricultural Chemistry: The Origin and Structure of a Finalized Science", in Wolf Schäfer ed., *Finalization in Science*, Boston: D. Reidel, 1983, pp. 32-39; Pradip Baksi, "Karl Marx's Study of Science and Technology", *Nature, Society, and Thought*, vol. 9, no. 3, 1996, pp. 272-274; Pradip Baksi, "MEGA IV/31: Natural Science Notes of Marx and Engels, 1877-1883", *Nature, Society, and Thought*, vol. 14, no. 4, 2001, pp. 380-382; John Bellamy Foster, *Marx's Ecology*, New York: Monthly Review Press, 2000, pp. 149-154.

③ Paul Burkett, *Marx and Nature*, New York: St. Martin's Press, 1999, pp. 88-90; Kozo Mayumi, *The Origins of Ecological Economics*, New York: Routledge, 2001, pp. 81-84.

④ Karl Marx, *Capital*, Vol. III, New York: International Publishers, 1967, p. 754.

大的作用，对比之下，对森林的护养和生产，简直不起作用。①

资本主义过度开发土地和劳动力的倾向的共同因素是，没有为恢复生产力提供足够的时间（和生化能量投入）。在这两种情况下，只要有自由竞争，这种生产性力量就会被耗尽：

> 资本是不管劳动力的寿命长短的。它唯一关心的是在一个工作日内最大限度地使用劳动力。它靠缩短劳动力的寿命来达到这一目的，正像贪得无厌的农场主靠掠夺土地肥力来提高收获量一样。②

因此，在考虑英国工厂法案——这些法案对工作时间设置了上限——背后的力量时，马克思提出，

> 即使撇开一天比一天更带威胁性的工人运动不说，也有必要对工厂劳动强制地进行限制，正像有必要用海鸟粪对英国田地施肥一样。同一种盲目的贪欲一方面使地力枯竭，另一方面使国家的生命力遭到根本的摧残。③

这种比喻是以能量收入和支出框架为基础的，这一点从《剩余价值理论》中的以下段落中可以看出，该书是在《资本论》第一卷出版前几年写的：

> 对未来的预支——真正的预支——一般说来在财富生产上只有对工人和对土地来说才会发生。在工人和土地两方面，由于过早的过度紧张和消耗，由于收支平衡的破坏，未来实际上可能被预支和被破坏。在资本主义生产条件下两者都会发生这种情况。……工人和

① 《马克思恩格斯全集》第 24 卷，北京：人民出版社 1972 年版，第 272 页。
② 《马克思恩格斯全集》第 42 卷，北京：人民出版社 2016 年版，第 264 页。
③ 《马克思恩格斯全集》第 43 卷，北京：人民出版社 2016 年版，第 244 页。

> 土地的情况却不是这样。这里被支出的东西是作为力量而存在的，而这种力量加速支出的方式使它的寿命缩短了。①

鉴于这种平行关系，马克思对资本主义进行全面的生态学批判并不奇怪——这种批判综合了他对资本剥削劳动和土地的新陈代谢—能量分析。但在这一综合中，资本主义生产的机械化占据了一个重要位置。

三、资本主义工业化、物质—能量和熵

热力学方面的考虑——能量守恒，特别是通过摩擦的熵耗，以及物理力量的相关性——在马克思对《资本论》第一卷第 15 章“机器和大工业”的分析中发挥了关键作用。这一章代表了马克思对资本主义下工业发展分析的核心。

1. 资本主义工业中的能量、摩擦和生化过程

马克思用机械系统的模型描绘了工业革命，该模型由“三个本质上不同的部分组成：发动机，传动机构和工作机”②组成。他认为以机器为基础的生产是力从系统的一个部分转移到另一个部分——从作为“整个机构的动力”的发动机开始，到“调节运动，在必要时改变运动的形式，把运动分配并传送到工具机上”的传动机构，最后到“抓住劳动对象，并按照一定的目的来改变它”的工作机。③ 对能量守恒和能量传递机制广泛的理论和实践研究清楚地为整个框架提供了参考。④

事实上，在 1863 年给恩格斯的一封信中，马克思概述了他对“机械部分”的研究，他写道，他不仅把“关于工艺学的笔记（摘录）全部重读了一遍”，而且“去听威利斯教授为工人开设的实习（纯粹是实验）课”⑤。他所

---

①《马克思恩格斯全集》第 35 卷，北京：人民出版社 2013 年版，第 293 页。

②《马克思恩格斯全集》第 43 卷，北京：人民出版社 2016 年版，第 388 页。

③《马克思恩格斯全集》第 42 卷，北京：人民出版社 2016 年版，第 382 页。

④ Pradip Baksi, “Karl Marx's Study of Science and Technology”, *Nature, Society, and Thought*, vol. 9, no. 3, 1996, pp. 274 - 278.

⑤《马克思恩格斯文集》第 10 卷，北京：人民出版社 2009 年版，第 199 页。

说的讲师罗伯特·威利斯(Robert Willis,1800—1875),是杰出的英国建筑师和机械工程师(从1837年起,他成为剑桥大学杰克逊自然哲学教授)。能量传输的机械原理是这些讲座的中心主题,这一点从威利斯使用的工作模型中可以看出——他自己设计的模型,并将其整合到一个教学系统中。[①] 正如技术教育家埃里克·帕金森(Eric Parkinson)所描述的:

> 威利斯开发了一种特殊的建筑套件,可作为向学生展示机械原理的一种手段。它的设计是为了在讲课演示过程中能够快速准确地添加、移除或重新定位机械部件。[②]

当这种实践指导与马克思本人的理论和历史研究相结合时,马克思开始认为,工业革命不是从电机装置及其能量开始的,而是从工具或工作机器开始的——具体来说,就是直接纳入主要材料的那部分劳动的机械化。正如在《资本论》中解释的那样,

> 整部机器只是旧手工业工具多少改变了的机械翻版,……因此,工具机是这样一种机构,它在取得适当的运动后,用自己的工具来完成过去工人用类似的工具所完成的那些操作。至于动力是来自人还是本身又来自另一台机器,这并不改变问题的实质。[③]

这一论点"证明人们的社会关系和这些物质生产方式的发展之间的联系"[④]。毕竟,资本家有能力将工具从工人身上分离出来并将其安装在机器上——以及随后以资本家的名义将科学应用于机械的技术改进——

---

① Robert Willis, *A System of Apparatus for the Use of Lecturers and Experimenters in Mechanical Philosophy*, London: John Weale, 1851.

② Eric Parkinson, "Talking Technology", *Journal of Technology Education*, vol. 11, no. 1, 1999, p. 67.

③《马克思恩格斯全集》第42卷,北京:人民出版社2016年版,第383页。

④《马克思恩格斯文集》第10卷,北京:人民出版社2009年版,第200页。

假定工人已经从社会上脱离了对生产资料的控制。① 但是，社会关系的这种历史首要性，以及相应的机器工具对能源和机制的优先性，无法阻碍马克思强调电力供应和传输在工业革命中的关键推动作用。首先，工具的机械化意味着它们摆脱了作为直接动力的单个工人的劳动力的限制。"现在假设[工人]只是作为一个马达，机器取代了他正在使用的工具，那么很明显，他也可以被自然力取代为一个马达。"②一旦安装在机器上，工具就可以由更多种类的动力源和更大的能源规模来驱动。事实上，机械规模的不断扩大本身就排除了继续使用劳动力作为动力的可能性：

> 工作机规模的扩大和工作机上同时作业的工具数量的增加，需要一种较大的发动机构。这个机构要克服它本身的阻力，就必须有一种比人力强大的动力，更不用说人是一种进行整齐划一运动和连续运动的很不完善的工具了。③

用其他动力取代劳动力，开始是"采用了牲畜、水和风作为动力"④，但很快就发展到煤驱动的蒸汽机和最终(如马克思所预测的)电力机制。正是在这里，随着电机机制及其动力源的发展，以应对日益复杂和大规模的机器工具系统的能源需求，马克思强调了摩擦作为一个基本熵过程的作用。⑤ 因此，在解释"机器及其工作工具规模的扩大需要更庞大的机构"和驱动它的马达力时，马克思指出，当英国迄今为止作为主要动力来源的水力似乎不再足够时，力(或能源)的问题就变得至关重要。"水力的应用在

---

① Paul Burkett, *Marx and Nature: A Red and Green Perspective*, New York St. Martin's Press, 1999, pp. 158 - 163.

② Karl Marx, *Capital*, Vol. I, New York: International Publishers, 1967, p. 497.

③《马克思恩格斯全集》第 42 卷，北京：人民出版社 2016 年版，第 385 页。

④ 同上书，第 384 页。

⑤ 恩格斯对摩擦也有浓厚的兴趣，但只是在更理论的层面上，这一点从《自然辩证法》中关于这一主题的许多段落中可以清楚地看出。这可能有助于解释为什么乔治斯库-罗根(Georgescu-Roegen)似乎非常喜欢这本书。(参见 Juan Martinez-Alier, "Some Issues inAgrarian and Ecological Economics, In Memory of Nicholas Georgescu-Roegen," *Ecological Economics*, 22/3 (1997): 231.)更难解释的是，乔治斯库为何错过了马克思《资本论》中关于摩擦的更实际的讨论。

工场手工业时期就已经占有优势。早在17世纪,就有人试用一架水车来推动两盘上磨,也就是两套磨。但是这时,传动机构规模的扩大同水力不足发生了冲突,这也是促使人们更精确地去研究摩擦规律的原因之一。"①

在这里,马克思展示了他对水和蒸汽作为同时代的动力技术影响早期工业化历史的敏锐理解。尽管与工业革命相关的高速发展时期通常被视为发生在1760年或1780年左右,但直到进入19世纪,水力仍然是英国工业的主要动力。在18世纪和19世纪初,帕伦特(Parent)、斯米顿(Smeaton)、德帕尔修(Déparcieux)和拉扎尔·卡诺(Lazare Carnot)等科学家、工程师探索了水力发电的效率要求、摩擦问题,拉扎尔·卡诺则探索了在理想条件下从给定落差的水中获得最大效率的问题。在这个时候,尽管瓦特的蒸汽机有所改进,但水轮提供的动力要多得多。因此,蒸汽机通常被用来作为水力的补充。然而,蒸汽机的效率不断提高,再加上其更大的通用性(英国可用水力发电的地区——主要是苏格兰和北部——已经投入使用),导致其在19世纪的发展中不断取代水力。②

马克思的评论不仅似乎认识到了这些发展,而且他在这里的观点可能反映了这样一个事实,即苏格兰物理学家詹姆斯·汤姆森(James Thomson)和他的兄弟威廉·汤姆森(William Thomson)(未来的开尔文勋爵)最初是通过对流体摩擦的实际探索被吸引到他们的热力学研究中的。③ 正是威廉·汤姆森重新发现并推广了萨迪·卡诺1824年关于热力学的著作,该著作迄今为止一直被人置若罔闻。"热力学"这一术语(最初指的是作为动力源的热力规律)是由汤姆森在1849年提出的。

无论如何,尽管人们对马克思与蒲鲁东的论战有普遍的误解,在这场论战中,马克思轻描淡写地指出,"手推磨产生的是封建主的社会,蒸汽磨

---

①《马克思恩格斯全集》第42卷,北京:人民出版社2016年版,第386页。

② D. S. L. Cardwell, *From Watt to Clausius: The Rise of Thermodynamics in the Early Industrial Age*, Ithaca: Cornell University Press, 1971, pp. 67-88; David Lindley, *Degrees Kelvin: A Tale of Genius, Invention, and Tragedy*, Washington, DC: Joseph Henry Press, 2004, pp. 64-65.

③ Crosbie Smith, *The Science of Energy: A Cultural History of Energy and Physics in Victorian Britain*, London: The Athlone Press, 1998, pp. 39, 48.

产生的是工业资本家的社会。”[①]但马克思显然没有认可蒸汽机真的产生了资本家或工业化的观点。他认识到，水力不仅在工业化之前的早期制造业/工商业时期占主导地位，甚至在工业化的初始阶段（“机器制造业”时代）也起着主导作用。事实上，他的分析强调，蒸汽动力只是在整个生产机制（本身就是社会经济关系发展的产物）开始需要越来越多的集中式能源和更多的能源形式时才取代水力。

具体而言，马克思指出，随着“工具由人的手工工具转化为一个机械装置的工具”，就有可能把“单个的工具机，降为工作机构的一个简单的器官”；但这要假定“一台发动机可以同时推动许多工具机”。[②] 因此，所需的“被推动的工具机数量的增加，发动机也在增大，传动机构也跟着扩展成为一个庞大和复杂的装置。”[③] 只要“在劳动对象顺次通过一系列不同的阶段过程，而这些过程是由一系列各不相同而又互相结合的工具机来完成的地方”，动力源就必须满足苛刻的规模、灵活性和传输要求[④]。特别是在使用机器生产精密机器的行业中，一个“必要条件，是要有能供给各种强度的力量同时又容易控制的发动机”[⑤]。考虑到摩擦力、密封性、可储存性和可运输性等问题，水力的物质性质使其无法在一定程度和地区之外用于此类目的：

> （水力）不能随意增大，在缺乏时不能补充，有时完全枯竭，而主要的是，它完全受地方的限制。直到瓦特发明第二种蒸汽机，即所谓双向蒸汽机后，才找到了一种原动机，它消耗煤和水而自行产生动力，它的能力完全受人控制，它可以移动，同时它本身又是推动的一种手段；……它在工艺上可得到普遍的应用，在地址选择上不太受地点条件的限制。[⑥]

---

①《马克思恩格斯文集》第1卷，北京：人民出版社2009年版，第602页。

②③《马克思恩格斯全集》第43卷，北京：人民出版社2016年版，第393页。

④ 同上书，第395页。

⑤ 同上书，第400页。

⑥《马克思恩格斯全集》第42卷，北京：人民出版社2016年版，第387页。

显然,在《资本论》对资本主义工业化能量的分析中,"物质也很重要"。这样我们就可以理解为什么马克思如此密切关注机器的物理磨损。在关于"机器和大工业"的章节中,我们被告知:

> 机器的有形损耗表现在两个方面,一方面是由于使用,就像铸币由于流通而磨损一样。另一方面是由于不使用,就像剑入鞘不用而生锈一样。在后一种情况下,机器受到自然作用的侵蚀。前一种损耗或多或少地同机器的使用成正比,后一种损耗在一定程度上同机器的使用成反比。①

在《资本论》第二卷第八章中,这种有形损耗是对固定资本更换和修理费用的分析的核心,在那里,马克思再次区分了"实际使用"的磨损和"自然力量造成的磨损",并通过各种现实世界的例子说明了每种损耗所需的劳动是如何影响商品价值的。②

除了摩擦,马克思在分析工业时摒弃能量还原主义的另一个原因是,他意识到资本主义的"劳动的社会力量的发展"不仅涉及机器及其动力,而且还涉及"化学和其他自然机构的应用",其方式不能还原为纯粹的能量传递。③ 这一点在马克思对资本主义农业的分析中最为明显,在那里,"科学的有意识的、技术性的应用"在为营利服务时,面临着"土壤的肥力"的降低,其必要基础是"人与土地之间的物质变换"。④ 但是,任何一种生产都有一个不可减少的生物化学因素,在这种生产中,有些东西被"加在原料上,使原料发生变化,例如氯加在未经漂白的麻布上,煤加在铁上,染料加在羊毛上"⑤。"在所有这些情况下",正如马克思在考虑它们对价值积累的影响时所说的那样,"预付资本的生产时间由两个期间构成:第一

① 《马克思恩格斯全集》第 43 卷,北京:人民出版社 2016 年版,第 421 页。

② 同上书,第 421—426 页。

③ Karl Marx, *Value, Price and Profit*, New York: International Publishers, 1976, p. 34.

④ 《马克思恩格斯全集》第 42 卷,北京:人民出版社 2016 年版,第 518 页。

⑤ 《马克思恩格斯全集》第 43 卷,北京:人民出版社 2016 年版,第 184 页。

个期间，资本处在劳动过程中；第二个期间，资本的存在形式——未完成的产品的形式——不是处在劳动过程中，而是受自然过程的支配。”①这样的生物化学生产过程显然降低了仅以能量学为基础的分析的相关性。②

对波多林斯基来说，社会主义的主要目标是通过充分利用完美的人类劳动机器来最大限度地积累地球上的能量——这是从卡诺的理想逆向循环模型③中得出的类比。然而，卡诺的模型是一个抽象的、孤立的系统——一个纯粹的理论构造，用来确定理想条件下热机的最大效率。尽管它是热力学发展的基础，但他的理想模型是以可逆过程为概念的。因此，卡诺的循环从那些不可逆的过程中抽象出来，如传导、摩擦、冲击等，这些过程后来被看作是熵(热力学第二定律)的特殊表现形式。波多林斯基的错误在于试图将一个孤立系统的模型应用于人类生产，而人类生产最好被理解为一个开放的、耗散的系统。波多林斯基将卡诺完美机器的特征(假定完全可逆，因而不存在熵)归于人类劳动，从而建立了一种分析方法，实际上否认了热力学第二定律与人类生产的相关性。事实上，波多林斯基的模型在某些地方似乎超越了卡诺理想化的完全可逆循环，指向人类可以通过消耗自己的劳动(不利用任何外部能源)来创造净增加的功，即点燃自己的引擎。这将是一个永动机，卡诺的模型当然否定了这一点，因为它超越了所有的物理规律。④

鉴于波多林斯基对劳动的分析没有认识到现实世界生产中的熵过程，他对能量开支的计算简单到了极点，特别是在应用于工业时，这一点也不奇怪。正如恩格斯所写的那样：

---

①《马克思恩格斯全集》第 45 卷，北京：人民出版社 2003 年版，第 267 页。

② 这种过程被泰德·本顿称为“生态调节的”，参见 Ted Benton, “Marxism and Natural Limits,” *New Left Review*, vol. 178, 1989. pp. 51 - 86. 本顿声称马克思的分析没有考虑到这种生态调节过程，对此的详细反驳见 Paul Burkett, “Labor, Eco-Regulation, and Value,” *Historical Materialism*, vol. 3, 1998. pp. 125 - 133. 应该注意的是，关于生物化学和能量过程，更复杂的纯能量方法并不否认生物化学过程的定性方面，但仍然试图将它们归入一种能量还原论。参见 Vaclav Smil, *General Energetics*, New York: John Wiley and Sons, 1991.

③ Sadi Carnot, *Reflections on the Motive Power of Fire*, Gloucester: Peter Smith, 1997.

④ See, for example, Mario Giampietro and Kozo Mayumi, “Complex Systems and Energy,” in Cutler Cleveland ed., *Encyclopedia of Energy*, vol. I, San Diego: Elsevier, 2004, pp. 617 - 631.

> 在工业中，这种计算是完全不可能的：投入产品中的劳动，大部分是完全不能用热量单位来表示的。例如对一磅棉纱来说这也许还可以想象，因为它的韧性和抗拉力还勉勉强强可以用力学公式表示出来，不过，在这里这已经是完全无益的学究气了，而对于一块未加工过的布，那就是荒谬的了，对于经漂白、染色、印花的布，则尤为荒谬。一个锤子、一个螺丝钉和一根针里所包含的能量，其大小是无法用生产费用来表示的。①

因此，恩格斯以类似于马克思的方式，即反对能量还原主义的论点强调了人类劳动及其产品的不可还原的生物化学特性，以及使用价值不可还原为纯能量的事实。人体内的新陈代谢过程是人类与物理环境相互作用的影射，具有定性的性质，不容易纳入这种能量输入—输出的计算中。②在这一点上，恩格斯的论点与后来许多生态经济学家的论点是一致的。

马克思的分析与生态经济学——特别是熵学派——之间的另一个重要联系涉及后者的观点，即当人类生产"打破依靠太阳能生活的限制"时，人类生产就变得不可持续了。③ 然而，尽管戴利把这种后太阳能制度限制在"过去 200 年"，但他和乔治斯库-罗根都没有冒险对其进行结构性解释——即把特定的社会生产关系与依赖化石燃料和其他"地质资本"的特定技术的发展相结合的解释。④ 正如我们所看到的，马克思对机器和大工业（以及资本主义下的工业化农业）的分析，恰恰解释了日益增长的工业机制对材料和能源的渴求。除了对波多林斯基辩论的传统阐释之外，也许是下面这些从恰当语境中摘录的段落加深了生态经济学家对马克思观点的误解：

---

①《马克思恩格斯全集》第 35 卷，北京：人民出版社 1971 年版，第 128—129 页。

② Engels to Marx, December 19, 1882, in Marx and Engels, *Collected Works*, Vol. 46, New York: International Publishers, 1985, pp. 410 - 411.

③ Herman E. Daly, *Steady-state Economics*, Second Edition, London: Earthscan, 1992, p. 23.

④ Ibid.; Paul Burkett, "Entropy in Ecological Economics: A Marxist Intervention", *Historical Materialism*, vol. 13, no. 1, pp. 117 - 152.

> 首先，在机器上，劳动资料的运动和活动离开工人而独立了。劳动资料本身成为一种工业上的永动机，如果它不是在自己的助手——人的身上遇到一定的自然界限，即人的身体的虚弱和人的意志，它就会不停顿地进行生产。①

马克思在这里所说的“永动机”，如果放在适当的语境，就会涉及生产工具背后的整个社会机制，就像从生产资料中异化出来的工人个体的角度所感知的那样。这种“永动机”是物质—社会阶级关系的永动机；它不是一种固有的物理属性，只是一种隐喻，因此不受热力学定律的约束。马克思的主要观点涉及机器体系如何“作为现成的物质生产条件出现在工人面前”②：

> 一个中央自动机推动的自动工具机体系，是机器生产的最发达的形态。在这里，代替单个机器的是一个庞大的机械怪物，它的四肢充满了整座整座的厂房，它的魔力先是由它的庞大肢体庄重而有节奏的运动掩盖着，然后在它的无数工作器官的疯狂的旋转中迸发出来。③

马克思对这种机器怪胎的“工作器官”的提及，可以追溯到希腊语的原词“organon”，它既指工具，也指身体器官，相当于一种自然技术的理论。按照马克思的这一观点，工具本质上是身体器官的无机延伸。④ 人的身体器官和它们的工具延伸之间的区别在生态经济学中也有很长的历史——关键的区别在于，生态经济学家没有像马克思那样把它纳入生产

① 《马克思恩格斯全集》第 42 卷，北京：人民出版社 2016 年版，第 416 页。

② 同上书，第 396 页。

③ 《马克思恩格斯全集》第 43 卷，北京：人民出版社 2016 年版，第 397 页。

④ John Bellamy Foster and Paul Burkett, “The Dialectic of Organic/Inorganic Relations: Marx and the Hegelian Philosophy of Nature”, *Organization & Environment*, vol. 13, no. 4, 2000, pp. 412 - 413.

的阶级分析中。[①] 无论如何，人们肯定可以从上述段落中想象出，马克思对波多林斯基把工人称为“完美的机器”，即理想化的蒸汽机，会有什么感受。事实上，正如恩格斯在1882年12月19日给马克思的信中所说，“波多林斯基走入歧途”[②]的主要方式是绕开了现实世界的机器和资本主义下的机械化劳动的异化特征。相反，波多林斯基“想为社会主义的正确性寻找一个新的自然科学的论据”，从而“把体力的和经济的东西混为一谈”。[③] 虽然当代生态经济学(大部分)并不拥护社会主义，但可以说它也有类似的倾向，即把物质与经济混为一谈，因为它未能解决资本主义生产和货币估价的深层物质—社会矛盾。[④] 通过对波多林斯基工作的揭示，我们希望为马克思主义和生态经济学之间更富有成效的对话扫清障碍。这个对话是关于如果人类要在太阳能和其他环境条件下生活，就必须改变社会经济条件。在这一对话中，马克思对资本主义工业产生的物质—能量吞吐量的分析是一个重要的子话题，我们现在来谈谈这个话题。

2. 资本主义下的物质—能量吞吐量

马克思强调，资本主义对“劳动生产力”的发展取决于“劳动的自然条件……如土壤的肥力等”[⑤]。资本主义工业化是一个过程，在私人牟利和竞争的压力下，“科学迫使自然机构为劳动服务”[⑥]。自然界为资本主义企业提供了使用价值，它们不仅是价值的承载者，而且是“劳动的自然生产力”[⑦]。这两种功能在马克思对资本积累过程中的原材料的分析中都很明显。

马克思在这里的主旨是，资本主义的机器化生产和竞争性企业之间

① Herman E. Daly, “On Economics as a Life Science”, *Journal of Political Economy*, vol. 76, no. 2, 1968, pp. 396-398; John Bellamy Foster and Paul Burkett, “Marx and the Dialectic of Organic/Inorganic Relations”, *Organization & Environment*, vol. 14, no. 4, 2001, p. 452; John Bellamy Foster, *Marx's Ecology*, New York: Monthly Review Press, 2000, pp. 200-204.

②③《马克思恩格斯全集》第35卷，北京：人民出版社1971年版，第129页。

④ Paul Burkett, *Marxism and Ecological Economics: Toward a Red and Green Political Economy*, Leiden: Brill, 2006.

⑤《马克思恩格斯全集》第43卷，北京：人民出版社2016年版，第537页。

⑥ Karl Marx, *Value, Price and Profit*, New York: International Publishers, 1976, p. 34.

⑦《马克思恩格斯全集》第35卷，北京：人民出版社2013年版，第122页。

的复杂分工的发展，产生了劳动生产率的空前提高，这必然与对原材料的前所未有的需求相对应。正如他所说，“劳动生产力的增长正是表现为这样一个关系，即吸收一定量的劳动需用更多的原料，也就是表现为，比如说，一个劳动小时内转化成产品即加工成商品的原料量增加了”①。“在协作和分工的条件下，可以看到，活劳动的生产率提高了，它以更短的时间生产出同样的商品，”②因此，“用于原料的部分必须增加”③随着劳动生产率的提高，资本为了实现任何特定的价值扩张而必须占有和加工的材料数量也在增加。

正如已经表明的那样，马克思也清楚地意识到电力供应对资本主义工业非常重要。因此，他将能源纳入了资本对“辅助”或“附属”材料日益增长的需求中。这些材料被定义为，虽然不构成“产品主要物质”的一部分，但仍需要“作为其生产的附属品”④。它们提供热、光、化学和其他必要的生产条件，不同于劳动及其工具对主要材料的直接加工。显然，能源的消耗(“蒸汽机的煤……牵引马的干草，”或“车间取暖和照明的材料”)是这种附属品的很大一部分用途。⑤正如马克思所观察到的，“在资本家把较大的资本投入机器之后，他就不得不把较大的资本用于购买驱动机器所需的原料和燃料”⑥。简言之，资本主义工业化的结果是“同一时间内加工的原料增多了，因而，进入劳动过程的原料和辅助材料的量增大了”⑦。

这并不是说，资本主义生产的目标仅仅是最大限度地提高物质—能量的产量。资本主义是一个竞争性系统，在这个系统中，各个企业感受到不断降低成本的压力。因此，资本主义确实以其历史上有限的方式惩罚了材料和能源的浪费。正如马克思所指出的，“价值不取决于生产者在个别场合生产它所实际花费的劳动时间，而取决于生产它所必需的社会劳

①《马克思恩格斯全集》第 46 卷，北京：人民出版社 2003 年版，第 124 页。
②《马克思恩格斯全集》第 37 卷，北京：人民出版社 2019 年版，第 145 页。
③《马克思恩格斯全集》第 34 卷，北京：人民出版社 2008 年版，第 584 页。
④⑤ Karl Marx, *Capital*, Vol. I, New York: International Publishers, 1967, p. 288.
⑥ Paul Burkett, *Marx and Nature*, New York: St. Martin's Press, 1999, pp. 42 - 43.
⑦《马克思恩格斯全集》第 44 卷，北京：人民出版社 2001 年版，第 718 页。

动时间"①。因此,竞争通过不承认被物化在其中的劳动时间是必要的、创造价值的劳动,来惩罚过度的物质—能量吞吐量。在这个意义上,"原材料或劳动工具的所有浪费性消费都是严格禁止的,因为以这种方式浪费的东西代表了大量对象化劳动的多余支出,这些劳动并不计入产品或进入产品的价值"②。这种废物还包括任何"垃圾",它们本可以"进一步被用作生产新的和独立使用价值的手段"③——至少在竞争者能够实施必要的回收作业的情况下。"随着资本主义生产方式的扩展,"马克思认为,"对生产留下的垃圾的利用也是如此"④。

然而,这种竞争性的节约和材料的循环利用,只是沿着劳动生产率的提高,即在不断扩大的规模上把物质—能量加工成商品的道路上运行。每个资本家的主要"目的"是"通过提高劳动生产率来降低他的商品的价格"⑤。通过降低每件商品的生产成本,这种生产力的提高使制造商能够获得剩余利润和(或)增加市场份额。尽管他们仍然感到有压力,必须将吞吐量保持在或低于正常水平,但这一水平本身就是不断提高每小时劳动产量的良性结果。

此外,资本主义以竞争的方式执行自己的物质—能源使用标准,并不能抵消因更先进的机器和结构的发展,或生产这些机器和结构的行业劳动生产率的提高而导致的固定资本"道德贬值"(moral depreciation)所产生的吞吐量。⑥ 通过这种道德贬值(机械和建筑中的资本价值损失),"竞争……迫使旧的劳动资料在它们的自然寿命完结之前,用新的劳动资料来替换"⑦——物质产量的明显加速导致了环境的退化。道德贬值的持续威胁也迫使个别企业通过延长工作时间和强化劳动强度来加快其固定资本存量的周转,进一步放大了系统的正常物质—能量吞吐量。⑧ 先进的资

① 《马克思恩格斯全集》第 42 卷,北京:人民出版社 2016 年版,第 322 页。

② Karl Marx, *Capital*, Vol. I, New York: International Publishers, 1967, p. 303

③ Ibid. , p. 313.

④ Karl Marx, *Capital*, Vol. Ⅲ, New York: International Publishers, 1967, p. 195.

⑤ Karl Marx, *Capital*, Vol. I, New York: International Publishers, 1967, p. 435.

⑥ Karl Marx, *Capital*, Vol. Ⅱ, New York: International Publishers, 1967, pp. 208 – 209.

⑦ 《马克思恩格斯选集》第 2 卷,北京:人民出版社 2012 年版,第 351 页。

⑧ 参见《马克思恩格斯全集》第 24 卷,北京:人民出版社 1972 年版,第 286—287 页。

本主义把这种加速周转延伸到消费“耐用品”(个人电脑、电视、音响设备、厨房用具等),只会使这些熵的动态变化更加恶化。①

鉴于这一背景,人们可以更好地理解恩格斯对波多林斯基试图计算农业劳动的能量生产率的批判。在马克思看来,资本主义生产力的发展转化为每个劳动小时的物质和能量的吞吐量不断增加。这就解释了恩格斯在回答波多林斯基时的看法,即“耗费包含于一天食物中的一万个热量单位所固定下来的单位,究竟是五千、一万、两万或一百万个热量单位,这完全取决于生产资料的发展水平”②。换句话说,每小时的劳动(暂时)稳定的能量取决于每小时加工的物质能量总量以及每单位产出使用的辅助能量——这两者都与生产的发展相关联。在资本主义条件下,劳动生产率的提高通常伴随着物质生产量的增加,波多林斯基在计算中没有包括非劳动投入,这确实是一个严重的疏忽,因为“要把包含于辅助材料、肥料等中的能量也加进去”③,而且这种考虑越来越多。恩格斯告诉他一生的战友(在上文已经提到的一段话中),总的教训是:“劳动者不仅是现在固定的太阳热的消耗者,而且在更大的程度上是过去固定的太阳热的消耗者。能的储备——煤炭、矿山、森林等方面的浪费的情况,你比我知道得更清楚。”④

四、新陈代谢的断裂和熵

恩格斯对波多林斯基的能量还原论框架的批判与马克思关于雇佣劳动和工业资本积累的更复杂的新陈代谢—能量方法(metabolic-energetic approach)完全一致。对马克思来说,资本主义经济是一个开放的系统,依赖于劳动力和非人类物质—能量的环境投入。马克思强调,资本主义在

① Ursula Huws, “Material World: The Myth of the Weightless Economy”, in Leo Panitch and Colin Leys eds., *Socialist Register* 1999: *Global Capitalism Versus Democracy*, New York: Monthly Review Press, 1999, pp. 29–55; Susan Strasser, *Waste and Want: A Social History of Trash*, New York: Henry Holt and Company, 1999.

②③《马克思恩格斯全集》第35卷,北京:人民出版社1971年版,第128页。

④ 同上书,第129页。

剥削工人的同时，也存在耗尽和掠夺土地的倾向。换句话说，马克思认为，再现劳动和土地生产力的新陈代谢系统很容易受到它们所连在一起的工业资本积累系统的不利冲击。

因此，马克思选择在其关于“机器和大工业”一章的最后一节，对资本主义“同时破坏了一切财富的源泉——土地和工人”①的趋势进行初步综合分析，绝非偶然。对马克思来说，这是农业工业化的一个主要后果，它导致了对土壤的系统和密集的掠夺，以及对工人的剥削。在这里，马克思引用了李比希的生物化学再生产周期理论，认为资本主义“破坏着人和土地之间的物质变换”②。具体来说，资本主义将人口和制造业集中在城市中心，“使人以衣食形式消费掉的土地的组成部分不能回归土地，从而破坏土地持久肥力的永恒的自然条件”③。简而言之，资本主义的城乡分割破坏了土壤的再生产周期，而资本主义农业工业化“掠夺土地”和“破坏土地肥力持久源泉”④的趋势则加剧了这种破坏。马克思在《资本论》第三卷中分析农业地租的起源时，又回到了他对与资本主义工业化相关的新陈代谢断裂的批判，他认为：

> 大土地所有制使农业人口减少到一个不断下降的最低限量，而同他们相对立，又造成一个不断增长的拥挤在大城市中的工业人口。由此产生了各种条件，这些条件在社会的以及由生活的自然规律所决定的物质变换的联系中造成一个无法弥补的裂缝，于是就造成了地力的浪费，并且这种浪费通过商业而远及国外。⑤

工业资本主义制度造成的城乡之间的新陈代谢断裂，使劳动力和土地的再生产都受到影响，这两种东西在现实中构成一个统一的新陈代谢

---

①《马克思恩格斯全集》第 42 卷，北京：人民出版社 2016 年版，第 520 页。
② 同上书，第 518 页。
③ 同上书，第 518—519 页。
④ 同上书，第 519 页。
⑤《马克思恩格斯全集》第 46 卷，北京：人民出版社 2003 年版，第 918—919 页。

系统，无论资本主义如何把它们仅仅当作可分离的外部条件。再一次引用马克思的话：

> 大土地所有制则在劳动力的天然能力借以逃身的最后领域，在劳动力作为更新民族生活力的后备力量借以积蓄的最后领域，即在农村本身中，破坏了劳动力。大工业和按工业方式经营的大农业共同发生作用。如果说它们原来的区别在于，前者更多地滥用和破坏劳动力，即人类的自然力，而后者更直接地滥用和破坏土地的自然力，那么，在以后的发展进程中，二者会携手并进，因为产业制度在农村也使劳动者精力衰竭，而工业和商业则为农业提供使土地贫瘠的各种手段。①

马克思的分析与李比希的农业化学范式的中心概念完全一致："是构成有机结构再生产的过程循环。"②这个概念不是能量还原论，但它确实遵守了热力学的第一和第二定律。正如克罗恩(Krohn)和薛华尔(Schäfer)所描述的那样："植物和动物的生命，连同气象过程，共同循环着某些'物质'；除了能量不可逆转地转化为热量之外，生命过程并不'使用'自然，而是重现它们继续存在的条件。"③

资本主义对维持人类—土地系统(human-land system)所必需的生物化学过程的破坏，并没有创造或毁坏物质—能量(matter-energy)，但它确实降低了其新陈代谢的再生产能力。这种退化可以清楚地被看作一种熵的物质—能量耗散形式。在马克思看来，这种现象——在某种程度上是生产中固有的——因资本主义的特殊工业形式而急剧恶化，这种工业形式的基础是生产者与土地和其他必要的生产条件的社会分离。因此，社会有可能"系统地恢复"其与土地的再生产新陈代谢，将其"作为调节社会

---

①《马克思恩格斯全集》第 46 卷，北京：人民出版社 2003 年版，第 919 页。

②③ Wolfgang Krohn and Wolf Schäfer, "Agricultural Chemistry: The Origin and Structure of a Finalized Science", in Wolf Schäfer ed., *Finalization in Science*, Boston: D. Reidel, 1983, p. 32.

生产的规律，并在一种同人的充分发展相适合的形式上系统地建立起来"①。但这需要"合作和共同拥有土地和生产资料"，其基础是"将资本主义私有财产……变成社会财产"。②

五、结论

1977年诺贝尔化学奖得主伊利亚·普里戈金(Ilya Prigogin)写道："自然历史是唯物主义的一个组成部分"，

> 这是马克思的论断，恩格斯也有更详细的论述。当代物理学的发展和不可逆的建设性作用的发现，使得人们在自然科学领域提出了一个唯物主义者长期以来提出的问题。对他们来说，理解自然意味着理解自然能够造就人类及其社会。
>
> 此外，在恩格斯写下《自然辩证法》时，物理科学似乎已经摒弃了机械论的世界观，并向自然界的历史发展的理念靠拢。恩格斯提到了三个基本发现：能量守恒定律、细胞学说以及达尔文生物进化论的发现。鉴于这些伟大的发现，恩格斯得出结论，机械论的世界观已经死亡。③

不幸的是，许多19世纪的唯物主义者和社会主义者都不愿意放弃机械主义的世界观。他们并没有像马克思和恩格斯那样意识到，僵化的、机械的自然观已经被越来越具有历史性(关注不可逆转的过程)的自然科学所取代。所谓的"科学唯物主义"(或机制)缺乏足够的辩证唯物主义方法。笛卡尔二元论一方面提倡理性主义/理想主义的心灵概念，另一方面提倡机械主义的动物和身体概念。卡诺在热力学中提出了一个关于封

---

① 《马克思恩格斯全集》第43卷，北京：人民出版社2016年版，第531页。

② Karl Marx, *Capital*, Vol. I, New York: International Publishers, 1967, pp. 929 - 930.

③ Ilya Prigogine and Isabelle Stengers, *Order Out of Chaos*, New York: Bantam Books, 1984, pp. 252 - 253.

闭、可逆系统中发动机效率的理想化模型，对卡诺的进展作出的第一个反应就是以蒸汽机的运作方式看待动物和人类的工作，这一点并不奇怪。在许多情况下，首先采取的形式是对人类劳动力、马力和蒸汽动力进行具体比较，这是马克思和恩格斯所熟悉的研究。①

波多林斯基在直接应用卡诺模型方面做出了大胆的尝试，他声称人类劳动是“完美的机器”——一种能够重新启动自己的燃烧室的蒸汽机。但是，尽管发现了一些重要的关系，他还是陷入了粗糙的机制和能量还原主义。劳动力的问题脱离了其历史和社会背景，脱离了自然界的所有质变，也脱离了人类与自然的关系，而是从一个纯粹的机械和数量的角度来看待。波多林斯基似乎认为他已经解开了劳动价值理论的物质基础，但实际上他忽略了自然、劳动和社会之间的定性关系，而这些关系是马克思价值理论的基础。具有讽刺意味的是，通过将卡诺的封闭、可逆的机器模型应用于人类劳动的实际世界，波多林斯基基本上否认了这种劳动与不可逆转的过程相联系，因此，实际上否认了熵适用于人类劳动。同时，他在分析中忽略了人类与自然转变的全部复杂性，甚至忽略了更多定量/能量关系的许多方面，如太阳能预算、煤的使用、化肥等。

对波多林斯基来说，价值的创造和积累与通过行使人类劳动积累地面能量本质上是一回事——防止热量/能量消散回太空。波多林斯基没有（显然也不能指望他）理解今天科学家所熟知的东西。“地球温度即地球从太空吸收多少能量，也需等量返还多少。如果返还的能量少于吸收的能量，地球就会变暖，‘发光’得更亮，并返还更多的能量，直到达到一个新的平衡。”②这实际上就是今天全球变暖的情况。通过大气中二氧化碳和其他温室气体排放的积累，人类终于实现了波多林斯基所寻求的目标，即增加地球上储存的能量。但其后果是危及目前所有陆地生命永久生存所需的条件。

---

① See John Chalmers Morton, “On the Forces Used in Agriculture”, *Journal of the Society of the Arts*, December 9, 1859, pp. 53 - 68.

② Richard B. Alley, *The Two-Mile Time Machine*, Princeton, NJ: Princeton University Press, 2000, p. 132.

马克思和恩格斯没有接受波多林斯基对人类劳动(以及隐含的价值)的机械主义和还原主义的应用,并不表明他们拒绝热力学,也不表明他们在能量问题上缺乏先进性。相反,历史唯物主义的创始人非常密切地关注物理科学的发展,并确保他们的分析与热力学、进化论等方面的最新发展相一致。然而,他们的辩证思维和对能量转化的定性而非单纯定量的强调(以及更广泛的新陈代谢方法),使他们没有屈服于粗糙的能量学。恩格斯关注与生产相关的不可逆转的过程,他抱怨波多林斯基无法理解资本主义工业化浪费有限的煤炭和其他资源的事实。正如著名的早期苏联物理学家和科学社会学家鲍里斯·海森(Boris Hessen)所指出的:“恩格斯对能量守恒和转化定律的论述,把能量守恒定律的质的方面提到了首位,这与现代物理学中占主导地位的论述截然不同,后者把这一定律简化为纯粹的量的定律——能量转化过程中的量。”①

马克思和恩格斯在他们的历史—辩证唯物主义(historical-dialectical materialism)中产生的是一种资本主义劳动、生产和积累过程的理论,这种理论不仅与他们那个时代产生的热力学的主要结论相一致,而且还特别适合于生态学规律。尽管他们注意到能量转移的数量方面,但他们还是辩证地强调了这种转移所涉及的质的转变。在他们的分析中,所有的机制或还原主义的倾向都被排除在外。同时,马克思对人类劳动过程的新陈代谢特性和资本主义内部出现的新陈代谢断裂发展了一套复杂的理论。这种分析不仅承认“物质很重要”,而且对生命本身的生化过程和新出现的进化理论很敏感。换句话说,与普遍的神话相反,古典马克思主义对被称为“生态经济学”的东西有着非凡的亲和力,同时在许多方面预示着美国环境社会学的主要传统,即新马克思主义的“踏轮磨房式生产”观点,特别是与艾伦·施奈贝尔格(Alan Schnaiberg)的工作有关。② 事实

① Boris Hessen, “The Social and Economic Roots of Newton's ‘Principia’”, in Nikolai Bukharin et al., *Science at the Cross Roads*, London: Frank Cass and Co., 1971, p. 203.

② 参见 Alan Schnaiberg, *The Environment: From Surplus to Scarcity*, New York: Oxford University Press, 1980. Richard York and John Bellamy Foster, editors, “The Environment and the Treadmill of Production,” *Organization & Environment*, two-part special issue, 17/3 (2004): 293 - 362 and 18/1 (2005): 5 - 107.

上，马克思的新陈代谢—能量分析是生产模式的先驱，在某些方面也是更深入的理论演绎（尽管明显缺乏与上个半世纪发展相关的当代历史特性）。马克思本人曾写过关于“踏轮磨房式生产”的文章，指的是他那个时代的劳动惯例，但也是一个更大的隐喻，指的是贬低人类条件的生产模式，从而在生态学意义上否定了可持续性，不允许生命的重要基础的传播。因此，在他看来，这与资产阶级社会中持续存在的“野蛮”有关。① 虽然今天的生态经济学和环境社会学，在其新马克思主义的“踏轮磨房式生产”模型中，都强调当代经济增长违反了人类可持续生产的太阳（和整体环境）预算约束，但这种违反在马克思复杂的新陈代谢断裂理论中已经在许多方面得到承认。正如英国环境社会学家彼得·狄更斯（Peter Dickens）所写的那样，

> 马克思的早期背景使他对现在被称为“环境可持续性”的东西进行了不小的分析。特别是他提出了人类与自然之间新陈代谢关系的“断裂”的想法，这种断裂被视为资本主义社会的一个新兴特征。……生态断裂这一概念将人类与自然分开，违背了生态可持续性原则，这一概念仍然有助于理解当今的社会和环境风险。这些风险在程度上变得越来越全球化。这部分是因为它们直接影响到在全球范围内运作的环境机制。②

波多林斯基将能量积累视为人类生产力的关键，这种极端的生产主义观点源自机械论，马克思的观点与此形成了鲜明对比。马克思虽然致力于扩大人类的生产能力，但他认识到人类与自然之间的断裂，这种断裂因资本主义而扩大，他和恩格斯都敏锐地意识到退化、浪费和资源损失问题——环境的“时间之箭”。就连人类对环境的破坏导致的气候变化也是

---

① John Bellamy Foster, “The Treadmill of Accumulation”, *Organization & Environment*, vol. 18, no. 1, 2005, pp. 7 - 18.

② Peter Dickens, *Society and Nature: Changing Our Environment, Changing Ourselves*, Cambridge: Polity, 2004, pp. 80 - 81.

他们考虑的一个问题。对马克思来说，环境问题不能用机械方法解决（如“完美机器”的概念），而只能用社会方法解决——即建立一个能够合理调节社会和自然界新陈代谢的联合生产者的社会。马克思的观点有机地融合了开放系统唯物主义（open-system materialism）和阶级分析，有助于我们拓宽和深化当代生态经济学和激进环境社会学对政治经济体系的批判（尤其是后者对生产的“跑步机理论”的批判）。

我们应该如何解释马克思的环境批判在这方面所产生的显著共鸣？归根结底，这只有一种可能的解释：生态学也许是辩证法方面最典范的科学。① 因此，建立在马克思唯物主义和辩证法基础上的对现有政治经济的生态学批判，有可能走得更远更快——因为它直指问题的根源，同时摒弃一切形式的机制和还原论，摒弃一切僵化的自然与社会的分离。我们认为，许多最困扰生态经济学家和环境社会学理论家的问题，如资本主义社会环境巨浪背后更深层次的社会动力，都可以在经典马克思主义框架及其发展中找到答案。

① See Richard Levins and Richard Lewontin, *The Dialectical Biologist*, Cambridge: Harvard University Press, 1985; Brett Clark and Richard York, "Dialectical Nature: Reflections in Honor of the 20th Anniversary of Levins and Lewontins's The Dialectical Biologist", *Monthly Review*, vol. 57, no. 1, 2005, pp. 13-22.

马克思的生态价值分析[1]

约翰·贝拉米·福斯特
（美国俄勒冈大学社会学系）

福斯特评析了保罗·伯克特的杰作《马克思与自然：一种红与绿的视角》一书，并认为伯克特系统阐释了马克思的生态价值观点。具言之，《马克思与自然》分为三个部分。第一部分"自然与历史唯物主义"，论述了马克思劳动和生产的自然基础。第二部分"自然与资本主义"，提供了一个系统的马克思生态价值分析。第三部分"自然与共产主义"，对马克思的"普罗米修斯式解释"进行了深入批判，同时揭示了马克思共产主义愿景的生态层面。在伯克特看来，马克思的生态价值分析的重要性恰恰在于，它将资本主义的基本矛盾追溯到自然的异化和人类生产的异化，将其视为单一矛盾的两个方面——只有通过社会自身的革命性变革才能克服这一矛盾。

近几十年来，如果有一项指控能把对马克思的所有批评统一起来，那就是"普罗米修斯主义"（"Prometheanism"）的指控。尽管马克思对埃斯库罗斯（Aeschylus）的《被缚的普罗米修斯》（*Prometheus Bound*）的钦佩以及他对作为希腊神话中革命形象的普罗米修斯的迷恋早已众所周知，但关于马克思著作的核心包含"普罗米修斯主题"（Promethean motif）以

① 本文译自 John Bellamy Foster，"Marx's ecological value analysis"，*Monthly Review*，Vol. 52，No. 4，Sep. 2000，pp. 39 - 47。译文为江苏高校哲学社会科学研究重大项目"生态产品价值实现促进农村共同富裕的实践路径研究"（2023SJZD074）的阶段性成果。译者为王鸽。

及这构成其整个分析的主要弱点的指责，似乎主要是从莱泽克·科拉科夫斯基(Leszek Kolakowski)的《马克思主义的主要流派》(*Main Currents of Marxism*)中产生的当代影响。这本书的第一卷是1968年用波兰语起草的，1978年以英语出版。科拉科夫斯基指出：

> 马克思普罗米修斯主义的一个典型特征是，他对人类生存的自然(相对于经济)条件缺乏兴趣，在他的世界观中没有人的肉体存在。人完全是用纯粹的社会术语来定义的，他所说的最大限度是有规模的。马克思主义很少考虑或根本不考虑这样一个事实，即人有生有死，有男有女，有老有少，有健康有疾病。人在基因上是不平等的，所有这些情况都会影响社会发展，而不论阶级划分如何，并为人类完善世界的计划设定了界限。马克思几乎不可能承认人受到身体或地理条件的限制。正如他与马尔萨斯的争论所表明的那样，他拒绝相信由地球面积和自然资源决定的绝对人口过剩的可能性。人口不是一种独立的力量，而是社会结构中的一个要素，需要对其进行相应的评估。马克思对身体和肉体死亡、性和侵略、地理和人类生育力的忽视——他把所有这些都变成了纯粹的社会现实——是其乌托邦中最具特色却又最容易被忽视的特征之一。①

考虑到这一指控的性质，科拉科夫斯基对马克思普罗米修斯主义的谴责受到生态学评论家们的拥护也就不足为奇了。很快，安东尼·吉登斯(Anthony Giddens)在《历史唯物主义的当代批判》(*A Contemporary Critique of Historical Materialism*，1981)中回应了这一观点，他在书中抱怨马克思的“普罗米修斯式的态度”，这种态度被认为解释了为什么“马克思关注的是改变阶级制度中表现出来的剥削性的人类社会关系，而没有延伸到对自然的剥削”。从那时起，左翼生态思想家们的呼声就一直不

① Lestek Kolakowski, *Main Currents of Marxism*, New York Oxford University Press, 1978, pp. 412 - 414.

绝于耳，包括泰德·本顿(Ted Benton)、瑞尼尔·格伦德曼(Reiner Grundmann)、约翰·克拉克(John Clark)和米歇尔·卢瑞(Michael Löwy)，他们都对马克思对自然的普罗米修斯式漠视提出了自己的抱怨①。

这种批判(通过把一个据说来自希腊神话的主题强加给马克思而得出——科拉科夫斯基试图通过卢克莱修、布鲁诺和歌德把这个主题与马克思更紧密地联系起来)最引人注目的地方在于，它实际上是用一个神话符号(一个本身没有经过分析的符号)来代替真正的批判②。关于马克思没有考虑到自然限制的说法是完全没有根据的。甚至马克思对马尔萨斯的批判也证明了这一点，而科拉科夫斯基似乎在批判马尔萨斯时提出了他最有力的观点。马克思和恩格斯没有否认人类在地球上扩张的绝对限制和地理因素。具有讽刺意味的是，是马尔萨斯而不是马克思避开了"人口过剩"一词——因为在他的人口与粮食供应的严格平衡模式中，这是不可想象的，而且他坚持认为，他的论点不是由整个地球的承载能力决定的人口过剩，而是人口对粮食供应的压力从一开始就是人类固有的状况③。

至于说马克思根本无视生、死和性的问题，只要想想马克思在《资本论》第一卷中关于工作日斗争的论述中对绝对剥削对工人及其家庭健康的影响的详细论述，或者他在《珀歇论自杀》(Peuchet on Suicide)④中对父

---

① Anthony Giddens, *A Contemporary Crtique of Historcal Materalism*, Berkeley University of Calforma Press, 1981, pp. 59－60; Ted Benton, "Marxism and Natural Limits", *New Left Review*, no. 178, November-December 1989, p. 82; Reiner Grundmann, *Marxism and Ecology*, New York: Oxford University Press, 1991, p. 52; Michael Löwy, "For a Critical Marxism", *Against the Current*, vol. 12, no. 5, November-December 1997, pp. 33－34.

② 罗马时期被马克思理解的普罗米修斯神话更多地与启蒙运动和宗教批判(即普遍革命意识的发展)有关，而不是强调技术。参见：Walt Sheasby, "Anti-Prometheus, Post-Marx: The Real and the Myth in Green Theory", *Organization&environment*, Vol. 12, No. 1, March 1999, pp. 5－44.

③ 参见 John Bellamy Foster, "Malthus' *Essay on Population* at Age 200", *Monthly Review*, vol. 50, no. 7, December 1998, pp. 1－18.

④ Karl Marx, *Capital*, Vol. 1, New York: Vintage, 1976, pp. 389－411. "Peuchet on Suicide", in Eric A. Plaut and Kevin Anderson, eds, *Marx on Suicide*, Evanston, IL: Northwestern University Press, 1999, pp. 45, 53－54, 57－58. 参见《马克思恩格斯全集》第42卷，北京：人民出版社1979年版，第300页。

母和配偶的虐待、堕胎和对妇女的剥削(更不用说生与死)的关注,就会明白这一点。

值得注意的是,正是在生态学领域,科拉科夫斯基关于马克思陷入头脑简单的普罗米修斯主义的指控被提及得最多,我们也在这里找到了最具决定性的反驳。在这里,保罗·伯克特的杰作《马克思与自然:一种红与绿的视角》脱颖而出。它关注的领域是马克思所谓的普罗米修斯主义似乎有其最坚实的基础——他对政治经济学的成熟批判。

《马克思与自然》分为三个部分。第一部分,“自然与历史唯物主义”,论述了马克思劳动和生产的自然基础。第二部分,“自然与资本主义”,提供了一个系统的马克思生态价值分析。第三部分,“自然与共产主义”,在这些基础上对马克思的“普罗米修斯式解释”进行了深入批判,同时揭示了马克思共产主义愿景的生态层面。

在该书的第一部分,伯克特首先指出,在马克思看来,自然是创造财富的源泉之一,与劳动或劳动能力并列。真正的财富是由使用价值构成的,而这些价值只有在大自然的帮助下才能产生。根据马克思的观点,不仅所有用于商品生产的物质使用价值都以自然资源为基础,而且还存在着完全独立于生产但没有生产就不可能进行的自然使用价值。事实上,自然界的“普遍新陈代谢过程”(universal metabolic process)超越了生产领域。人类生产主要依赖于劳动力的组织,但劳动本身在本质上不过是人与自然之间的新陈代谢过程。劳动只能像自然界那样(作为一种重要的自然力或转化的能量),通过改变物质的形式来发挥作用。马克思并非像一些批评家所声称的那样无视自然条件和限制(声称马克思在这方面简直就是普罗米修斯)。伯克特证明,马克思以无数种方式将这种自然条件纳入他对人类生产的分析中,甚至纳入他的超越人类生产的自然观中。

但是,如果说马克思坚持人类生产的自然基础及其对自然条件的依赖,那么他也避免了伯克特所说的“粗暴的自然主义”方法,他始终坚持人类生产是以社会为媒介的生产,是在共同发展的背景下进行的。因此,人类生产部分地(但只是部分地)超越了它的自然基础;事实上,社会和自然条件的异化必须成为我们关注的中心。马克思写道:“或者成为某一历史过程的结果的，不是活的和活动的人同他们与自然界进行物质变换的自然无机条件之间的统一，以及他们因此对自然界的占有；而是人类存在的这些无机条件同这种活动的存在之间的分离，这种分离只是在雇佣劳动与资本的关系中才得到完全的发展。”①

正如伯克特所说，正是这一总体概念阻止了马克思成为一个片面的自然主义者或者一个片面的“社会建构主义者”。相反，他自始至终关注的是自然与人类社会(仍是自然的一部分)之间的辩证互动。人类的自由和自我创造是一种现实，但它是受限制的，因为它不能独立存在，也不能无视自然条件和自然规律。伯克特认为，这种现实主义的观点不仅支配着马克思对资本主义社会的批判，也有助于解释马克思对未来联合生产者社会的理解。

然而，尽管伯克特在书中提出了很多真知灼见，但第一部分读起来还是很困难。这不仅仅是因为书中的讨论过于复杂，还因为其高度抽象。在这里，伯克特(按照马克思的方法)是在一般生产的层面上写作，脱离了其历史上的具体形式，因而也脱离了马克思对资本本身的批判。因此，伯克特在第二部分着手探讨自然与资本主义，并阐述马克思的生态价值分析。正是在这里，伯克特提出了该书的核心内容，找到了他在阐释马克思方面的突破口，从而引出了他在第三部分对马克思的共产主义愿景的精彩论述。在这里，该书的论点也变得更容易理解，因为它现在有了一个更具历史针对性的焦点，与马克思的价值分析及其对资本作为一种社会关系的批判直接相关。

第二部分首先探讨了使资本主义(尤其是工业资本主义)成为可能的条件，即工人与生产的自然条件(即土地)相分离。因此，原始积累不仅代表着异化劳动的增长，也代表着异化自然的增长——马克思早在1844年就认识到了这一点。然后，伯克特在许多方面探讨了马克思政治生态批评的核心问题，即资本主义下对自然的“无偿占用”问题，也就是资本认为自然缺乏价值，因为在其生产中没有使用劳动时间。许多思想家批评马

---

①《马克思恩格斯全集》第30卷，北京：人民出版社1995年版，第481页。

克思和劳动价值论无视大自然的内在价值以及与大自然退化相关的实际社会成本。然而，马克思的生态价值分析在这方面优于所有其他分析，因为它不仅表明自然的生产被该体系视为是对资本的“自然的无偿馈赠”，而且还通过对使用价值的处理表明，自然是创造财富的重要组成部分，实际上是一切财富的最终来源。因此，资本主义（否认大自然的价值，只赋予其基于垄断租金的货币价值，如果有的话）系统地降低了大自然对财富的贡献，产生了越来越大的生态问题。

伯克特方法的优势在于，他认识到马克思不仅是古典经济学劳动价值理论的支持者，而且也是反对者，不是因为马克思选择制定资本主义下的其他价值规律理论，而是因为马克思试图克服资本价值规律本身以及资本主义社会。因此，马克思能够准确地指出价值规律运作的狭义准则，同时认识到这不是由于分析的失败，而是代表了资本主义本身的核心矛盾。

伯克特在对马克思的阐释中解释道，资本主义的生态危机有两种形式，“(1) 资本积累危机，其根源在于资本的物质需求与原材料生产的自然条件之间的不平衡；(2) 人类社会发展质量的更普遍危机，源于资本主义城乡工业分工所产生的物质和生命力循环的紊乱”①。这些危机中的第一个危机是由于资本倾向于增加商品流通，从而增加原料和能源的吞吐量，几乎不考虑自然限制，同时更严格地节约劳动力投入。“生产率的提高意味着抽象劳动的每一小时都会产生越来越多的使用价值及其物质前提条件。”②这就导致生产过程中所需的原料和能源供应出现周期性问题。然而，尽管这提出了资本主义的保护问题，但该系统的运动规律却与任何真正的生态保护方法背道而驰。

对于马克思的分析而言，更重要，甚至更接近核心的是，他（以及恩格斯）对工业资本主义下城乡分化所产生的生态矛盾的理解及其阐发的生态批判。正是如此，马克思分析了土壤养分循环的中断所导致的人类社会与自然之间新陈代谢的裂痕——这一点在土壤的荒漠化和城市的污染

① Paul Burkett, *Marx and Nature: A Red and Green Perspective*, New York : St. Martin's Press, 1999. p. 107.

② Ibid. p. 110.

中显而易见。伯克特在此强调马克思对生态危机理解的辩证性，以驳斥那些认为马克思只处理与农业（乡村）有关的生态问题，而没有考虑与工业（城市）有关的生态问题的人①。正是由于马克思认识到这些原因造成的环境危机，伯克特才认为"对资本主义生产的生态批判是马克思和恩格斯著作中反复出现的主题"②。

在第三部分"自然与共产主义"中，伯克特直接驳斥了他所谓的对马克思生态分析的"普罗米修斯式解释"。伯克特告诉我们，根据"普罗米修斯式解释"，资本主义通过纯粹的生产力和丰富性——即数量——来解决历史问题和人类与自然的关系问题。例如，亚历克·诺夫（Alec Nove）认为，在马克思看来，由于资本主义带来了一个富裕的世界，"生产问题已经'解决'"，未来的联合生产者社会"不必认真对待稀缺资源的分配问题"。③ 因此，诺夫告诉我们，马克思根本没有提出具有生态意识的社会主义问题。然而，值得注意的是，马克思不仅否认资本主义解决了生产的量的问题（例如，他坚持认为资本主义无法解决农业生产问题），而且更加强调资本主义社会的质的问题——这个社会不仅植根于人类劳动的异化，而且植根于自然的异化，即人与自然的新陈代谢断裂。的确，"资本主义的根本矛盾"，就像伯克特提醒我们的，包括人类社会和人与自然关系的双重异化，以及生产和财富创造在狭隘的剥削形式下的发展。

通过关注马克思思想的生态维度（尤其是这里所说的马克思的生态价值分析），伯克特得以开始对马克思的共产主义愿景进行真正深刻的阐释——这是为数不多的能够公正对待其广泛性（wide-ranging nature）的分析之一。早先对马克思共产主义愿景的诠释一般都过分关注纯粹的数量问题。然而，伯克特能够描述这种转变必然涉及整个社会和生态新陈

① John Bellamy Foster, "Marx's Theory of Metabolic Rift: Classical Foundations for Environmental Sociology," *American Journal of Sociology*, Vol. 105, No. 2, September 1999, pp. 366 - 405.

② Paul Burkett, *Marx and Nature: A Red and Green Perspective*, New York : St. Martin's Press, 1999. p. 126.

③ Alec Nove, "Socialism", in John Eatwell, Munay Milgate, and Peter Newman, eds , *The New Palgrave Dictionary of Economics*, vol. 4 (New York. Stockton, 1987), p. 399.

代谢的质的革命。在这里，他指出，许多思想家都被一个不可否认的事实所误导，即马克思认为社会主义革命迫在眉睫，却很少直接强调生态矛盾是导致/推动这种变革的原因。因此，人们假定，环境因素对于建设联合生产者社会并不重要。然而，在马克思关于社会主义建设（有别于反对资本主义的革命）的具体论述中，他始终强调生态因素，强调需要根据人类自由和共同体的需要以及可持续发展的原则，合理调节人与自然的关系。因此，对马克思来说，共产主义的建设是一场"斗争"，正如伯克特所说，是"为实现自然的真正社会化而斗争"①——从私有财产制度下的扭曲形式中解脱出来。

马克思在《大纲》中指出，自然（或土壤）最初是作为"生产的直接源泉"出现的。资本主义打破了这种原始的统一，使社会成为自然与生产之间的必要中介（尽管是异化的形式）。因此，人类要想实现自身自由发展的丰富可能性，在更高层次上实现与自然的本质统一，就必须实现真正的生产社会化：发展"真正的共同体"②。在伯克特的结束语中：

> 如果人们想要作为自然人发展，就必须作为社会人进一步发展，实现生产的自然条件的明确社会化。我们无法克服自然的必然性——我们无法征服自然；但我们也不能忽视人类生产的自觉性、社会性和累积性（cumulative），而躲避在一个不再存在的理想化、非中介的自然中。人类生产的发展不再由自然本身所预先决定。因此，如果我们想要与自然共存，就必须掌握我们的社会组织。③

在伯克特看来，马克思的生态价值分析的重要性恰恰在于，它将资本主义的基本矛盾追溯到自然的异化和人类生产的异化，将其视为单一矛

① Paul Burkett, *Marx and Nature: A Red and Green Perspective*, New York: St. Martin's Press, 1999. p. 214.

②《马克思恩格斯全集》第46卷，北京：人民出版社，1979年版，第497页。

③ Paul Burkett, *Marx and Nature: A Red and Green Perspective*, New York: St. Martin's Press, 1999. p. 257.

盾的两个方面——只有通过社会自身的革命性变革才能克服这一矛盾。任何对马克思著作的分析，如果不能理解这种自然与社会的辩证关系，都是片面的、不完整的——容易受到机械论的普罗米修斯主义的影响，而这种普罗米修斯主义与其说是马克思主义的特征，不如说是继承自资产阶级文明的政治经济学霸权观(the hegemonic vision of political economy)的特征。

保罗·伯克特《马克思与自然》出版十五年之后[①]

约翰·贝拉米·福斯特
(美国俄勒冈大学社会学系)

福斯特在《马克思与自然》出版十五年之际对其进行了高度评价。他认为,在该书中伯克特首次对马克思的价值分析进行了完全统一的解读,将其自然物质或使用价值成分整合到一般的价值形式理论中,使马克思政治经济学的生态方面前所未有地活跃起来。伯克特不仅驳斥了对马克思自然观的三种常见批评,而且阐释了马克思主义中的生态思想,驳斥了第一阶段生态社会主义者的观点。因此,《马克思与自然》代表了第二阶段生态社会主义的兴起。在第三阶段生态社会主义中,伯克特再次领先,在《马克思与自然》一书的基础上,对现存的生态经济学进行了马克思主义的批判。

每一本出版几年以上的书都需要放在它写作的历史背景中来看待——尤其是社会科学著作。在保罗·伯克特的《马克思与自然》首次出版近15年后的今天重读这本书,让我想起当时20世纪末的历史背景与21世纪20年代的今天所面临的历史背景在某些方面是多么的不同。15年前,行星生

---

① 本文译自 John Bellamy Foster, "Paul Burkett's *Marx and Nature* Fifteen Years After", *Monthly Review*, Volume 66, Issue 7, 2014, pp. 56 - 62. 译文为江苏高校哲学社会科学研究重大项目"生态产品价值实现促进农村共同富裕的实践路径研究"(2023SJZD074)的阶段性成果。译者为王鸽。

态危机的概念似乎还相当新鲜，只有相对少数的环保主义者和科学家在讨论。全球变暖是一个全球性问题，但很少登上头版。如今，气候变化已成为世界各地我们日常生活的一部分——如果说有什么变化的话，历史似乎正在加速这方面的发展。15 年前，马克思和马克思主义对理解生态学的贡献几乎是负面的，甚至被许多自称为生态社会主义者的人认为是负面的。今天，世界各地的大学都在研究马克思对生态问题的理解，并激励着全球的生态行动。

这些变化当然是相互联系的。随着资本主义社会造成的环境问题日益恶化，必要的生态保护运动已经激进化，并蔓延到整个地球的表面。因此，人们开始寻求对环境的社会破坏进行更全面、更辩证的解释，指引思想家们越来越多地回归马克思。但是，今天对马克思对生态学的贡献的广泛认可，在很大程度上也可以归因于伯克特的工作，以及受他影响的其他几位思想家的工作。就我个人而言，对伯克特的感激是显而易见的。正如我在《马克思的生态学》(*Marx's Ecology*)一书的序言中所写，该书在《马克思与自然》出版一年之后发表："保罗·伯克特的权威性著作《马克思与自然：一种红色和绿色的视角》(1999)不仅构成本书写作的部分背景，而且也是本书所提供的分析的必要补充。如果有时我没有完整地阐述马克思的生态学中的政治经济部分，那是因为这本著作的存在已经使这项工作成为不必要的或多余的了。"①

伯克特首次对马克思的价值分析进行了完全统一的解读，将其自然物质或使用价值成分整合到一般的价值形式理论中，使马克思政治经济学的生态方面前所未有地活跃起来②。其结果是加深了对马克思自然社

---

① 约翰·贝拉米·福斯特著：《马克思的生态学》，刘仁胜、肖峰译，北京：高等教育出版社 2006 年版，前言第 X 页。伯克特和我在整个 90 年代相互通信和启发。当他在发展马克思的生态价值分析时，我正在研究"新陈代谢断裂"的概念。在这两个领域，我们的工作有重叠之处。

② 这证明了伯克特的分析的力量，它赋予了价值形式概念的中心地位，这一范畴在解释马克思的价值分析中越来越被视为核心。这部分是由于鲁宾的著作对伯克特思想的影响，以及伯克特自己对马克思分析逻辑的深刻理解。详见 Paul Burkett, *Marx and Nature: A Red and Green Perspective*, New York: St. Martin's Press, 1999, chapter 3; I. I. Rubin, *Essays on Marx's Theory of Value*, Detroit: Black and Red, 1972, pp. 107–123; Michael Heinrich, *An Introduction to the Three Volumes of Karl Marx's "Capital"*, New York: Monthly Review Press, 2012, pp. 52–64.

会新陈代谢辩证法的理解，不仅提高了我们对马克思批判的生态维度的认识，而且提高了我们对他的政治经济学整体的认识。①

《马克思与自然》既有消极的一面，又有积极的一面，而最开始突显的是消极的一面。因此，它从一开始就以对主流观点的否定而闻名，而不是对马克思生态实践的积极肯定。在这本书的开篇，伯克特提到了他在书中驳斥的对马克思自然观的三种常见批评：(1) 马克思主要提出了旨在征服自然的生产主义或"普罗米修斯"观念的说法；(2) 认为马克思的政治经济学，特别是劳动价值论贬低了自然对生产的贡献；(3) 认为马克思对资本主义矛盾和危机的分析与生产的自然条件没有直接关系。

在这一切中，伯克特对所谓的第一阶段的生态社会主义分析做出了回应②。尽管马克思主义传统中对生态思想的贡献从一开始就存在——可以追溯到马克思本人。生态社会主义作为一种独特的研究传统，主要是在 20 世纪 80 年代末和 90 年代初在绿色理论的霸权下（以及在苏联社会垮台后马克思主义危机的背景下）兴起的。一般采用的方法是将马克思主义的概念嫁接到已有的绿色理论中，或者在某些情况下，将绿色理论嫁接到马克思主义中。在这方面，安德烈·高兹（André Gorz）、泰德·本顿（Ted Benton）、詹姆斯·奥康纳（James O'Connor）、阿兰·利比兹（Alain Lipietz）和乔尔·科威尔（Joel Kovel）等思想家都为生态社会主义分析作出了重要贡献③。然而，从社会主义的角度来看，所有这些方法的

① 这里应该提到的是，在艾尔玛·阿尔特法特（Elmar Altvater）的《货币的未来》（*the Future of Money*）中，可以发现伯克特对马克思价值分析的生态含义的分析的杰出先驱。然而，阿尔特法特没有系统地发展马克思在这一领域的分析。

② 这里和以下各段对第一阶段的生态社会主义和第二阶段的生态社会主义的讨论，参见 John Bellamy Foster, "Environmental Politics: Analyses and Alternatives" (a review), *Historical Materialism*, Vol. 8, No. 1, Summer 2001, pp. 461 - 477. Paul Burkett, "Two Stages of Ecosocialism? : Implications of Some Neglected Analyses of Ecological Conflict and Crisis", *International Journal of Political Economy*, Vol. 35, No. 3, Fall 2006, pp. 23 - 45.

③ 参见 André Gorz, *Capitalism, Socialism, Ecology*, London: Verso, 1994; Ted Benton, "Marxism and Natural Limits," *New Left Review*, Issue178, November-December 1989, pp. 51 - 86; James O'Connor, *Natural Relations*, New York: Guilford Press, 1998; Alain Lipietz, "Political Ecology and the Future of Marxism," *Capitalism Nature Socialism*, Vol. 11, No. 1, 2000, pp. 69 - 85; Joel Kovel, *The Enemy of Nature*, London: Zed, 2002.

问题在于,它们并没有对主流环境思想进行真正批判(和超越),也没有系统地探索马克思主义理论本身的本质根源,以建立其自身的唯物主义和自然主义基础。相反,他们通常采用各种特别的方法来弥合红色和绿色之间的差距(例如奥康纳受启发引入了“生产条件”和“资本主义第二重矛盾”的概念)。

最终,这种人为的、混合的方法论几乎对传统的绿色思想没有构成挑战,导致马克思主义被许多第一阶段的生态社会主义思想家视为仅仅是被抛弃的障碍。因此,高兹认为,马克思的工作方法,就像他之前的黑格尔一样,只是“创造性地客观化人类对自然的统治”。高兹毫不意外地得出结论:“作为一种制度,社会主义已经死亡。作为一种运动和有组织的政治力量,它已经奄奄一息了……即使不是无产阶级,至少也是工人阶级的消亡,历史和技术的变化已经表明,它的劳动哲学和历史哲学是错误的。”①同样,就在伯克特的书出版一年后,利比兹在奥康纳的《资本主义·自然·社会主义》(*Capitalism, Nature, Socialism*)杂志上发表了一篇文章,声称马克思是“征服自然的圣经—笛卡尔意识形态”(the Biblico-Cartesian ideology of the conquest of nature)的牺牲品。利比兹断言,马克思低估了生产的“外部约束(确切地说,是生态约束)的不可还原性”,因此未能包含生态视角所要求的整体主义。因此,“马克思主义范式的知识框架,以及它提出的关键解决方案,必须被抛弃”②。

伯克特的《马克思与自然》一书是通过重建和重申马克思的批判生态观来驳斥第一阶段的生态社会主义观点的。因此,《马克思与自然》代表了生态社会主义分析的第二阶段的兴起,这一阶段试图回到马克思,揭示他的唯物主义自然观与其唯物主义历史观的基本对应关系。这本书的目标是超越第一阶段的生态社会主义,以及现有绿色理论的局限性,即过于强调精神主义、理想主义和道德主义,以此作为发展更彻底的生态马克思主义的第一步。

---

① André Gorz, *Capitalism*, *Socialism*, *Ecology*, London: Verso, 1994, p. vii, 29.

② Alain Lipietz, “Political Ecology and the Future of Marxism,” *Capitalism Nature Socialism*, Vol. 11, No. 1, 2000, pp. 69–85.

第一阶段的生态社会主义与第二阶段的生态社会主义之争的背后，实际上是对社会主义性质认识的根本分歧。第一阶段的生态社会主义者认为，马克思自己的著作中狭隘的生产主义损害了社会主义（有些人说无法挽回）。我们已经注意到，有些人甚至宣称社会主义已死。在这种观点下，生态社会主义显然是社会主义的“继承者”。相比之下，从伯克特开始的第二阶段的生态社会主义者认为，生态社会主义不是马克思主义的继承者，而是从经典马克思主义的唯物主义基础中产生的更深层次的生态实践形式。在某种程度上，“生态社会主义”或“生态马克思主义”这两个术语被第二阶段的生态社会主义者所使用，它们并不是指与马克思主义的理论和实践的决裂，而是代表了其经典唯物主义观点的复兴。正如雷蒙德·威廉姆斯（Raymond Williams）所说，我们社会的问题不在于我们是唯物主义者，而在于我们在使用价值的意义上“不够唯物”。①

这种观点上的差异自然会在文献中引起相当大的误解。例如，接替奥康纳担任《资本主义·自然·社会主义》主编的科威尔在他的书《自然的敌人》（*The Enemy of Nature*）中写道：

> 最近，约翰·贝拉米·福斯特（John Bellamy Foster）和保罗·伯克特（Paul Burkett）等马克思主义者提出了一种相反的观点（与那些直接谴责马克思反生态的人相反），他们积极地反驳了这种指控，并认为马克思非但不是普罗米修斯，而是生态世界观的主要创始人。福斯特和伯克特从马克思的唯物主义基础、他与达尔文的科学关系以及他对人类与自然之间“新陈代谢断裂”的概念出发，将马克思的原始经典视为从资本主义手中拯救自然的真正和充分的指南……
>
> 仔细阅读就会发现马克思不是普罗米修斯。但他也不是什么神……当今马克思主义最重要目标就是在生态危机这个马克思从未经历过的历史背景下对其进行批判。

① Raymond Williams, *Problems in Materialism and Culture*, London: Verso, 1980, pp. 185, 106 - 114.

> 这里需要注意的是……在他(马克思)的著作中,仍然有对自然的内在价值的预见。是的,对马克思来说,人性是自然的一部分。但它是活动的部分,是使事情发生的部分,而自然则成为被作用的东西……在马克思看来,可以说,自然界从一开始就受制于劳动。事物的这一面可以从他的劳动观中推断出来,劳动与已经成为一种自然基础的东西有着完全积极的关系。①

对科威尔来说,"社会主义虽然愿意承认资本是自然的敌人,但却不太确定自己是自然的朋友"②。也正因为持此观点,科威尔认为生态社会主义就是该领域下对马克思主义严重缺陷的历史性回答。

然而,认为伯克特和我将"马克思主义的原始经典"视为"从资本主义手中拯救自然的真实而充分的指南",是绝对荒谬的。没有一个理性的人会相信马克思在19世纪的分析,尽管他才华横溢,能在这个行星气候变化、海洋酸化和水力压裂的时代,成为解决全球生态危机的"充分指南"。当然,无论从马克思关于资本主义的生态和社会批判的辩证法中得到什么方法论上的见解——正如卢卡奇关于马克思主义的看法,"正统仅仅是指方法"③——都必须与随后出现的大量历史和科学知识以及当代社会实践的条件相结合。

但是,科威尔对马克思本人在生态学方面的批评又是怎样呢?马克思对生态危机是否真的一无所知?在他的分析中,自然是否被恰当地理解为仅仅是受劳动"支配"的外在对象?他是否认为自然是"被动的"和惰性的,仅仅是一种"自然基质"?

最近的学术研究,从《马克思与自然》本身开始,证明了那种认为马克思没有意识到他所处时代的重大生态危机,或者他没有从这些危机中吸

① Joel Kovel, *The Enemy of Nature*, London: Zed, 2002, p. 210 - 211.

② Ibid., p. ix. 同样,科威尔和米歇尔·卢瑞(Michael Löwy)在2001年撰写的《生态社会主义宣言》(*An Ecosocialist Manifesto*),将生态社会主义视为其所谓的"第一时期的社会主义"(first-epoch socialism)的继承者。

③ Georg Lukács, *History and Class Consciousness*, London: Merlin Press, 1971, p. 1.

取教训的观点是错误的——即使他不可能预见到今天的地球生态断裂。① 马克思认为自然是“被动的”,这一观点与他关于自然是进化的观点以及他的整个辩证思维框架相冲突,这使他提出了他所谓的“自然的普遍新陈代谢”②。事实上,对马克思来说,劳动过程,远没有被视为仅仅是一种征服自然的机械力量,而是在其本质上(与资本主义社会的异化条件不同)被定义为“是人类生存的不可缺少的条件,是永恒的必然性,是人和自然之间的物质循环的中介”③。

读《马克思与自然》,你一定会对马克思对政治经济学的批判印象深刻,正如伯克特所描述的那样,马克思将自然的异化作为资本批判的一个重要组成部分——这部分内容如此之多,以至于体现在马克思价值分析的深层结构中。正是这导致马克思:(1) 指出资本主义破坏了“一切财富的源泉——土地和工人”④,(2) 强调使用价值和交换价值之间的矛盾,(3) 强调人类本身就是自然的一部分,(4) 描述劳动力和生产过程的“社会的物质变换”⑤,(5) 将社会主义定义为由联合生产者对人类与自然之间的新陈代谢进行合理调节。根据马克思的观点:“甚至整个社会,一个民族,以至一切同时存在的社会加在一起,都不是土地的所有者。”他们只是作为“好家长”以用益物权的方式拥有土地,并要把经过改良的土地传给子孙后代。⑥

今天可以说,第二阶段的生态社会主义决定性地赢得了关于马克思恩格斯著作中生态意义的大辩论。在伯克特的《马克思与自然》首次出版近 15 年后,马克思著作中深刻而普遍的生态批判的大量证据现在已经得

① 参见 Paul Burkett, *Marx and Nature: A Red and Green Perspective*, New York : St. Martin's Press, 1999, chapter 9. John Bellamy Foster, *Marx's Ecology*, New York: Monthly Review Press, 2000, pp. 141 - 177. John Bellamy Foster, "Capitalism and the Accumulation of Catastrophe", *Monthly Review*, Vol. 63, No. 7, December 2011, pp. 1 - 17.

② Karl Marx and Frederick Engels, *Collected Works*, New York: International Publishers 1975, Vol. 30, p. 63.

③《马克思恩格斯全集》第 43 卷,北京:人民出版社 2016 年版,第 33 页。

④《马克思恩格斯全集》第 42 卷,北京:人民出版社 2016 年版,第 520 页。

⑤《马克思恩格斯全集》第 31 卷,北京:人民出版社 1998 年版,第 481 页。

⑥《马克思恩格斯全集》第 46 卷,北京:人民出版社 2003 年版,第 878 页。

到了很好的认可,这方面的大部分争论已经结束。马克思的生态概念,如新陈代谢断裂和使用价值的自然物质基础,现在已经成为生态运动本身的基本概念。①

尽管如此,《马克思与自然》的基本分析现已得到学者们的广泛肯定,这并不意味着伯克特的著作对我们今天的价值有所降低。继续研究马克思本人的著作——或者说那些对生态思想作出了贡献的马克思主义者的著作——也不会因此变得不那么重要。它确实表明,伯克特的《马克思与自然》一书在问世15年后的意义,与其说在于它对第一阶段的生态社会主义的批判,不如说在于它对发展替代资本主义破坏性生态的社会主义这一紧迫任务的积极贡献。因此,重点已转移到可被视为生态社会主义研究的第三阶段(第二阶段的逻辑结果),该阶段的目标是利用经典马克思主义思想的生态基础来对抗当今的资本主义及其引发的全球生态危机——以及阻碍真正替代方案发展的意识形态统治形式。

伯克特再次领先。在《马克思与自然》一书的基础上,他对现存的生态经济学进行了马克思主义的批判,其目标是发展一种更能解决当代环境矛盾的马克思主义生态经济学。2006年,他出版了这一领域的杰作《马克思主义与生态经济学:走向一种红绿政治经济学》(*Marxism and Ecological Economics: Toward a Red and Green Political Economy*)。这种针对新古典经济学的批评,以及那些与前者不够对立的环境(或生态)经济学的形式,主要围绕四个核心问题展开:"(1) 自然与经济价值的关系;(2) 把自然当作资本;(3) 熵定律对经济系统的意义;(4) 可持续发展的理念。"②在所有这些方面,《马克思与自然》一书对经典马克思主义具有深刻洞见,伯克特在此基础上作了进一步延展,从而以更加激进和毫不妥协的方式批判和改造生态经济学。2005年10月,他在《每月评论》上发表了一

① Hanna Wittman, "Reworking the Metabolic Rift: La Via Campesina, Agrarian Citizenship, and Food Sovereignty," *Journal of Peasant Studies*, Vol. 36, No. 4, October 2009, pp. 805–826.

② Paul Burkett, *Marxism and Ecological Economics: Toward a Red and Green Economy*, Chicago: Haymarket, [2006] 2009, p. vii.

篇具有里程碑意义的文章《马克思的人类可持续发展观》，这篇文章或许最全面地阐述了马克思从实质性平等和生态可持续性的角度构想的社会主义大生态概念。[①]

这证明了伯克特所作的贡献，其他人正试图追随他的足迹，将马克思的社会生态辩证法和生态价值分析扩展到对当今环境问题的审视。[②] 我们生活在一个生态危机严重的时代，但我们也看到了社会主义生态学和更激进的环境实践形式（forms of environmental practice）的蓬勃发展，特别是在南半球。[③]

伯克特的工作使一种螺旋式运动成为可能，在这种运动中，对现状的批评者能够回到马克思的激进唯物主义批判，然后再次前进，在新的启发下，参与当前的革命性生态和社会实践中。主流环保主义只描述了当今社会所产生的生态危机，关键是要超越它。

---

① Paul Burkett, "Marx's Vision of Sustainable Human Development," *Monthly Review*, Vol. 57, No. 5, October 2005, pp. 34 – 62.

② 参见 Jason W. Moore, "Transcending the Metabolic Rift," *Journal of Peasant Studies*, Vol. 38, No. 1, 2011, pp. 1 – 46; John Bellamy Foster, Brett Clark, and Richard York, *The Ecological Rift*, New York: Monthly Review Press, 2010; John Bellamy Foster, "The Ecology of Marxian Political Economy," *Monthly Review*, Vol. 63, No. 4, September 2011, pp. 1 – 16; Ariel Salleh, "From Metabolic Rift to 'Metabolic Value'", *Organization and Environment*, Vol. 23, No. 2, 2010, pp. 205 – 219; Chris Williams, *Ecology and Socialism*, Chicago: Haymarket, 2010.

③ 这方面的一个实践运动高潮是玻利维亚的《人民协议》（*Peoples' Agreement*），转载于弗雷德·迈格道夫（Fred Magdoff）和约翰·贝拉米·福斯特（John Bellamy Foster）的《每个环保主义者都需要了解资本主义》。参见 *What Every Environmentalist Needs to Know About Capitalism*, New York: Monthly Review Press, 2011, pp. 145 – 158.

自然先生[①]

迈克尔·佩雷尔曼[②]
(美国加利福尼亚州立大学奇科分校经济学系)

本文对比分析了伯克特的《马克思与自然》和奥康纳的《自然的理由》两本著作。虽然这两本书的写作主题都是论述马克思主义的自然观,且章节结构相似,但是,两者的写作目的和主要内容却大相径庭。伯克特的写作目的在于强调马克思重视自然的基础地位和自然条件的重要性,而奥康纳则是为了发展红绿联盟。在两本书中,伯克特的阐释是系统性的,而奥康纳的解释则是折中性的。伯克特的书紧紧围绕着一个主题展开,大量引用了马克思的著作,而奥康纳的书则是他多年来所写的文章,文献引用来源较广。

① 本文译自 Michael Perelman,"Mr. Natural", *Capitalism Nature Socialism*, 1999, 10 (4), pp. 147 - 152. 作者对比评析了保罗·伯克特(Paul Burkett)的《马克思与自然:一种红与绿的视角》(*Marx and Nature: A Red and Green Perspective*)和詹姆斯·奥康纳(James O'Connor)的《自然的理由:生态学马克思主义研究》(*Natural Causes: Essays in Ecological Marxism*)两本著作。译文为江苏高校哲学社会科学研究重大项目"生态产品价值实现促进农村共同富裕的实践路径研究"(2023SJZD074)的阶段性成果。译者为王鸽。

② 作者简介:迈克尔·佩雷尔曼(Michael Perelman)(1939. 10. 1 - 2020. 9. 21)加州大学伯克利分校博士,加利福尼亚州立大学奇科分校经济学教授,斯坦福大学客座教授。美国经济学家和经济史学家,在经济学批评领域有近 20 篇著作,如《马克思的危机理论:稀缺性、劳动与金融》(1987)、《资本主义的发明:古典政治经济学和原始积累秘史》(2000)、《反常经济:市场对人类和环境的影响》(2003)、《制造不满:企业社会中的个人主义陷阱》(2005)、《铁路经济学:自由市场神话的创造》(2006)、《资本主义的隐形手铐:市场暴政如何通过阻碍工人发展来扼杀经济》(2011)《古典政治经济学:原始积累和社会分工》(2014)《经济学的终结:政治经济学的开拓者》(2017)等。

保罗·伯克特(Paul Burkett)这本书[①]的关键在于他对马克思独特的唯物主义和阶级关系分析的综合理解。伯克特的首要任务是清除大量以错误解释马克思的形式堆积起来的枯木。如此众多的读者,无论是朋友还是敌人,都对马克思对自然的分析作出了错误的解释,以至于错误的解读不仅具有权威性,而且几乎成为定论。

我怀疑部分问题在于马克思对“价值”一词的使用。价值,一般来说,在日常用语中是指美好的东西。因此,任何没有价值的东西似乎都缺乏积极的属性。因为马克思假设只有劳动才有价值,一个粗心的读者可能得出这样的结论:马克思在某种程度上暗示他不重视自然。这种错误的解释使马克思面临这样一种指控:因为他无视自然,他应该被取消作为思想家的资格。不幸的是,许多人掉进了这个思想误区。

当然,马克思是在一个比普通用法更严格的意义上使用这个词。对马克思来说,价值是市场社会中一种特定的关系。如果说自然没有价值,这反映的是市场上常见的做法,而不是马克思对自然重要性的判断。显而易见,这本杂志的大多数读者可能明白这一点。不幸的是,大部分有关马克思主义理论的出版材料未能区分马克思对价值一词的使用和传统用法。因此,伯克特努力解释自然对马克思的重要性是一个非常重要的贡献。

伯克特明确指出,马克思的自然并不是一个以某种方式存在于无差别社会背景下的无差别整体。相反,马克思的自然是一个多方面的现象,尽管市场将自然简化为一系列的使用价值,却很少或根本不考虑贯穿我们整个生物圈的宏伟的相互依存关系。此外,在资本主义制度下,对生产资料的不平等控制导致决策权集中在少数能够获得最多资本的人手中。

虽然在马克思主义理论的背景下,自然没有交换价值,但它对生产至关重要,因为它放大了劳动生产率(甚至使之成为可能)。从这个意义上讲,马克思的价值理论对资本主义侵占自然的荒谬性进行了严厉的批判。

① 指的是伯克特的《马克思与自然》。——译者注

在马克思的价值理论中，自然财富通过减少生产商品所需的劳动或资本来降低商品的价值。

虽然伯克特对马克思自然理论的大多数阐释者进行了出色的批判，但我并不完全同意他的所有观点。特别是，他对詹姆斯·奥康纳(James O'Connor)关于资本主义的双重矛盾的观点提出了异议。伯克特指责奥康纳人为地将积累危机和环境危机分开。伯克特补充道，奥康纳的这方面分析，即使没有马克思主义理论的帮助，也可以进行得很好。

当然，积累危机和环境危机相互影响，劳工运动和环保运动也是如此。尽管伯克特的观点是正确的，他认为两个危机实则同属一个整体，且根本矛盾是为了利润而不是为了人的需求而生产，但奥康纳的区分仍然很有道理。积累危机比环境危机更容易理解。

当股市崩盘或数百万人失业时，人们不会去争论危机是否真实存在。相比之下，环境危机的威胁就不那么明显了。例如，媒体仍然认为像全球变暖这样的问题是可以讨论的。

在这个意义上说，我欣赏奥康纳的区分，因为它似乎与大众的危机意识相平行，从而为那些反感马克思主义理论或缺乏像伯克特那样深入研究的耐心的人提供了一种有用的解释方法。事实上，由于大多数读者在梳理马克思对自然的分析时遇到了困难，伯克特这本书的重要性便凸显出来了。

伯克特还批评了奥康纳，理由是污染的环境成本为企业创造了新的机会，从而削弱了积累危机的力量，也就是说，他反对奥康纳关于反污染支出是对剩余价值的非生产性使用的观点。

在这本书中，伯克特将马克思广泛分散的环境分析整理成严密的主题，这是非常有价值的贡献。通过这样做，他减轻了未来的研究者对马克思环境分析的工作。我还想指出，我很认同题为“地租与价值—自然矛盾”的一个小节，它对那种认为价格能以某种方式引导我们成功度过资源稀缺期的流行观点进行了有力的批判。

奥康纳的著作[1]和伯克特的大不相同。伯克特的阐释是系统性的，而奥康纳的解释则是折中性的。伯克特的书紧紧围绕着一个主题展开，而奥康纳的书则是他多年来所写的文章。如果说伯克特笔下的马克思是写作《资本论》时的马克思，逻辑性强，重点突出，那么奥康纳的马克思就是写作《大纲》时的马克思，有点杂乱无章，充满了无数引人入胜的题外话。奥康纳借鉴了马克思主义的各种流派，以及批判理论、左派韦伯主义（left Weberianism）和其他非传统的马克思主义思想。

在第一章中，奥康纳指责马克思忽视了文化在生产关系形成中的作用。他可能会补充说，虽然马克思在他自己的时代可能犯了错误，但在今天，文化的作用更多是企业结构需求的投射。独特的传统文化如今几乎不复存在。取而代之的是，来自企业结构的大量文化材料冲击着我们行为的方方面面。学校，媒体，甚至是我们栖息地的组织，都是为了使我们同质化，使我们成为更顺从的消费者和工人。奥康纳在"审视蒙特利湾的生态史及文化景观的三种方法"的章节中（我个人最喜欢的一章）很好地诠释了媒体的这一特点。

这两本书的部分区别在于它们所涉及的具体争论。伯克特从理论层面阐述了马克思强调阶级的理论如何为理解生态、社会和政治问题提供良好的基础。他的听众可能已经明白，以雇佣劳动为基础的阶级组织体系会给社会带来严重的矛盾。

同伯克特一样，奥康纳也喜欢各种各样的理论，包括马克思的理论。他并没有把自己说成是马克思主义者[2]，而是一个从马克思那里汲取大量理论的社会理论家。他的文章似乎更适合那些已经投身于环保活动的人，无论他们是否已经对环境以外的政治事务感兴趣。虽然他对他们的关切很敏感，但他坚持认为，他们也非常关注资本主义社会中阶级的作用和对劳动的剥削。

奥康纳在他的第五章中很清楚地区分了他的目标和伯克特的目标，

---

① 指的是《自然的理由》。——译者注

② James O'Connor, *Natural Causes: Essays in Ecological Marxism*, New York: Guilford, 1998, p. 295.

其中他明确地讨论了在马克思主义者和非马克思主义者之间建立对话的重要性。在书的后半部分，奥康纳坚持说："如今，最重要的事情莫过于社会主义者(包括马克思主义者)、无政府主义者、受压迫的少数群体、生物区域主义者和生态女权主义者相互倾听，并倾听人们是如何倾听他们的心声的。"①

奥康纳努力创造一个舒适的对话空间，他对一些马克思主义者交流方式的封闭性以及非马克思主义者思维中的盲点都表现出了令人钦佩的敏锐性。尽管如此，奥康纳还是小心翼翼地解释了那些不充分了解社会阶级性质就想开展环保运动的人的错误，甚至是危险。

奥康纳特别谈到了环保主义者对理想主义的迷恋，他们认为实现环境理智的途径要么是改变文化(生态浪漫主义)，要么是盲目顺从自然(环境决定论)。他再次强调，严肃的环保行动需要考虑到资本主义社会的阶级性质。

奥康纳之所以能够弥合马克思主义与环境主义之间沟通方式上的鸿沟，部分原因在于他似乎不像伯克特那样执着于马克思的全部思想。虽然奥康纳非常重视马克思关于阶级斗争本质的见解，但他认为"马克思和恩格斯只留下了一点生态经济学或政治生态学的遗产"②。相比之下，伯克特指出，这一遗产绝不是微不足道的。

奥康纳对马克思的评价是可以理解的。马克思主义者基本上忽视了给予马克思的环境思想应有的地位。现在我们有了伯克特的这本书，那些随随便便就否定马克思环保主义的人就会显得愚蠢或无知。

鉴于奥康纳对生态学家马克思的轻蔑解读，他提出了资本主义的第二重矛盾。作为将马克思主义思想引入环境争论的一种方式，他的方法相当有用，但伯克特的书表明，第二重矛盾并不像奥康纳所说的那样新颖。马克思的理论中一直存在第二重矛盾的理论，尽管奥康纳会对此提出异议。

事实上，马克思甚至推测，盲目逐利的资产阶级对土地的破坏将迫使社会接受社会主义，马克思称之为"另一种隐蔽的社会主义倾向"。

---

① James O'Connor, *Natural Causes: Essays in Ecological Marxism*, New York: Guilford, 1998, p. 289.

② Ibid., p. 125.

我可能会提到这两本书的最后一个区别，即它们的来源。在很大程度上，伯克特主要依赖于马克思所写的东西，除了他描述环境危机如何发展的几个小部分。正如人们所料，奥康纳的参考文献更广泛、更深入，对马克思主义来源的依赖要少得多。

这两本书在形式上是相同的。伯克特的书有三个部分：马克思与历史唯物主义、自然与资本主义、自然与共产主义。奥康纳的书的三个部分是历史与自然、资本主义与自然、社会主义与自然。

鉴于这种共同的结构，读者可能会期待类似的书。事实并非如此。奥康纳在他关于历史与自然的讨论中包括了一些主题，比如环境史以及追求利润最大化的社会如何以灾难性的方式扭曲我们与自然的关系。对奥康纳来说，文化是一种主要的力量。

奥康纳在第一章“文化、自然与历史唯物主义观念”中提出了一个与伯克特有些相似的主题，他对马克思将文化归入上层建筑而不承认文化的重要性提出了异议。相比之下，伯克特的第一部分阐述了自然在生产系统中的作用。

奥康纳的第二部分内容最为广泛，包括关于海湾战争、北海石油生产、生态问题的文章，以及他关于资本主义的第二重矛盾的著名论述。伯克特的第二部分主要致力于分析自然在马克思价值分析和资本积累分析中的作用。

奥康纳的第三部分主要涉及进步的环保主义者的政治运动的创建和评价。相比之下，伯克特主要分析马克思和恩格斯关于联合生产的论述，以此说明资本主义积累的历史局限性。

最后，尽管这两本书形式相似，但这两本书以不同的风格呈现给不同的读者。即便如此，这两个例子都证明了阶级视角在理解环境中的重要性。伯克特的书为那些误读或忽视马克思对自然的分析的人提供了一个极好的纠正。奥康纳的书有双重目的。人们可以把它当作一本发展红绿联盟的手册来读。或者，人们还可以阅读它，欣赏其中的精彩故事和实例。

每一本书本身都是有价值的，但总而言之，这两本书相辅相成，在目前威胁地球的新自由主义泥沼中提供了一道可喜的曙光。

评《马克思与自然：一种红与绿的视角》①

瓦尔特·西斯比②
(美国里奥洪多社区学院)

本文对伯克特的《马克思与自然》进行了评析。作者认为，伯克特的主要理论贡献是解决了资本主义下使用价值和交换价值的混淆，重新阐释了马克思的生态思想。伯克特的理论有助于重建以马克思在1857—1867年十年间政治经济学批判的成熟著作为基础的自然概念。在这本书中，伯克特批评了奥康纳的双重矛盾理论和本顿的新马尔萨斯主义马克思主义。然而，在作者看来，伯克特真正的愿望是想取代施密特的《马克思的自然概念》。

这是对21世纪刚刚兴起的生态社会主义的重要贡献。作者保罗·伯克特(Paul Burkett)一面立足过去持不同政见的正统观念中，一面推动一个新的马克思，一个更适合新时代环境政治的马克思，进入红绿结合的

① 本文译自 Walt Sheasby, "*Marx and Nature: A Red and Green Perspective*", *Organization & Environment*, 2000, 13(1), pp. 107-111. 本文是对保罗·伯克特(Paul Burkett)《马克思与自然：一种红与绿的视角》一书的评论。译文为江苏高校哲学社会科学研究重大项目"生态产品价值实现促进农村共同富裕的实践路径研究"(2023SJZD074)的阶段性成果。译者为王鸽。

② 作者简介：瓦尔特·西斯比(Walt Sheasby)，晚年在名字中加其母亲姓氏，故而名字又为 Walt Contreras Sheasby。他是绿党活动家、生态社会主义者，主张民主社会主义和环境保护主义的红绿政治。病逝于2004年。发表文章：《反普罗米修斯，后马克思：绿色理论中的真实与神话》《颠倒的世界：马克思论自然与社会的隔阂》《政治生态与马克思主义的未来——评阿兰·利比兹》等。

未来。正如他所希望的那样,他的著作不仅仅是对马克思学(Marxology)这门过时的学科(显然是由弗里德里希·恩格斯开创的)的贡献;它在一定程度上还有助于重新建立以马克思在1857—1867年十年间政治经济学批判的成熟著作为基础的自然概念。

对于经济学家和生态学家来说,这本书对经济危机、自然和人的限制、资本的技术构成、地租在资本主义和全球化中的作用以及其他关键问题提供了广泛的启示。它是对欧内斯特·曼德尔(Ernest Mandel)的《马克思主义经济学》(*Marxist Economic Theory*)(1968)等基础性著作不可或缺的补充。

《马克思与自然》(*Marx and Nature*)是围绕着自然与历史唯物主义、资本主义和马克思的共产主义观相结合而构建的。最后一节是对哈尔·德雷珀(Hal Draper)经典著作《马克思革命理论》(*Marx's Theory of Revolution*)的精辟延伸。在每一节中,伯克特不仅用新的文献资料阐述了马克思的理论,而且驳斥了一些批评马克思的观点。

读者会发现一些左翼批评家对马克思的引用,包括鲁道夫·巴赫罗(Rudolf Bahro)、泰德·本顿(Ted Benton)、杰弗里·卡彭特(Geoffrey Carpenter)、约翰·P. 克拉克(John P. Clark)、让·保罗·德莱格(Jean-Paul Deléage)、安德烈·高兹(André Gorz)、恩里克·莱夫(Enrique Leff)、米歇尔·卢瑞(Michael Löwy)等,但这本书的重点是马克思,而不是他的批评者。只有那些已经熟悉文献的人才能判断参考文献的适用性,但即使是初学的学生,也会基于令人信服的文献资料,对"真正的"马克思有一个清晰而完整的理解。

然而,读者不应被伯克特在第三页将詹姆斯·奥康纳(James O'Connor)和其他的批评者混为一谈的做法所误导。1991年,当生态社会主义仅仅是一个口号时,奥康纳采取了一种相当有启发的立场,认为马克思没有充分强调生产力"既是自然的,也是社会的"①。

资本对劳动的剥削和对自然的剥削之间的区别后来在《自然的理由:

① James O'Connor, "Socialism and ecology", *Capitalism, Nature, Socialism*, Vol. 2, No. 3, 1991, pp. 1-12.

生态学马克思主义研究》中得到了阐述。无论是把这些方面说成是双重矛盾(如奥康纳所说)还是单一矛盾的一方(如伯克特所坚持的那样),我并不认为它具有本体论意义,而且在这一点上,当然也不需要方法论上的一致性,尽管我承认,就马克思的解释而言,我倾向于支持伯克特。

由于奥康纳比在世的任何其他学者都更有责任将马克思主义生态学从晚期正统学说的死胡同中拯救出来,因此伯克特让这位开创性的经济学家和红绿刊物《资本主义·自然·社会主义》(*Capitalism, Nature, Socialism*)的创始人承担这种偏差的任务,对于那些在这一轨道上的人来说可能显得没有必要。

本书中最激烈的对立是伯克特与英国激进哲学小组的本顿之间的对立,许多人都知道本顿是《马克思主义的绿色化》(*The Greening of Marxism*, 1996)的编辑,他试图在人口生态学的范围内重构马克思主义。伯克特在其他地方[①]对这种"新马尔萨斯主义"(他的术语)进行了评述,这种评述是非常值得的,因为本顿对马克思的讽刺被绿色理论家们广泛阅读和引用。

然而,在我看来,伯克特真正的愿望是取代阿尔弗雷德·施密特的《马克思的自然概念》(*The Concept of Nature in Marx*),他称之为"可能是有史以来对马克思自然观最有影响力的研究"[②]。这本书最初是为法兰克福大学教授霍克海默和阿多诺写的一篇论文,它可能影响了他们近来的思想,也反映了他们将马克斯·韦伯对"工具性"理性或行为的批判的变体纳入了反正统主义的马克思主义社会哲学[③]。作为批判理论,他们的工作成为西方社会学的一个重要理论,并影响了 20 世纪 60 年代的学生运动。

---

① 这里的其他地方指的是伯克特在 1998 年发表的文章:《新马尔萨斯马克思主义批判:社会、自然和人口》,参见 Paul Burkett,"A Critique of Neo-Malthusian Marxism: Society, Nature, and Population", *Historical Materialism*, 1998, 2(1), pp. 118 - 142. ——译者注

② Paul Burkett, "Nature in Marx Reconsidered: A Silver Anniversary Assessment of Alfred Schmidt's *Concept of Nature in Marx*", *Organization & Environment*, Vol. 10, No. 2, 1997, pp. 164 - 183.

③ Martin Jay, *The dialectical imagination: A history of the Frankfurt School and the Institute of Social Research* (1923 - 1950), Boston: Little, Brown, 1973, p. 120.

施密特的贡献在过去三十年里对许多理论家产生了重大影响，尤其是哈贝马斯，它被提升到典范地位，揭示了马克思所谓的“工具性”自然观，这一观点似乎对环境问题持敌对态度。

从施密特那里，哈贝马斯认为：

> 马克思假定以经验为中介的综合规则被客观化为生产力，并历史性地改变了主体与其自然环境的关系……工具性行动的条件是在人类的自然进化中偶然产生的。然而，与此同时，由于具有超验的必然性，它们将我们对自然的认识与可能对自然过程进行技术控制的利益联系在一起。①

因此，根据哈贝马斯的说法，在马克思的思想中，人类对自然的兴趣没有不指向技术控制的，对我们来说也没有可能的知识用来恢复自然本身的生态。

伯克特的主要突破是解决了资本主义下使用价值和交换价值的混淆，而这正是对马克思所有这些批评的基础。伯克特认为，“总的来说，马克思的价值分析将他置于越来越多的生态理论家的阵营中，这些理论家质疑货币和基于市场的计算是否能够充分代表人类生产和发展的自然条件”②。马克思的价值分析是其整个理论转向的枢纽，而伯克特在生态社会主义运动中解释得比任何人都好。此外，他对马克思的阐释还对过去一百多年来困扰社会科学史的一系列“与马克思幽灵的争论”提出了质疑。

令人费解的是，伯克特没有正面挑战哈贝马斯，而是选择用一句话间接反驳施密特。问题的关键在于马克思生态社会主义的可能性，而另一方面，一个重要的哲学假设被当作新批判理论的基石，而新批判理论在很大程度上拒绝接受马克思，至少是拒绝接受成熟时期的马克思。伯克特

---

① Jürgen Habermas, *Knowledge and human interests*, Boston: Beacon Press, 1972, p. 35.

② Paul Burkett, *Marx and nature: A Red and Green perspective*, New York: St. Martin's, 1999, p. 12.

在恢复马克思的建构过程中，甚至没有提及批判理论，就损害了后马克思主义结构的完整性。

然而，在一篇重要的论文的初稿中，伯克特以一定的篇幅和适当的趣味对施密特进行了拷问，因为“这样一来，对施密特的批判性阅读有助于我们从官方马克思主义(official Marxism)和马克思的生态批评者所造成的扭曲中解放马克思的真正生态意义”①。虽然这些后来的“生态批判者”在《马克思与自然》一书中有所论述，但在这些论述中缺失了施密特的批评，使得这本书的影响力大打折扣，我想这应该归咎于编辑的限制。

这种缺失也可能导致同行和评论家低估这本书，因为这本书应该像马克思最尖锐的批评家那样得到广泛的关注。事实上，《马克思与自然》一书取代了施密特的著作以及其他所有著作，成为关于马克思生态学(Marx's ecology)的权威论著。

值得注意的是，马克思的一些概念是这一努力的核心。施密特非常重视马克思对19世纪专业术语“新陈代谢”(metabolism)的使用。伯克特曾多次使用这一术语，但对其理论地位和起源却一无所知。

根据1856年6月21日马克思写给妻子的一封情书中半开玩笑的暗示，施密特得出结论，马克思从庸俗的唯物主义者雅各布·摩莱肖特(Jacob Moleschott)那里借鉴了“新陈代谢”的概念。这个词确实被费尔巴哈的一些笨拙的弟子们抢占了，但早在西奥多·施旺(Theodor Schwann)关于细胞生理学说的开创性著作《显微镜研究》②(*Mikroskopische Untersuchungen*)中就使用了Stoffivechsel和metabolisch这两个词。几乎可以肯定，马克思在学生时代(也许是1836/1837年从他的柏林教授亨里克·斯蒂芬斯(Henrik Steffens)博士那里)学到了一些这种新的“细胞理论”，他在被称为《大纲》的1857年—1858年的笔记中重新研究了这种理论，阐述了劳动和自然相互作用中能量和物质的变化和交换的概念，在这一概

① Paul Burkett, "Nature in Marx Reconsidered: A Silver Anniversary Assessment of Alfred Schmidt's *Concept of Nature in Marx*", *Organization & Environment*, Vol. 10, No. 2, 1997, pp. 164 - 183.

② 又名《关于动植物的结构和生长的一致性的显微研究》。——译者注

念中，第一次形成了“社会物质变换”①。

与马克思差不多同时在波恩或柏林学习的其他人，包括恩斯特·海克尔（Ernst Haeckel）和鲁道夫·微耳（Rudolf Virchow）。前者将新陈代谢的思想重新诠释为生态学，后者则将其应用于细菌与环境的相互作用。当通过自然选择与达尔文进化论相结合时，生物学和生理学更是发生了翻天覆地的变化。马克思是第一个将这一思想应用于自然界中的社会新陈代谢活动的人，从这个意义上说，他必须被看作一个社会生态学的创始者。针对施密特必须强调的一点是，马克思在辩证法中使用这一概念，表明他决定在这一强大的生物学范式中开展工作，因为它试图超越机械论和目的论②。

马克思思想发展中最容易被忽视的方面之一，就是他对这些还原论的一贯批判，因此，人们常常把他当作形而上学的整体主义者或经济学的功利主义者来解读，这真是一种讽刺。不幸的是，马克思辩证法的大部分历史都是在这种对立中形成的。伯克特排除了研究格奥尔基·普列汉诺夫（George Plekhanov）所称的辩证唯物主义与他的项目的相关性，因为他说道，“我的重点是马克思对自然的唯物主义和社会科学方法，而不是自然科学问题”③。伯克特阐述了他对马克思和恩格斯之间统一性的认识，但对这一思想关系却未加探讨和解决。

马克思在1868年3月6日的一封信中写道：“黑格尔的辩证法是一切辩证法的基本形式。”④虽然黑格尔的辩证法同时启发了马克思和恩格斯，但他们在各自职业生涯中，沿着黑格尔的辩证法走向了不同的研究领域。

1843—1844年，马克思曾对黑格尔试图在其自然辩证法中综合费希特和斯宾诺莎的观点（出于与谢林的竞争）进行了精彩的批判，没有理由认为马克思放弃了这一观点。他认为：“这种把主观的东西颠倒为客观的

---

①《马克思恩格斯全集》第31卷，北京：人民出版社1998年版，第353页。

② Timothy Lenoir, *The strategy of life: Teleology and mechanics in nineteenth century biology*. Chicago: University of Chicago Press, 1982.

③ Paul Burkett, *Marx and nature: A Red and Green perspective*, New York: St. Martin's, 1999, p. 9.

④《马克思恩格斯全集》第32卷，北京：人民出版社1974年版，第526页。

东西,把客观的东西颠倒为主观的东西的做法是因为黑格尔想给抽象的实体、观念写传记……"①

另一方面,年轻的恩格斯显然热衷于黑格尔的自然哲学,他写道:"在逻辑的末尾,观念是作为观念的—实在的东西出现的,但正因为如此,它立刻就表现为自然界。……这就表明谢林的下述论断是站不住脚的。他说黑格尔宣称自然界是非逻辑的。"②恩格斯称黑格尔的自然辩证法是"哲学的最后检验,同时又是哲学的最高阶段"③。他在1876年几乎重复了这句话,写道"自然界是检验辩证法的试金石"④。

恩格斯在1858年夏天回到了黑格尔的自然辩证法的研究中,他在给马克思的信中写道:"毫无疑问,如果他现在要写一本《自然哲学》,那末论据会从四面八方向他飞来。"⑤

1873年5月,恩格斯向马克思游说他关于新自然辩证法的想法,并邀请他在欧文斯学院的密友卡尔·肖莱马(Carl Schorlemmer)博士参加,他说:"如果你认为我有什么想法,不要告诉任何人,以免某个英国烂人或其他人把它弄走。解决这一切还需要很长时间。"马克思回答说:"在我有时间思考这个问题并向权威人士请教之前,我不敢妄下判断。"⑥

马克思是否毫无保留地接受了恩格斯的《自然辩证法》,这是一个令人感兴趣的传记问题,但它与马克思在1857年至1867年阐述的理论的地位无关。实际上,伯克特并没有质疑恩格斯的思辨与马克思的政治经济学批判无关。

虽然马克思恩格斯对自然科学的研究有明显的重叠,但这并不是马克思在其成熟理论中发展辩证法的基础。在理论研究中,马克思辩证法的核心概念是主客体颠倒、个性化与客观化、对象化与异化、社会性与疏

---

①《马克思恩格斯全集》第3卷,北京:人民出版社2002年版,第51页。

②《马克思恩格斯全集》第2卷,北京:人民出版社2005年版,第363—364页。

③ 同上书,第364页。

④《马克思恩格斯全集》第26卷,北京:人民出版社2014年版,第25页。

⑤《马克思恩格斯全集》第29卷,北京:人民出版社1972年版,第324页。

⑥ Karl Marx, Friedrich Engels, *Collected works*, vol. 44, New York: International Publishers, 1989. p. 504.

离、物化与人格化、商品化与拜物教等[1]。这些都与恩格斯1925年出版的《自然辩证法》中1873年的笔记没有任何相似之处，该书根本没有提到马克思，甚至没有提到1876年被称为《反杜林论》的论战性著作，恩格斯说他大声朗读了该书给他生病和丧失能力的朋友。

如果马克思和恩格斯之间存在差异，那么显然需要做更多的工作来阐释马克思的辩证法。如果这两者在自然科学和自然哲学中真的密不可分，那么那些不愿意捍卫恩格斯观点的人将不得不向批评家们让步，直到有更好的观点出现。无论如何，未来这一领域仍将需要更多像伯克特这样的高质量作品。

① Walt Sheasby, "Inverted world: Karl Marx on the estrangement of nature and society", *Capitalism, Nature, Socialism*, 8(4), 1997, pp. 31 - 47.

为什么生态社会主义需要马克思①

斋藤幸平②
(日本东京大学研究生综合文化研究科)

福斯特和伯克特在《马克思与地球》中驳斥了第一阶段生态社会主义者对马克思的生态批判。他们以新版《马克思恩格斯全集》(MEGA)中的马克思对自然科学研究的笔记为文献基础,历史性考察了波多林斯基事件的前因后果,阐述了马克思恩格斯对热力学的研究,证明了马克思主义与当代生态经济学的兼容性。同时,通过考察马克思笔记中的论述,回应了科威尔对马克思的批评,即马克思不承认自然的内在价值,而仅仅把自然当作人类的工具。最后,他们阐明马克思"新陈代谢"概念的生态内涵,指出马克思的经典方法为理解当前全球资本主义的生态危机提供了方法论基础。

约翰·贝拉米·福斯特(John Bellamy Foster)最近在保罗·伯克特(Paul Burkett)的《马克思与自然》第二版的前言中反思了左翼对马克思生态学态度的重大变化:"今天,马克思对生态问题的理解正在全世界的

① 本文译自 Kohei Saito,"Why Ecosocialism Needs Marx", *Monthly Review*, Vol. 68, No. 6, November 2016, pp. 58 - 62. 这篇文章是对福斯特和伯克特合著的《马克思与地球:一种反批判》一书的评论。译文为江苏高校哲学社会科学研究重大项目"生态产品价值实现促进农村共同富裕的实践路径研究"(2023SJZD074)的阶段性成果。译者为王鸽。

② 作者简介:斋藤幸平(Kohei Saito),1987 年出生,柏林洪堡大学哲学博士,现为东京大学研究生综合文化研究科副教授。曾任大阪市立大学大学院经济学副教授。主要研究方向为经济史、马克思的经济学和哲学思想等。主要著作有《卡尔·马克思的生态社会主义:资本、自然和未完成的政治经济学批判》(2017)《人类世的"资本论"》(2020)。

大学中进行研究，并激励着全球性的生态行动。"[①]马克思对资本主义的生态批判在世界范围内的认可无疑要归功于伯克特的《马克思与自然》(*Marx and Nature*，1999)和福斯特的《马克思的生态学》(*Marx's Ecology*，2000)。然而，对生态马克思主义新的关注并不仅仅源于这些书。相反，正如他们合著的新书《马克思与地球》(*Marx and the Earth*，2017)所记录的那样，在过去15年里，伯克特和福斯特对所谓的"第一阶段生态社会主义者"对马克思的许多批评进行了细致的驳斥，如约翰·克拉克(John Clark)、乔尔·科威尔(Joel Kovel)和丹纽尔·塔努罗(Danuel Tanuro)。他们的批评多种多样，每种批评都得到了仔细的审视。福斯特和伯克特在书中讨论了"马克思对自然内在价值的否定"(引言)；"自然作为人类无机体的工具化"(第一章)；"马克思和恩格斯对热力学的忽视"(第二、三、四章)；以及"在再生产计划中贬低自然条件"(第五章)。

应当指出的是，无论他们与马克思有什么不同意见，第一阶段的生态社会主义者对资本主义也有着深刻的批判。那么，福斯特和伯克特为什么要和他们未来的战友争论呢？此外，《马克思与地球》中涉及的一些问题乍一看似乎很深奥——为什么要费这么大的劲来讨论它们呢？然而，一个耐心的读者很快就会认识到这本书的重要性和所涉问题的重要性。正如作者所指出的那样，"第一阶段的生态社会主义者"尽管公开表示赞赏马克思的思想遗产，但他们往往以最强烈的措辞强调马克思生态学的理论缺陷，称其为"重大生态缺陷"、"严重错误"、"缺陷"和"失败"。他们更愿意完全抛弃马克思的价值理论、物化理论和阶级理论，他们认为这些理论过时、无关紧要，认为把马克思的思想作为对资本主义环境破坏的激进批判的一部分毫无意义。与此同时，随着马克思和恩格斯这个更"经典的方法"影响力日益增长，第一阶段的生态社会主义者一心一意地寻找马克思和恩格斯对自然科学理解中的任何"缺陷"以破坏马克思的生态学，无论这个"缺陷"多么微不足道。福斯特和伯克特着手对这些批评进行严

---

① John Bellamy Foster, "Foreword," in Paul Burkett, *Marx and Nature: A Red and Green Perspective*, Chicago: Haymarket, 2014, p. vii.

格的“反批判”，以便最终解决这些争论，捍卫马克思思想遗产的一个重要部分。

当然，马克思和恩格斯很难预测他们那个时代以来人类和环境所遭遇的一切。然而，许多批评家在这方面的著作显然是无效的。取而代之的是，借鉴保罗·斯威齐(Paul Sweezy)、都留重人(Shigeto Tsuru)、伊斯特万·梅萨罗斯(István Mészáros)和巴里·康芒纳(Barry Commoner)的丰富的社会主义和生态传统，这些人在20世纪60、70年代已经为马克思的生态批判的理论关联性进行了论证。福斯特和伯克特令人信服地证明，马克思的生态学可以使我们得出一种“适用于当今截然不同(但并非毫无关联)的环境问题的方法论”[①]，因为马克思对政治经济学的批判在一个多世纪后的今天，仍然提供了对资本主义基本逻辑和结构的独特见解。

为了证明马克思的观点与当代生态经济学的“兼容性”，福斯特和伯克特对19世纪的科学论述和争论进行了历史性考察。例如，他们在附录中提供了19世纪80年代早期谢尔盖·波多林斯基(Sergei Podolinsky)关于“社会主义与物理力量的统一”的开创性文章的意大利语和德语译本，并明确指出，马克思和恩格斯拒绝波多林斯基不是因为他们不了解波多林斯基对生态经济学的热力学贡献，而是因为他们完全了解波多林斯基的预设存在问题。波多林斯基建立在“能量还原论”(energy reductionism)基础上的原始唯物主义，对于理解“价值”这个社会范畴几乎毫无用处。换言之，单从热力学的角度无法揭示资本主义社会关系的历史特殊性。根据伯克特和福斯特的说法，即使在热力学中，波多林斯基的计算也存在严重缺陷，忽略了与化肥和煤炭有关的能源投入，实际上忽略了人类在生产过程中作为积累太阳能的“浪费者”的角色。相比之下，马克思和恩格斯对这种浪费给予了更多的关注，为价值的生态批判开辟了可能性。

此外，福斯特和伯克特还表明，马克思和恩格斯热切而仔细地研究了自然科学的最新发展，而第一阶段的生态社会主义者对马克思忽视热力

① John Bellamy Foster, Paul Burkett, *Marx and the Earth: An Anti-critique*, Leiden; Boston: Brill, 2016, p. 24.

学等领域的批判，都是基于对文本的武断或肤浅的阅读。尽管恩格斯以其关于自然科学的著作而闻名，但该书提供了一个宝贵的提醒，即马克思同样热衷于研究许多相同的课题。因此，西方马克思主义提出的马克思恩格斯之间的知识分工，即第一阶段的生态社会主义者所继承的分工，并不成立。西方马克思主义者，最有影响力的是那些与法兰克福学派有关的人，限制了辩证法在社会中的应用，排除了他们认为恩格斯被误导的“自然辩证法”计划，试图将马克思从苏联马克思主义僵化的实证主义和机械主义世界观中拯救出来。他们为这种智力丧失所付出的代价是巨大的。由于将自然科学排除在马克思的计划之外，西方马克思主义者无法将现代生态危机分析为资本主义基本矛盾的表现。因此，西方马克思主义遗产的当代代表人物阿兰·巴迪欧(Alain Badiou)讽刺地宣称，生态学是“当代形式的人民鸦片”①。与这种倾向相反，福斯特和伯克特的《马克思与地球》克服了马克思主义中社会与自然的二元对立，成功地证明了马克思能够阐述他的“劳动力”和“价值”概念，而不会与他那个时代的自然科学发现相矛盾或扭曲。

这种超越社会—自然二元论的关键概念是“新陈代谢”(Stoffwechsel)。马克思认为，劳动是人与自然新陈代谢相互作用的中介。人类以有意识和目的论的方式积极地作用于自然，戏剧性地改变和破坏自然。同时，人类作为自然的一部分，也不能任意地操纵外在的感官世界。相反，他们深深地依赖于他们的环境。这种对自然的依赖表现在自然资源和能源的有限性上，表现在人类社会的发展受地质、气候和生物因素影响的无数方式上——作者通过人与自然之间不断的新陈代谢相互作用过程将其称为“共同进化的现实”。从这个意义上说，马克思的“新陈代谢”概念始于承认人与自然的这种超越历史的“统一”是一种基本的物质条件。

就其本身而言，新陈代谢的概念很难给人启示。但马克思更进一步，旨在理解资本主义条件下人与自然新陈代谢关系的历史特殊性。这就是为什么福斯特和伯克特强调资本主义生产的特征是人与客观生产条件的

① Alain Badiou, *Live Theory*, New York: Continuum, 2008, p. 139.

“分离”，即与自然的异化。马克思没有陷入新马尔萨斯关于人口过剩的观点，而是追问资本主义历史上独特的人与自然之间新陈代谢的组织方式如何导致生活物质条件的“裂痕”。当然，没有自然的支持，资本主义生产是不可能的，甚至它的贪婪增长也受到可用资源的物质限制。然而，资本不断追求自我增殖，这意味着它不能充分考虑历史积累的能源和资源的可持续性，如土壤肥力和化石燃料。因此，上述“裂痕”表现为伴随资本逻辑在全球扩张的环境危机。

通过这种方式，《马克思与地球》已经为杰森·摩尔(Jason W. Moore)准备了一个令人信服的回答。后者最近提出，“新陈代谢断裂”预设了社会与自然之间存在一种粗糙的“笛卡尔式鸿沟”①。然而，这种二元论实际上与新陈代谢的概念格格不入，而相反的方法，片面强调社会与自然的统一，忽略了马克思的重要见解，即资本主义生产的特征是劳动与自然的异化。劳动的社会形式是马克思批判性研究的核心，如果像摩尔那样，把劳动仅仅视为他所说的促成资本主义扩张的“四大廉价品”之一，就会忽略马克思新陈代谢理论的这一基本点。

《马克思与地球》对马克思的资本主义生态批判进行了全面的审视和辩护。新版《马克思恩格斯全集》(MEGA)的出版进一步充实了本书的思想。马克思的许多笔记，直到新版《马克思恩格斯全集》出版才得以公布，记录了他对自然科学最新进展的仔细研究。两个具体的例子表明了MEGA与《马克思与地球》的相关性。

首先，福斯特和伯克特回应了乔尔·科威尔(Joel Kovel)的批评，即马克思不承认自然的内在价值，而仅仅把自然当作人类的工具。作者认为，正如雅各布·伯姆(Jakob Böhme)所指出的那样，科威尔对自然价值的审美直觉的退缩不仅是对唯心主义的退缩，而且他在这方面对马克思的批评也被马克思笔记中记录的论述果断地驳倒了。在他流亡伦敦的几十年中，马克思目睹了英国畜牧业生产力的迅速发展。他读过法语和德语的书，这些书论证了英国农业的优越性。然而，他对这些读物的评论更

① Jason W. Moore, *Capitalism in the Web of Life*, London: Verso, 2014, p. 76.

多的是对人类活动的批判和对动物的同情。在回答莱昂斯·德·拉维涅(Léonce de Lavergne)对英国种植者罗伯特·贝克威尔(Robert Bakewell)提出的"遴选制度"的热情报道时,马克思评论道:"以早熟、体弱多病、缺骨、肥肉发育等为特征。这些都是人造产品。真恶心!"①马克思还阅读了拉维涅的德文译者威廉·哈姆(Wilhelm Hamm)的著作,他对英国的农业也有同样的赞誉。马克思的评论再次表现了对动物健康的同情。马克思谴责"马厩喂养"是一种"牢房制度",并自问自答:

> 在这些监狱里,动物出生后一直待在那里,直到被杀死。问题是,这种制度与养殖制度相联系,它以不正常的方式使动物成长,使它们变成单纯的肉和大量的脂肪——而早先(1848年以前)动物通过尽可能地待在自由空气中保持活力——最终是否会导致生命力的严重衰退?②

对于那些希望谴责马克思是一个天真的、以人类为中心的技术发展的辩护者的人来说,这些言论会让他们感到惊讶。相反,他的笔记记录了他对资本主义"掠夺"式发展的真实反应,这种批判几乎不会将非人类排除在外。

福斯特和伯克特还参考了约瑟夫·比特·朱克斯(Joseph Beete Jukes)1878年的《地质学学生手册》(*Student's Manual of Geology*)。看看马克思从朱克斯的书中大量摘录的内容,人们惊讶地发现,在他生命的最后几年里,他对生态问题的兴趣持续扩大。在研究气候变化对物种的影响时,他注意到自然受到人类作用发生巨大变化,"物种的灭绝仍在继续(人类本身是最活跃的灭绝者)"。③ 这仅仅是两个例子,而马克思一生中大约有两百本笔记,其中许多无疑包含着对"马克思生态学"的更多文本支撑。

---

① Marx-Engels Archive (MEA), International Institute of Social History, Sign. B. 106, p. 209.
② Ibid., p. 336.
③ MEGA IV/26, p. 233.

无论如何，福斯特和伯克特是恢复马克思主义资本主义生态批判传统的"第二阶段的生态社会主义者"的最佳代表。这也不难理解为什么他们在《马克思与地球》和早期著作中的细致分析启发了许多学者和活动家，如纳奥米·克莱恩(Naomi Klein)、斯特凡诺·隆戈(Stefano Longo)、布雷特·克拉克(Brett Clark)、德尔·韦斯顿(Del Weston)和理查德·约克(Richard York)。由此，一场"第三阶段的生态社会主义者"运动正在兴起。《马克思与地球》不仅是一个"反批判"，而且积极地表明，马克思的经典方法为理解当前全球资本主义的生态危机提供了方法论基础。

马克思主义与地球：为经典传统辩护①

马丁·爱默生②
（反对气候变化运动工会组织）

该文是马丁·爱默生对《马克思与地球：一种反批判》一书的评论。作者指出该书的重要思想和意义主要在于两个方面。一方面，《马克思与地球》是对马克思和恩格斯参与更广泛的科学思想的有力辩护，这些思想对生态学具有重要意义。另一方面，该书重申了马克思将社会与自然世界之间的辩证互动置于其思想的核心位置，突出了马克思主义方法在理解现代环境危机方面的优势。

马克思主义对自然世界的分析是最近激烈辩论的焦点，任何进一步探讨卡尔·马克思和弗里德里希·恩格斯对这个问题的看法的图书的出版都是值得欢迎的。约翰·贝拉米·福斯特（John Bellamy Foster）和保罗·伯克特（Paul Burkett）关于这一主题的图书一直以见地明晰而闻名。虽然《马克思与地球》（*Marx and the Earth*）并不是他们对最近的一些批

① 本文译自 Martin Empson, "Marxism and the Earth: A defence of the classical tradition", *International Socialism*, Winter 2017, Issue 153, pp. 208–210. 本文是对约翰·贝拉米·福斯特（John Bellamy Foster）和保罗·伯克特（Paul Burkett）合著的《马克思与地球：一种反批判》（*Marx and the Earth: An Anti-Critique*）一书的评论。译文为江苏高校哲学社会科学研究重大项目"生态产品价值实现促进农村共同富裕的实践路径研究"（2023SJZD074）的阶段性成果。译者为王鸽。

② 作者简介：马丁·爱默生（Martin Empson）是反对气候变化运动工会组织（the Campaign against Climate Change Trade Union group）的财务主管，著有《土地与劳动：马克思主义、生态学与人类历史》（*Land and Labour: Marxism, Ecology and Human History*）一书。

评的具体回应，但它是对马克思和恩格斯原著的重要辩护。

作者们称他们的作品为“反批判”，就像恩格斯的《反杜林论》一样，作为在捍卫原著的背景下重申和发展其核心论点的一种方式。正如他们所写的：“我们逐渐认识到，与那些想要抛弃大部分经典马克思主义遗产的生态社会主义者相对立，我们自己为定义历史唯物主义生态学所做的努力具有反批判的整体特征。”[①]因此，该书系统地研究了那些对马克思和恩格斯有关生态问题的著作进行批判（在某些情况下试图发展）的人的著作。

作者的出发点非常明确。他们认为，经典马克思主义的核心是“资本主义下环境恶化的绝对普遍规律”，但这并不仅是一条经济规律。自然界的退化是“资本积累一般规律”的辩证对应物，但不能归结为“资本积累的内在逻辑”。虽然这使得资本家可以将资本主义造成的环境危机与其经济体系分开，但一些马克思主义者也陷入了同样的陷阱。

作者们指出詹姆斯·奥康纳（James O'Connor）的“资本主义的第二重矛盾”的概念，即资本主义积累财富的能力本身受到环境退化的破坏。这种方法的问题在于，它只是从资本经济现实的角度来看待环境问题。但资本主义造成的环境危机，从第六次大灭绝和生物多样性危机到核废料、海洋死亡区和气候变化等问题，都远远超出了资本主义对生产的破坏。

相比之下，历史唯物主义方法将人与自然的辩证关系置于历史的核心。它认为环境问题产生于这种关系，但在资本主义制度下，由于这种制度的驱动方式是为了积累而积累，环境问题变得更加严重。这种方法的结果是，通往可持续发展社会的唯一道路是改变我们与自然的关系，从而如马克思在《资本论》第3卷中所说的那样，“个别人对土地的私有权，和一个人对另一个人的私有权一样，是十分荒谬的”[②]。

在很大程度上，由于本书作者的工作，这一总体方法已被左翼马克思

---

① John Bellamy Foster, Paul Burkett, *Marx and the Earth: An Anti-Critique*, Leiden; Boston: Brill, 2016, p. IX.

②《马克思恩格斯全集》第46卷，北京：人民出版社2003年版，第878页。

主义者普遍接受。然而，对于马克思和恩格斯著作中的生态学内容，也有一些重要的批评，有人认为他们未能发展出一种生态学方法。本书试图解决这些问题，以加强经典马克思主义对环境问题的分析。必须指出的是，这些争论具有高度的特殊性，这意味着作者必须深入研究马克思和恩格斯的著作及其批评者。福斯特和伯克特的主要论点是马克思某些著作中有机和无机性质的区别、能量问题和热力学定律及其与生产问题的关系、熵的问题以及马克思的再生产计划。在此，我想重点谈谈这些争论中的一个特殊方面，因为它很好地说明了作者捍卫经典马克思主义的方法。这就是能量问题。

由于蒸汽机的发明，19 世纪科学界对热量和能量问题的兴趣急剧增加。数十位科学家出版了有关这一主题的书籍和论文，马克思和恩格斯对此表现出浓厚的兴趣；两人都参加了相关讲座，并就最新的科学观点展开辩论。尽管如此，奥康纳和西班牙经济学家琼·马丁内斯-阿里尔(Joan Martinez-Alier)等一些作者认为，马克思忽视了能量问题。

马丁内斯-阿里尔在 1987 年出版的《生态经济学》(*Ecological Economics*)一书中提到了乌克兰社会主义者谢尔盖·波多林斯基(Sergei Podolinsky)的开创性工作，即波多林斯基试图将劳动价值论与热力学定律联系起来。马丁内斯-阿里尔认为，这是“马克思主义忽视生态学”的起源。

波多林斯基是一位令人着迷的活动家，他的早逝很可能使社会主义运动失去了许多有趣的著作。在一系列以人类劳动、社会主义和能量为主题的文章中，“波多林斯基试图利用新的热力学观点，结合物理学、生理学和马克思主义经济学的元素，发展农业能量学。他的目标是探索人类劳动在地球能量积累中的核心作用”①。

波多林斯基关于这一主题的两篇文章以附录的形式收入《马克思与地球》，这很有理论意义。虽然这两篇文章展示了将马克思主义与新兴的热力学理论联系起来的令人钦佩的尝试，但由于对科学的掌握有限以及

① John Bellamy Foster, Paul Burkett, *Marx and the Earth: An Anti-Critique*, Leiden; Boston: Brill, 2016, p. 99.

将马克思主义意义上的价值简化为能量的方法存在问题，这两篇文章在这方面受到了限制。相反，正如作者所指出的，对马克思来说，价值是一种物质—社会关系，它产生于人类社会关系与自然世界的相互作用。

福斯特和伯克特对波多林斯基的著作进行了批判性的探讨，以表明马克思和恩格斯曾阅读过该著作并进行过讨论，马克思还对材料做了详细的注释。通过比较已出版的版本，他们认为马丁内斯-阿里尔对马克思的批评是站不住脚的。例如，马克思阅读过的波多林斯基手稿版本缺少通常被视为对价值理论最有用的部分。

福斯特和伯克特认为，马克思的整个研究方法非常重视当代科学问题：

> 因为马克思的辩证价值观从一开始就赋予了它双重属性，即使用价值和交换价值，它们共同构成了商品关系。使用价值包含生产条件，特别是生产中体现的自然物质属性，这些属性是普遍的先决条件。与此相反，交换价值关注的是资本家的经济剩余价值的增加……马克思的方法绝不是忽视这一辩证法的任何一部分，而是将它们的发展关系和矛盾放在一起分析。因此，《资本论》的每一章都涉及与物理学和经济学相关的条件。①

《马克思与地球》是对马克思和恩格斯参与更广泛的科学思想的有力辩护，这些思想对生态学具有重要意义。但由于该书还重申了马克思是如何将社会与自然世界之间的辩证互动置于其思想的核心位置的，因此该书突出了马克思主义方法在理解现代环境危机方面的优势。由于马克思主义和生态学再次成为左派争论的主题，这本书成了对经典传统核心思想的重要辩护。

---

① John Bellamy Foster, Paul Burkett, *Marx and the Earth: An Anti-Critique*, Leiden; Boston: Brill, 2016, p. 138.

在三重批判中重构马克思主义政治经济学的生态意蕴——保罗·伯克特的生态学马克思主义思想及其评价[①]

王鸽
（江苏省习近平新时代中国特色社会主义思想研究中心南京信息工程大学基地）

生态学马克思主义学者保罗·伯克特将研究重点放在了马克思成熟时期的政治经济学，并试图从中挖掘其生态思想。在批判与论战中，伯克特首先追溯到西方马克思主义，批判了卢卡奇与施密特，重释了马克思的自然观和共产主义社会的生态意蕴。然后，伯克特重点批判了以奥康纳和本顿为代表的第二阶段生态学马克思主义学者，提出了资本主义社会两类环境危机理论和生态价值形式理论。最后，伯克特反驳了以阿里尔、罗根和戴利为代表的生态经济学家对马克思的生态批判，总结了《资本论》中的热力学思想，阐述了自然资本批判理论。他的这些理论不仅体现了生态学马克思主义在20世纪90年代末的理论转向，而且极大地改变了此后学者对马克思主义生态思想的理解。

生态学马克思主义是西方左派理论里的一股新思潮，一直是国外马克思主义研究中的重要部分。20世纪90年代末，该思潮的理论发展出现了前后对立的理论观点。美国学者保罗·伯克特（Paul Burkett）正处于

① 本文为江苏高校哲学社会科学研究重大项目“生态产品价值实现促进农村共同富裕的实践路径研究”（2023SJZD074）；国家社科基金重点项目“《资本论》话语形态与当代中国经济学话语建构研究”（22AKS005）的阶段性成果。

这种异质性理论发展的时期与位置。他的理论不仅体现了这一时期的理论转向，而且极大地改变了此后生态学马克思主义学者对马克思主义生态思想的理解。伯克特将研究重点放在了马克思成熟时期的政治经济学，并试图从中挖掘其生态思想，以回应对马克思的几种生态批判，即马克思是普罗米修斯主义者、马克思的劳动价值论贬低自然的贡献、马克思对资本主义的分析批判缺少自然条件维度等。伯克特主要将批判的矛头指向了西方马克思主义、第二阶段生态学马克思主义和西方生态经济学，在这三重批判中他回应了对马克思的生态质疑和阐述了马克思主义政治经济学中的生态意蕴。

一、溯源批判：西方马克思主义

20 世纪下半叶一些生态理论家质疑马克思提出的生态观点，其中包括生态学马克思主义思潮第二种理论形态①的学者。对此，伯克特分析道，他们对马克思进行生态批判的理论渊源来自 20 世纪上半叶的西方马克思主义。从西方马克思主义的开端人物卢卡奇，到法兰克福学派的施密特，其理论都呈现出对自然辩证法的排斥，以及自然科学和社会科学的二元分裂。由此造成西方学术界对马克思主义的理解存在很长时间的误读，即马克思与恩格斯的对立、成熟时期的马克思只关注社会不重视自然、共产主义社会存在反生态性。

首先对自然辩证法质疑的是青年卢卡奇。在《历史与阶级意识》中，青年卢卡奇指出了主体能动性在社会历史发展中的重要作用，因而反对经济自发总体，强调自觉主体的总体性。在对马克思的唯物主义辩证法的理解上，青年卢卡奇认为，“马克思的辩证方法，旨在把社会作为总体来认识”②，从而把马克思的辩证法限定在社会历史领域，反对恩格斯的自然

① 对生态学马克思主义思潮理论形态的划分，参见张一兵主编：《当代国外马克思主义哲学思潮（下）》，南京：江苏人民出版社 2010 年版，第 483—503 页。王鸽：《保罗·伯克特在生态学马克思主义中的地位和影响》，《学海》2021 年第 3 期。

② 卢卡奇：《历史与阶级意识》，杜章智、任立、燕宏远译，北京：商务印书馆 2014 年版，第 80 页。

辩证法。在伯克特看来，卢卡奇对马克思辩证法的理解，直接影响了后来学者们对马克思主义自然观的理解，也导致了西方生态理论家和一些生态学马克思主义学者认为马克思主义存在生态缺陷。虽然卢卡奇后来在《尾巴主义与辩证法》(*Tailism and the Dialectic*)①中对《历史与阶级意识》进行了自我批评和辩护，但总体理论倾向上依然认同先前对辩证法的理解。对此，伯克特在分析《尾巴主义与辩证法》中指出："尽管卢卡奇接受客观的自然辩证法，但他实际上仍然否认将辩证法应用于自然的可能性。后者的否定导致了自然科学和社会科学的二元论视角，对生态马克思主义的发展产生了明显的不利影响。"②换言之，卢卡奇承认人与自然之间的新陈代谢是认识自然的物质基础，但我们所获得的所有自然意识都是由社会存在决定的。由此，卢卡奇反对以布哈林为代表的苏联马克思主义的实证主义。在卢卡奇看来，马克思的历史唯物主义不太适合自然科学的研究。对此，伯克特批判道，卢卡奇忽视了"人及其劳动是自然的一部分"③，进而在反对实证主义过程中走向了自然科学实践的唯心主义。由于卢卡奇将辩证法理解为只适用于人类历史上的"主观"现象，不适用于自然的"客观"现象，因此，在考察资本主义经济过程和自然过程中，表现出对自然科学和社会科学的二元论态度。换言之，卢卡奇假定自然科学实践不属于辩证哲学意义上的实践，自然科学具有绝对的客观性。这在伯克特看来，"对马克思主义的未来发展，特别是在生态学领域，产生了悲剧性的影响"④。

后来法兰克福学派在卢卡奇的基础上，进一步扩大了这种二元论。法兰克福学派用工具理性批判取代了资本主义的社会历史批判，这意味着其在生态批判中所作的努力也沦为了文化主义的形式。这里，伯克特重点批判了施密特的《马克思的自然概念》。虽然施密特在阐释马克思主义的生态方面作出了一些贡献，例如，他指出抽象劳动构成了漠视自然的商品交换价值的实质，但是，他的"部分非社会化和非意识形态化的阐释"

① 卢卡奇生前并未发表该文本，直到2000年该文本才被整理出版为英译本。

②③④ Paul Burkett, "Lukács on Science: A New Act in the Tragedy", *Historical Materialism*, Vol. 21, No. 3, 2013, pp. 3 - 15.

导致了他对共产主义社会中"人与自然和解的可能性持悲观态度"①。施密特将马克思描述为非社会化工业主义者,并认为马克思所阐述的大自然在资本主义社会和社会主义社会中,除了作为工业生产和消费原材料,不会具有任何其他价值。社会主义社会恐怕对自然的统治会比资本主义社会更强、也更糟糕。施密特的这一观点直接成为后来学者批判马克思共产主义具有反生态性的理论渊源。另外,在施密特看来,成熟时期的马克思放弃了早期的自然主义,因此,马克思在《资本论》中只注重考察商品的价值形式。对此,伯克特评价道,施密特对马克思自然概念的严谨分析反而展现了他"对马克思观点的任意截断和歪曲"②。这主要表现在三个方面。第一,施密特将马克思人与自然的辩证统一阐释为社会对自然的支配。第二,施密特将资本主义与工业主义相混淆,其实质是将资本主义对自然的处理视为一种自然法则。第三,施密特把对自然的非工具性评价都阐释为自然的形而上学化,这严重背离了马克思的原意。

为了进一步反驳卢卡奇和施密特,重新确立自然在马克思历史唯物主义中的地位和作用,伯克特重新阐释了马克思的自然观和共产主义社会的生态意蕴。伯克特主要从历史唯物主义中的自然因素和社会因素两个方面阐述了马克思的自然观。一方面,在财富和使用价值的生产过程中,自然物质是基础和条件。自然对财富生产的贡献同劳动一样重要。即使是劳动活动本身,也需要依靠劳动力这个自然力。换言之,人的劳动力"本身就是一个自然的对象","马克思把自然产生的使用价值作为人类劳动的一个固有组成部分来对待"③。另一方面,伯克特明确指出,马克思所说的人的存在从自然条件中分离并不意味着人的生产与自然物质之间的脱离,马克思真正的含义应该是人类的财富生产逐渐从自然中获得独

①② Paul Burkett, "Nature in Marx Reconsidered: A Silver Anniversary Assessment of Alfred Schmidt's Concept of Nature in Marx", *Organization & Environment*, Vol. 10, No. 2, 1997, pp. 164 - 183.

③ Paul Burkett, *Marx and Nature: A Red and Green Perspective*, New York: St. Martin's Press, 1999, p. 26.

立自治。由于自然和劳动在财富生产中共同发挥着作用，因此生产的自然要求和限制并不是简简单单的直接由自然给予，而是由生产的社会关系所塑造。为更进一步说明，伯克特分析了劳动的自然基础，包括剩余劳动、劳动过程和劳动力。首先，关于剩余劳动，伯克特将其区分为一般剩余劳动和剩余价值。一般剩余劳动是指“超过劳动和生产劳动阶级现有生活资料所需的劳动(包括生产必要的生产资料所需的劳动)”[1]。一般剩余劳动的产生需要一定的自然条件，自然基础一定程度上决定了生产最首要的生活资料是否能够过剩。剩余价值则指的是“剩余劳动的资本主义形式”[2]。在伯克特看来，马克思一直强调剩余价值的自然基础。资本主义工业的发展离不开农业提供的基本生活资料。可以说，剩余价值的自然基础是资本主义生产的初始条件，这个自然基础会持续决定着剩余价值的数量，从而决定着资本积累的速度。其次，关于劳动过程，伯克特将其分为一般劳动过程和资本主义劳动过程。伯克特强调，马克思所说的一般人类劳动过程对自然条件具有依赖性，而马克思对自然条件的理解应该是普遍的劳动工具、劳动对象和生产资料。考虑到马克思使用经济范畴的顺序，伯克特分析道，马克思在《资本论》中对资本主义劳动过程的分析包含生态调节劳动，因为劳动与生产是非同一性的。最后，关于劳动力，伯克特指出，劳动一直被认为是人与自然之间物质新陈代谢的必要组成部分。人类生产是由社会生产关系和自然物质特征共同构成的。从而，人的劳动和劳动力具有社会力和自然力的双重属性。劳动是社会中的劳动，也是人类展现自我的自然力量的过程，而劳动力则是社会发展的结果，且在本质上是有生命的自然力量。

关于共产主义社会的生态意蕴，伯克特强调其并不是马克思直接讨论的主题。然而，共产主义社会并不是施密特所认为的是资本主义社会的延伸。对此，伯克特反驳道，共产主义社会与资本主义社会在生产和消费上是定性的区别。资本主义社会的生产以生产者与生产条件的社会分

---

① Paul Burkett, *Marx and Nature: A Red and Green Perspective*, New York: St. Martin's Press, 1999, p. 34.

② Ibid., p. 36.

离为前提，其目标是资本积累和价值扩张。共产主义社会则实行联合生产，工人共同占有生产资料。在消费方面，马克思对资本主义社会的消费方式进行了定性批判。资本家为了销售商品而刺激工人消费，因而资本主义下的消费关系是极度商业化的。共产主义社会的消费并不是在资本主义基础上消费数量的增长，而是在质量上满足人的自由全面发展。伯克特指出，西方马克思主义之后的理论家阐释马克思主义的错误之处在于"忽视马克思对资本主义生产和消费的定性批判和阶级关系批判"①。依据伯克特的理解，共产主义社会并不是以牺牲大自然为代价的大规模生产和消费，而是人类可持续发展的社会。这表现在三个方面。一是经济上采用联合生产。资本主义生态冲突需依靠集体解决，即工人社区对生产条件自我管理的共同生产。只有将自然财富置于公共占有和管理之中，才能应对资本对自然和劳动的剥削。二是政治上实施共有财产制度。非异化的共有财产制度指的是合作和共同占有土地和生产资料。这种更发达的共同占有形式将有助于个人发展和对自然的生态管理，进而达成人与自然和自身的和解。三是文化上树立生态伦理观念。共产主义社会将增加工人的自由时间以学习生态知识，并鼓励工人在生产实践中应用生态知识。加强对生产者的生态伦理教育，以维持人类对生产的生态健全管理。

综上所述，针对青年卢卡奇历史本体论开创了对自然辩证法的质疑传统，伯克特重新阐释了马克思历史唯物主义中的自然，并试图构建超越二元论与一元论的生态辩证法。这里，在我看来，伯克特强调自然与社会的协同进化具有一定合理性，也有力地反驳了马克思与恩格斯对立的观点，但构建自然界亲生态社会化却有理论倒退回施密特的嫌疑。在阐述马克思的自然观时，伯克特指出，财富是由自然和劳动共同作用形成，这一点符合马克思的原初语意。以马克思成熟时期的政治经济学为重点分析对象，伯克特区分了跨历史社会和资本主义社会中自然对劳动和生产

① Paul Burkett, *Marx and Nature: A Red and Green Perspective*, New York: St. Martin's Press, 1999, p. 172.

的贡献。可以说，这种理论努力对挖掘马克思主义政治经济学中的生态思想具有一定理论意义，也开启了生态学马克思主义思潮在 20 世纪 90 年代末之后的理论转向，即转向马克思主义内部寻找解决资本主义生态危机的方法。

二、主体批判：第二阶段生态学马克思主义

20 世纪 80、90 年代，生态学马克思主义思潮第二种理论形态的学者们深受法兰克福学派的影响，并对马克思主义提出了生态质疑。以詹姆斯·奥康纳(James O'Connor)和泰德·本顿(Ted Benton)等为代表的生态学马克思主义第二代学者，试图用绿色理论来弥补马克思主义的生态缺陷。奥康纳认为，马克思对资本主义矛盾的分析批判缺少对自然和生产条件中的自然条件的深入分析，因此，他提出资本主义社会"双重矛盾"理论，以期达到对晚期资本主义有效的客观批判。在奥康纳看来，资本主义内部矛盾已经从传统马克思主义的生产力与生产关系之间的矛盾(即"资本主义的第一重矛盾")，转而凸显为生产力和生产关系与其生产条件之间的矛盾(即"资本主义的第二重矛盾")。这意味着，"有两种而不是一种类型的矛盾和危机内在于资本主义之中"①。资本积累和经济危机会分别导致两种类型的生态危机，这两类生态危机相互并存。由于资本主义第二重矛盾的作用，生态危机还会反过来引发经济危机。对此，伯克特评论道，奥康纳"双重矛盾"理论具有很大的影响力，并且曾经占据了生态学马克思主义的主要理论格局，影响着甚至误导着众多学者对马克思生态思想的理解。

为了打破奥康纳的"双重矛盾"理论格局，伯克特首先指出了奥康纳理论中存在的一些严重缺陷。奥康纳直接人为地将生产条件与第一重矛盾分开，但事实上，他认为第一重矛盾的产生与剥削率上升密切相关，由

---

① 詹姆斯·奥康纳：《自然的理由》，唐正东、臧佩洪译，南京：南京大学出版社 2003 年版，第 275 页。

此又怎么能与生产条件分开呢？关于第二重矛盾，伯克特认为，“资本利用自然和社会条件造成的‘外部成本’上升是否需要转化为资本整体的盈利问题”[①]需要进一步商榷。总之，奥康纳的矛盾二分法是不恰当的、有问题的。他所说的双重矛盾应该是资本主义根本矛盾的表征或症状。如果将这两重矛盾的内在一致性进行统一，就会发现改革派的绿色资本主义的展望是有局限性的。紧接着，伯克特阐述了自己对资本主义社会矛盾与生态危机的理解。依伯克特所言，马克思对资本主义历史局限性的分析结果是资本主义社会最终会形成全面历史危机的局面，这些危机都是由资本主义固有的矛盾所决定的。由此，伯克特总结道，资本主义的历史危机是根本矛盾激化的结果，而资本主义的根本矛盾可以表述为“资本主义人格化的社会生产条件与真正的生产者之间的异化”[②]。环境危机作为马克思主义历史危机里的一部分，也将成为资本主义走向共产主义时的潜在推动力量。更进一步地，伯克特指出，在资本主义社会中，资本积累所需要的条件和人类社会可持续发展所需要的条件是相互冲突的。因此，有必要区分“两类环境危机”，即资本积累的环境危机和人类发展条件普遍恶化的环境危机。尽管两者都是资本主义的产物，但是两类环境危机之间有质的区别，后者不一定就是前者。

本顿关于马克思《资本论》和劳动价值论的观点经常被包括生态学马克思主义学者在内的绿色理论家引用，其文章影响力较大。本顿强调马克思主义者应该坚持特定社会生产关系中自然条件限度的历史特殊性，这一点得到了伯克特的赞同。然而，本顿对马克思劳动价值论所作的生态批判却遭到伯克特的驳斥。依据本顿的指控，马克思的价值分析是从自然稀缺对生产的所有物质影响中抽象出来。价值如果是一个社会范畴，那么价值就不可能是一个物质范畴。由此他把价值与使用价值割裂开来，使价值非物质化，也就是将历史唯物主义的物质因素与社会因素分开。此处，在伯克特看来，本顿对马克思的解读存在“粗糙的唯物主义”与

① Paul Burkett, *Marx and Nature: A Red and Green Perspective*, New York: St. Martin's Press, 1999, p. 195.

② Ibid., p. 177.

“社会/物质二分法”[1]的方法论问题，其问题根源在于本顿将马尔萨斯化的马克思主义作为其理论预设。伯克特进一步分析指出，本顿的价值非物质化还体现在他对马克思再生产理论的分析上。依本顿所言，马克思在《资本论》第二卷中关于再生产理论的分析主要是论述价值方面，因为价值的生产和流通可以从物质中分离出来。对此，伯克特批判道，“本顿的社会/物质二分法使他无法认识到，马克思第二卷图式的全部动机是同时从价值和使用价值的角度研究再生产”[2]。在伯克特与本顿的一系列论战中，本顿反驳道，伯克特对他的文章内容存在误解。他一直致力于超越二元论思维，且不是新马尔萨斯主义者。他虽然批评马克思恩格斯对马尔萨斯的批判，但这并不意味着他认可马尔萨斯。依本顿的判断，除了误解，他与伯克特之间主要存在以下几点理论分歧。一是马克思是不是普罗米修斯主义者。二是马克思在《资本论》中是否将劳动者的生产与再生产同化为生产其消费资料过程。三是马克思关于劳动过程的叙述是否忽视了自然条件限制。[3] 对此，伯克特作了一个说明，他并不是假设马克思是绝对正确的[4]。马克思的价值分析可以为我们今天解决生态问题提供分析方法。由此出发，伯克特提出了生态价值形式理论，将生态危机的根源指向了资本主义制度。伯克特首先厘清了使用价值、交换价值和价值之间的辩证关系。在资本主义社会，使用价值屈从于交换价值，交换价值和使用价值共同在价值之下处于从属关系。交换价值是商品价值的一种体现形式。商品中交换价值与使用价值之间的矛盾，可以说是财富的资本主义形式与其自然物质基础之间的矛盾。由此，资本主义商品生产形成了“价值形式”(或交换价值)与“自然形式”(或使用价值)之间的对立。其次，伯克特指出，商品的自然属性(使用价值)与社会属性(交换价值)之

① Paul Burkett, “A Critique of Neo-Malthusian Marxism: Society, Nature, and Population”, *Historical Materialism*, Vol. 2, No. 1, 1998, pp. 118 - 142.

② Paul Burkett, “Labour, Eco-regulation, and Value: A Response to Benton's Ecological Critique of Marx”, *Historical Materialism*, Vol. 3, No. 1, 1998, pp. 119 - 144.

③ Ted Benton, “Marx, Malthus and the Greens: A Reply to Paul Burkett”, *Historical Materialism*, Vol. 8, No. 1, 2001, pp. 309 - 331.

④ Paul Burkett, “Marxism and Natural Limits: A Rejoinder”, *Historical Materialism*, Vol. 8, No. 1, 2001, pp. 333 - 354.

间存在矛盾，资本主义社会中价值与自然之间同样存在矛盾，这也是生态价值形式理论的一个重要分析内容。资本主义社会下不同的价值形式与自然之间存在不同的具体矛盾。所有商品都具有价值，它们在质量上同一、数量上不等。然而，在商品交换过程中，产生了这样的矛盾，即价值的同质性与商品使用价值的多样性之间的矛盾。在这个交换过程中，货币作为价值一般等价物的出现成为必然趋势。货币本身的使用价值就是代表价值的载体，它是价值的一种表现形式，因而在社会上货币强化了价值从自然和物质财富中抽象出来的形式，货币直接从自然的质的多样性、相互联系性、环境差异性、生态多样性中抽象简化出来，形成资本主义财富的本质和来源。只要价值和货币始终是资本主义经济运转的核心，资本积累仍是其目标，那么货币对自然的抽象同质化和扁平化的趋势就不可避免。价值与自然矛盾的另一种具体形式是，货币资本积累在数量上是无限的，然而，使用价值和自然物质却是有限的。“资本作为一种社会财富形式所蕴含的无限扩张倾向，与自然环境对人类生产的一切限制因素相矛盾”①，由此，资本为了扩大再生产和积累扩张的需求，与自然环境的一切限制性因素相对抗，结果造成生态危机问题。总之，在资本主义社会下，价值的普遍性、同质性和无限可分与自然的特殊性、多样性和有限性之间的矛盾将一直存在。

综上所述，奥康纳与伯克特的区别在于，奥康纳把生态问题绕回到经济问题之中，而伯克特则将生态问题放置于资本主义基本矛盾分析之中，进而指向资本主义制度。以我的见解，伯克特从社会历史的角度阐述资本主义的矛盾及其生态危机，这一点比奥康纳更深刻。需要注意的是，伯克特用资本主义社会两类环境危机理论来发展马克思对资本主义的批判，似乎过于凸显生态批判的变革作用。值得肯定的是，伯克特在与本顿等人的论战中提出生态价值形式理论，有助于结束生态学马克思主义第二代与第三代学者之间的争论，即马克思是否具有生态思想、马克思成熟

① Paul Burkett, *Marx and Nature: A Red and Green Perspective*, New York: St. Martin's Press, 1999, p. 88.

时期的政治经济学是否具有对资本主义的生态批判。伯克特从生态维度阐释了马克思的劳动价值论，有力地反驳了马克思劳动价值论存在生态缺陷的观点，也极大地引领了21世纪西方左派学者对马克思劳动价值论中生态思想的理解。

三、延伸批判：西方生态经济学

伯克特在批判奥康纳时发现，奥康纳引用了很多生态经济学家的观点来佐证自己对马克思存在生态缺陷的理解，例如，尼古拉斯·乔治斯库-罗根(Nicholas Georgescu-Roegen)和琼·马丁内斯-阿里尔(Joan Martinez-Alier)等人。这实质上说明了奥康纳认可他们对马克思的生态批判，且他们的观点从20世纪80年代末到21世纪初一直影响着生态学马克思主义的一些学者。与此同时，奥康纳的"双重矛盾"理论也阻碍了生态经济学与马克思主义政治经济学之间的对话，削弱了他将绿色理论与马克思主义进行理论缝合的效果。鉴于此，伯克特觉得有必要回应生态经济学家对马克思的生态批判，以展示马克思主义政治经济学如何对生态经济学作出实质贡献。

生态经济学家对马克思的生态批判主要集中在《资本论》中，尤其是认为马克思的劳动价值论忽视热力学第一定律和第二定律。对马克思生态思想产生这一误解的起因是波多林斯基事件。阿里尔和纳雷多(J. M. Naredo)是较早关于波多林斯基事件的讲述者，然而，他们歪曲的叙述和解释成了后来对马克思恩格斯热力学和生态学方面批判的根源。他们关于这一事件的解释如下。

19世纪80年代初，波多林斯基发表了一篇关于人类劳动能量分析的文章。在他的理论研究中，他以能量学来分析人类劳动和经济过程，以及尝试将某些热力学因素引入到社会主义理论中。此外，他也试图为马克思的劳动价值论补充新的内容，使马克思劳动价值论与热力学第一定律相协调。波多林斯基主动联系了马克思，希望获得马克思的意见和赞同。然而，马克思对波多林斯基的观点并没有给予任何回应。恩格斯则对波多林斯基的研究草率地进行了批判和驳斥。在阿里尔看来，马克思的沉默代表了同意恩格斯对波多林斯基的拒绝和批判，由此推断，马克思恩格斯忽视热力学问题、缺乏生态思想。阿里尔和纳雷多对这一事件的解释逐渐形成广泛的影响，不少生态经济学家因此批判马克思主义存在生态缺陷。后来，奥康纳根据阿里尔的叙述附和地说，马克思对波多林斯基充耳不闻。针对以上叙述，伯克特和福斯特提出了质疑，基于文献重新考察了波多林斯基事件的来龙去脉。

根据伯克特和福斯特的研究结果，在1880—1883年之间波多林斯基的研究以四种不同的语言发表，并且四个版本的内容存在显著差异。马克思看到的是内容最少的法文版手稿，恩格斯评论的是内容稍多的意大利语版本，阿里尔和纳雷多阅读的是内容最多的德文版本。由此可见，传统解释所声称的波多林斯基文章里适应马克思价值理论的部分，很可能没有出现在马克思阅读的版本中。此外，马克思认真地阅读了波多林斯基的著作，并批判性地分析了他的理论。其论据是马克思生前未公开的关于波多林斯基的笔记。恩格斯的评论则没有像阿里尔等人所说的那样简单拒绝波多林斯基的观点，而是认真阅读和批判性分析了波多林斯基的人类劳动能量还原论。恩格斯的评论具有合理性。其实，波多林斯基的理论无法构成马克思劳动价值论的能量基础。接下来，伯克特和福斯特阐述了马克思主义政治经济学中的热力学思想。众所周知，马克思恩格斯对他们那个时代的自然科学很感兴趣，也进行了认真研究，其中包括热力学。马克思将热力学引入其政治经济学，构成其理论深层结构里的一部分。首先，伯克特和福斯特认为，马克思的热力学思想中最重要的是新陈代谢—能量分析方法。这表现为马克思在物质—能量意义上与经济价值分析关系上使用了劳动力概念，也表现为劳动力定义的另一种翻译上，即“劳动力本身就是通过营养物质转移到人体有机体中的能量”①。劳动力的维持需要能量摄入，因此，劳动力的价值就等同于工人及其家庭消

① John Bellamy Foster, Paul Burkett, *Marx and the Earth: An Anti-critique*, Leiden; Boston: Brill, 2016, p. 139.

费的商品的价值。劳动力价值存在最低限度,也就是在一定程度上保持工人健康的数值范围。由此马克思拒绝波多林斯基将活着的工人看作是蒸汽机。其次,根据伯克特和福斯特的理解,马克思采用能量收入和支出方法来分析剩余价值,这完全符合热力学。剩余价值主要源于劳动力的特殊使用价值。资本主义延长工作日时间就是延长到劳动力新陈代谢—能量极限上,甚至超出能量极限。此时,剩余劳动不断被资本榨取。其三,伯克特和福斯特指出,马克思主义政治经济学中的热力学思想还体现在《资本论》中对资本主义工业化发展的论述,这主要集中在"机器和大工业"的分析中。马克思对资本主义工业革命和工业化过程的描述采用了机器系统的模型。机器生产是一种力从整个系统的一端传递到另一端的过程,机器利用这些力对劳动对象进行改造。这整个过程涉及了能量守恒和能量传递机制的理论。这里,伯克特和福斯特进一步指出,马克思对机械的物理磨损和摩擦给予了极大的关注。这是马克思在分析资本主义工业化时能够避免能量还原论的原因。

生态经济学受新古典主义经济学的影响较大,整体理论倾向于市场思维模式。具体典型的例证便是处于生态经济学核心地位的"自然资本"概念。很多对马克思进行生态批判的理论家在寻找替代理论或弥补马克思"生态缺陷"时,都或多或少地受自然市场化、货币化的思维模式影响而走向自然资本。因此,伯克特认为,需从马克思主义视角重新评价和批判自然资本,进而批判绿色资本主义道路。自然资本概念最早来源于新古典主义经济学,然而其发展却是在生态经济学之中。自然资本概念被引入生态经济学时,受到了一部分生态经济学家的支持,同样也受到了另一部分的反对。以罗根(Nicholas Georgescu-Roegen)、赫尔曼·戴利(Herman Daly)和罗伯特·科斯坦扎(Robert Costanza)为代表的支持者认为,在一定程度上将自然称之为资本是合情合理的,只是需要将它重新界定,并且与不太自然的资本形式区别开来,自然资本的不同部分(可再生和不可再生自然资本)也要区别出来。对于自然资本的存量问题,它必须与收入、投资、折旧等流动概念相关。以施密特·卜来柯(Schmidt Bleek)、亨特伯格(Hinterberger)和古泰斯(Gutés)为代表的反对者认为,自然资本具有反生态特性。自然的使用价值不可以概念化为聚集的存量,因而他们反对将自然货币化、市场化,反对把自然当作是生产性资产的总存量和利用市场对自然进行估价。如果把自然作为一种资本资产的隐喻,实际上是在降低生态环境的自然变化特征,加剧货币与自然的紧张关系。自然环境的退化不是一个简单的资产损耗或贬值的问题,而是涉及复杂的生态系统被破坏问题。以上对自然资本的抵制和批判,在伯克特看来,没有根植于生产关系,从而他们"对自然资本的批判具有一种历史的肤浅性"①。言下之意,伯克特认为,对自然资本最有效地批判应该建立在社会关系基础之上,因为社会关系在生产中最后塑造了人与自然的关系。马克思主义内在地包含了阶级关系分析和社会关系分析,能够为自然资本的分析批判提供一种有效的方法。一方面,从阶级关系角度来看。在资本主义制度下,特别是雇佣劳动的阶级关系之下,劳动力和自然条件都被当作独立的资本资产,包括自然的商品化、资本化。这是资本主义在生产关系层面上的一个基本条件和矛盾。以马克思主义视角来分析,自然资本理论不能简单地被视为是一种错误。我们应该联系资本主义的生产关系和阶级关系来分析,把它看作资本主义对劳动和自然的异化和剥削的分析具体化。在资本主义制度下,劳动力和自然都变成了相互分离的和为生产赚取利润的一种手段。另一方面,从社会关系角度来看。资本主义下劳动者与必要生产条件分离的结果是广泛形成市场交换和货币估值。而市场交换和货币估值具有反生态特性是资本主义雇佣劳动这一特殊的核心生产关系所体现出来的功能性要求。由雇佣劳动关系所形成的图景是,劳动力和自然条件成为剥削的对象以满足资本积累。由此,生态经济学家所说的可能成为关键自然资本的要素之间会具有高度的可替代性,自然资本也将会成为资本主义破坏生态系统和环境的原因,可持续性资本主义终将成为一句空话。总之,伯克特总结道,"马克思主义真正要

---

① Paul Burkett, *Marxism and Ecological Economics: Toward a Red and Green Political Economy*, Leiden; Boston: Brill, 2006, p. 130.

做的是克服以生态经济学中自然资本之争为代表的物质—社会二元论"①。换言之，马克思主义既反对亲自然资本的抽象物质理想，也不赞同反自然资本的抽象社会理想。马克思主义主要是提供了一个分析批判框架，以实现对自然资本的理论解构。

综上所述，为了反驳生态经济学家对马克思的生态批判，伯克特论述了马克思主义政治经济学中的热力学思想，这对于我们从生态专题性微观视域来探讨马克思主义政治经济学具有一定理论意义。伯克特通过批判生态经济学家的观点，来建立马克思主义与生态经济学之间的对话。在理论对话和阐述中，伯克特注重继承马克思主义的理论方法，如历史性方法、阶级分析方法和社会关系分析方法等，这一点值得赞扬。然而，不足之处在于伯克特所理解的历史性方法是人与人之间关系的特定历史，这一点与卢卡奇具有相似性。在批判绿色资本主义道路时，伯克特并没有找到阶级对抗的实质主体，其生态实践缺少现实性。

① Paul Burkett, *Marxism and Ecological Economics: Toward a Red and Green Political Economy*, Leiden; Boston: Brill, 2006, p. 140.

阿甘本专题

作为宗教的资本主义①

吉奥乔·阿甘本②
（瑞士门德里西奥建筑大学）

本雅明有一篇题为《作为宗教的资本主义》的遗作，而阿甘本在本雅明的思想基础上通过这篇作品对"作为宗教的资本主义"主题进行了升华。阿甘本通过金融信托和银行体系来说明，资本主义不仅是一种精于算计的工具理性，而且是一种以货币为中心的宗教。只不过这种宗教已经从单纯的偶像崇拜，变成了黄金和信用的货币崇拜，让资本主义体系在空洞的信用体制下运作。在这个意义上，资本主义已经变成了一个真实的虚构，一个依赖于信仰支撑的体系，一旦信仰崩溃，资本主义的金融和信用也会随之垮塌。

一

时代有其预兆（《马太福音》16：2—4），尽管这些预兆很明显，但那些

① 本文译自 Giorgio Agamben, *Creazione e anarchia*: *L'opera nell'età della religion capitalistica*, Vicenza: Neri pozza editore, 2017. ——中译注。

② 吉奥乔·阿甘本（1942—），生于意大利罗马，1965 年毕业于意大利罗马大学。曾任职意大利维罗纳大学、威尼斯建筑大学、巴黎国际哲学学院，现任教于瑞士意大利语区的门德里西奥建筑大学，是全球闻名的意大利哲学家。他以"神圣人"系列开创了不同于福柯的生命政治学研究路径。此外以赤裸生命、例外状态、安济治理、生命—形式等概念创造了一整套哲学体系。译者蓝江（1977—），湖北荆州人，现为南京大学马克思主义社会理论研究中心研究员，哲学系教授，主要研究方向为当代国外马克思主义理论和左翼思潮。——中译注。

解读天象的人未必能成功地察觉到这些预兆。这些预兆体现在预示和定义未来时代的事件中，这些事件可以不被注意到，而且几乎不会改变包含着它们的现实；然而，正是因为如此，它们被视为预兆，被视作是历史的指针（sēmeia ton kairōn）。其中一个预兆事件发生在 1971 年 8 月 15 日，当时，美国政府在理查德·尼克松的主持下，宣布暂停用美元兑换黄金。尽管这一声明标志着一个将货币价值与金本位制挂钩的体制的终结，但这一在暑假期间传来的消息，并没有引起人们太多的关注，从那一刻起，我们在许多纸币上（例如英镑和印尼盾，但不是欧元）仍能看到的题词——“我承诺向持票人支付……金额，由中央银行行长副署”——已经失去了明确意义。这句话现在意味着，作为对纸币的交换，中央银行不再向任何要求兑换纸币的人提供（得承认有人做会如此愚蠢的事情）相对应数量的黄金（美元对应的是三十五盎司黄金），而是一张完全相同的纸币。货币唯一的价值在于它是自我参照的价值。这让人们不得不接受美国的霸权，这相当于清算了货币所有者的黄金资产，这一切让人们茫然失措。而且，正如人们所说的那样，如果一个国家货币主权在于它有能力引导市场行为体像花钱一样花掉它的债务，那么即使是这种债务现在也已经失去了任何真正的一致性：它已经变成纯粹的纸币。

早在几个世纪之前，货币就开始了非物质化过程，当时市场需求导致了汇票、纸币、债券、金商券等的发行，同时还有十分稀缺且繁复的金属货币。所有这些纸质货币实际上都是信贷工具，这就是为什么它们被称为金融货币。相比之下，金属货币的价值（或可能的价值）在于它的贵金属含量；此外，众所周知，这种含量是不确定的（最极端的情况是腓特烈二世铸造的银币，它一经使用，就会在下面显露出铜的红色）。尽管如此，约瑟夫·熊彼特（Joseph Schumpeter）——他确实生活在一个纸币尚未战胜金属货币的时代——可以有充分的理由断言，归根结底，所有货币都只是信用。在 1971 年 8 月 15 日之后，人们不得不补充说，货币是一种信用形式，它只基于自身，除了自身之外没有其他东西。

二

《作为宗教的资本主义》是瓦尔特·本雅明最深刻的一本遗作的标题。社会主义可能是一种类似于宗教的东西，已经有很多人谈过这一点(其中包括卡尔·施米特："社会主义试图创造一种新的现代宗教，它对19世纪和20世纪的人们的意义将与基督教对两千年前的人们的意义相同。"①)。本雅明认为，资本主义不仅代表了新教信仰的世俗化(正如在马克斯·韦伯那里一样)，而且本身也是一种本质上的宗教现象，它寄生于基督教而发展。因此，作为现代性的宗教，它被定义为有三个特征：

1. 它是一种邪教，也许是有史以来最极端和最绝对的宗教。在它里面，所有的东西只有在涉及崇拜的完成时才会获得意义，而不是与教条或思想有关。

2. 这种崇拜是永久性的；它是"没有停歇，没有怜悯的崇拜庆典"②。其中，不可能区分工作日和假期；相反，有一个单一的、不间断的神圣工作日，在这个工作日里，工作与崇拜的庆典是一致的。

3. 资本主义的崇拜不是为了赎罪或救赎，而是为了罪孽本身。

> 资本主义也许是唯一一个不是赎罪而是诱导内疚的邪教的例子……一个无法找到解脱的畸形内疚的良心抓住了邪教，不是为了在邪教中赎罪，而是为了使邪教普遍化……并最终将上帝本人纳入内疚的体系……上帝没有死；他已经被纳入人类的命运中。③

这正是因为它之所以全力以赴，不是为了救赎，而是为了罪孽，不是

① Carl Schmitt, "A Pan-European Interpretation of Donoso Cortés", trans. Mark Grzeskowiak, Telos, vol. 122, 2002. p. 107.

② Walter Benjamin, "Capitalism as Religion", trans. Rodney Livingstone, in *Selected Writings*, Volume 1: 1913－1926, ed. Marcus Bullock and Michael W. Jennings, Cambridge, MA: The Belknap Press of Harvard University Press, 1996. p. 288.

③ Ibid. p. 288－289.

为了希望,而是为了绝望,作为宗教的资本主义的目的不是为了改造世界,而是为了毁灭世界。它在我们这个时代的统治是如此彻底,以至于根据本雅明的说法,甚至现代性的三位伟大先知(尼采、马克思和弗洛伊德)也与它合谋;甚至在某种程度上,他们与这个绝望的宗教团结一致。

> 这个星球上的“人”,在他那孤独的行程中,穿过绝望之家,这就是尼采所定义的气质(Ethos)。①

这个人是超人,是第一个认识到资本主义宗教并将其实现的人。但弗洛伊德的理论也属于资本主义崇拜的神职:被压抑的东西,罪恶的观念,就是资本本身,它为无意识的地狱支付利息②。而在马克思那里,资本主义“通过作为罪恶功能的纯粹利润和复合利润,成为社会主义”③。

三

让我们认真对待本雅明的假说,并尝试发展它。如果资本主义是一种宗教,那么我们怎么能用信仰来定义它?资本主义相信什么?而尼克松的决定对这种信仰有什么影响?

大卫·弗卢瑟(David Flusser),一位伟大的宗教科学的学者(甚至存在这么一个奇怪的学科),正在研究 pistis 这个词,这是耶稣及其使徒们用来表示“信仰”的希腊语词汇。一天,他碰巧来到雅典的一个广场,在某一个地方,他抬起眼睛,看到在他面前用大字写着:trapeza tēs pisteos。他对这一巧合感到惊讶,于是更仔细地观察,几秒钟后意识到他只是在一家银行外面:在希腊语中,trapeza tēs pisteos 的意思是“信贷银行”。这就是他几个月来一直在寻求理解的 pistis 这个词的意义:pistis,“信仰”,只是我们在上帝那里享有的信用,也是上帝的话语在我们那里享有的信用——

①②③ Walter Benjamin, "Capitalism as Religion", trans. Rodney Livingstone, in *Selected Writings*, Volume 1: 1913 - 1926, ed. Marcus Bullock and Michael W. Jennings, Cambridge, MA: The Belknap Press of Harvard University Press, 1996. p. 289.

只要我们相信它。这就是为什么在一个著名的定义中,保罗可以说“信心是所望之事的实质”(《希伯来书》11:1):它是给尚未存在的事物以现实和信用的东西,但我们相信并有信心,我们把我们的信用和我们的话语放在其中。Creditum 是拉丁语动词 credere 的过去分词:它是我们所相信的东西,我们把我们的信仰放在其中,在我们与某人建立信托关系的那一刻,我们把他们置于我们的保护之下或借给他们钱,把我们委托给他们保护或向他们借钱。在圣保罗那里,pistis,也就是说,埃米尔·本维尼思特(Émile Benveniste)重建的古代印欧语系的“个人信任”(fides)制度被恢复了。

> 谁拥有一个人对他的信任,谁就能使这个人听从他的摆布。……在其原始形式中,这种关系意味着某种对等性,将自己的信仰放在某人身上,反过来又能得到他的保证和支持。[1]

倘若如此,那么本雅明关于资本主义和基督教之间密切关系的假设就得到了进一步的证实:资本主义是一种完全建立在信仰基础上的宗教;它是一种其信徒生活在孤独信仰中的宗教。正如本雅明所说,资本主义是一种宗教,在这种宗教中,崇拜者从任何对象中解放出来,从任何罪恶中解放出来(从而从任何救赎中解放出来),因此,从信仰的角度来看,资本主义没有对象:它相信纯粹的信仰事实,相信纯粹的信用,也就是相信金钱。因此,资本主义是一种宗教,其中信仰——信用——被取代了上帝。换句话说,由于信贷的纯粹形式是货币,它是一种宗教,其中上帝就是货币。

这意味着,银行——它只不过是生产和管理货币的机器——已经取代了教会的位置;而且,通过管理信贷,它操纵和管理信仰——稀缺的、不确定的信任——而我们的时代仍然对自己有信心。

---

① Émile Benveniste, *Indo-European Language and Society*, trans. Elizabeth Palmer, London: Faber and Faber, 1973. p. 97.

四

暂停兑换黄金的决定在宗教上意味着什么？当然，这就是对其自身神学内容的澄清，这相当于摧毁金牛，抑或建立一个协约条款（conciliar dogma）；无论如何，这是朝着清洗其自身信仰向着具体化迈出的关键一步。在货币和信用的形式中，后者现在从任何外部参照物中解放出来，取消了它与黄金的偶像崇拜关系，并肯定了自己的绝对性。信用是一种纯粹的非物质存在，是对“所望之事的实质”的最完美模仿。信心——《希伯来书》中的著名定义——是所望之事的实质（ousia，这是希腊本体论的最著名的用语）。圣保罗的意思是，有信心的人，把他们的信仰放在基督里的人，接受基督的话语，好像它是存在，是实质。但正是这种“好像”，被资本主义宗教模仿所取代。金钱，新的信仰（pistis），现在是直接的，没有剩余的物质。本雅明谈到的资本主义宗教的破坏性特征在此充分显示出来。“所望之事”不再存在；它已经失效，而且必然如此，因为金钱是事物的本质，在特殊意义上是它的本质。这样一来，建立货币市场，将货币整体变成商品的最后障碍就也被消除了。

五

一个信奉信用的社会，如果只相信信用，就注定要依赖信用生活。罗伯特·库尔兹（Robert Kurz）为我们展示了19世纪资本主义向当代金融资本主义的转变，这种资本主义仍以偿付能力和对信贷的不信任为基础：

> 对于19世纪的私人资本及其个人业主和家族来说，受人尊敬的原则和偿付能力仍然存在，在这种情况下，人们越来越多地求助于信贷，这几乎显得很不堪，仿佛末日的降临。这个时代的小册子中充满了这样的故事：伟大的家族由于依赖信贷而走向毁灭：这出现在《勃登布鲁克一家》（*Buddenbrooks*）的某些段落中，托马斯·曼甚至后来

将其作为诺贝尔奖的主题。当然，于当时正在形成的资本主义体系来说，生息资本从一开始就是不可或缺的，但它在整个资本主义再生产中还没有发挥关键作用。虚拟"资本"业务被认为处于真正资本主义边缘地带，相当于诈骗犯和不诚实的人的环境下的典型类型。甚至亨利·福特(Henry Ford)在相当长的一段时间内也拒绝求助于银行信贷，顽固地只想用自己的资本为他的投资提供资金。①

在二十世纪的发展过程中，这种父权制的概念已经完全消解，今天的商业资本越来越多地求助于从银行系统借来的货币资本。这意味着，为了能够继续生产，企业基本上必须提前抵押越来越多的未来劳动和生产。商品生产的资本虚构了自己的未来。与本雅明的论点一致，资本主义宗教生活在持续的借贷中，这种借贷既不可能也不应该被消灭。

但是，在这个意义上，不仅仅是企业依赖于信贷(或债务)生活。越来越多的个人和家庭，也同样以宗教的方式参与到这种对未来的持续和普遍的信仰行为中。而银行是大祭司，为信徒们管理着资本主义宗教的唯一圣礼：信贷—债务。

有时我问自己，人们怎么可能如此顽强地保持他们对资本主义宗教的信仰。因为很明显，如果他们停止对信贷的信仰，停止依靠信贷生活，资本主义将立即崩溃。然而，这似乎预示着对信贷上帝的无神论初露端倪。

六

在尼克松发表声明的四年前，居伊·德波(Guy Debord)出版了《景观社会》(*The Society of the Spectacle*)一书。该书的核心论点是，资本主义在其极端阶段出现了一个巨大的景观积累，在其中，我们曾经直接使用和

① Robert Kurz, "Die Himmelfahrt des Geldes", Krisis, no. 16/17, 1995.

体验到的一切,都在景观的表征中疏离了。在商品化达到顶点的时候,不仅所有的使用价值都消失了,而且货币的本质也发生了改变。它不再是简单的"所有商品的抽象的一般等价物",本身仍然具有一定的使用价值:"景观是人们只能观看的金钱,因为在它身上,正是使用的总体与抽象表征的总体在进行交换。"[1]很明显,尽管德波并未言明,这种金钱是一种绝对商品,它不可能指的是金属的具体数量。在这个意义上,景观社会预言了美国政府在四年之后决定要实现的东西。

按照德波的说法,人类的交流也相应地发生了转变,它不再有任何东西可以交流,因此它被视为一种"不可交际物的交际"[2]。语言和文化在媒体和广告中被分离,成为"景观社会的明星商品"[3],他们开始为自己囤积越来越多的国民产品。正是人类的语言和交流性质在景观中被征用了:阻断交流让景观在一个独立领域中得到绝对化,在这个领域中,除了交流本身,不再有任何东西可以交流。在景观社会中,本应该将人类团结起来的东西已经分崩离析。

语言和金钱之间可能有一种相似性,歌德有句名言:"词语像硬币一样坚固"(verba valent sicut nummi),这是一种常识的传承。然而,如果我们试图认真对待这句名言中的隐秘关系,就会发现它不仅仅是一个比喻。正如货币通过将事物确立为商品,通过使其成为商业化而关联于事物一样,语言通过使其可说和可交流而关联于事物。就像几个世纪以来,让货币能够充当所有商品的一般等价物功能的东西,就是它与黄金的关系一样;让语言具有交流能力的东西,就是指称的意图,即它与事物在实际上的指称关系。与事物的指称关系,实际存在于每个说话人的头脑中,是语言中与货币的金本位相对应的东西。这就是中世纪的一个原则的含义,根据这一原则,"不是事物受制于话语,而是话语受制于事物"(non sermoni res, sed rei est sermo subiectus)。重要的是,十三世纪的一位伟大的宗规学家特拉尼的戈德弗雷(Godfrey of Trani)用法律术语表达了这种联

---

① 居伊·德波:《景观社会》,张新木译,南京:南京大学出版社 2017 年版,第 25 页。
② 同上书,第 122—123 页。
③ 同上书,第 123 页。

系，他说到了一种语言关联（lingua rea），也就是说，人们可以将与事物的关系归结为这种关联："只有心灵与事物的真正联系实际上使舌头成为可推定的关联（即意指关系）"（ream linguam non facit nisi rea mens）。如果这种符号化的关联崩溃了，语言从字面上看就"什么都不说"（nihil dicit）。符号——对实在的指涉——保障了语言的交流功能，就像与黄金的关联保证了货币与万物交换的能力。而逻各斯一直在监督语言和世界之间的联系，就像"黄金交换标准"一直在监督货币与金本位的联系。

对金融资本主义和景观社会的批判性分析正是针对这些保障的无效性，一方面是货币与黄金的分离，另一方面是语言与世界之间关系的断裂，这些都是有道理的。使交换成为可能的媒介本身不能被交换：衡量商品的货币本身不能成为一种商品。同样地，使事物得以交流的语言本身也不能成为一个事物，反过来成为占有和交换的对象：交流的媒介本身不能被交流。脱离了事物，语言什么都不传达，并以这种方式庆祝它对世界的短暂的胜利；脱离了黄金，货币揭示了它自己作为绝对尺度的无效性，同时也是它作为绝对商品的无效性。语言是最高的景观性价值，因为它揭示了所有事物的虚无性；货币是最高的商品，归根结底是因为它展现了所有商品的无效性。

但正是在经验的每一个领域，资本主义都证明了它的宗教特性和它与基督教的寄生关系。首先，在时间和历史方面：资本主义没有终点；它在本质上是无限的。然而，正是因为如此，它不断地处于危机之中，总是处于结束的状态。然而即使在这里，它也证明了它与基督教的寄生关系。在回答大卫·凯利（David Cayley）关于我们的世界是否是一个后基督教世界的问题时，伊万·伊里奇（Ivan Illich）指出，这不是一个后基督教世界，而是有史以来最基督教的世界，也就是说是一个末日的世界①。事实上，基督教的历史哲学（但每一种历史哲学都必然是基督教的）是建立在这样一个假设之上的，即人类和世界的历史本质上是有限的：它从创世一

① Ivan Illich and David Cayley, *The Rivers North of the Future*: *The Testament of Ivan Illich*, Toronto: House of Anasi Press, 2005. pp. 169 - 70.

直运行到时间的终结，这与最后的审判相一致，与拯救或是诅咒相一致。但在这个按时间顺序排列的历史时间中，弥赛亚事件铭刻了另一个开端时间，其中每一个瞬间都与结束直接相关，经历了一个“结束的时间”，但这也是一个新的开始。如果教会似乎已经关闭了它的末世论的机构，那么今天首先是科学家，他们变成了世界末日的预言家，宣布地球上的生命即将结束。在每一个领域，在经济和政治领域，资本主义宗教宣布了一个永久的危机状态（危机在词源学上意味着“最终审判”），这同时也是一个例外成为正常的状态，其唯一可能出现的结果，正是在《启示录》中，作为“一个新天地”（《启示录》21：1）。但资本主义宗教的末世论是一个空白的末世论，既没有救赎也没有审判。

事实上，正如它不可能有一个真正的结束，并因此总是处于结束中一样，资本主义也不知道有什么开始，它是密切无间的。然而，正是因为如此，它总是处于重新开始的状态。因此，熊彼特将资本主义和创新之间的共生性，作为他对资本主义的定义的基础。资本的无秩序状态（anarchy）与它自己对创新的不断需求相吻合。然而，资本主义再一次揭示了它与基督教教条的密切和戏谑的联系。因为三位一体如果不是使上帝中没有任何本源（archē）与基督的永恒和历史性诞生、神圣的无秩序状态与世界治理和救赎安济相协调的装置，那又是什么？

七

我想就资本主义和无秩序状态之间的关系做一些补充。有一句话，是帕索里尼的《索多玛的 120 天》中四个恶棍之一说的，这句话是：“唯一真正的无秩序其实是权力的无秩序。”同样，本雅明多年前曾写道：“没有什么比资产阶级的秩序更无秩序的了。”我再次相信，他们的建议应该被认真对待。在这里，本雅明和帕索里尼抓住了资本主义的一个基本特征，它也许是有史以来最无秩序的权力，从字面上看，它可以没有本源，既没有开始也没有基础。但即使在这种情况下，资本主义宗教也显示出它对基督教神学的寄生性依赖。

在这里，是基督论作为资本主义无秩序状态的范式发挥作用。在公元4—6世纪间，由于阿里乌主义之争，基督教会深深地陷入分裂，它和皇帝一起成为了后来的整个的东方教会。这个问题正是关于圣子的本源。事实上，阿里乌和他的对手都一致认为，圣子是由圣父生成的，而且这种生成发生在“永恒时代之前”（阿里乌称之为 pro chronōn aiōniōn；凯撒利亚的优西比乌称之为 pro pantōn tōn aiōn）。阿里乌甚至小心翼翼地指出，圣子是“无本源的”（achronōs），即非时间性地产生的。这里的问题与其说是时间上的优先权（时间还不存在），不如说是等级问题（圣父比圣子“更好”，这是许多反阿里乌主义派的共同观点）；相反，这是一个确定圣子——也就是上帝的话语和实践——是否源于圣父，或者他是否像圣父一样，没有本源，是“无本源的”（anarchōs），也就是没有基础的问题。

对阿里乌的信件和他的对手的著作的文本分析表明，争论中的关键术语正是 anarchōs（没有本源[archē]，在希腊语中，本源一词具有双重意义：基础和原则）。阿里乌认为，虽然圣父是绝对的无本源状态，但圣子是在源初之中（en archē），但不是“无秩序状态”，因为圣子的本源在于圣父。针对这个异端理论（它在逻各斯之中赋予圣父一个坚实的基础地位），君士坦丁大帝在塞尔迪卡（公元343年）召集的主教们明确肯定，圣子也是“无本源的”，因此，圣子“绝对地、无本源地和无限地（pantote, anarchōs kai ateleutētōs）与圣父一起统治着”。

这场争论，除了其拜占庭的精妙之处，还有什么对我来说如此重要？因为，既然圣子只不过是圣父的话语和行动——事实上，更准确地说，是救赎安济（也就是对世俗世界的神圣治理）中的主要行动者——这里的问题是语言、行动和治理的无秩序（也就是无本源）特性的问题。资本主义继承了基督论的无秩序特征，并使之世俗化，达到了一个极端。如果我们不理解基督论的这种原始无秩序主义的使命，就不可能把握基督教神学的连续历史发展，及其潜在的无神论漂移，或西方哲学和政治的历史，及其在本体论和实践、存在和行动之间的中断，以及由此产生的对意志和自由的强调。基督是无秩序主义的，这意味着，在现代西方，语言、实践和安济都没有存在的基础。

我们现在更好地理解为什么资本主义宗教和从属于它的哲学对意志和自由有如此大的需求。自由和意志仅仅意味着存在和行动，本体论和实践在古典世界中是严格结合在一起的，现在却各走各路了。人类的行动不再以存在为基础：这就是为什么它是自由的，也就是说，受制于机遇和随机性。

我想在这里中断我对资本主义宗教的简略的考古研究。这个研究也不会有什么结论。的确，我相信在哲学中，就像在艺术中一样，我们不能给一件作品下结论：我们只能放弃它，就像贾科梅蒂(Giacometti)曾经对他的画作所说的那样。但如果有什么东西我想留给你们思考，那正是无秩序状态的问题。反对权力的无秩序，我并不是说要回到存在的坚实基础上：即使我们拥有这样的基础，我们也肯定已经失去了它，或者忘记了通往它的道路。但我相信，对我们所处社会的深刻无秩序状态的清晰理解是正确提出权力问题的唯一途径，同时也是正确提出真正的无秩序的唯一途径。只有在我们掌握了权力的无秩序时，无秩序才成为可能。建设和破坏在这里天衣无缝地重合了。但是，用福柯的话来说，我们由此得到的“只不过是一个空间的展开，在这个空间里，思考再次成为可能”①。

① Michel Foucault, *The Order of Things: An Archaeology of the Human Sciences*, New York: Random House, 1970. p. 342.

不可实现之物[①]

吉奥乔·阿甘本
（瑞士门德里西奥建筑大学）

哲学的可能性是否可以在政治秩序的可能性当中实现，这不仅是一个实践维度上的实现问题，还是一个本体论上的可能性问题。通过解析马克思的《〈黑格尔法哲学批判〉导言》和黑格尔的《精神现象学》，以及柏拉图的《书简七》和本雅明的《神学政治片段》，阿甘本指出，在世俗政治中，哲学的可能性恰恰是不可能实现之物，一旦哲学降临世俗政治，就意味着对政治秩序的毁灭。这样，真正的哲学的可能性和潜能是绝对的不可实现之物，在阿甘本看来，哲学的不可能性和政治的可能性的连接就是西方的本体论——政治机器。

1. 动词“实现”（realizzare）在罗曼语中出现得很晚，在意大利语中出现也会不早于 18 世纪，这个词是对法语 réaliser 的翻译。然而，从那时起，它就越来越多地出现在意大利语之中，不仅在经济和政治的词汇中，而且，也出现在个人经验的用词之中，特别是在反思性的二元论中。贾科莫·莱奥帕尔迪（Giacomo Leopardi ）也曾警告说，不要在意大利语中滥用法语，但他也曾多次使用这个词及其衍生词，特别是用于他经常讨论的主题，如幻想（“人类社会”，他在《札记》[*Zibaldone*]第 680 条中写道，“根

---

① 本文译自 Giorgio Agamben，*L'irrealizzabile*：*Per una politica dell'ontologia*，Torino：Piccola Biblioteca Einaudi，2021。——中译注。译者为蓝江。

本不存在实现幻想之类的东西，因为它们是可以实现的”。)。如果在现代性中，政治和艺术是幻觉发挥作用的最强领域，那么我们毋庸置疑，正是在这些领域中，“实现”一词找到了它最恰当的安身之处。

2. 人们通常把在政治中实践哲学的观念归功于马克思。事实上，他在《〈黑格尔法哲学批判〉导言》中似乎阐述了这一论点，而对这一段落的解释远非明显。他首先将其表述为对一个不明身份的“实践政治派”①的反对，该政党声称要否定哲学：“你不能废除(aufheben)哲学”，他写道，“不实现(verwirklichen)它”。此后不久，针对与之对立的派别，他又说，他们认为“你可以实现哲学而不废除它”。而且，在把无产阶级定义为所有阶级的解体之后，《〈黑格尔法哲学批判〉导言》以强而有力的声明结束，它把哲学的实现和无产阶级的废除联系在一起：“哲学不消灭无产阶级，就不能成为现实；无产阶级不把哲学变成现实，就不可能消灭自身。”②

甚至在更早的时期，如在1841年，马克思在耶拿讨论的《德谟克利特的自然哲学和伊壁鸠鲁的自然哲学的差别》论文的注释中，马克思曾写道，当哲学寻求在世界中实现自己时，“世界的哲学化同时也就是哲学的世界化，哲学的实现同时也就是它的丧失(ihre Verwirklichung zugleich ihr Verlust)”③。由于马克思在这里并非简单地接受黑格尔的辩证法，所以，我们并不是十分清楚，代表着“废除和实现哲学”和“废除和实现无产阶级”这两个对称论题的革命，对马克思来说，究竟意味着什么。正是由于存在着这种不清楚，阿多诺才得以开启他的否定辩证法，他说：“一度似乎过时的哲学，由于错过了它的实现时刻而获得了重生。”④几乎可以说，如果它没有错过那个时刻，它就不会再存在，它通过自身的实现而被废除。但“实现”究竟是什么意思？而“错过了它的实现”是什么意思？当我们使用这些术语，仿佛它们的意义是不言而喻的——但只要我们试图定义它，我们就弄不懂它们的具体意义，显示出它们的不透明性和矛盾性。

① 参见《马克思恩格斯选集》第1卷，北京：人民出版社2012年版，第8页。
② 《马克思恩格斯选集》第1卷，北京：人民出版社2012年版，第16页。
③ 《马克思恩格斯全集》第1卷，北京：人民出版社1995年版，第76页。
④ 阿多诺：《否定辩证法》，王凤才译，北京：商务印书馆2019年版，第4页。

3. 在黑格尔《精神现象学》中,表示实现的两个德语术语 Verwirklichung 和 Realisierung 分别出现了 49 次和 19 次,动词 realisieren 出现了 20 次左右。更为频繁的是表示"现实性"的两个词:Wirklichkeit 出现 68 次,Realität 出现 110 次。正如我们看到,这种频率不是偶然的,但这些词本身就是专业术语。

《精神现象学》中所涉及的意识经验意味着一个连续的实现过程,然而,这个过程每次都是准时的欠缺或错过。无论是在感性确定性的情况下(对它来说,它认为它所确认的现实性"废除了它的真理","说了它想说的相反的话"),在"力的辩证法"中("力的实现同时也是现实性的丧失"),在自然意识中(对它来说,"概念的实现颇像它的丧失一样"),均是如此。在文化(其中"自我意识到只有作为被废除的自我才是真实的")、美丽的灵魂(其实现"消失在一个空洞的云雾中")或不幸意识("其现实性直接就是其虚无")中,实现总是也是自我的丧失和废除。精神在其运动中实现自身的每一个数字都废除了自己,让位于另一个形象,而后者又在另一个形象中压制自己,直到达到最终形象,即"绝对知识"(das absolute Wissen)。但正因为精神只是这种不断自我实现的运动,它的"最终形象"(lezte Gestalt)只能采取记忆的形式,在这种记忆中,精神"放弃了它的存在,把它的形象托付给记忆",这是一种"形象的画廊,每一个都装饰着精神的所有丰富性"。在回忆中,精神在其直接性中必须重新开始运动,并天真地从这个形象中提取它的伟大,仿佛之前的一切对它来说都已失去。绝对知识(即"知道自己是精神"的精神)不是一种"现实性",而是对一种不间断的"实现"的沉思,因此其现实性每次都必须被否定,只能作为"其自身无限性的泡沫 "出现在记忆中。实现是对现实性的最彻底的否定,因为如果一切是实现,那么现实性就是不充分的东西,它必须被不断地废除和超越,而意识的最终形象只能采取实现的实现(realizzazione della realizzazione)的形式(即绝对知识)。针对这种观念,必须记住,现实性不是实现的结果,而是存在的不可分割的属性。真实(Il reale),就其本身而言,在根本上是不可实现的。

4. 有趣的是,几乎在一个世纪之后,居伊·德波(Guy Debord)重新采用了马克思的说法，不过，这一次不是指哲学，而是指艺术。他批评达达主义者想废除艺术而没有实现它，而超现实主义者想实现艺术而没有废除它。然而，对于情境主义者来说，他们想要实现艺术，同时也要废除艺术。

在马克思的文本中，我们翻译为废除的动词是一个动词——aufheben，它具有双重含义，在黑格尔的辩证法中具有一个基本功能，即扬弃、使停止(aufhören lassen)和保存(aufbewahren)。艺术只能在政治中实现，如果它以某种方式废除了自己，同时又在政治中保留了自己。正如罗伯特·克莱因(Robert Klein)在1967年一篇题为“艺术作品的日蚀”(*L'eclissi dell'opera d'arte*)的文章中所观察到的，先锋派心目中的所谓的废除，与其说是针对艺术，不如说是针对作品，艺术则需要生存下去。这种飘忽不定的艺术性的残余被当代艺术所拾起，它以“在生活中实现艺术”的名义放弃了作品的现实性。

黑格尔采用动词aufheben来表达辩证法的这一奥秘，通过路德宗对《新约》的翻译，它获得了双重含义。面对《罗马书》中的这段话(3.31)，解释者们一直感到困惑，因为保罗似乎既肯定了律法的废除，又肯定了律法的确认(“这样，我们因信废了(katagoumen)律法吗？断乎不是！更是坚固律法。”)，路德决定用aufheben来翻译圣保罗katargesis的态度。

然而，使徒的意图必然更加复杂。在他所处的弥赛亚视角中，弥赛亚的到来意味着律法的结束(telos tou nomou，《罗马书》10.4)，在希腊语中telos一词具有双重意义：结束，同时也是实现、充满。事实上，保罗的批评不是针对《托拉》本身，而是针对律法的规范性方面，他将其定义为“命令的律法”(nomos ton entolon，《以弗所书》2.15)或“行为的律法”(nomos ton ergon，《罗马书》3.27)，这里就不存在任何疑义。也就是说，对他来说，这是一个质疑拉比原则的问题，根据拉比的原则，即正义是通过做律法规定的工作获得的(“我们相信”，他写道，“人称义是因着信，不在乎尊姓律法”，《罗马书》3.28)。

因此，每当他要表达弥赛亚和律法之间的关系时，他就会使用动词katargeo，它的意思不是像通俗拉丁圣经使用“破坏”一词来翻译，而是energeia(在这个意义上,katargeo 与 energeo 相反,后者意味着"我使之运作,我实施")。圣保罗非常熟悉自亚里士多德以来希腊思想中非常熟悉的力量(dynamis)和行为(energeia)之间的对立,并多次提到它(《以弗所书》3.7:"照他运行(energeia)的大能(dymanis)";《加拉太书》3.5:"圣灵,又在你们中间行(energon)异能(dynameis)")。然而,就法律而言,弥赛亚事件颠覆了这两个词之间的正常关系,使行为享有特权:这里发生的法律的实现反而使其能量消失,使其诫命失去作用。律法不再是必须在行为和活动中实现的东西,其规范的废除(katargesis)为信徒打开了信仰的真正可能性,作为托拉的充实和实现,它现在呈现为"信仰的律法"(nomos pisteos,《罗马书》3.27)。这样,律法就恢复了它的力量——根据《哥林多后书》12.9 的说法,这种力量是"在软弱中成就的"(dynamis en astheneia teleitai)。这里既不能正确地谈论废除,也不能正确地谈论实现:信仰不是可以实现的东西,因为它本身就是法律的唯一现实性和真理。

5. 若我们不认真阅读《书简七》,就会以为柏拉图三次前往西西里岛,到达叙拉古的狄奥尼修斯的宫廷里,是试图在政治中实现哲学。事实上柏拉图在这里为他与僭主的共处辩解,因为在他看来,他是一个"只知道说话,从不从事任何工作"的人,并承认他会屈服于他的朋友的坚持,他们提醒他,"如果哪天谁要着手实现(apotelein)这些对法和政制的构想,现在就必须尝试"[①](328c)。然而,他这些话的意思只能通过与他前面写的(326b)关于哲学和政治之间的适当关系相比较来理解:"人这一族将无法摆脱各种恶,除非正确地和真诚地爱智慧的那族人掌握了政治权力,或者城邦中当权的那族人出于某种神意真正地爱智慧(philosophesei)。"[②]这个强有力的主题呼应了柏拉图在《理想国》(473d)的一个著名段落中,他以几乎相同的话语阐述的哲人王的理论:"哲人成为这些城邦的君主,或今日被称为君主和权贵的人们真诚地、恰当地热爱智慧(philosophesosi gnesios te kai ikanos),除非这两个方面结合(eis tauton sympesei——这

---

① 柏拉图:《柏拉图书简》,彭磊译,北京:华夏出版社 2018 年版,第 66 页。

② 同上书,第 60 页。

个说法意思是怀孕——sympegnymi 也有‘凝结’的意思）到一起，一方面是统治城邦的权力，一方面是哲学，而许多气质和性格必然被排除在外，因为它们目前只追随这一或那一方面，那么，我的格劳孔，这些城邦的祸患就没有终止，人类的祸患，我认为，也同样如此，在这以前，这个城邦体系并不可能诞生(phyei)、目睹太阳的光辉，尽管我们对它已进行过理论上的检验。”①

目前，对柏拉图的这一问题的解释是，哲人必须治理城邦，因为只有爱智慧的理性才能向治邦者建议采取正确的措施。换句话说，柏拉图声称，好的治理是对哲人的理念的实现和实践。这种解释的一个演变，我们已经可以在黑格尔《哲学史讲演录》中找到，黑格尔在这段话中对《理想国》中的哲人王进行了这样的解读：“柏拉图在这里只限于纯粹而简单地肯定哲学与政治权力结合的必要性。将国家的治理置于哲人的手中，这似乎是一个宏大的假设：历史的形态与哲学的形态有所不同。当然，在历史上，这个理念作为绝对权力，必然得到实现：换句话说，上帝统治世界。但历史是在没有意识到的情况下自然实现的观念。当然，人们根据法律的普遍思想、对习俗的统一性、对神圣意志的服从性进行操作；但也可以肯定的是，操作同时也是主体作为一个主体追求特定目的的活动。哲人王是那个从哲学中借用理性的普遍原则并让它们凌驾于任何特定目的之上的君主：当柏拉图说治理是哲人的责任的时候，他的意思是国家的整个生活必须按照普遍原则来治理。”②

米歇尔·福柯的功劳在于，他指出了对柏拉图的这些原理的解释的不足之处，这样一来，在亚里士多德那里，作为一名国王的咨政哲人的论题上，在根本上不适当地扭曲了柏拉图的原理。只有哲学和政治在一个主题之下才是具有决定作用。“但是，从这一点来看”，福柯指出，“也就是说，从实践哲学的人也是行使权力的人，而行使权力的人也是实践哲学的人这一事实来看，决不能推断出哲学知识将构成政治行动和决策的规则。

① 柏拉图：《理想国》，王扬译注，北京：华夏出版社 2018 年版，第 201 页。

② Georg Wilhelm Friedrich Hegel, *Lezioni sulla storia della filosofia*, La Nuova Italia, Firenze 1932. pp. 176 - 178.

重要的是，政治权力的主体也是哲学活动的主体"①。这不是一个简单的使哲学认识与政治理性相吻合的问题：关键在于一种存在模式，或者更准确地说，对于从事哲学的个人来说，"在某种存在模式之上构成自己的主体方式"。关键在于，"哲学主体的存在方式与实践政治的主体的存在方式之间的一致性。如果说国王有必要成为哲学家，那不是因为他们将因此能够咨询他们的哲学知识在这种或那种情况下应该怎么做……没有内容的巧合，没有理性的同构，没有哲学话语和政治话语之间的同一性，而是哲学主体与统治主体的同一性。"②

如果从我们感兴趣的角度来继续福柯的思考，我们必须首先问自己，用柏拉图的话说，dynamis politiké，政治能力，与哲学相吻合，哲学与政治能力相吻合，究竟意味着什么。正如福柯所表明的，这当然不是一方在另一方中的实现，而是它们在同一主体中的重合。在《书简七》的开头，柏拉图提到，当他意识到在他的城邦里所有的政治活动都变得不可能时，他决定投身于哲学，也就是说，哲学的可能性与政治的不可能性相吻合。在哲人王那里，哲学的可能性和政治的可能性"通过神圣的命运"相结合，它们在一个单一主体中重合了。因此，哲人仍然是这样的人，他并没有因为在哲学中实现自己而废黜自己，但他的权力与君主的权力是一致的。两种力量的重合是两者的现实性和真理。作为现实性，它们不需要实现：事实上，它恰恰是不可实现的。

正如皮耶尔·阿多(Pierre Hadot)所看到的那样，这就是为什么，亚里士多德在学园里接受的哲学训练，这一哲人的生活方式与君主的生活方式大相径庭，但哲人可以向君主提供建议，而柏拉图式的学园基本上有一个政治目的，即它旨在使哲人的存在方式与国王的存在方式相吻合。柏拉图在《书简七》中明确警告说，哲人可以使自己成为国王的咨政，而不需要后者改变自己的存在方式。"假如一个患病的人却遵循有损健康的生活方式，则只能首先建议他改变生活(metaballein ton bion)，此外无他。要是他愿意听从，就进一步给他别的劝告；可要是他不情愿，谁逃避给这

①② Michel Foucault, *Le gouvernement de soi et des autres*, Seuil-Gallimard, Paris 2008. p. 272.

样一个病人建议,我就视其为一个男子汉和良医,谁坚持这么做 ,我却反过来视其为懦夫和外行。对于一个城邦也是一样,不论它有一个还是许多主人。如若城邦想要得到某个有益的建议而使其政制稳妥地走在正道上,给予这些人建议就是有理智的人的分内之事。但要是这些人完全背离正确的政制,也绝不愿蹈循这一政制的轨迹,而且预先警告那位提建议的人不要插手政制,也不要做任何变革,否则就处死他。如果这些人喝令他[们]为自己的意愿和欲望效劳,要他[们]建议如何最简便又最快地永久满足自己的意愿和欲望,在我看来,上前给出此类建议的人是懦夫,却步的人才是男子汉。"[①](330d－331a)。哲学不能试图在政治中实现自身:如果它想让两种权力重合,让国王成为哲人,那么,恰恰相反,它必须让自己每次都成为自己的无法实现之物(irrealizzabilità)的守护者。

乔治·帕斯卡利(Giorgio Pasquali)在结束对《书简七》的精辟解读时,对 tyche 一词进行了长篇论述,在柏拉图那里,tyche 多次作为非理性的、敌对的和邪恶的力量出现,但有时也作为"神圣的"和"有益的"力量出现,比如 theia moira,在引用的段落(326b)中,它使哲人在城邦中获得了权力。从一开始,在回顾苏格拉底的审判时,他就写道,它"由于某种命运"(kata tina tyche,325b5),就像不久之后,由于"恶魔或邪恶的东西"(tis daimon 和 tis alitherios,336b),他付诸在狄奥尼修斯身上的希望的破碎了。帕斯卡利表明,在最早的对话中,特别是在《法律篇》中,tyche 也是问题的核心。如果说,在《理想国》(592a)中,理智的人不允许在他的城邦里搞政治,"除非产生一些神圣的命运(theia……tyche)",那么在《法律篇》中,雅典的主人在阐述他的立法思想之前,阐明了一个忧郁的说法:"没有凡人会制定法律,但所有人类事物都是 tychas"(708e)。在这方面,帕斯卡利谈到了柏拉图思想中的"恶魔学的二元论",根据这种说法,人类事务似乎是一场战斗,在这场战斗中,人受到超自然实体的帮助或反对。

事实上,根据柏拉图的习惯,这是一个神话,在这个神话中,他用一个对古代人来说特别困难的问题来衡量自己:即偶然性问题。发生在人身

---

① 柏拉图:《柏拉图书简》,彭磊译,北京:华夏出版社 2018 年版,第 71—72 页。

上的一系列事件不是一个可以通过追溯到无限的因果解释来解释的必然过程，也不是像黑格尔那样，是一个精神在每个实例中实现自身的过程。事件的最终意义让我们捉摸不透，而 tyche——意思是“事件”——是偶然性的名称，是纯粹的、最终无法解释的进入某物的名称：contigit——“发生”。历史事件最终取决于 tyche，这也是为什么哲人王不能声称在他的行动中实现了哲学。在这个意义上，柏拉图比黑格尔更接近我们这个时代科学的结论，它为机会和偶然性留下了充分的空间。

6. 本雅明的《神学政治片段》(*Frammento teologico-politico*)中包含了对政治领域中的实现概念的批判，编者认为这是 20 世纪 20 年代初的作品，但作者认为它非常重要，以至于他在 1938 年初两人在圣雷莫(Sanremo)的最后一次会面中把它作为“全新”的东西传达给了阿多诺。

《神学政治片段》的理论问题是世俗秩序与王国之间的关系，历史与救世主之间的关系，本雅明毫无保留地将其定义为“历史哲学的基本理论点之一”①。这种关系就更有问题了，因为这个片段一开始就毫无保留地肯定了两个元素的异质性。由于只有弥赛亚才能实现(vollendet，“使其结束”)历史的发生，救赎并同时产生历史与弥赛亚之间的关系，“没有任何历史性的东西可以想从自身指向弥赛亚……神的国度不是弥赛亚活动的终点；它不能被设定为目标。从历史的角度来看，它不是目的(Ziel)，而是期限(Ende)。这就是为什么世俗的秩序不能建立在天国的思想上；这就是为什么神权没有政治意义，而只有宗教意义。”②

也就是说，王国——以及马克思主义的无阶级社会概念，正如《历史哲学论纲》论题十八所说，是对王国的世俗化——并不是永远可以被设定为政治行动的目标的，并不能通过革命或历史变革来让其“实现”。从《神学政治片段》的角度来看，可以说现代意识形态的错误在于将弥赛亚秩序直接铺陈到历史秩序上，忘记了王国为了保持其自身的效力，永远不能被当作一个要实现的目标而出现，它只是一个术语(Ende)。如果它被假定为要在世俗历史秩序中实现的东西，那么它最终会以新的形式复制现有

---

①② Benjamin, W., *Gesammelte Schriften*, *b. II*, 1, Suhrkamp, Frankfurt-am-Main 1977. p. 203.

的秩序，这是致命的。在这个意义上，无阶级社会、革命和安那其就像王国一样，是救世主式的概念，就其本身而言，倘若不想失去自己的力量和本性，就不能成为行动的目标。

这并不意味着它们在历史层面上是无效的或毫无意义的。事实上，它们与世俗领域之间存在着一种关系，但这种二律背反的结果只是因为这两种秩序中的每一种都顽固地坚持着界定它们的方向。世俗秩序，就其本身而言，“必须以幸福的理念为导向”，而“心中的弥赛亚，内在的个体，反而通过不幸，在痛苦的意义上来获取”①。根据本雅明的例子，他们之间的分歧是一种真正的对立，然而这种对立产生了类似于一种关系的东西。“如果一个箭头指向世俗运动的目的，另一个箭头指向救世的方向，那么自由人类对幸福的追求肯定会偏离救世的方向，但是，正如一种力量通过它的轨迹可以有利于另一种指向相反方向的力量一样，……世俗秩序也可以有利于救世王国的到来”。亵渎，虽然决不是“一种类型的王国”，但作为一个原则，促进了“更宁谧的道路”②。

正如哲学不能也不应该在政治中实现，但它本身已经是完全现实性的东西，正如圣保罗所说，通过行为实现律法的义务并不产生正义，因此，在本雅明的《神学政治片段》中，救世主在历史发生中的作用只是通过在其中保持不可实现的状态。只有这样，它才保留了可能性，这是它最珍贵的礼物，没有它，就不会为姿态和事件开辟空间。我们必须停止把潜能和现实性看作一个系统的两个功能上的连接部分，我们称之为西方的本体论—政治机器。可能性并不是必须通过行动才能实现的东西：相反，它是绝对不可实现的，其本身已实现的现实性对已经固化为事实的历史事件，只是起着术语(Ende)的作用，即通过分解它和消灭它。这就是为什么本雅明可以写道，世界政治的方法“必须被理解为虚无主义”。弥赛亚的根本异质性既不允许计划，也不允许计算它在新的历史秩序中的翻转，而只能在此作为一个绝对破灭(destituente)的真实实例出现。而一种永远不允许自己在现实权力中得到实现的权力就是破灭的权力。

①② Benjamin, W., *Gesammelte Schriften*, *b. II*, 1, Suhrkamp, Frankfurt-am-Main 1977. p. 204.

论暴力的界限[①]

吉奥乔·阿甘本
（瑞士门德里西奥建筑大学）

在古希腊政治哲学中，语言与暴力是对立的，因为通过语言的劝说性力量可以使人们免于暴力。然而在当代社会中，暴力已经浸透在语言中形成了语言暴力，它不仅通过语言的激发作用对身体和意志产生与暴力相同的效果，更是将作用范围从政治领域扩大到了日常领域。在这一现实之外，阿甘本试图寻找一种无须确证的暴力，即革命暴力。他认为暴力的正义性不是通过目的论来证明的，目的只能证明使用暴力的正当性，而无法证明暴力本身。所以，暴力一定要摆脱手段—目的的恶性循环，从而找到一种包含自身原则和正当性的非手段性暴力。革命暴力包含了对自身的否定以及对语言的超越，只有在这一过程中人类才能寻找到超脱于法律之外的神圣暴力，最终在言语和行动中缔造新的历史。

1970 年 2 月，28 岁的乔治·阿甘本给汉娜·阿伦特写了一封信。他介绍自己是多米尼克·弗尔卡德（Dominique Fourcade）的朋友，两人一起参加了马丁·海德格尔 1966 年和 1968 年在普罗旺斯举办的研讨班，之

① 本文译自 2009 年由洛伦佐·法布里（Lorenzo Fabbri）翻译的英译版。Agamben Giorgio，"On the Limits of Violence."trans. Lorenzo Fabbri，Elisabeth Fay. *Diacritics*，Vol. 39，no. 4（2009）：103－111. 译者简介：周亦垚，南京大学马克思主义学院博士研究生，研究方向为国外马克思主义。——中译注。

后阿甘本继续向阿伦特表达了他的感激之情:他写道,她的书构成了一个关键性的节点(decisive experience)。随后他表示,他打算与其他人一起深入"过去和未来的鸿沟",并在由阿伦特所开辟的研究领域内从事研究工作。他在信上署名"友好的吉奥乔·阿甘本"。但这并不是他写给阿伦特的最后几句话。在附言中,阿甘本补充道:"相信您会原谅我冒昧地附上一篇论暴力的文章,如果没有您那本书的指导,我也不可能写出这篇文章。"[①]罗马《记者报》(*Reporter*)在1985年的一篇题为"来自阿甘本"[②]的采访中透露了阿甘本于1970年2月寄给阿伦特的那篇文章。阿德里亚诺·索弗里(Adriano Sofri)——议会外的左翼运动"斗争仍在继续(Lotta Continua)"的联合创始人之一——询问了阿甘本在1968年社会运动中的参与情况,阿甘本回答说,他从未在1968运动中真正感到轻松。当时他正在读阿伦特的书,参与运动的朋友们都认为阿伦特是一个反动派,是一名绝对不会被讨论到的作者。事实上,这篇接受了阿伦特思想的论暴力之界限的文章并未被一家政治评论所接收,而是最终发表在了一本文学杂志上。虽然一部作品可以成为加速革命运动的历史性导火索,但是阿伦特的作品并非如此。阿甘本总结道,如此与历史擦肩而过是时间带给我们的最羞耻的经验之一。

下文是阿甘本在阿伦特的历史哲学影响下首次用英语写作的一篇文章,也是阿甘本在信中所提及的那篇寄给阿伦特的文章,这篇文章曾在德文版的《论暴力》[③]中有所提及。文章原标题为"Sui limiti della violenza",于1970年冬季发表在《新焦点》(*Nuovi argomenti*)[④]杂志上。

——洛伦佐·法布里(Lorenzo Fabbri)

瓦尔特·本雅明的《暴力批判》距今已发表五十年,乔治·索雷尔的《论暴力》也已经出版六十余年,这意味着重新思考暴力的界限与意义,已

① 阿甘本的信件和阿伦特的回信保存在美国国会图书馆中,可在线查看。见《国会图书馆阿伦特文件》(*The Hannah Arendt Papers at the Library of Congress*)1938—1976年的通信档案。阿甘本的信附在这篇文章的末尾。

② See Adriano Sofri, "Un'idea di Giorgio Agamben." Reporter 9 - 10 Nov. 1985: 32 - 33.

③ Macht und Gewalt(1970)在脚注35n44a中提到了"Sui limiti della violenza"。

④ See Nuovi argomenti, 17(1970):159 - 73.

经无须担心冒着太多不合时宜的风险[1]。在当下,人性处于一种暴力的持续威胁下,并且会被暴力瞬间摧毁,这种形式的暴力是本雅明和索雷尔都未曾想到的,它是一种在人类范围内已经不复存在的暴力。然而,重思暴力的迫切性与范围无关;问题在于,暴力与政治之间愈发模糊的关系。因此,和本雅明阐释暴力与法、暴力与正义之间的关系不同,我的批判力图确定暴力与政治的关系,并且由此揭示暴力的自在与自为。换句话说,我们旨在确定暴力的界限——如果这些界限存在的话——这些界限将暴力与最广泛意义上的人类文化区分开来。

乍一看,就术语而言,暴力与政治似乎是一对矛盾体:欧洲历史本就建基于这样一个观念上,即暴力与政治是相互排斥的。我们今天用来表达政治经验的大多数术语都是希腊人发明的,他们用"城邦"(polis)一词去描述一种建立在语言而非暴力之上的生活方式。政治(在"城邦"中生活)意味着要接受如下原则,即一切都应被语言与劝说所决定,而不是被武力与暴力所决定。[2] 因此,政治生活的本质特征在于对命令的服从(peitharkhia),即劝说的力量;这是一种受人尊敬的权力,以至于那些即使是被判死刑的公民都是在自我劝服的方式下自我了结生命。

希腊人将政治与语言结成同盟——并且他们将语言理解为本质上是非暴力的——这种联合是如此有说服力,以至于城邦之外的任何东西,包括与奴隶和野蛮人的接触,都被界定为"无法言状的(aneu logou)":这个短语并不是指剥夺身体上的语言能力,而是指被排除在一种特定的生活方式之外,只有在这种生活方式中,语言才有意义。

正如本雅明所说,语言排除了任何可能的暴力,这一观点在说谎不受任何古代法典惩罚的事实中得到了证实。作为"对命令的服从"的政治生活依赖于一种对语言与真理关系的特殊理解:也就是说,相信真理就能够对人的心灵施加劝说力量。希腊人并没有把"劝说"视为诸如诡辩一般的

---

① 本雅明的《暴力批判》发表于1921年,就此日期对原文有所修正。——英译注。

② 关于阿伦特对希腊政治概念的描述,参见《人的境况》第一章。

特殊技艺，而是将其视为真理的本质特征。希腊哲学从一开始就与政治领域相冲突，在政治中，真理似乎失去了劝说的力量——我们只需回想一下柏拉图的痛苦便可知道，因为他曾无助地看着他的老师苏格拉底被判死刑。哲学家们愈发感到正处于暴力的威胁之下，于是开始试图在政治现实领域之外寻找真理，寻找那种能够彻底消除一切暴力可能性的真理。由此看来，我们的政治经验与希腊人是不同的：我们亲身体会到，希腊哲学家怀疑政治中的真理无法说服人们反对暴力的观点是正确的。并且，今天的我们目睹了一种古人完全不知的暴力形式的扩散，越来越多的谎言被引入到政治领域中。

因此，我们可以说，语言与非暴力的联盟已经不住推敲。事实上，这一关系的瓦解构成了一条分界线，区分开我们与古人的政治经验；所有建基于希腊预设之上的政治理论在今天都无可避免地不再可靠。

可以说，当代社会已经超越了对语言劝说力量的简单认识，通过精心策划将暴力引入了语言本身。今天，旨在操纵意识的有条理的语言暴力是一种常见的经验，以至于所有暴力理论都必须在语言中进行表达。此外，语言暴力也不再局限于政治领域：它已深入到了人类消遣的日常领域。色情作品在18世纪末的爆炸性传播无非是发现，在特定语境下某些特定语言结构的经验可以引发完全脱离个体意志的反应。语言能够影响身体的直觉，压倒意志，将人类降低到自然层面。语言可以产生同暴力相同的效果：因为语言有激发的作用。简言之，色情作品的感染力在于其有能力将暴力引入非暴力，即语言的领域中。

为此，萨德侯爵(the Marquis de Sade)——一位思想严肃且逻辑清晰的色情文学专家，精心设计了一项课题(它完美地对应了康德关于“行动如何能够最大程度地达到普遍规律”的课题)，以便发现这样一种暴力形式：

> “[这种暴力形式]能够持续产生影响，这样的话，只要我还活着，无论是在白天还是在夜晚安睡时，我都将持续地陷入一定的混乱中，而且这种混乱可能还会扩大，以至于引起普遍的堕落和紊乱，即使在

我的生命结束后，我也会在我邪恶的永恒延续中生存下来。”①

萨德发现了语言暴力中普遍的催化剂。此外，经过详细分析显示，色情文学与另外一种语言表达形式共享着某些至关重要的特征，这种形式通常占据着文化价值层级的最顶端：即诗歌。萨德对语言暴力中普遍催化剂的探索与荷尔德林对悲剧语言暴力的描述相一致，（荷尔德林是首批使用比喻性的暴力来描述诗歌经验的人），这并非偶然，在荷尔德林那里，“词语攫取了身体，以致身体将自己杀害”②。

从很多方面来看，暴力内在于诗歌语言的观点可以上溯至柏拉图。柏拉图排挤诗人的做法备受争议，但奇怪的是，很少有人理解其背后的动机。从某些方面来看，它完美阐释了这样一个明确的信念，即劝说绝不应该是暴力的，这是“助产术(maieutika)”最重要的部分——苏格拉底用此来阐述人与人之间自由的语言关系。助产术与暴力是不兼容的：因为暴力是一种外部的入侵，会立即剥夺受害者的自由，它无法揭示内在的创造自发性，只能揭示赤裸裸的物质性。诗歌引入了一种劝说形式，它不依赖于真理，而是依赖于旋律和音乐所带来的特殊情感效果，它既是暴力性的也是身体性的——因此，柏拉图注定要将诗人逐出城邦。

也许我们与希腊人的政治经验之间最大的区别在于，我们意识到了劝说本身能够在特定的形式和情况下变成暴力，特别是当劝说超越了双方自由的语言关系，并能够被现代技术进行录音和复印的时候。这便是宣传的本质，它是唯一一个可以说是由我们社会——至少是以现代的形式——所发明的一种广泛的暴力形式。

在这里，也有必要去讨论我们社会中的另一项发明，即出现在我们时代中的、完全颠覆了传统观念的暴力理论。按照这一理论，暴力与柏拉图所信奉的“助产术”并非矛盾。更确切地讲，它正如马克思在《资本论》中

---

① Marquis de Sade, *Juliette*, trans. Austryn Wainhouse, New York: Grove Press, 1968, p. 525.

② Friedrich Hlderlin, *Essays and Letters on Theory*, trans. Thomas Pfau. Albany: State University of New York Press, 1988, p. 114.

所写道的那样:“暴力是每一个孕育着新社会的旧社会的助产婆。”[①]这一短句值得我们关注,不仅因为有人会认为现代对暴力的讨论都是尝试作简单的注释,而且因为马克思对政治与社会的描述揭示了他对暴力与政治之间关系的理解。当然,上述考察并不打算适用于所有类型的暴力;通过对新的社会秩序施加助产行为来摧毁旧的社会秩序的暴力,不同于维护现有法律、反对任何形式的变革的暴力。问题在于如何确定一种正义的暴力,一种面向全新事物的暴力,一种可以被合法地称之为革命性的暴力。

用来界定这种暴力的最常见标准来自历史达尔文主义。这种理论——人们经常错误地将之与正统马克思主义联系在一起,但实际上它源于受达尔文影响并在19世纪晚期发展起来的资产阶级社会学对历史的建构——将历史看作必然规律的线性发展,这类似于统治自然世界的规律。相应地,马克思对人与自然的看法,以及其中所包含的彻底变革的思想(用辩证法的术语来说就是扬弃[Aufhebung]),都被拙劣地解释为将历史还原为19世纪科学中流行的自然观[②]。在这个理论框架中,马克思所持续批判的黑格尔对自由与必然的调和,成了建立一个机械的必然性王国的前提,这个王国没有为自由和有意识的人类活动留下空间。

在这个框架内,界定正义的暴力完全没有问题:如果暴力是历史的助产士,那么它只需要加速促进对历史必然规律的(不可避免的)发现就可以了。服务于此目的的暴力是正义的;反对这一目的的暴力则是非正义的。为了理解这种解释是多么的拙劣,我们只需认识到,它将革命者描绘成一个自然主义者,他发现了一种注定要灭绝的植物,然后动用一切力量加速其灭亡,这样他便认识到了进化的规律。这正是20世纪极权主义运动所采用的模式,他们自称享有革命暴力的特权,可以在真正的革命运动中促进退化的进程。纳粹德国对犹太人的驱逐,以及1935年苏联将一些苏联人驱逐出境的大清洗运动,正是这种情况——唯一的区别是希特勒

---

①《马克思与恩格斯文集》第5卷,北京:人民出版社2009年版,第861页。

② 众所周知,当代科学已经抛弃了这一观念,不再从机械论的世界模型中寻找自然规律。

试图“加速”自然规律的实现(如雅利安人种的优越性),而斯大林则认为他正在“加速”同样拥有必然性的历史规律的建立。

即使忽视这种暴力理论在政治方面造成的灾难性后果,我们仍能发现其真正的缺陷所在:即它将暴力的正义性置于暴力本身之外。换言之,它只是将暴力置于更宽泛的手段理论中,以证明这些手段服务于更高的目的;而目的是决定手段正义性的唯一标准。本雅明正确地指出,虽然这样的框架可以证明使用暴力的正当性,但它并不能证明暴力原则本身的正当性。最终,任何通过目的正义来定义革命手段合法性的理论,都与为保证目的正义而将高压手段合法化的法律理论一样,都是矛盾的。

只有那些相信宇宙计划和神圣旨意的人才会宣称暴力从本质上来说是正义的;只有那些相信历史是沿着线性时间所预定的路线(即通俗的进步主义视角)稳步前进的人才会认为人类暴力是正义的。在欧洲文化中,只有在无力调和历史的残酷与神圣之善的矛盾时,在丧失了对神圣正义的直接信仰时,才会激发起对神义论(theodicy)——对上帝的哲学辩护——的需求。同样,只有完全无法意识到暴力的原初意义时,才有必要为暴力辩护。革命暴力的理论在历史神义论中是毫无意义的,历史神义论悖论性地将革命者转变为盲目的乐观主义者,让他们以为一切都会是最好的,我们所寓居的这个世界是所有可能世界中最好的世界。

鉴于此,我们并不是为暴力寻找正当理由(即寻找能够实现公正目的的手段)。相反,我们要找的是一种不需要去确证的暴力,它本身就有存在的权利。正如索雷尔和本雅明在对可能的革命暴力理论进行反思的时候,他们都认识到有必要摆脱手段和目的的恶性循环,以揭示出一种按其本质来说不可还原为任何其他东西的暴力形式。索雷尔区分了武力(force)和无产阶级暴力(violence),前者以权威和权力为目的,即建立一个新国家,后者则以废除国家为目的。对索雷尔来说,无产阶级暴力一开始就被理解错了,因为马克思在详尽描述资本主义秩序的暴力进化的同时,对无产阶级组织的描述又表现得相当谨慎:

> 马克思著作的不充分性导致马克思主义偏离了它的真实本质。标榜为正统马克思主义者的人不想为他们导师的作品添砖加瓦，他们总是幻想着，为了讨论无产阶级问题，只须利用他们从资产阶级历史中学到的即可。因此，他们从未怀疑，旨在建立权威、实现主动服从的武力与旨在打倒权威的暴力之间是有区别的。在他们看来，无产阶级必须像资产阶级一样获得武力，最终通过建立社会主义国家来代替资本主义国家。①

本雅明在索雷尔的无产阶级总罢工理论上进行了扩展，在神话暴力与“纯粹的直接”暴力的区分中发现了他的革命暴力模式，前者是推行法律的暴力，因此也可以称之为统治的暴力；后者并不推行任何法律，即使是管制形式(ius cendendum)的法律。因此，纯粹的直接暴力推翻了法律和维护法律力量的国家，从而开创了一个新的历史时代。

然而，在这两种情况下，寻找一种包含自身原则和正当性的暴力的目标只实现了一半。最终，判定标准仍然是目的论的：推翻国家和建立新的历史秩序这一目的才是决定性因素。尽管如此，索雷尔和本雅明还是都摸到了门槛，借助这一门槛我们可以设想革命暴力理论的轮廓。那么，究竟什么才是不推行法律的暴力呢？无权力的暴力，难道不是一种矛盾说法吗？是什么给予革命暴力以奇迹般的能力将历史连续体爆破，从而开启新时代呢？当我们思考一种可能的革命暴力理论的时候，以上这些问题将指引我们前行。

那种刻意回避推行法律，打破时间的连续性以建立一个新时代的暴力并不像最初看起来那么难以想象了。关于这种暴力，我们至少可以举出这么一个例子，尽管它存在于我们的“文明”经验之外：即神圣暴力(sacred violence)。大多原始民族都会庆祝暴力仪式，旨在打破世俗时间的均匀流动。这些仪式召回了原初的混沌，使人类和神同处一个时代，并使

---

① Sorel Georges, *Reflections on Violence*, trans. Thomas Ernest Hulme with Jeremy Jennings. ed. Jeremy Jennings. Cambridge: Cambridge University Press, 1999, pp. 169 - 170.

他们能够进入原始的创生维度。每当共同体的生命受到威胁，每当宇宙变得空洞寂寥，原始民族都会转而去促进时间的再生；只有这样，一个新的时代（也是一场新的时间革命）才能开始。

奇怪的是，举办这些创生仪式的往往都是被视为历史创造者的民族：古巴比伦人、古埃及人、希伯来人、伊朗人和罗马人。对于这些民族来说，受纯粹周期性和生物暂时性所决定的生活方式已经无法束缚他们，他们更强烈地感受到定期再生时间的必要性，因而在仪式上重申其历史起源的暴力。

通过神圣暴力重新引入原初创造的时间，这一愿望并非源于对生活或现实的悲观式拒绝。恰恰相反，只有通过神圣时间的突然介入和世俗时间的中断，原始人才能充分地参与到宇宙中去，并通过抛头颅洒热血的极端行为来维护权力。通过这种方式，他们重新获得了参与创造文化和历史世界的特权。

"城邦"的概念促使希腊人去审视神圣暴力，在狄奥尼索斯这一死而复生的神的形象中，神圣暴力表现出其令人不安的权力。当人类直觉到生与死、暴力与创造之间的本质亲缘性时；当人类发现这一亲缘性乃是重生和创造新时间的时候，神圣暴力就出现了。从这个角度来看，欧里庇得斯《酒神的伴侣》(*Bacchae*)的结语就变得尤其重要。这部悲剧讲述了上帝的神圣暴力与暴君的世俗暴力之间的冲突，最后表达了人类对一种全新的、意料之外的可能性的永恒信念：即重启时间的可能性。

> 神做的很多事都是意想不到的。
> 我们等待的并不发生，
> 未曾梦想的神派它们过来。①

在《德意志意识形态》中，马克思将无产阶级的革命经验与沿着新路

① Euripides, *The Bacchae of Euripides*, trans. C. K. Williams. New York: Farrar, Straus and Giroux, 1990, pp. 86 - 87.

线重启历史、建立新社会的能力明确地联系起来。他写道:"因此,革命之所以必需,不仅是因为没有任何其他的办法能够推翻统治阶级,而且还因为推翻统治阶级的那个阶级,只有在革命中才能抛掉自己身上的一切陈旧的肮脏东西,才能胜任重建社会的工作。"①开启新历史时代的能力只属于革命阶级,他们在对统治阶级的否定中经验到自身的否定。将马克思对革命经验的描述运用于暴力问题,将揭示出我们的研究所必要的标准。

革命暴力不是以反对现存体制为目的的手段暴力。相反,它是这样一种暴力:正如否定他者一样,它也会否定自身;它唤醒了对自我的死亡意识,也预见了他者的死亡。只有革命阶级才知道,实施反对他者的暴力会不可避免地导致自己的死亡;只有革命阶级才有权利(或者可以说是一种可怕的权威)去使用暴力。与之前的神圣暴力一样,革命暴力可以从词源意义上被描述为一种激情,即自我否定和自我牺牲的激情。从这个角度便能很清晰地看出,镇压性暴力(执行法律)和犯罪性暴力(藐视法律)与旨在建立新的法律和权力的暴力没有什么不同:以上无论哪种情况,在否定他者的同时都没有否定自身。行政暴力从根本上来说是不纯洁的,无论其目的如何——正如传统观念所认为的那样,它既诋毁刽子手也污蔑警察——因为它总是灭掉救赎的唯一希望,它拒绝像否定他者一样否定自身。只有革命暴力才能解决黑格尔所描述的那种矛盾,即暴力概念中一种根本的不和谐:"暴力或强制在它的概念中就自己直接地摧毁了自身,作为意志的表示,它扬弃了意志的表示或定在。"②

因此,只有一种标准可以评判暴力是不是革命暴力。经验告诉我们,我们的社会几乎从来没有意识到它所施行的暴力中的根本矛盾。大多数针对统治阶级的暴力反抗都不会带来革命,就像大多数药物都不会带来奇迹般的康复一样。只有在暴力中有意识地去面对自身的否定,才能抛掉"自己身上的一切陈旧的肮脏东西",并开启一个新的世界。只有这些人才能像革命者们所希望的那样,有能力去召唤出弥赛亚的停顿,开启新

① 《马克思与恩格斯文集》第 1 卷,北京:人民出版社 2009 年版,第 543 页。

② 黑格尔:《法哲学原理:黑格尔著作集·第 7 卷》,邓安庆译,北京:人民出版社 2017 年版,第 169 页。

的时间秩序和新的时间经验，即新的历史。

革命暴力必须在其与死亡的关系中才能得到理解，这一事实使我们将讨论扩大到革命暴力与文化的关系上。一切文化都渴望战胜死亡。人类所想、所知、所写、所创造为"文化"的一切东西，都是为了与死亡达成和解。这便是为什么我们一贯倾向于将暴力与语言区分开来：语言首先是我们对抗死亡的权力，是唯一能达成和解的空间。"为什么是有而不是无?"对于这一永恒的问题，文化是通过探讨一种神秘性来回答的，本雅明曾说："遮蔽对事物而言最终是本质性的"①；文化将我们带到这样一个领域，其中"无"和"有"、"生"和"死"、"创造"和"毁灭"都紧密结合着，把我们带到语言可能性的界限上。一旦它把我们带到了无法通过语言去认识的门槛上，文化就会完全丧失它的功能。因为它的目的是让我们与死亡和解，所以文化如果不否定自己，就无法进一步向前。

革命暴力可以跨越这一门槛。它破天荒地出现在生与死、创造与毁灭的牢不可破的联结关系实现时。这种实现只能发生在语言之外的领域中，因为语言从根本上扰乱和剥夺了人类。当暴力成为自我否定时，就既不属于行动者也不属于受害者；它会变得欣喜并对自我实施剥夺，正如希腊人所理解的癫狂的神的形象。如果不否定自己，生者就无法认识到自己与死亡的距离，而这种矛盾就像是一个印记，守护着人类最为神圣和重要的奥秘。

作为一种自我否定的经验，革命暴力是最为卓越的"不能言说(arrheton)"，不能言说的永远都会压倒语言的可能性，并且无需任何辩护。正是通过超越语言，通过否定自身和言说的能力，人类才得以进入原初的领域，在这里，关于神话和文化的知识破裂了，言语和行动缔造了一个新的开始。

在每一个旨在确保安全、与死亡和解的历史的黎明，都应该写下这句话："太初有言(word)"；然而，在每一个新时间秩序的前夕，都应该写下这

---

① 瓦尔特·本雅明：《评歌德的〈亲合力〉》，王炳钧译，北京：北京师范大学出版社 2016 年版，第 110 页。

句话:“太初有暴力(violence)”。

这既是革命暴力的界限,也是不可遏制的真理。通过跨越文化的门槛,占领语言无法进入的地带,革命暴力将自己塑造成了“绝对”,确证了黑格尔的如下观念:真理最为深邃的表达包含在这样一个暴力图像中,即“真理就是所有的参加者都为之酩酊大醉的一席豪饮”①。

① 黑格尔:《精神现象学·上卷》,贺麟、王玖兴译,北京:商务印书馆1979年版,第30页。

访谈吉奥乔·阿甘本：什么是例外状态[①]

乌尔里希·劳尔夫[②]

在本篇访谈中，劳尔夫对阿甘本的提问围绕着"如何理解《例外状态》一书的主旨"进行。阿甘本认为"例外状态"讨论的是一种政治体系当中的结构性关系，在例外状态的政治运行当中，存在着两种治理逻辑：有法律状态下的法律治理和无法律状态下的行政管理。常态化法律运作是对法律形式的有秩序的治理，而在法律缺失领域内的政治运作则表现为直接指涉生命本身的无秩序行政。阿甘本进而否定了其政治哲学传统中对一些范畴的分裂做法，认为当今这种法律状态和无秩序状态完美地结合在一起，构成了政治运行的体系。在最后，阿甘本寄希望于生命自身形成的、以与自身无法分离的形式建立一种新的生活方式。

劳尔夫：您的新书《例外状态》最近在德国出版，这本书用历史和法律史的方法分析了一个与卡尔·施米特有关的概念，那么这个概念在您的

---

① 本文译自 Raulff Ulrich. "An Interview with Giorgio Agamben", *German Law Journal* 5, no. 5, 2004, pp. 609 - 614. ——中译注。

② 乌尔里希·劳尔夫(Ulrich Raulff)是《南德意志报》的文化编辑。2004 年 3 月 4 日，乌尔里希·劳尔夫在罗马采访了吉奥乔·阿甘本。2004 年 4 月 6 日，访谈文章在德国的《南德意志报》(*Süddeutsche Zeitung*)上发表。莫拉格·古德温(Morag Goodwin, EUI, Florence)翻译了英文版。除特别标注外，本文注释由英文编辑提供。译者简介：王振袭，南京大学哲学系硕士研究生。——中译注。

“神圣人”(*Homo Sacer*)系列[①]当中是什么意思呢?

阿甘本:《例外状态》紧挨着《神圣人》出版,是“神圣人四部曲”系列的谱系学文章之一。从内容上来讲,主要处理了两个观点。第一个是历史问题:例外状态或紧急状态已经成为当今政府的范式了。原来被理解为异常的事情或例外的事物,本应该只是存在于一段有限的时间内,但在经过一次历史性转折之后,它就变成治理的常态了。我想表明在一个我们所生活的民主国家当中,这种改变带来的影响。第二个是哲学问题:分析法律和无法律(lawlessness),法律和无秩序(anomy)之间奇怪的关系。例外状态在法律和法律的缺失之间建立了一个隐蔽而又基本的关系。这是一块空隙,一块空白之处,而且正是这块空无的地方构成了法律系统[②]。

劳尔夫:您已经在“神圣人”系列第一本中提到了,例外状态的范式产生于集中营,或者说对应着集中营。当您去年把这个概念应用到美国和美国政治当中的时候,就能够想到会引起其他人强烈的愤慨。您现在还觉得您的批评是正确的吗?

阿甘本:关于这个做法,我出版的那本关于奥斯维辛的书[③]也引发了类似的指责。但我不是一个历史学家,我处理的是范式(paradigms)。范式就像是一个例子、一种典范、一个历史上独特现象的东西。全景敞视建筑[④]之于福柯,就跟“神圣人”、“穆斯林人”(the Muselmann)[⑤],抑或“例外

---

① 按照古罗马法,“神圣人”是这样一种人,他们没法在仪式中被献祭掉,却可以被别人以不犯下谋杀罪的方式杀死。阿甘本把这个概念当做他理论的基础,用以解决我们当代所面临的主要的政治困境:最恶劣的极权主义之兴起,其顶峰就是纳粹主义。See, e. g., Giorgio Agamben, *Homo Sacer*: *Sovereign Power and Bare Life*, trans. Daniel Heller-Roazen, Stanford: Stanford University Press, 1998.

② 参见吉奥乔·阿甘本:《例外状态》,薛熙平译,西安:西安大学出版社 2015 年版,第 10 页。——中译注。

③ Giorgio Agamben, *Remnants of Auschwitz*: *the witness and the archive*, reprint, New York: Zone Books, 2002.

④ (“只有在监狱机构那里,边沁的乌托邦才能以物质形式充分表现出来。在 19 世纪 30 年代,全景敞视建筑已经变成了多数监狱工程的建筑设计。这便是最直接地表达‘……纪律的智慧’的方式”)全景敞视监狱是一座大庭院,庭院中间有一处高塔,塔的四周环绕着被分为不同层级的建筑。See, e. g., Paul Rabinow, eds., *the Foucault Reader* 217, New York: Pantheon Books, 1984.

⑤ 阿甘本在《奥斯维辛的残余:证人与档案》中形容集中营囚犯的独特概念,参考吉奥乔·阿甘本:《例外状态》,薛熙平译,西安:西安大学出版社 2015 年版,第 164 页。——中译注。

状态"之于我自己一样。为了理解一种历史结构，福柯从全景敞视建筑里发展出了他的"全景敞视主义"[①]，我也跟福柯一样，就用这个范式来构筑一大群现象。不过，这种分析方法不应该与社会学式的调查搞混。

劳尔夫：不管怎么说，大家对您这种比照感到震惊，毕竟您好像把美国等价于纳粹政治。

阿甘本：但我说的更多是关塔那摩监狱（Guantánamo）的被拘留者，他们在法律上的处境实际相当于纳粹集中营里的囚犯。关塔那摩的被拘留者并没有得到战俘的待遇，他们处在绝对没有法律的状态[②]中。他们目前仅仅臣服于原始的权力，他们没有法律意义上的存在。在纳粹集中营中，犹太人首先被彻底地"去国民化"（denationalised）并被剥夺他们自纽伦堡法案[③]后剩下的全部公民权利，自此之后，这些犹太人的法律主体也被抹去了。

劳尔夫：您觉得这跟美国的安全政策有什么关联？关塔那摩是否属于您之前提到的，从通过法律来治理到通过无秩序的行政来治理这一转变？

阿甘本：在每一个安全政策的背后都有这个问题，不管是通过管理来统治，抑或通过行政来统治。在1968年的法兰西公学院课程中，福柯讲授了在18世纪时安全机制如何成为一种治理的范式[④]。在魁奈、杜尔哥和其他重农学派的政治家看来，安全机制的目的并非制止饥荒和灾难，反

---

① ("……而且，虽然现代社会的法律至上原则［juridicism］似乎划定了权力行使的界限，但是广泛流传的全景敞视主义使它能在法律层面之下运转一种既宏大又细密的机制……") Paul Rabinow, eds., *the Foucault Reader* 217, New York: Pantheon Books, 1984, p. 212.

② 2004年4月20日，美国最高法院听取了关于关塔那摩被拘留者要求确定其法律状态并申请司法救助的辩论。See, e. g., Rasul v. Bush, No. 03-334 (D. C. Cir filed 2 Sept. 2003), cert. granted 124 S. Ct. 534 (2003).

③ 纽伦堡法案，于1934年纳粹"关于自由的党代会"期间通过，其中包括了关于公民权的法令："剥夺所有'非德国血统'者作为公民的权利"。Ingo Müller, *Hitler's Justice: The Courts of the Third Reich*, trans. Deborah Lucas Schneider, Cambridge: Harvard University Press, 1991.

④ 此处可能是阿甘本或者编辑的失误，应为福柯于1978年在法兰西公学院开设的课程。请阅读米歇尔·福柯：《安全、领土与人口》，钱瀚、陈晓径译，上海：上海人民出版社2010年版。——中译注。

而意味着允许饥荒和灾难的发生，并把事情引导至最好的方向上。正因如此，福柯才有理由反对把安全、规训和法律当作一种治理模式。现在我觉得必须看到这两种要素——法律和法律的缺失——及其对应的治理形式——通过法律来治理和通过管理来治理——都是一个双重结构的一部分，或者说是一个系统的一部分。我努力理解这个体系怎么运作。你瞧，卡尔·施米特经常引用一句法语："上揽国纲，政不以法出"(*Le Roi reigne mail il ne gouverne pas*)(国王统治，但并不治理)。[①] 这就是双重结构的归宿：统治加治理。本雅明把指令(*schalten*/command)和统治(*walten*/administer)这样一对概念放到这个范畴中[②]。为了理解这些概念在历史上的差异性，我们必须首先掌握它们在结构上的相互关系。

① 卡尔·施米特在《宪法学说》(*Verfassungslehre*)当中两次论述"议会君主制"时提及了这句"国王统治，但不治理"。施米特认为，"比利时式的议会君主制同样是立宪君主制，但这种君主制放弃了君主制原则，也就是说，它把作为政体的君主制变成了行政(政府)的一种组织形式。在这里，出于历史原因，'君主制'这个明目保留了下来。虽然君主也许丧失了一切权力(potestas)，但他能够作为权威(Autorität)继续存在，因而能够很好地行使'中立权力'的各种特殊职能"，在施米特看来，君主所具有的"权威"来自延续性为基础的声望，是一种"社会—伦理"的东西。在普鲁士立宪君主制那里，君主作为国家最高的权威仍然有一定实权，而在议会君主制那里，君主没有实权，因此，"统而不治"代表了君主最高权力的丧失，这种权力被转移到了议会或者其他机构那里。参见卡尔·施米特著：《宪法学说》，刘锋译，上海：上海人民出版社 2016 年版，第 116—117 页、第 383—384 页、第 428—429 页。我认为结合下文来看，阿甘本在这里强调"例外状态"的一个重要内涵不在于权威的丧失、权力的转移抑或制度的空泛，更多的是指一种混杂在一起的二元结构关系，阿甘本借此来理解法律状态和无法律状态在例外状态下的共存状态。不过我们不妨引申一下阿甘本在《例外状态》中对"法律效力"的看法："例外状态的特殊贡献与其说是权力间的混淆(这已被过度地强调)，不如说是'法律效力'自法律的分离，其中一方面规范有效(vige)但未被适用(它没有'效力'[forza])；另一方面，没有法律之价值的法令却获得了它的'效力'(forza)。"阿甘本所探讨的法律发生效用并不来自法律本身的规范性，而是借助行政权力实施的，然而实施法律效力的权力相对于法律规定的权力乃是潜在的，在例外状态中这种无法律的法律效力得以更为激烈地展现出来。因此，我在这里试图将这种国家最高权威不通过法令而实施权力的内涵以此方式译出。参见吉奥乔·阿甘本著：《例外状态》，薛熙平译，西安：西安大学出版社 2015 年版，第 56—58 页。——中译注。

② 在《暴力批判》的最后，本雅明提出了两类暴力：一类是"神话(*mythische*)暴力"，这是既有法律体系中的强制性暴力，包含立法的(*schaltened*)暴力和护法的(*verwaltete*)暴力；另一类是神圣(*göttliche*)暴力，是摧毁法的体系的暴力，作为神圣暴力标志的，就是被本雅明称之为的"统治的(*waltened*)暴力"，see Benjamin, *Walter*, *Selected Writings Volume* 1: 1913 - 1926, Marcus Bullock and Michael W. Jennings eds., Edmund Jephcott trans, Cambridge, Massachusetts: Harvard University Press, 2004. p. 252. ——中译注。

劳尔夫:我还想多问一次:就是说法律的时代终结了吗?我们现在是不是就生活在一个政令(*schaltung*/decree)的年代?生活在一个受到控制论调度的、对人类实施纯粹管理的年代?

阿甘本:乍一看确实如此,通过行政和管理来进行治理已占据支配地位,而依法律统治则显得衰落了。我们正遭受管理的胜利,一种缺乏秩序的行政。

劳尔夫:但是我们不也同时观察到整个法律系统的扩张和法规的大幅增加吗?每天都有新法律的诞生,例如德国人时常觉得他们是在被卡尔斯鲁厄统治,而非柏林[①]。

阿甘本:你也看到了这个系统中的两个要素相互间是共在的,并且二者都被深深地推向极端,以至于最终看起来都要崩溃了。今日我们看到了,最极致的混乱、无序可以与最极致的法律状态完美共在。

劳尔夫:依您刚刚描述的方式,我看到了一条裂痕最终导向愈发鲜明的两极分化。然而,在其他地方,您说到政治的经典领域会变得越来越狭窄——听起来像是有点批判和颓废的理论。

阿甘本:让我回应一下本雅明吧:根本没有所谓的衰落。或许是因为时代总是被理解为已经处在衰落当中。当你对政治哲学传统去进行经典的划分,例如公共/私人,还坚持这种划分并哀叹其中一个术语的消失时,我觉得这个做法太无趣了,不如去质疑两类事物是如何交织在一起的。我想要去理解这个体系是怎么运作的。这个体系总是两面的,它总是通过对立的方式来运行。不单单有公共/私人这种划分,还有房屋与城市、例外与规则、统治与治理等等其他划分。但是为了理解这里存在的真正的利害关系,我们得学会把这些对立看作是“两极相对”(di-polarities)而不是“二中选一”(di-chotomies),也就是说,不是在实质上分裂了,而是一种张力的关系。我的意思是,就像物理学那样,我们需要一种场域逻辑,

① 卡尔斯鲁厄是德国联邦宪法法院(*Bundesverfassungsgericht*)和德国联邦最高法院(*Bundesgerichtshof*)的所在地。要理解卡尔斯鲁厄的司法政治意义,see Gerhard Casper, “The Karlsruhe Republic - Keynote Address at the State Ceremony Celebrating the 50th Anniversary of the Federal Constitutional Court”, *German Law Journal*, No. 18, 01 December 2001.

在该场域中我们不可能用一条清晰的线来划分两个不同的实体，而应是两极同时在场并发挥作用。于是你可能突然发现一些无法判定的、无所差别的区域，例外状态正是其中之一。

劳尔夫：在用您这个系统来进行审视的角度上，私人的那一边——随之而来的就是私人的这种现实——还有意义吗？还有值得我们守住的东西吗？

阿甘本：显然，我们不能再经常去划分什么是公共和什么是私人，这种经典的划分，实际上两边都在失去其真实性。关塔那摩拘留所正是展现这种无法划分的绝佳场所。例外状态就在于将划分本身给中和起来，当然也不止于此。不过，我觉得这个概念依然很有趣，就像现在美国那么多的组织和活动，他们都致力于保护和捍卫“私人”，并企图界定哪些属于这个领域，而哪些又不属于。

劳尔夫：这跟您的作品有什么关系？

阿甘本：就像我一开始说的，神圣人系列应该总共有四卷。对我来说，最后也是最有趣的事情绝不是进行历史讨论。我打算从事“形式—生命”(forms-of-life)概念和生活方式的研究。我所说的“形式—生命”指的是一种无法与自身之形式分离的生命，一种无法与类似赤裸生命的东西分离的生命，并且这里也是“私人”概念发挥作用之处。

劳尔夫：在这一点上，您显然又与福柯联系起来了，或许还有罗兰·巴特，他后来举办了一场以“共同生活”(*Vivre ensemble*)为题的讲座。

阿甘本：没错，但是当福柯谈及这一点的时候，他又回到了古希腊和古罗马的历史。当你同样思考这一主题的时候，你会突然觉得自己踩在了空地板上，同时你也会发现，我们在这里似乎除了福柯所谓的考古学①，就没有任何可以通达现实和眼前之物的途径了。而考古学可能是什么呢？其对象是“形式—生命”，也即直接的生命经验，这是一个复杂的问题。

① See, e. g. , Michel Foucault, *The Archeology of Knowledge*, trans. Alan Mark Sheridan-Smith, New York: Pantheon Books, 1972.

劳尔夫：据我所知，几乎每个哲学家都有过关于某种好的、正确的或是哲学式的生活的观点。您的观点是什么样的呢？

阿甘本：那种认为一个人应该使自己的生命成为艺术品的观点，最应归于福柯和他对"自我关怀"的看法。古代哲学史家皮埃尔·阿多(Pierre Hadot)对福柯的批评在于，古代哲学家的自我关怀并不意味着把生命构造成艺术品，反而是对自我的一种剥夺①。而阿多无法理解的是，对福柯来说，这两件事其实是一致的。你一定还记着福柯对作者这一概念的批评，他完全否定了作者身份。就这一点来看，一种哲学式的生命，一种善的、美的生命，反而是这样的：你艺术品般的生命并不是你自己造就的。若把你的生命以及你自己比作是某种"思想"，那么这个"思想"的主体、作者并不在此处。建构生命与福柯所说的"自我超越"(*se déprendre de soi*)②是一致的。这也是尼采所谓"没有艺术家的艺术品"③的观点所在。

劳尔夫：对于所有那些在过去三十年间试图制造一种非排他形式的政治的人而言，尼采绝对是绕不开的。为什么您没有运用这一理论资源呢？

阿甘本：尼采对我来说也挺重要，但是我跟本雅明走得更近，本雅明说永恒轮回像是监禁的惩罚，在学校里大家都要把同一句话重复一千遍……④

劳尔夫：不过意大利文献学派(Italian Philological School)的蒙蒂纳里(Montinari)⑤及其之后的作品出来后，他们已经准确地表明，尼采并非

---

① See, e.g., Pierre Hadot, *What Is Ancient Philosophy*? trans. Michael Chase, Cambridge, Mass: the Belknap Press of Harvard University Press, 2004; Pierre Hadot and Arnold Davidson eds., Michael Chase trans., *Philosophy as a Way of Life: Spiritual Exercises from Socrates to Foucault*, Oxford & Cambridge: Blackwell, 1995.

② 参见米歇尔·福柯:《性经验史·第2卷:快感的享用》,佘碧平译,上海人民出版社2016年版,第7页。——中译注。

③ 参见弗里德里希·尼采:《权力意志·上卷》,孙周兴译,商务印书馆2007年版,第140页;马丁·海德格尔:《尼采·上卷》,孙周兴译,商务印书馆2015年版,第81页。——中译注。

④ 出自本雅明对论文《论历史的概念》(*Über den Begriff der Geschichte*)所作的说明,参见Walter Benjamin, *Gesammelte Schriften I*, Frankfurt am Main: Suhrkamp Verlag, 1991. p. 1234. ——中译注。

⑤ 马齐诺·蒙蒂纳里(Mazzino Montinari,1928—1986),意大利左翼学者,以研究尼采闻名,与乔治·科利(Giorgio Colli)共同编辑了尼采全集的考订版,著有《阅读尼采》(*Nietzsche lesen*),《〈权力意志〉不存在》(*《La volonté de puissance》 n'existe pas*)。——中译注。

一位想要我们所有人都信仰他的独断的作者，而是一位开放的、可被怀疑的、有着纵横交错的阅读及观念体系的作者——一位没有作者的艺术品，就跟您刚刚说的那样。

阿甘本：如果真是这样，那么我们得学会忘记主体的存在，我们必须保卫作品不受作者的侵犯。

仪式劳动：阿甘本论后福特制景观[①]

丹尼尔·麦克卢格林[②]
（澳大利亚新南威尔士大学法学院）

本文回应了阿甘本的著作基本上不讨论和分析当代资本主义生产劳动的论点，它是根据后时代主义思想家对后福特制生产的诊断来解读阿甘本的治理谱系。阿甘本对荣耀的分析建立在他早先关于神圣人的研究之上，描述了一种掩盖了治理权力的社会基础的异化实践。《王国与荣耀》和《主业：责任考古学》中对仪式荣耀的描述是基于教会的司法模式，而在《至高的清贫》中，我们发现修道士们从事着一种“仪式劳动”，这种劳动占据了生活的全部，并同时颁布和荣耀着神圣的秩序。本文认为，在理解当代资本主义时，可以有效地运用这一仪式范式，因为当代资本主义已将语言融入交换过程和生产过程。因此，劳动、生活、治理和荣耀之间区别的崩溃有助于解释我们这个时代的特点——政治消极性和永不停歇的仪式劳动。

阿甘本将同时代性描述为“与自身时代的一种独特关系，这种关系依

---

① 本文译自 Dianel McLoughlin，“Liturgical Labour：Agamben on the Post-Fordist Spectacle”，in Dianel McLoughlin ed.，*Agamben and Radical Politics*，Edinburgh：Edinburgh University Press，pp. 91－114。译者为蓝江。——中译注。

② 丹尼尔·麦克卢格林(Dianel McLoughlin)是澳大利亚新南威尔士大学法学院的高级讲师。他曾在《理论与事件》《法律与批判》《法律、文化与人文学科》等期刊上发表了大量关于阿甘本著作以及更广泛的当代大陆政治理论的文章。

附于时代,同时又与时代保持距离"[①]。他认为,一个人与当下保持这种选言的方式是"在最现代的事物中感知最古老的标记和印记"[②]。然而,"古老"(*archaic*)并不只是指在时间逻辑上遥远的事物:它是"接近起源"的事物,从词源看,古是一种在历史的"生成"中始终起作用的力量。

《王国与荣耀》试图在"当前安济和治理战胜了社会生活的其他方方面面"[③]的背景下感知古老的东西。本书通过对教会思想和实践的谱系分析来实现这一目的。本书前半部分追溯了安济(*oikonomia*)一词的使用,从希腊语中的家政治理技艺,到基督教神学,直至其对现代政治概念和治理实践的影响。最后三章介绍了荣耀仪式的谱系,从共和时期罗马对地方行政长官的赞美,到教会的礼仪仪式,法西斯主义的群众集会和景观社会。阿甘本将这两方面的分析结合在一起,认为"西方"的权力呈现出治理装置的形式,其"终极结构"在于"安济与荣耀之间的关系"[④]。

《神圣人》早期各卷常被批评为过于关注主权,而未能分析资本主义以及对当代权力运作至关重要的自由主义治理形式[⑤]。因此,阿甘本关于安济与治理的"神学谱系"是其政治思想的重大发展,深化了他对权力运作的论述,并首次在《神圣人》计划的范围内探讨了当代资本主义。然而,试图通过阿甘本的安济谱系来理解当代经济的胜利似乎有一些重要的局限性。《王国与荣耀》除了对景观社会的评论比较简短,几乎没有直接谈论当今世界。这与《神圣人》的早期几卷完全不同,后者借鉴希腊哲学和罗马法来讨论当代政治问题,如安全政治、大量难民和关塔那摩监狱。一些批评家还认为,阿甘本的考古学掩盖了资本主义政治经济学的具体

① Giorgio Agamben, *What Is an Apparatus? and Other Essays*, trans. David Kishik and Stefan Pedatella, Stanford: Stanford University Press, 2009, p. 41.

② IbiD. p. 50.

③ Giorgio Agamben, *The Kingdom and the Glory: For a Theological Genealogy of Economy and Government*, trans. Lorenzo Chiesa and Matteo Mandarini, Stanford: Stanford University Press, 2011. p. 1.

④ Ibid. p. xii.

⑤ 关于从马克思主义角度提出的此类批评,参见 Michael Hardt and Antonio Negri, *Commonwealth*, Cambridge, MA, and London: Harvard University Press, 2009. p. 4; Steven Colatrella, "Nothing Exceptional: Against Agamben", *Journal for Critical Education Policy Studies*, vol. 9, no. 1, 2011, p. 97.

内容。例如，阿尔贝托·托斯卡诺（Alberto Toscano）批评阿甘本通过oikonomia的“治理范式”来分析经济：他认为，与理解当代经济更相关的是由货币促成的无限制积累（*chrematistics*）逻辑，在当代资本主义中，这种逻辑“有可能产生一种完全无法治理的安济”①。杰西卡·怀特（Jessica Whyte）认为，阿甘本通过追溯从古希腊到现代资本主义的安济范式，抹杀了生产方式之间的差异，混淆了奴隶的劳动和无产者的劳动。她认为，这是有问题的，因为“在资本主义下，劳动的决定性意义不在于劳动者受制于他人的意志，而在于他或她受制于资本的非人格化统治”②。

本章探讨了阿甘本的神学谱系为何基本没有谈当代资本主义的问题，同时探讨阿甘本为何貌似没有怎么谈资本主义生产方式特殊性问题。我认为，虽然阿甘本关于安济与治理的著作并没有从整体上探讨资本主义生产方式，但它可以而且应该被解读为对20世纪70代以来出现的资本主义变异的回应：我称之为“后福特制景观”。为此，我将追溯阿甘本对当代资本主义的神学解读的发展历程。阿甘本早期对景观的分析强调了牺牲式区分与景观式的资本主义将物与其使用价值分离这一事实之间的类比。然而，这种分析倾向于将生产在商品形式中的作用边缘化，因此低估了马克思的洞察力，即异化产生于受剥削者的“自由”活动。《王国与荣耀》确实回应了马克思对资本主义下的异化的批判。然而，这部作品的基础是一种国家主义的治理模式，这使得它在分析政治经济学方面存在问题。然而，在《至高的清贫》中，阿甘本勾勒了一种修道士的自治和劳动实践，它同时生产和赞美神圣秩序。这种“仪式劳动”有助于我们理论化当代资本主义中异化的本质，因为资本主义直接利用了我们的交往能力。

---

① Alberto Toscano, “Divine Management: Critical Remarks on Giorgio Agamben’s The Kingdom and the Glory”, *Angelaki*, vol. 16, no. 3, 2011, p. 130. 安东尼·阿德勒赞同对阿甘本管理范式的这一批评：参见 Anthony Adler, “Managing the Unmanageable: Agamben’s The Kingdom and the Glory and the Dance of Political Economy”, *Concentric: Literary and Cultural Studies*, vol. 40, no. 2, September 2014, p. 163.

② Jessica Whyte, “Man Produces Universally”: Praxis and Production in Agamben and Marx”, in J. Habjan and J. Whyte eds., *(Mis)readings of Marx in Continental Philosophy*, London and New York: Palgrave Macmillan, 2014. pp. 191 - 192.

我将阿甘本对修道院和景观的分析与后工人主义理论家对非物质生产的论述结合起来进行解读，从而提出这一论点。

一、阿甘本论景观与商品

在《资本论》第一卷的早期章节中，马克思认为，商品形式既包括使用价值——物品对个人的效用，也包括交换价值——物品在市场上的价值。他反对交换价值由供求关系决定的观点，而是认为交换价值产生于生产任何商品所涉及的抽象劳动时间的数量，或者他简单地称之为价值。商品的价值本质上是社会性的，因为它不是简单地由生产所耗费的时间决定的，而是由现有社会条件（包括生产的技术手段和关系）所必需的时间决定的。但是，虽然商品的价值源于劳动，但它只能通过交换行为来实现，交换行为使不同形式的劳动具有可比性，从而使抽象的劳动能力（相对于生产特定物品的使用价值的特定具体劳动形式而言）成为可能。然而，正是由于这一点，为交换而生产商品的行为产生了拜物教，在这种拜物教中，商品呈现出一种脱离创造商品的力量的自主性：

> 私人劳动在事实上证实为社会总劳动的一部分，只是由于交换使劳动产品之间，从而使生产者之间发生了关系。因此，在生产者面前，他们的私人劳动的社会关系就表现为现在这个样子，就是说，不是表现为人们在自己劳动中的直接的社会关系，而是表现为人们之间的物的关系和物之间的社会关系。①

马克思曾用一个著名的神学类比来阐明这种分离（estrangement）：商品形式掩盖了生产产品中的人的力量，就像在宗教中，“在那里，人脑的产物表现为赋有生命的、彼此发生关系并同人发生关系的独立存在的

---

①《马克思恩格斯全集》第44卷，北京：人民出版社2001年版，第90页。

东西。”[①]

马克思的政治经济学批判描述了资本主义生产方式在近代早期欧洲的出现。然而，到二十世纪中叶，资本主义已遍布全球，并加强了对资本主义核心国家的控制：“在那些现代生产条件占主导地位的社会中”，居伊·德波在1968年写道，“所有的生活都呈现为景观的大量堆积”[②]。在景观社会中，由于商品“完全占据了社会生活”[③]，商品形式所特有的分离感被激化了。德波写道：“分离是彻底的景观。”[④]这是因为，在景观社会中，“一切直接生活的东西都变成了表象”[⑤]。生活的景观再现与其所代表的生活是分离的，是“一个分离的伪世界，一个纯粹的沉思对象……生活的具体颠倒”[⑥]。在景观社会中，个人通过景观的中介来体验自己的世界，因此与自己的生活分离，沦为被动的旁观者。最后，景观将人与人分离开来，使所有受景观影响的人成为“原子化的大众”[⑦]，他们只能在共同的图像流当中借助图像流找到统一。

德波的作品是阿甘本分析资本主义和诊断当代世界的基础。阿甘本在《即将到来的共同体》中首次论述了德波。在这本书中，他特别感兴趣的是“景观”与语言之间的关系：事实上，“景观就是语言，就是人类的交流能力或语言存在”[⑧]。他写道，“更全面的马克思主义分析”应考虑到资本主义现在不仅占用了“生产活动”，还占用了语言本身。[⑨]

阿甘本在《亵渎颂》一文中深化了他对这种景观资本主义的论述，该文通过两个不同的视角：牺牲问题和本雅明的《作为宗教的资本主义》的断章来解读德波，从而扩展了马克思对商品和神学的类比。阿甘本长期

---

① 同上书，第90页。

② Guy Debord, *Society of the Spectacle*, London: Rebel Press, 1983. p. 1.

③ Ibid. p. 42.

④ Ibid. p. 25.

⑤ Ibid. p. 1.

⑥ Ibid. p. 2.

⑦ Ibid. p. 7.

⑧⑨ Giorgio Agamben, *The Coming Community*, trans. Michael Hardt, Minneapolis: University of Minnesota Press, 1993. p. 79.

关注牺牲实践的社会和政治作用[1]。《语言与死亡》一书的结尾部分首次出现了“神圣人”(homo sacer)这一声名狼藉的形象。然而,就在这一讨论之前,阿甘本提出了以下观点:

> 祭祀的中心只是一个确定的行动,它被赋予了一系列的禁令和仪式禁忌。然而,具有神圣性特征的被禁行为并没有被简单地排除在外:相反,现在只有某些人才能按照确定的规则进行这种行为。通过这种方式,它为社会及其毫无根据的立法提供了一个虚构的开端:被排斥在社会之外的行为实际上是整个社会生活的基础。[2]

因此,阿甘本认为,祭祀活动为法律和权威提供了不断更新的基础,它(重新)制造了神圣与世俗之间的基本界限,并通过“永恒开端”[3]的虚构掩盖了其在社会实践中的起源。这种划分的后果之一就是神圣人,神圣人可以“被杀死但不能被献祭”,因为他已经从世俗中分离出来,但没有被纳入神圣秩序。第二个后果是将法律权力赋予了某一类人,他们可以接触到分离的事物,其作用是根据“确定的规则”[4]调节神圣与世俗之间的关系。

阿甘本在《语言与死亡》一书中首次阐明了牺牲性实践与分离之间的联系,这使他多年后得以从宗教角度解读资本主义。本雅明的《作为宗教的资本主义》声称,资本主义不仅“满足了以前由所谓的宗教所回应的同

---

① 神圣与暴力之间的关系出现在 1970 年一篇题为“论暴力的界限”的文章中,这是阿甘本最早的翻译作品,参见 Giorgio Agamben, 'On the Limits of Violence', trans. Lorenzo Fabbri, *diacritics*, vol. 39, no. 4, 2009. pp. 103 - 11. 我之所以提到《语言与死亡》,是因为我在这篇文章中最关注的神圣分析线索——分离与权威——首次出现在这部作品中。

②③ Giorgio Agamben, *Language and Death*: *The Place of Negativity*, Minneapolis and Oxford: University of Minnesota Press. p. 105.

④ 阿甘本后来对神圣人的分析使《语言与死亡》中的分析变得更加复杂。他在《神圣人》中认为,神圣人“可以被杀,但不能被献祭”,因为他既被排除在神圣法之外,也被排除在世俗法之外,却通过被排除而被纳入社会之中。此外,《语言与死亡》认为“神圣”是一个“模棱两可、循环往复的概念”(第 105 页),而《神圣人》则批判了“神圣人”作为神话的模棱两可性。正如我们稍后将看到的,《王国与荣耀》回归并发展了《语言与死亡》中首次阐述的对牺牲和权威的分析。

样的忧虑、痛苦和不安”[1]，而且是有史以来最极端的宗教崇拜：它没有特定的教条，只有崇拜实践；这种崇拜实践是永久性的（而不是局限于节日期间）；崇拜的目的是产生罪恶感和自责，而不是为它们赎罪[2]。《亵渎颂》通过阿甘本对牺牲性分离的分析，解读了本雅明对资本主义崇拜的论述：商品形式将物品变成了“一种无法理解的物神”[3]，商品化过程从而“在每一个领域普遍化了界定宗教的分离结构”[4]。资本主义的发展逐渐加剧了这一问题：随着商品领域的扩大，人们越来越多地在消费领域（这是一个独立的领域，其中的一切最终都是等价的）而不是在使用领域（这既是直接的，又具有质的差异）遇到物。这一过程的极端结果就是景观社会，与传统宗教中规范的祭祀活动不同，景观社会涉及“单一的、多种形式的、无休止的分离过程，它攻击每一件事物、每一个地方、每一项人类活动，以便将其与自身分离”[5]。

正统马克思主义在二十世纪六十年代“愚蠢地放弃”[6]了商品形式的问题，阿甘本认为他对商品的分析是对这种分析倾向的纠正。然而，正如杰西卡·怀特（Jessica Whyte）在批判阿甘本对当代资本主义的分析时所指出的，商品形式的核心问题不在于它使使用价值黯然失色，而在于它既指涉价值又掩盖价值[7]。因此，在马克思成熟的政治经济学批判中，他在分析商品拜物教之后，全面阐述了为积累资本而组织生产的特殊模式。因此，对马克思来说，最重要的分离形式是社会劳动与它所产生的交换价值之间的分离。相比之下，在阿甘本早期对景观的分析中，对劳动和生产

---

①② Walter Benjamin, "Capitalism as Religion", trans. Rodney Livingstone, in *Selected Writings, Volume* 1: 1913 - 1926, ed. Marcus Bullock and Michael W. Jennings, Cambridge, MA: The Belknap Press of Harvard University Press, 2004. p. 259.

③④⑤ Giorgio Agamben, "In Praise of Profanation", in *Profanations*, trans. Jeff Fort, New York: Zone Books, 2007. p. 81.

⑥ Giorgio Agamben, *Means without End: Notes on Politics*, trans. Vincenzo Binetti and Cesare Casarino, Minneapolis: University of Minnesota Press, 2000. p. 75，也可以参见 Giorgio Agamben, *The Coming Community*, trans. Michael Hardt, Minneapolis: University of Minnesota Press, 1993. p. 78.

⑦ Jessica Whyte, *Catastrophe and Redemption: The Political Thought of Giorgio Agamben*, Albany: State University of New York Press, 2013. p. 132.

方式的分析被他对交换掏空使用价值的关注边缘化了。[①]

阿甘本早期对生产的忽略与他同时代的后工人主义者(如奈格里和保罗·维尔诺)的思想形成了鲜明对比,后者关注的是二十世纪七十年代以来生产的转变以及他们所谓的"非物质劳动"的兴起。这种对"后福特制"生产的分析为阐明当代资本主义的政治经济学作出了巨大贡献。然而,正如戴维·伊登(David Eden)所指出的,这种对生产的关注的问题在于,至少在哈特和奈格里的著作中,它导致了交换价值的边缘化。正如伊登所指出的,这是有问题的,因为它掩盖了商品生产所产生的那种分离感。无产者将自己的劳动力作为商品卖给资本家,资本家为其提供生产资料[②]。这样,无产者就可以通过与其他工人的合作实现自己的生产能力。然而,通过资本的价值化,这种劳动也巩固了工人被支配和剥削的条件:正如马克思所指出的,"工人在劳动中耗费的力量越多,他亲手创造出来反对自身的、异己的对象世界的力量就越强大"[③]。因此,资本主义产生了一种非常特殊的分离,这种分离是由受剥削者"自由"产生的。通过掩盖生产商品的社会劳动,交换价值也掩盖了资本依靠工人的生产活动而生存的事实。有趣的是,伊登转向阿甘本对景观的分析,以此来说明分离的重要性,以此来反驳哈特和奈格里过于重视生产。然而,虽然阿甘本确实认为景观涉及占用我们的语言能力,但怀特认为生产问题在阿甘本早期关于景观资本主义的论述中被边缘化是正确的。虽然德波本人将景观的发展与人类劳动的生产能力联系在一起[④],但阿甘本对德波的解读却轻

① 在维特看来,阿甘本对当代政治经济学的论述存在问题,他将同质化的地球小资产阶级视为资本主义发展的终点,对地域发展不平衡的问题关注不够。关于我对怀特解读的批评,参见 Daniel McLoughlin, "Rethinking Agamben: Ontology and the Coming Politics", *Law and Critique*, vol. 25, no. 3, 2014. pp. 319-329.

② 显然,资本主义下的劳动所涉及的自由纯粹是形式上的劳动,实际上受到极大的限制:正如马克思所说,"自由劳动者的自由"有双重含义,一方面,作为自由的个人,他可以把自己的劳动能力作为自己的商品来支配,另一方面,他没有其他商品,也就是说,他摆脱了这些商品,摆脱了实现他的劳动能力所需要的一切对象。

③ 马克思:《1844 年经济学哲学手稿》,北京:人民出版社 2014 年版,第 48 页。马克思是在谈到异化而不是拜物教时提出这一点的,而且早先的分析与后来的分析之间的关系是有争议的。尽管如此,他在此提出的特别观点对后来的政治经济学分析仍然适用。

④ Guy Debord, *Society of the Spectacle*, London: Rebel Press, 1983. p. 42.

视了我们通过语言活动自由生产景观的事实，而倾向于将景观视为人类正在遭受的一种破坏性力量。

通过阐明交换价值与价值之间的关系，马克思得以阐明资本主义经济中价值积累的途径，并说明商品生产所产生的分离的特殊性：正如约翰·霍洛韦(John Holloway)所说，“人们不仅接受资本主义的苦难，而且还积极参与资本主义的再生产”[①]。正如我们所看到的，阿甘本早期对景观的分析和后工人主义对非物质劳动的分析都对当代资本主义进行了某种片面的描述，前者强调交换，后者强调生产。为了充分考察马克思对商品拜物教的洞见，对当代资本主义的分析需要解决这样一个事实，即交换价值和使用价值是商品经济中截然不同但又相互关联的两个方面。在本文的剩下的部分，我将论证阿甘本近期的安济研究著作通过强调(非物质的)生产与(景观式的)交换价值之间的关系，确实有助于我们从理论上阐明商品拜物教在当代资本主义特定条件下的运作。《王国与荣耀》将民主政治权力视为一种分离形式，是人们通过赞美自己来行使权力所产生和维持的。随后，《至高的清贫》在此分析的基础上，对修道院的礼仪进行了阐述，这是一种通过劳动进行赞美的形式，有助于揭示后福特主义的景观经济。

二、荣耀与景观

阿甘本的安济与荣耀谱系的细节无需赘述，因为本卷中的其他人已对其进行了精辟的概述。然而，快速勾勒其最显著的特征，对于探讨《王国与荣耀》是如何在阿甘本之前对资本主义和景观的分析基础上发展起来的，是非常重要的。

安济谱系的理论核心是三位一体学说所产生的逻辑上的转变。在古典本体论中，神的行为被认为是以神性为基础的。然而，为了应对异端邪说的挑战，早期的教父们开始论证，上帝在其存在的层面上是单一的，但

① John Holloway, *How to Change the World without Taking Power: The Meaning of Revolution Today*, London: Pluto Press, 2002. p. 53.

在其“安济”——其治理世界的活动——中却是“多”。这就在形而上学的历史中引入了存在与实践之间的断裂：基督教的上帝在存在的层面上是无法运作的（也就是说，他从根本上超越了世界，因此不能直接作用于世界）；为此，他需要一个内在的治理（基督、圣灵和天使）来实现他的意志和法则。因此，三位一体神学的特点是“代行”的本体论，在这种本体论中，治理行为通过使神的律法发挥作用来产生秩序，从而使其生效。

阿甘本的荣耀谱系从神的安济理论转向对其运作至关重要的特定实践。荣耀涉及两种实践形式之间的呼唤与回应：荣耀的“客观”维度是权力通过标志或象征的威严显现（例如，上帝以燃烧之火的形象出现在犹太人面前，或罗马皇帝以王冠和紫色长袍的华丽形象示人）；荣耀的“主观”维度是人们对客观荣耀的回应（例如，体育场为演员或运动员欢呼，或人民为地方官或皇帝喝彩）。《王国与荣耀》借鉴了天主教神学家埃里克·彼得森（Erik Peterson）的观点，阐明了此类仪式在教会生活中扮演的角色。在罗马法中，对权力的公开庆祝在某些情况下可以产生法律效力，比如军队称颂他们的指挥官为凯撒，或者元老称颂皇帝代替他们投票。彼得森从这段历史出发，认为礼仪是一首赞美上帝的长歌，它使教会成为一个神学政治团体：通过表达信徒对上帝主权的认同，礼仪将他们与上帝的律法联系在一起，并将“非政治”的广大信徒转变为天国的公民。

阿甘本的“荣耀考古学”的关键在于他想知道为什么基督教礼仪中充满了赞美：他写道：“为什么上帝必须不断地被赞美？”[①]他借鉴马塞尔·莫斯的观点，将献祭和祈祷描述为“生效行动”，即个人试图通过口头或手势实践影响神灵。1899 年西尔维安·列维（Sylvian Levi）的一项研究对莫斯产生了重要影响，该研究认为婆罗门教的祭祀活动不是试图简单地影响吠陀诸神，而是构建了吠陀诸神。正如莫斯对列维的研究结果所总结的那样，吠陀时代的神学家们认为“诸神和魔神一样，都是从祭祀中诞生

① Giorgio Agamben, *The Kingdom and the Glory: For a Theological Genealogy of Economy and Government*, trans. Lorenzo Chiesa with Matteo Mandarini, Stanford: Stanford University Press, 2011. p. 224.

的。正是因为有了祭祀，他们才得以升入天堂，就像现在进行祭祀的人一样。”[①]阿甘本由此得出的结论是，基督教的上帝并不因为他是光荣的而要求信徒颂扬他；相反，上帝需要颂扬的行为，是因为没有颂扬他就不存在。

因此，对于基督教神学家来说，秩序源于上帝，作为世界的主宰，上帝创造了一个神圣的政府，代表他创造秩序。在《王国与荣耀》（及其续篇《主业：责任考古学》）中，天主教会为这一政治机制提供了范本：教会自称是宇宙等级制度的一部分，负责实施上帝的律法，其礼仪仪式颂扬上帝，使教会成为一个政治团体，并赋予其等级制度以代表上帝行事的权力。相比之下，在阿甘本看来，这个世界的秩序并不起源于一个超验的主权意志的“永恒开端”及其所规定的法律。相反，秩序是社会实践的产物——阿甘本用福柯的话称之为“治理和权力的技术与策略”[②]。这种秩序的合法性来源于一种虚构的预设，这种预设通过仪式产生并维持，仪式由等级制度精心治理，信徒通过仪式自由地服从教会的权力。

阿甘本通过对卡尔·施米特（Carl Schmitt）的解读引出了这一神学分析的政治含义，施米特接受了彼得森的论点，认为“赞美是所有政治共同体的永恒现象。没有人民就没有国家，没有赞美就没有人民”[③]。施米特的分析针对的是魏玛国家的自由民主，他认为魏玛国家的个人不记名投票是自由个人主义的体现。真正的民主“只有在人民通过鼓掌表达其制宪权力时才会出现：‘人民’是一个只有在公共领域才会出现的概

① Marcel Mauss, *Euvres*, *vol.* 1, Paris: Editions de Minuit, 1968. p. 353，也可以参见 Giorgio Agamben, *The Kingdom and the Glory*: *For a Theological Genealogy of Economy and Government*, trans. Lorenzo Chiesa with Matteo Mandarini, Stanford: Stanford University Press, 2011. p. 226.

② Giorgio Agamben, *The Kingdom and the Glory*: *For a Theological Genealogy of Economy and Government*, trans. Lorenzo Chiesa with Matteo Mandarini, Stanford: Stanford University Press, 2011. p. 259.

③ Carl Schmitt, *Volksentscheid und Volksbegehren*: *Ein Beitrag zur Auslegung der Weimarer Verfassung und zur Lehre von der unmittelbaren Demokratie*, Berlin: Walter de Gruyter, 1927. p. 34.

念……人民只有在公共场合才会出现；首先，他们的普遍性产生了公共性。”[①]

因此，在政治领域，政府是由作为“人民”聚集在一起的公民通过鼓掌产生的主权虚构合法化的。施米特的直接民主的专制版本在当代最明显的体现就是二十世纪法西斯主义的群众集会[②]。然而，虽然仪式在自由民主国家中扮演的政治角色微乎其微，公众对领导人的赞誉也几乎消失殆尽，但施米特认为，赞誉在这些国家中仍以削弱的公众舆论形式存在[③]。根据这一观点，阿甘本认为，景观是当代鼓掌的领域。虽然他没有详细阐述这一论点，但显然景观涉及施米特文章中概述的政治赞美的三个方面。首先，景观将人们团结在一起（尽管与施米特所描述的最大限度的存在和身份认同的方式截然不同），通过消费相同的景观，以纯粹的中介方式将原子化的个体聚集在一起。其次，景观使现存秩序合法化，从而使自身作为一种社会关系得以再生产：德波写道，“它所要求的态度”是“被动的接受，而事实上，它已经通过其无需回应的出现方式、通过其对外观的垄断而获得了这种态度。”[④]最后，景观赋予现行秩序的合法性是建立在虚构之上的：正如德波所说，景观是“被欺骗的目光和虚假意识的共同基础”[⑤]。

因此，《王国与荣耀》阐明了一种分离形式，在这种分离中，那些臣服于权力的自由活动产生并掩盖了其自身的统治条件。因此，阿甘本的分析与马克思关于商品生产拜物教结构的论述有某些相似之处。然而，这两位思想家所关注的是在不同领域发生的不同活动：对马克思而言，商品的“着了魔的、颠倒的、倒立着的世界”[⑥]掩盖了其社会劳动的根源，而阿甘

① Carl Schmitt, *Constitutional Theory*, Durham, NC, and London: Duke University Press, 2008. p. 254.

② 在施米特看来，人民不能讨论，他们只能对向他们提出的建议大喊“是”或“否”。Carl Schmitt, *Constitutional Theory*, Durham, NC, and London: Duke University Press, 2008. p. 338.

③ Carl Schmitt, *Constitutional Theory*, Durham, NC, and London: Duke University Press, 2008. p. 275.

④ Guy Debord, *Society of the Spectacle*, London: Rebel Press, 1983. p. 12.

⑤ Ibid. p. 3.

⑥《马克思恩格斯全集》第 46 卷，北京：人民出版社 2003 年版，第 940 页。

本对“安济”分离的论述则侧重于生产和维持政治权力的语言活动。

因此，阿甘本的安济谱系学似乎对马克思主义政治经济分析的核心问题——商品生产问题——知之甚少。事实上，阿甘本关于治理机制的现代意义的例子往往集中于国家。在《王国与荣耀》中，阿甘本阐述了“安济神学”对现代思想和实践的影响，指出卢梭的人民主权理论以及行政权与立法权的分离是经济范式的世俗化版本。阿甘本对现代赞美的分析也集中在人民构成和制度权力合法化的政治问题上，而他对当代资本主义的简短分析则建立在施米特对“赞美”和“景观社会”的分析之间的类比之上，从而将重点放在它在使现存秩序合法化方面所扮演的角色上，而对我们与政治经济学相关的生产和交换过程却只字未提。最后，阿甘本在研究现代政治经济学理论时，探讨了亚当·斯密自由市场概念的神学起源。然而，《资本论》第一卷的核心观点之一是，要理解资本主义的本质，我们需要超越分配和交换的“嘈杂领域”，转向“隐蔽的生产场所。在那里，不仅可以看到资本是怎样进行生产的，而且还可以看到资本本身是怎样被生产出来的，赚钱的秘密最后一定会暴露出来。”①

乍一看，阿甘本对安济神学的分析似乎很容易受到与他早期作品相同的批评：关注政治而忽视经济，强调交换而忽视生产。然而，表象是会骗人的，尤其是阿甘本喜欢以一种旁敲侧击和考古学的方式来探讨当代政治问题。正如杰森·史密斯(Jason E. Smith)所指出的，就在阿甘本制定“神圣人”计划的同时，他也在“与意大利后工人主义传统的某些方面形成一种联盟或趋同”②。在为该计划勾勒出许多坐标的关键性文章《生命—形式》(*Form-of-Life*)中，阿甘本明确提到了非物质劳动，他写道：“当代资本主义阶段，即景观社会”的特点是“将社会知识大量融入生产过程”③。这表明，在阿甘本撰写《神圣人》一书时，“景观社会”仍

---

①《马克思恩格斯全集》第44卷，北京：人民出版社2001年版，第204页。

② Jason E. Smith, “Form-of-Life: From Politics to Aesthetics (and Back)”, *The Nordic Journal of Aesthetics*, no. 44-5, 2012-2013. p. 66.

③ Giorgio Agamben, *Means without End: Notes on Politics*, trans. Vincenzo Binetti and Cesare Casarino, Minneapolis: University of Minnesota Press, 2000. p. 155.

然是阿甘本论述二十世纪资本主义的主要框架，但他对当代资本主义的理解是通过“后福特制生产”(Post-Fordist production)问题进行过滤的。

将当代资本主义定性为“后福特制度景观”，可以让我们重新思考阿甘本对安济和治理“当前胜利”的考古学回应的关键所在。为此，下一节将概述后工人主义对当代生产的诊断，最后一节将说明如何在此背景下解读阿甘本对荣耀的论述。①

三、后福特制与生产

“后工人主义”的核心论点之一是，生产方式和国家形式在二十世纪七十年代开始经历“大变革”，以应对工人反福特制劳动组织的斗争所带来的压力。推动这一革命进程的是表面上边缘化的社会主体，即那些“受过教育的、不确定的、流动的……憎恨工作伦理并反对(有时是正面反对)历史左派传统和文化的人”②。资本最终取得胜利的决定性因素之一是，它采纳了这些主体的倾向——“离开工厂，不喜欢稳定的工作，熟悉学习和通信网络”③，并通过我们现在熟悉的新自由主义全球化时代的一揽子战略，将其转化为资本积累新循环的基础：在工厂外榨取价值；使劳动力更加“灵活”和不稳定；以及利用知识和通信推动创新。后福特制经济的

① 后工人主义是一个涉及各种理论观点的思想体系。然而，后工人主义思想的共同点是，试图探讨二十世纪六七十年代自治主义社会斗争对资本主义发展和激进思想范畴的影响。本章重点讨论阿甘本最明确参与其思想的两位思想家：保罗·维尔诺(Paolo Virno)和安东尼奥·奈格里(Antonio Negri)(尽管我对非物质劳动的论述也在很大程度上借鉴了莫里奇奥·拉扎拉托[Maurizio Lazzarato]的观点)。

② Paolo Virno, *Grammar of the Multitude*, Cambridge, MA, and London: Semiotext(e), 2004. p. 99. 虽然这场叛乱发生在整个西方世界，但在意大利，政治创新和理论实验的进程最为持久。关于这场运动及其根源的全面分析，参见 Sergio Bologna, “Tribe of Moles”, in Sylvère Lotringer and Christian Marazzi (eds), *Autonomia: Post-Political Politics*, Los Angeles: Semiotext(e), 2007. pp. 36 - 61.

③ Paolo Virno, *Grammar of the Multitude*, Cambridge, MA, and London: Semiotext(e), 2004. p. 99.

基石是一种新的工作形式："生产商品的信息和文化内容"的"非物质劳动"①。这种劳动有两种形式：首先，技术发达的工业生产开始整合控制论和计算机控制，需要高级语言和认知技能；其次，第三产业（或服务业）的发展将雇佣劳动扩展到了工厂之外，情感和智力劳动形式兴起②。后工人主义者认为，非物质劳动如今在全球经济中扮演着霸权角色：非物质商品的生产已成为获取利润的重要手段；流水线的计算机化意味着物质生产往往由非物质劳动指导③；对物质商品的需求越来越多地受到非物质劳动所产生的形象和品牌的驱动④。

非物质劳动的兴起在许多重要方面改变了资本主义生产方式。工业资本主义通过从在工厂生产物质商品的工人那里榨取剩余价值来实现资本的价值。这些商品的一部分被卖回给工人，以便他们第二天能够补充自己的身体，并再次向资本家出卖自己的劳动能力。福特制下生产规模的扩大要求工人进行更多的消费，并催生了消费资本主义和景观社会。

---

①② Maurizio Lazzarato, "*Immaterial Labor*", *in Paolo Virno and Michael Hardt* (*eds*), *Radical Thought in Italy*: *A Potential Politics*, Minneapolis and London: University of Minnesota Press, 1996. p. 132.

③ 将生产从发达资本主义国家转移到中国大陆和台湾地区、以及印度和孟加拉国等地的做法，给后工人主义分析的这一方面带来了一些障碍。事实证明，在这些国家中，许多国家的物质劳动力价格非常低廉，生产过程自动化无利可图。然而，最近中国的劳动力价格不断上涨（部分原因是工人的激进行为），一系列公司已开始引进机器人取代工人，参见 Dexter Roberts, 'The March of Robots into Chinese Factories', Bloomberg Business, 29 November 2012, available at ＜http://www.bloomberg.com/bw/articles/2012-11-29/the-march-of-robots-into-chinese-factories＞.

④ 然而，从非物质劳动霸权的角度对当代经济进行诊断无疑是值得商榷的。例如，巴迪欧认为，当代资本主义并不存在什么"后现代"，相反，我们看到的是一种特别有害的回归，回到了公元9世纪的资本主义发展时期，参见 Alain Badiou, *The Rebirth of History*: *Times of Riots and Uprisings*, trans. Gregory Elliott, London: Verso, 2012. pp. 9-15。还有人批评非物质劳动的范畴太过灵活，参见 Aufheben, "Keep on Smiling: Questions on Immaterial Labour", Aufheben, vol. 14。或者这个范畴太过欧洲中心论，参见 Ricardo Antunes, *The Meanings of Work*: *Essay on Affrmation and Negation of Work*, trans. Elizabeth Molinari, Leiden: Brill, 2013. p. 166. 另一方面，马克思主义地理学家大卫·哈维（David Harvey）的著作是一种相当正统的马克思主义政治经济学形式，他最近强调了非物质劳动在当代经济中所扮演的角色。参见 David Harvey, *Seventeen Contradictions and the End of Capitalism*, London: Profle Books, 2014. pp. 135-138。然而，本文分析的重点并不是以这种或那种方式解决这场争论，而是说明我认为阿甘本所回应的概念和政治问题，以及他的思想如何丰富了对当代资本主义的分析。

然而，随着后福特制的发展，文化商品化不再仅仅是丰富的物质生产的后遗症。这是因为，非物质劳动的产品“首先是一种社会关系”，其原材料是“主体性及其生存和再生产的‘意识形态’环境”①。如果非物质生产确实已成为霸权，那么当代资本主义最重要的商品就是生活世界，而文化和传播则提供了制造生活世界的手段。

维尔诺和奈格里等后工人主义者认为，非物质劳动的交流性和政治性为发展一种新的彻底民主的政治组织形式提供了可能，这种组织形式将生活从资本和国家的控制下解放出来②。然而，“后福特制”劳动政治化的隐蔽的一面是，人们对主体性监控的兴趣日益浓厚。在资本主义的工业阶段，资本家对创新和工作组织至关重要，因为他或她提供了生产手段和生产计划。相比之下，在后福特制经济中，工人们：

> 被期望成为协调各种生产功能的“积极主体”，而不是作为简单的命令受制于它[……]集体学习过程成为生产力的核心，因为它不再是寻找不同的方式来组合或组织已有的工作职能，而是寻找新的工作职能。③

资本对工人自主性增强的反应是，试图通过对主体性的治理来确保对劳动的控制：“资本想要的是一种控制权存在于主体本身和交流过程中的局面。”④

奈格里认为，后福特制对主观规制的强化是生命权力（一种“从内部

① Maurizio Lazzarato, “*Immaterial Labor*”, *in Paolo Virno and Michael Hardt* (*eds*), *Radical Thought in Italy*: *A Potential Politics*, Minneapolis and London: University of Minnesota Press, 1996. p. 142.

② 这是因为现在的劳动具有管理生产合作的能力，这意味着工人有能力进行真正民主自治所需的自我组织。参看 Paolo Virno, *Grammar of the Multitude*, Cambridge, MA, and London: Semiotext(e), 2004. p. 61 - 3，或者 Michael Hardt and Antonio Negri, *Commonwealth*, Cambridge, MA, and London: Harvard University Press, 2009. p. 352 - 3。

③ Maurizio Lazzarato, “*Immaterial Labor*”, *in Paolo Virno and Michael Hardt* (*eds*), *Radical Thought in Italy*: *A Potential Politics*, Minneapolis and London: University of Minnesota Press, 1996. p. 134.

④ Ibid. p. 135.

调节社会生活、跟踪社会生活、解释社会生活、吸收社会生活”[1]的权力形式)发展的关键时刻。工业资本主义的特点是,榨取剩余价值的场所与非直接生产领域之间的区别相对明显。[2] 从工业劳动力中榨取价值依赖于规训权力的运作,规训权力制造了在流水线上工作所需的受规训的身体。[3] 相比之下,后福特制所特有的非物质生产则发生在整个社会领域。这就产生了一个“社会工厂”[4],它将所有的生活都转化为工作:“生活和生产变得难以区分。只要生活倾向于完全投入生产和再生产行为中,社会生活本身就会变成一台生产机器。”[5]由于后福特制的“工厂”是社会关系的整体,非物质劳动的兴起对应着权力与主体性之间关系的普遍转变,即从规训社会向“控制社会”[6]的演变。在特定机构中,规训会产生了一系列的固定身份,而控制机制则在整个社会领域中形成了一个网络,并不断对各种情况的特殊性做出反应。因此,控制社会的居民不断经历主体化的过程,产生了“由众多体制以不同的组合和剂量同时产生的”[7]混合和重叠的主体性。

后工人主义者认为,非物质劳动的兴起使语言和交流成为生产和资本积累的核心。这种生产变革的后果包括主观规制的强化、生命政治治理机制在整个社会领域的扩展、从规训社会向控制社会的过渡,以及将生活的全部设定为工作。那么,后工人主义对当代生产的分析如何帮助我

---

① Michael Hardt and Antonio Negri, *Empire*, Cambridge, MA, and London: Harvard University Press, 2000. p. 24.

② 然而,生产价值的劳动显然依赖于其他形式的劳动,如不直接为资本生产价值的生产劳动。

③ 关于工业资本主义与规训权力之间的关系,参见 Michel Foucault, *Discipline and Punish: The Birth of the Prison*, trans. Alan Sheridan, London: Penguin, 1977. pp. 220 – 1.

④ Michael Hardt and Antonio Negri, *Empire*, Cambridge, MA, and London: Harvard University Press, 2000. p. 196. 这是由于非工厂劳动形式的重要性上升,以及非物质生产的特殊性质,在非物质生产中,生产时间和非生产时间没有明确的区别。例如,交流劳动在工人下班后仍在继续,如学者在半夜醒来时有了新的想法,咖啡师在每次社交活动中都在磨炼自己的服务技能。非物质生产也寄生于工资关系之外的生活形式:例如,音乐产业通过包装整个亚文化进行销售来获利,Facebook 依赖于其所有用户的无偿劳动。

⑤ Michael Hardt and Antonio Negri, *Multitude: War and Democracy in the Age of Empire*, London: Penguin Press, 2004. p. 148.

⑥ 这里的分析高度依赖于 Gilles Deleuze, ‘Postscript on the Societies of Control’, *October*, vol. 59, Winter 1992. pp. 3 – 7。

⑦ Michael Hardt and Antonio Negri, *Empire*, Cambridge, MA, and London: Harvard University Press, 2000. p. 331.

们思考阿甘本安济考古学的性质和利害关系？反过来，阿甘本的考古学又如何有助于我们理解后福特制资本主义？

四、仪式劳动和后福特制景观

阿甘本在《王国与荣耀》中对治理装置的分析建立在他早先在《语言与死亡》中对神圣人的论述之上：圣餐礼是教会仪式的中心，被认为重复了基督的献祭[①]，而这种献祭行为与一系列确定的分离联系在一起，并构成了一系列确定的分离：祭祀只能由神父按照特定的规则在确定的时间进行；教会的等级制度与教友分离，并由教友统治；神父的人身与其职务分离；职务的行使与劳动和休息时间分离。因此，教会的礼仪模式是一种司法和国家主义的模式，在这种模式中，治理部门与社会其他部门相分离，并对其进行统治：它"从生活中提取礼仪"，但"在一个独立的领域中构成礼仪，其所有人是神父"[②]。然而，正如我已经指出的，从理解资本主义政治经济学的角度来看，对国家的强调是有问题的。考虑到阿甘本自己对现代国家危机的论证，以及他的观察，即除了极权主义和法西斯主义，涉及公众和政府等级制度存在的赞美实践的重要性已经降低，这对当代权力诊断的相关性也是可疑的。

然而，在《至高的清贫》一书中，阿甘本通过对修道院的分析，提出了一种截然不同的礼仪模式。福柯指出，修道院生活"实际上是规训的出发点和母体"[③]，因为修道士的时间完全被祈祷、阅读和体力劳动所占据，这些活动对身体和灵魂都有约束。然而，对阿甘本来说，修道士制度尤为重要的是，它的规训组织是一种激进的新礼仪实践形式的组成部分：正如修道士兼神学家约翰·卡西安(John Cassian)在他对埃及修道士制度的研

---

① Giorgio Agamben, "In Praise of Profanation", in *Profanations*, trans. Jeff Fort, New York: Zone Books, 2007. p. 79.

② Giorgio Agamben, *The Highest Poverty: Monastic Rules and Form-of-Life*, trans. Adam Kotsko, Stanford: Stanford University Press, 2013. p. 83.

③ Michel Foucault, *Security, Territory, Population: Lectures at the Collège de France*, 1977–1978, ed. Michel Senellart, trans. Graham Burchell, Houndmills: Palgrave Macmillan, 2008. p. 46.

究中写道,“修道士的全部目的以及他心灵的完美就在于此——完全、不间断地献身于祈祷”[①]。甚至修道士的体力劳动也被视为一种“精神工作”,应该像祈祷一样虔诚:“修道士的一举一动,所有最卑微的体力活动都成为一种精神工作,并获得了‘主业’(Opus Dei)的礼仪地位。”[②]

因此,在修道院中,管理活动不再是负责统治教友的独立组织的职责,而是遍及整个团体。这种普遍化的自治伴随着(并使)手工和精神(或非物质)工作的实践成为可能,这占据了修道院生活的全部。修道士被认为是上帝的工具,他的规训劳动被认为是“主业”,是将上帝的旨意和法律付诸实施(或使其生效)的实践(尽管在实践中它只是复制了修道团体的秩序)。这种规训劳动反过来又被理解为一种赞美,部分原因是它伴随着祈祷,部分原因是工作本身被视为赋予上帝的荣耀。

这种修道院的礼仪范式与后福特制资本主义的治理装置之间有很强的类似性。阿甘本所概述的治理装置的第一个方面是(再)生产秩序的活动。虽然阿甘本的著作指出了法律和国家的危机,但这并不意味着治理活动已经停止。阿甘本在一篇与他的安济研究同时出现的文章中,将现阶段的资本主义描述为“大量积累和扩散的装置”[③],这种装置试图对人类进行治理。他还多次将法律危机与自由主义的治理机制的发展联系起来,并在最近与控制社会的出现联系起来[④]。因此,阿甘本认为,当代对臣

---

① Jean Cassien, *Conferences*, ed. Pichery, Sources Chrétiennes series, no. 64, vol. 3, Paris: Cerf, 1959. English translation: John Cassian, Conferences, trans. Colm Luibheid, New York: Paulist Press, 1985. pp. 40,101. 也可以参看 Giorgio Agamben, *The Highest Poverty: Monastic Rules and Form-of-Life*, trans. Adam Kotsko, Stanford: Stanford University Press, 2013. p. 22 - 23.

② Giorgio Agamben, *The Highest Poverty: Monastic Rules and Form-of-Life*, trans. Adam Kotsko, Stanford: Stanford University Press, 2013. p. 23.

③ Giorgio Agamben, *What Is an Apparatus? and Other Essays*, trans. David Kishik and Stefan Pedatella, Stanford: Stanford University Press, 2009. p. 50.

④ 对于自由主义的治理术,可以参见 Giorgio Agamben, “Security and Terror”, *Theory & Event*, vol. 5, no. 4, pp. 1 - 6; Giorgio Agamben “From the State of Control to a Praxis of Destituent Power”, Public lecture in Athens, 16 November 2013,对于控制社会,可以参见 Agamben, ‘From the State of Control’。关于例外状态的正常化和治理术的崛起,可以参看 Daniel McLoughlin, “Giorgio Agamben on Security, Government and the Crisis of Law”, *Griffth Law Review*, vol. 23, no. 1, 2012. pp. 680 - 707.

民的统治并不像教会礼仪那样主要通过一个单独的权威将其法律强加于臣民，而是产生于与社会形态、我们的语言和我们的主体性密切相关的装置[①]。正如后工人主义者所指出的，这种分散的治理装置的发展（尤其是控制社会的兴起）促进了工作对整个生活的殖民化——就像自学劳动占据了整个修道院共同体的全部时间一样。虽然当代的生产性自治活动并不被认为实现了神圣的秩序，但它却负责（重新）生产、运作或实施资本主义的社会、经济和政治秩序。

治理装置的第二个方面是赞美实践，它颂扬主权的表象，从而将治理活动的主体与其权力联系在一起。正如我们所看到的，阿甘本对荣耀的初步分析将礼仪视为一个政治和国家主义问题，然后认为景观社会是荣耀赞美的当代形式[②]。然而，在景观社会中，赋予统治活动合法性的荣耀赞美不再发生在教堂礼拜（或世俗的群众集会）中，而是通过我们不断参与渗透我们生存的景观而产生的。因此，景观社会中的赞美更接近于修道院的礼仪，它将生活的全部变成了对神的赞美，而不是教会的礼仪，它与生活的其他部分分离开来。然而，景观与修道院礼仪之间的类比在工作所扮演的角色上被打破了：在修道院中，礼仪的颂扬与通过工作持续行使职权密不可分；相比之下，在景观社会中，生活中的景观的赞美是物质生产实践的后遗症，而物质生产实践仍局限于工厂的时间和地点。只有在非物质劳动兴起的情况下，景观与修道院之间的类比才能成立：正如保罗·维尔诺所写的那样，景观现在已经成为"统治性的生产力，它超越了自身领域的范畴，而是与整个行业和整个诗歌有关"[③]。后福特制景观整

① 然而，两者之间有一个重要的区别，那就是像奈格里这样的后工人主义思想家强调主体性的产生，而阿甘本则强调当代治理机构产生去主体化的方式，参看 Giorgio Agamben, *What Is an Apparatus? and Other Essays*, trans. David Kishik and Stefan Pedatella, Stanford: Stanford University Press, 2009. p. 19 - 21.

② 阿甘本的"荣耀谱系学"存在的一个问题是，它会给人一种错误的印象，即荣耀神学政治脉络与景观实践之间存在着基因上的连续性。然而，景观中所颂扬的辉煌不过是凝结成形象的交换价值。景观的美化仪式并非源于教会和国家，而是产生于资本主义生产的特殊条件下的商品拜物教结构。景观源于商品形式，这也是它所涉及的荣耀实践发生彻底转变的原因。

③ Paolo Virno, *Grammar of the Multitude*, Cambridge, MA, and London: Semiotext(e), 2004. p. 60.

合了生产和赞美工具，从而打破了商品生产中的拜物教与治理装置中的分离之间的区别。

当代资本主义直接利用传播力来达到生产和消费的目的。非物质生产实践和交换价值的景观展示在很大程度上取代了国家的治理和荣耀赞美的政治职能，并将其深深地编织进我们日常生活的结构之中。后福特制的景观中的居民就像僧侣一样，是治理装置等级制度中的成员，忙于从事一种占据生活全部的礼仪劳动，这种劳动既再生产，又赞美我们所服从的秩序。这有助于解释当代政治和经济状况中政治被动性与无人格的活动的结合在一起，因为无休止的工作现在直接与“现代被动性帝国”的生产相吻合，“现代被动性帝国”就是“景观”，正如德波所说，“它覆盖了整个世界的表面，无休止地沐浴在自己的光辉之中”①。

① Guy Debord, *Society of the Spectacle*, London: Rebel Press, 1983. p. 13.

“人普遍性地生产”：阿甘本和马克思的实践和生产[①]

杰西卡·怀特[②]
（澳大利亚西悉尼大学文化与社会分析系）

本文试图比较马克思和阿甘本的生产概念，从而提出了在两位思想家之间的生产和实践中的共同点。本文从阿甘本的第一部著作《没有内容的人》开始，研究马克思的《1844年经济学哲学手稿》和《1857—1858年经济学手稿》，以形成自己对实践和历史（以及最近的非操作性）的论述。阿甘本对马克思手稿实质性的研究，见于他最早的作品，尤其是《没有内容的人》和《幼年与历史》。然而，实践问题在他的计划中变得越来越重要，他关于治理的著作认为基督教深刻地改变了我们对实践与存在之间关系的理解。本文认为，仔细研究阿甘本对《1844年经济学哲学手稿》的各种解读，可以揭示他对实践以及其他相关概念的理解。

在《荣耀之国》（*The Kingdom of the Glory*）一书中，阿甘本给出了一个说法，即基督教治理是一个长期的实践活动，此后，阿甘本将注意力转

---

① 本文译自 Jessica Whyte, “‘Man Produces Universally’: Praxis and Production in Agamben and Marx”, in Dianel McLoughlin ed. *Agamben and Radical Politics*, Edinburgh: Edinburgh University Press. p. 71 - 90。译者为蓝江。——中译注。

② 杰西卡·怀特(Jessica Whyte)是澳大利亚西悉尼大学文化与社会分析系高级讲师。她在主权和生命政治理论、批判性法律理论、人权批判和当代大陆哲学方面发表了大量著作。

向了一个文本，这个文本在他生命的前几十年里一直困扰着他：这个文本就是马克思的《1844 年经济学哲学手稿》。从他的第一本书，即《没有内容的人》开始，阿甘本并没有把阿尔都塞所说的“没有必要细读马克思的早期作品”[①]的提议当回事，并且阿甘本在自己的实践和历史研究过程中，逐渐转向了马克思的《巴黎手稿》[②]。事实上，早在阿甘本发表第一篇文章《论暴力的限度》[③]时，他就引用过马克思，在这篇文章中他为马克思辩护，说他对人和自然的改造（或扬弃[Aufhebung]）依赖于一种历史达尔文主义的形式，“它将历史描绘为必然规律的线性发展过程，类似于支配自然界的规律”[④]。而且，他一次又一次地迷恋《1844 年经济学哲学手稿》，在其中，他发现马克思对实践的描述，“建立了人与自然的统一，作为自然存在的人和作为人的自然存在的统一”[⑤]。

然而，当阿甘本在《王国与荣耀》（*The Kingdom and the Glory*）中再次谈到马克思时，他只用了一段话就把他否定了，认为马克思只是将基督教作为神圣实践的造物概念的表述世俗化了。正如神学家奥古斯丁所说的那样，造物完全依赖于上帝的永恒治理，以至于无法与之区分[⑥]。在提到《1844 年经济哲学手稿》时，青年马克思将“自我对象化的内容丰富的、活生生的、感性的、具体的活动”看成人的本质[⑦]，阿甘本写道：

---

① Louis Althusser, “Lenin and Philosophy”, in *Lenin and Philosophy and Other Essays*, trans. Ben Brewster, London: NLB, 1971. p. 35.

② 参见 Louis Althusser, “The Humanist Controversy”, in *The Humanist Controversy and Other Writings*, ed. François Matheron, trans. G. M. Goshgarian, London: Verso, 2003. p. 258, “the 1844 Manuscripts is, theoretically speaking, one of the most extraordinary examples of a total theoretical impasse that we have”。

③ 这篇文章最初于 1970 年以意大利语发表在文学杂志《新论》(*Nuovi argomenti*)上。

④ Giorgio Agamben, ‘On the Limits of Violence’, trans. Lorenzo Fabbri, *diacritics*, vol. 29, no. 4, 2009. p. 106.

⑤ Giorgio Agamben, *The Man without Content*, *trans. Georgia Albert*, Stanford: Stanford University Press, 1999).

⑥ Giorgio Agamben, *The Kingdom and the Glory: For a Theological Genealogy of Economy and Government*, trans. Lorenzo Chiesa with Matteo Mandarini, Stanford: Stanford University Press, 2011. p. 90.

⑦ 马克思：《1844 年经济学哲学手稿》，北京：人民出版社 2014 年版，第 112 页。

在把存在看成实践之后，如果我们换掉上帝，把人放在上帝的位置上，我们就会得出这样的结果：人的本质只不过是人不断生产自己的实践活动。①

在这里，阿甘本指责马克思将对实践的神学解释世俗化：在马克思认为"人的存在是实践，实践是人的自我创造"②时，马克思将人置于造物主上帝的位置上。更为严重的是，阿甘本含蓄地表示，早期的马克思将基督教关于世界的永恒治理的范式世俗化：正如对奥古斯丁来说，造物依赖于上帝的永恒治理，在马克思对实践的考察中，阿甘本看到的是对永恒治理的行为范式的世俗化。

我们该如何理解这种世俗化的指控？汉斯·布鲁伦伯格（Hans Blumenberg）③区分了"世俗化"一词的描述性意义（与马克斯·韦伯有关）和另一种意义，后者提出了更具体的主张，即"B是世俗化的A"（例如，革命政治是世俗化的末世论），在这样的命题中，世俗化的特征十分明显。在这后一种意义上，阿甘本认为马克思的思想是犹太或基督教弥赛亚主义的世俗化，这种观点几乎没有原创性。从本雅明（Walter Benjamin）④对马克思的无阶级社会作为弥赛亚时间的世俗化的正面评价开始，到莱泽克·柯拉柯夫斯基（Leszek Kolakowski）提出马克思主义就是宗教的反讽，"将末世论作为一个科学体系呈现出来"⑤，这些世俗化的论点倾向于这样的说法：马克思主义的历史理论是末世论救赎历史的世俗化。

---

①② Giorgio Agamben, *The Kingdom and the Glory*: *For a Theological Genealogy of Economy and Government*, trans. Lorenzo Chiesa with Matteo Mandarini, Stanford: Stanford University Press, 2011. p. 91.

③ Hans Blumenberg, *The Legitimacy of the Modern Age*, trans. Robert Wallace, Cambridge, MA: The MIT Press, 1999. pp. 1－4.

④ Walter Benjamin, 'Paralipomena to "On the Concept of History"', in *Selected Writings*, *Volume* 4: 1938－1940, trans. Howard Eiland et al., ed. Howard Eiland and Michael W. Jennings, Cambridge, MA: Harvard University Press, 2003. p. 401.

⑤ Leszek Kolakowski, *Main Currents of Marxism*: *Its Origin*, *Growth and Dissolution*, *Vol.* 3: *The Breakdown*, trans. P. S. Falla, Oxford: Clarendon Press, 1978. p. 526.

在阿甘本看来,事情并非如此:他认为,救赎的末世论只是一个更大的神学范式的层面,即神圣的安济(Oikonomia)。因此,当卡尔·施米特臭名昭著地宣称"现代国家的所有重要概念都是世俗化的神学概念"①时,阿甘本认为,这种世俗化的说法应该扩展到安济概念。然而,"这种认为安济是世俗化的神学范式的论述,反过来依赖于神学"②,它表明基督教神学本身将人类的历史设想为一种安济,或一种家政,因此最初是安济的。他认为,正是这种世俗的家政意义被转移到了早期基督教中,使安济成为"根据上帝意志而进行的活动或任务"③。阿甘本的建议是,基督教不是将世俗的概念设想为来自神学的概念,而是接受了亚里士多德的家政这个世俗词汇,因此早期基督教的安济不应被设想为一个神圣计划,而是"家政治理任务的完成 "④。

尽管阿甘本认为亚当·斯密关于"看不见的手"的论述是基督教的"安济"范式被挪移到现代经济学的要素,但他主要关注的是,经济学是基督教神学的"救赎安济"。这就对阿甘本试图提供的"安济"的特殊性提出了疑问,特别是当他把对安济神学的描述放在他所说的"当前安济和治理对社会生活的其他方面的胜利"⑤的背景下。正如艾伦·梅克辛斯·伍德(Ellen Meiksins Wood)所指出的那样,正是那些传统的政治经济学家"发现了抽象的'经济',并开始消除了资本主义的社会和政治内容"⑥。相反,在其晚期作品中,马克思试图分析的不是"经济学",而是资本主义社会关系的特殊性。在本文中,我研究了阿甘本的论点,即马克思是将基督教关于造物作为神圣实践的说法世俗化了,并强调这在多大程度上与自由意

---

① Carl Schmitt, *Political Theology: Four Chapters on the Concept of Sovereignty*, trans. George Schwab Cambridge, MA: The MIT Press, 1988. p. 36.

② Giorgio Agamben, *The Kingdom and the Glory: For a Theological Genealogy of Economy and Government*, trans. Lorenzo Chiesa with Matteo Mandarini, Stanford: Stanford University Press, 2011. p. 3.

③ Ibid. p. 17.

④ Ibid. p. 23.

⑤ Ibid. p. 1.

⑥ Ellen Meiksins Wood, *Democracy against Capitalism*, Cambridge: Cambridge University Press, 1995. p. 19.

志形而上学的批评相关。我认为,对经济核心范畴的自由意志的关注,揭示了阿甘本关于世俗化的论述在理解当前“经济的胜利”[①]方面十分局限。代表资本主义经济的强制形式与亚里士多德著作中主奴之间“专制”关系的特征有很大的不同。为了把握资本主义下“经济关系的无声强制”,马克思因此不得不远离费尔巴哈的世俗化基督教(《1844 年经济学哲学手稿》就是在此基础上展开的),从而对政治经济学进行批判。

一、早期阿甘本看青年马克思

在他的第一本书《没有内容的人》中,阿甘本对他后来对马克思的所有批评的核心立场做了最简洁的表述:“马克思认为人的存在就是生产。”[②]《没有内容的人》代表着阿甘本长期以来对马克思思想的关注。这也许会令人惊讶,因为这部作品的重心是一个与马克思的核心关注点相去甚远的主题:现代美学的虚无主义。然而,一旦阿甘本将马克思的作品置于一个更宽泛的论点中,马克思的重要性就变得一目了然。在现代性之中,人类活动的三种不同形式(实践、诗和劳动)之间的边界已经丧失,所有人类行为都被重新解释为自由意志的表达。在这里,阿甘本在很大程度上借鉴了汉娜·阿伦特关于现代劳动价值化的论述,希腊人认为劳动是一种“诅咒”,因为它将劳动者与必然性和生物性生命过程联系在一起[③]。阿甘本写道,马克思是一位思想家,对他来说,劳动成为“人类自身的表达”[④]。然而,就此而言,马克思不仅是将人的存在定义为生产的思想

① Giorgio Agamben, *The Kingdom and the Glory*: *For a Theological Genealogy of Economy and Government*, trans. Lorenzo Chiesa with Matteo Mandarini, Stanford: Stanford University Press, 2011. p. 1.

② Giorgio Agamben, *The Man without Content*, trans. Georgia Albert, Stanford: Stanford University Press, 1999. p. 70.

③ Hannah Arendt, “Karl Marx and the Tradition of Western Political Thought”, *Social Research*, vol. 69, no. 2, 2002. p. 285.

④ Giorgio Agamben, *The Man without Content*, trans. Georgia Albert, Stanford: Stanford University Press, 1999. p. 70.

家，他还是“生产意味着实践，即‘感性的人类活动’”的思想家。[①] 阿甘本认为，从黑格尔的《精神现象学》开始，黑格尔之后的思想家就面临着在人的普遍概念和特殊的、感性的人之间调和的问题。他认为，类存在（Gattungwesen）是试图进行这种调和的概念。尽管 Gattungwesen 一词出现在黑格尔的《百科全书》中，但它指的是“人类生活的‘自然’部分，特别是其性和生殖方面”[②]。然而，在费尔巴哈那里，这个词成为集体性的人的本质的核心，打破了他那个时代基督教个人主义的原子化个人的观念[③]。在阿甘本的解读中，当马克思接受类存在的概念时，他并没有把它设想为“静态地支撑着个体差异的自然主义特征”，而是设想为实践，即“自由和有意识的活动”[④]。因此，正如阿甘本所说，“对马克思来说，构成人的种属的中间词是实践，即人类的生产活动”。[⑤] 在谈到马克思对人类实践的特殊性的论述时，阿甘本指出，当动物与它的生命活动融为一体时，对马克思来说，人类却把它作为实现其存在的手段。“人不是单方面地生产，而是普遍地生产。”[⑥]

在这里，阿甘本再次追随阿伦特，阿伦特写道：“对马克思而言，劳动是物质与人、自然与历史之间的联系纽带。”[⑦]因此，阿甘本写道——预示着他后来对马克思的基督教安济的世俗化的批判——人把自己从造物主上帝和自然中解放出来，“把自己放在生产行为之中，并将其作为人的起

① 另外，在本章中，我多次提到“人”和“人们”。我之所以保留这些用语，并不是因为我认为它们足以代表普遍的人性，而是为了表明这些思想家在很大程度上只关注男性——在人类物种中男性的意义上。用“男人和女人”或“人类”来掩盖这一点可能会使他们符合当代人的情感，但这也会掩盖在许多关于“人的本质”的辩论中，妇女与奴隶、外国人和儿童一起被从城邦（polis）降级到家族（oikos），并因此被排除在希腊人所认为的“政治生命”（zoon politikon）的适当人类活动之外的思想形式。

②③ Warren Breckman, *Marx, the Young Hegelians, and the Origins of Radical Social Theory*, Cambridge: Cambridge University Press, 1999. p. 206.

④ Giorgio Agamben, *The Man without Content*, trans. Georgia Albert, Stanford: Stanford University Press, 1999. p. 81.

⑤⑥ Giorgio Agamben, *The Man without Content*, trans. Georgia Albert, Stanford: Stanford University Press, 1999. p. 79.

⑦ Hannah Arendt, ‘Karl Marx and the Tradition of Western Political Thought’, *Social Research*, vol. 69, no. 2, 2002. p. 309.

源和本质"[①]。在这种情况下,阿甘本对这种起源性的实践更为肯定,他将其定义为历史的根基,通过实践,人的本质变成了自然,自然变成了人。鉴于阿甘本自己关注的焦点在于,克服人与动物、家(Oikos)与城邦(Polis)、自然与历史之间的区分(这一点非常不阿伦特),这一点很重要。在这一点上,马克思似乎是一个克服了基本区分的思想家,这种区分导致了对阿甘本所谓的赤裸生命的抛弃[②]。然而,最终,阿甘本的判断是,马克思对人的描述仍然是形而上学的,"尽管他将实践定位在人的原始维度上",阿甘本写道,"马克思并不认为生产的本质超出了现代形而上学的范围"[③]。因为,如果我们问是什么让人的实践与动物的生命活动区别开来,阿甘本认为,马克思在《1844 年经济学哲学手稿》中的回答再次提到了自由意志形而上学:"人将其生命活动本身作为其意志和意识的对象"[④]。因此,如果我们接受尼采的观点,即"有意志的人——在自己内心中服从的东西"[⑤],那么,根据这种解读,马克思在每个人内部重新确立了惰性生命与自由意志之间的区分。

鉴于阿甘本对马克思的生产论和意志形而上学的批判,当阿甘本在《幼年与历史》中回到马克思的实践理论问题时,令人惊讶的是,在不到十年之后,他回应了马丁·海德格尔的说法:"马克思主义的历史概念优于任何其他历史学。"[⑥]在这本致力于重新认识历史和时间性的书中,阿甘本强调,对马克思来说,实践是人的原始的历史维度,它使人成为类存在。之前,阿甘本指责马克思仍然囿于形而上学之中,现在,阿甘本则试图为他洗刷这些罪名。与阿多诺坚持的经济基础和上层建筑之间的辩证法相

① Giorgio Agamben, *The Man without Content*, trans. Georgia Albert, Stanford: Stanford University Press, 1999. p. 83.

② Giorgio Agamben, *Homo Sacer*: *Sovereign Power and Bare Life*, trans. Daniel Heller-Roazen, Stanford: Stanford University Press, 1998).

③ Giorgio Agamben, *The Man without Content*, trans. Georgia Albert, Stanford: Stanford University Press, 1999. p. 83.

④ Ibid. p. 84.

⑤ Frederich Nietzsche, *Beyond Good and Evil*, trans. Judith Norman, Cambridge: Cambridge University Press, 2002. p. 19.

⑥ Giorgio Agamben, *Infancy and History*: *The Destruction of Experience*, trans. Liz Heron, London: Verso, 1993. p. 103.

反，阿甘本认为这依赖于对它们关系的因果理解，这预示着现实被分割成两个不同的层次。在他后来对安济神学的批判之前，他写道：

> 一个将经济因素视为自因(causa sui)和第一原则的唯物主义，就像形而上学的上帝是自因和第一原则一样，只会是形而上学的反面，而不是它的败坏。①

阿甘本远远没有把这种立场归于马克思，他认为“在因果意义上对这种关系的解释，在马克思主义的术语中，完全是不可想象的”。他建议，针对每一种对因果关系的庸俗解释，我们应该把马克思对实践的描述设定为“一种具体的、统一的源初实在”②。

阿甘本对马克思的实践的论述，值得我们详细引用一下：

> 如果人在实践中发现自己的人性，这并不是因为除了进行生产性工作，他还在上层建筑中再现和发展这些活动(通过思考、写诗等等)；如果人是人——如果他是一个类存在，即在本质上的一般存在物——他的人性和他的类存在必须完整地存在于他生产物质生活的方式中，即他的实践中。③

在这里，与他早先对马克思形而上学地区分了实践与自由意志的指责相反，阿甘本认为作为思想家马克思出现了，他通过一种实践理论“废除了动物与理性、自然与文化、物质与形式之间的形而上学区分”④，对他来说，人的人性立即通过他生产自己生活条件的方式体现出来。

在阿甘本与马克思的早期接触中，我们发现了他对马克思的生产论(或他后来所说的操作)、自由意志和历史主义的批判的最早的表述。至

①②③④ Giorgio Agamben, *Infancy and History*: *The Destruction of Experience*, trans. Liz Heron, London: Verso, 1993. p. 119.

少在某种程度上，通过对马克思早期思想的研读，阿甘本提出了自己具体的政治描述。然而，在这些早期解读中（这些解读比阿甘本旗帜鲜明的政治批判的“神圣人”（Homo sacer）系列早了几十年），我们发现他在阿伦特对劳动哲学中生物性生命价值化的批判和对生命与形式不可分割的实践模式之间摇摆不定。一方面，马克思被描绘成一个生命政治思想家，他将生物性生命与意识分开，并将人的生命活动作为自由意志的对象。另一方面，阿甘本称赞马克思通过一种“一开始就具有整体性和具体性”[①]的实践概念，克服了人与物的形而上学分离，从而抵制本体论的分裂。接下来，我将转向阿甘本最近关于实践和自由意志的理论思考。然而，在这样做的时候，我试图指出，马克思的思想对阿甘本试图解决操作和劳动的强迫性问题的方式提出了质疑，而且这些问题不能在《1844 年经济学哲学手稿》的范围内解决。我认为，由于他对资本主义问题的理论思考不够充分，阿甘本无法实现他对操作和意志的批评。

二、因为他愿意（Quia voluit）

尽管阿甘本只有在早期作品中才真正关注过马克思的《1844 年经济学哲学手稿》，但实践问题在他的研究中变得越来越重要。事实上，当阿甘本把注意力从主权转向治理时，他也关注了基督教给我们对实践和存在之间关系的理解带来的本体论上的关键转变。简而言之，阿甘本的论点是，基督教神学中形成了两种不同的范式，并继续影响着政治的理论和实践。第一种实践是“政治神学”，产生了政治哲学和主权理论。第二种，也就是他最近的作品，即他所谓的“安济神学”，这是基督教的安济或治理的方面，他在其中发现了当代非法制型治理实践的重要先导。前者是超越性的典范（超越性的上帝或国王），后者则是内在性生命或治理的典范。《王国与荣耀》的核心论点就是发现为什么权力在西方“采取了安济的形

① Giorgio Agamben, *Infancy and History: The Destruction of Experience*, trans. Liz Heron, London: Verso, 1993. p. 119.

式，也就是对人的治理的形式”[1]。在回答这个问题时，阿甘本没有回到基督教牧领政治那里，米歇尔·福柯[2]曾在牧领政治中找到了一种具体的治理权力形式，与之相反，阿甘本回到早期教会教父之间的辩论，这些辩论导致了三位一体教义的确立。

阿甘本认为，早期基督教面临的问题是如何调和超越性的上帝与内在性的世界治理之间的关系。在尝试调和时，我们必须在两个异端的暗礁之间小心翼翼地前进：一边是超越性和内在性之间的诺斯替主义的区分，它表现为对一个不在场的造物主，以及一个邪恶的德穆革神的信仰，另一边是在内在性中超越的泛神论崩溃。阿甘本认为，在教父试图引导这一进程的过程中，安济治理的范式成为三位一体的表述的核心。在区分上帝的三个位格时，他们通过将这种区分置于实践层面而非存在层面，从而克服了多神论的威胁。用早期教父德尔图良的话说：“圣父和圣子是两个位格，这不是因为实质的分离，而是因为安济的定位。”[3]阿甘本认为，在将圣父和圣子（代表圣父治理世界）之间的区分定位在实践层面，而不是存在层面，教父们成功地维护了神的存在的统一性；“然而，在存在层面上必须不惜一切代价避免的断层重新出现，成为上帝和他的行动之间、本体论和实践之间的断裂”[4]。与亚里士多德的神或第一推动相反，神移动天体只是因为神的本性如此，基督教的安济是“一种不以任何本体论的必要性为基础的实践”[5]。因此，在阿甘本看来，安济神学是一种缺乏存在基础的治理实践形式。

如果我们现在回到阿甘本的主张，即“在把人的存在看作是实践，把

---

① Giorgio Agamben, *The Kingdom and the Glory: For a Theological Genealogy of Economy and Government*, trans. Lorenzo Chiesa with Matteo Mandarini, Stanford: Stanford University Press, 2011. p. 3.

② Michel Foucault, *Security, Territory, Population: Lectures at the Collège de France*, 1977-1978, ed. Michel Senellart, trans. Graham Burchell, New York: Palgrave Macmillan, 2007.

③ Giorgio Agamben, *The Kingdom and the Glory: For a Theological Genealogy of Economy and Government*, trans. Lorenzo Chiesa with Matteo Mandarini, Stanford: Stanford University Press, 2011. p. 41.

④ Ibid. p. 53.

⑤ Ibid. p. 66.

实践看作是人的自我生产时”，马克思把作为神的实践的类存在的神学思想世俗化了，这似乎只是重申了早先从神学上对马克思的生产论的批判①。然而，那些早期对马克思的批评是基于古典本体论的术语，并继续使用了亚里士多德的范畴。在《人的劳动》一文中，阿甘本可以说，“马克思的思想寻求实现人的类存在(Gattungswesen)，代表了亚里士多德学说的更新和激进化。”②相比之下，阿甘本最近的批判认为，马克思回到了阿甘本所谓的基督教残留的新实践本体论的背景之下。所以，在他评论马克思的《巴黎手稿》时指出，“人的本质无非是他不断生产自己的实践”③，阿甘本将马克思与基督教神学信仰联系起来，认为上帝是一个不断实践的存在——一个不仅是实质上的存在，而且是治理世界的实践的存在。

我们可以从托马斯·阿奎那的作品中感受到阿甘本所认为的这两种不同的本体论(一种是希腊的，一种是基督教的)，其标题《论上帝及其造物》(Of God and his Creatures)④直接涉及阿甘本对马克思的批评。在专门证明上帝是“造物的起源”的一章中，阿奎那将哲学家的观点与基督徒的观点区分开来，指出与哲学家关注“造物的本质是什么”(存在问题)不同，基督徒“只考虑造物与上帝的关系，如它们是由上帝创造的，受上帝支配的，等等”⑤。阿奎那将他对第二种本体论的论述直接与政治主权联系起来，认为结果序列必须与原因序列相对称；因此，正如“国王是他王国治理的普遍原因，对王国的臣僚，以及对各个城市的原料而言”，必须有一些所有存在物的类存在的原因⑥。阿奎那回应说，作为纯存

① Giorgio Agamben, *The Kingdom and the Glory: For a Theological Genealogy of Economy and Government*, trans. Lorenzo Chiesa with Matteo Mandarini, Stanford: Stanford University Press, 2011. p. 91.

② Giorgio Agamben, "The Work of Man", in Matthew Calarco and Steven DeCaroli eds., *Giorgio Agamben: Sovereignty and Life*, Stanford: Stanford University Press, 2007. p. 6.

③ Giorgio Agamben, *The Kingdom and the Glory: For a Theological Genealogy of Economy and Government*, trans. Lorenzo Chiesa with Matteo Mandarini, Stanford: Stanford University Press, 2011. p. 91.

④ Thomas Aquinas, *Of God and His Creatures*, trans. Joseph Rickaby, Grand Rapids, MI: Christian Classics Ethereal Library, 2000.

⑤ Ibid. p. 115.

⑥ Ibid. p. 128.

在,上帝是所有造物类存在的原因,而所有造物又是他的结果,或者说是他实践活动的结果。正如阿甘本所强调的,在奥古斯丁的论述中,造物的存在不仅完全依赖于治理的实践——“就其本质而言,它是实践和治理”①。

对古人来说,他们通过直接从存在中得出实践,从而让潜能自然化,“没有必要预设存在这一种特殊意志或旨在照顾自我或世界的具体活动”②。相反,在将上帝当作原因,把造物当作结果时,阿奎那强调,上帝不是依照物理上的必然性,而是依照其自由意志而行事。阿奎那写道:“凡是在他能做的事情中,他做一些事情,而不做另一些事情,都是通过自由意志的选择,而不是通过物理上的必然性来行动的。”③上帝创造不是作为他存在的表达,而是无缘故的。阿甘本认为,一旦上帝的行为与他的存在相分离,这就导致了一个异端问题:如果他的本质不只是创造世界,那么他为什么要这样做?奥古斯丁给出的答案是:“因为他愿意”(quia voluit),因为他愿意这样做④。一旦实践被看作是自由的,而不是人的本质的必然表达,那么,阿甘本认为,意志是将实践和存在重新联系在一起的必要性装置。当代思想中的“意志的首要地位”源于上帝的存在与行为之间的区分,因此,从一开始就与神学的“安济”相一致⑤。上帝创造世界是因为他的自由意志,因此所有造物都被设想为工具性的材料,由一个主权意志来操作⑥。

---

① Giorgio Agamben, *The Kingdom and the Glory*: *For a Theological Genealogy of Economy and Government*, trans. Lorenzo Chiesa with Matteo Mandarini, Stanford: Stanford University Press, 2011. p. 90.

② Ibid. p. 53—54.

③ Thomas Aquinas, *Of God and His Creatures*, trans. Joseph Rickaby, Grand Rapids, MI: Christian Classics Ethereal Library, 2000. p. 128.

④⑤ Giorgio Agamben, *The Kingdom and the Glory*: *For a Theological Genealogy of Economy and Government*, trans. Lorenzo Chiesa with Matteo Mandarini, Stanford: Stanford University Press, 2011. p. 56.

⑥ 关于阿甘本对卢梭如何将这一范式引入现代政治思想的解读,参见 Jessica Whyte '"The King Reigns but He Doesn't Govern": Thinking Sovereignty and Government with Foucault, Agamben and Rousseau', in Tom Frost ed., *Giorgio Agamben*: *Legal, Political and Philosophical Perspectives*, Abingdon: Routledge, 2013.

这有助我们更充分地理解，阿甘本批判马克思的关键所在，他批判了马克思把人的生命活动变成他的意志的对象。根据这一批判，在对生命活动和自由意志之间进行区分之后，马克思在每个人内部复活了这种意愿的结构。在阿奎那对亚里士多德《论灵魂》(*De Anima*)[①]一文的评论中，其结论更为清晰，阿甘本认为该文标志着一个"关键要素"，在西方哲学史上，这篇文本承认了"赤裸生命"的存在[②]。在这篇文章中，亚里士多德确定地谈论着某种东西——无论是植物、动物还是人——生命意味着什么；他写道："对于生命体来说，'存在就是生命'。"[③]为此，亚里士多德在生命的连续统一中建立了一系列的划分，他称之为营养性生命、感官性生命、食欲性生命、运动性生命和理智性生命。对阿奎那来说，由此出发，将自由意志设想为人类唯一专属的功能，它统治着身体，就像上帝让他的造物服从他的意志一样，这只是很小的一步。阿奎那写道："在每一个普通人身上，元素体和植物灵魂的运作与意志的运作是不同的，意志是人类的专有属性……生命的感官部分和营养部分的运作并不算是严格意义上的人类属性。"[④]其中的关键在于，将人类的潜能转变为鲜活的生命力，服从于超越性的自由意志的命令。

三、让我们的本质回归大地：论费尔巴哈

阿甘本认为在《1844年经济学哲学手稿》中，马克思将神学的实践概念世俗化了，乍看起来，这个结论似乎令人啧啧称奇。因为《1844年经济学哲学手稿》是马克思在路德维希·费尔巴哈的唯物主义影响下写成的，对马克思来说，人将自己的本质投射到一个所谓的上帝的外在力量上，然后让他服从上帝的治理和命令。正如费尔巴哈所写的那样，"神圣存在物"，"无非是

① Aristotle, *De Anima*, *On the Soul*. trans. Hugh Lawson Tancred, London: Penguin, 1986.

② Giorgio Agamben, "Absolute Immanence", in *Potentialities*: *Collected Essays in Philosophy*, trans. Daniel Heller-Roazen, Stanford: Stanford University Press, 1999. p. 230.

③ Giorgio Agamben, *Remnants of Auschwitz*: *The Witness and the Archive*, trans. Daniel Heller-Roazen, New York: Zone Books, 1999. p. 147.

④ Thomas Aquinas, *Summa Theologica*, Raleigh: Hayes Barton Press, 1952. 3869-3870.

人本身的存在"[1]。在上帝的意志中，费尔巴哈看到了我们自己的道德本质的投射，然后我们把它当作一种外在义务，我们对它表示服从和迷恋。正如沃伦·布雷克曼(Warren Breckman)[2]所指出的那样，费尔巴哈与他同时代的青年黑格尔派一样，十分深入地参与了反基督教个人主义的斗争，及其与上帝、君主和利己主义的原子化财产所有者之间的肯定性关系的斗争。那么，对费尔巴哈来说，全能的上帝不仅是人类本质的投射——它是反映古代政治生活业已衰落下的人类自我中心主义概念的投射。

在早期的一篇文章中，费尔巴哈指出，虽然希腊人和罗马人在公共领域的行为中寻求永恒的生命，但希腊政体和罗马共和国的崩溃导致新的原子化的个人将自己投射到世界之外[3]。这些人不满足于世俗的人格，用费尔巴哈的话说，他们的所谓独特的个性"受到各方面的限制，被各种条件和痛苦的品质所决定、所压迫、所困扰，使它受到污染和玷污"。[4] 因此，这些原子化的个体建立了第二种毫无羁绊的生活，"这种生活的元素就像最纯净的水晶水一样明亮透明"[5]。虽然《基督教的本质》中没有这些直接的政治背景，但费尔巴哈继续认为，上帝的意志不是真实的、有限的人类意志的投射，而是一种幻想，"想象力的意志——绝对主观的、无限的意志"[6]。因此，费尔巴哈认为造物主上帝是我们自身生产性的投射，而在无中生有的创世教义中，他看到了人类主观性的投射，这种主观性使自然"仅仅是他的意志和需要的仆人，因此在思想上也使它退化为一个单纯的机器，一个意志的产物"[7]。值得注意的是，费尔巴哈通过爱和理性补充意志，克服了这种利己主义，提供了对人类本质的三位一体描述。他写道，"人

① Ludwig Feuerbach, *Thoughts on Death and Immortality*, trans. James A. Massey, Berkeley: University of California Press, 1980. p. III.

② Warren Breckman, *Marx, the Young Hegelians, and the Origins of Radical Social Theory*, Cambridge: Cambridge University Press, 1999. p. 10.

③ Ludwig Feuerbach, *Thoughts on Death and Immortality*, trans. James A. Massey, Berkeley: University of California Press, 1980. p. 6 - 12.

④ Ibid. p. 11.

⑤ Ibid. p. 12.

⑥ Ibid. p. 101.

⑦ Ibid. p. 112.

身上的神圣的三位一体,高于个体的人”,“是理性、爱和意志的统一”[1]。在这里,基督教的“安济”来到了人间,在那里它被揭示为人的本质。

阿甘本指责说,在《1844年经济学哲学手稿》中,马克思将人类的神学概念世俗化了,这在一个半世纪前,麦克斯·施蒂纳(Max Stirner)批判了费尔巴哈将人类从宗教中解放是一种“彻底神学”[2]的解放。在费尔巴哈关于上帝是人类本质的投射的论述中,施蒂纳看到的只是一种重新指定,即以前被叫作“上帝”的东西,现在变成了“我们的本质”。施蒂纳指控说,费尔巴哈“理解了基督教的全部内容,不是要把它扔掉,而是要把它拖到自己身边,用最后的努力把这个长期以来得来的、永远遥远的东西,从天堂里拉出来,并把它永远留在自己身边”[3]。正如阿尔都塞所说,施蒂纳的指控是费尔巴哈并没有超越宗教的界限,而只是“用他自己取代了上帝,称上帝为人”[4]。阿尔都塞认为,“人”在施蒂纳的手中受到了“致命的打击”。“人”和“人本主义”不再是真实的、具体的;相反,“人和人本主义是牧师故事的内容,是一种本质上属于宗教性质的道德意识形态,由一个披着普通人衣服的小资产阶级来布道”[5]。

正是在对费尔巴哈的理性神学的阅读基础上,马克思提出了他对人类潜能的异化和工具化的早期解读。在《1844年经济学哲学手稿》中,马克思分析了在资本主义背景下,我们自己的活动以客观形式(作为资本)出现,并成为凌驾在我们头上的独立力量。“资本是对劳动及其产品的支配权力”[6]。因此,费尔巴哈认为,“为了使上帝致富,人必须变得贫穷”[7],

① Ludwig Feuerbach, "Introduction to the Essence of Christianity", in *The Fiery Brook: Selected Writings*, trans. Zawar Hanfi, London: Verso, 2012. p. 99.

② Max Stirner, *The Ego and His Own*, trans. Steven T. Byington, Cambridge: Cambridge University Press, 2002. p. 33.

③ Max Stirner, *The Ego and His Own*, trans. Steven T. Byington, Cambridge: Cambridge University Press, 2002. p. 34.

④⑤ Louis Althusser, "The Humanist Controversy", in *The Humanist Controversy and Other Writings*, ed. François Matheron, trans. G. M. Goshgarian, London: Verso, 2003. p. 258.

⑥ 马克思:《1844年经济学哲学手稿》,北京:人民出版社2014年版,第19页。

⑦ Ludwig Feuerbach, "Introduction to the Essence of Christianity", in *The Fiery Brook: Selected Writings*, trans. Zawar Hanfi, London: Verso, 2012. p. 124.

马克思在异化劳动的结构中来理解贫困:“工人生产的财富越多,他的生产的影响和规模越大,他就越贫穷。”①在资本主义条件下,人类的实践创造了一个强大的、异化的、客观的世界,盘旋在工人个人头上。用马克思的话说,“劳动所生产的对象,即劳动的产品,作为一种异己的存在物,作为不依赖于生产者的力量,同劳动相对立。”②根据《1844年经济学哲学手稿》,被异化的东西不再是简单的人类思维的产物,而是劳动过程的产物。然而,正如阿尔都塞所强调的,马克思在费尔巴哈模式中所保留的是这样一种观点,即“人的本质”可以在其对象中被揭示出来,而且仍然有一个特殊对象“构成了人的本质纲要”③。

在《1844年经济学哲学手稿》中,马克思倾向于将资本主义异化劳动描述为类似于费尔巴哈所谓的宗教异化。因此,在描述了工人在创造自身之外的客观世界时内心世界的贫困化之后,马克思写道:“宗教方面的情况也是如此。人奉献给上帝的越多,他留给自身的就越少。”④如果阿甘本能够将自己的思想局限在他所说的“综合的马克思分析”⑤之中,在很大程度上这是因为他在宗教和世俗的区分之间采取了早期马克思式的类比。阿甘本不仅把牺牲定义为区分的工具,而且他把法律、政治、实践,甚至资本主义都描述为以一种区分的形式为标志,而这种区分模式就是宗教,“资本主义把基督教中已经存在的趋势推向了极端”,他写到,“在每一个领域都概括了定义宗教的区分结构”⑥。通过宗教区分,阿甘本继承了马克思的遗产,而这种遗产仍然是费尔巴哈式的遗产。

然而,在《1844年经济学哲学手稿》发表后的一年内,马克思把对天堂的批判带到了人间,世俗世界和神学世界的区分只能在这种“世俗基础的

①②《马克思恩格斯选集》第1卷,北京:人民出版社2012年版,第51页。

③ Louis Althusser, "*On Feuerbach*", *in The Humanist Controversy and Other Writings*, London: Verso, 2003. p. 122.

④ 马克思:《1844年经济学哲学手稿》,北京:人民出版社2014年版,第200页。

⑤ Giorgio Agamben, *Means without End*: *Notes on Politics*, trans. Vincenzo Binetti and Cesare Casarino, Minneapolis: University of Minnesota Press, 2000. p. 82.

⑥ Giorgio Agamben, *Profanations*, trans. Jeff Fort, New York: Zone Books, 2007. p. 81.

自我分裂和自我矛盾来说明"[①]的基础上加以理解,从而取代了这种对宗教和生产异化的类比叙述。他现在认为,只有克服劳动过程中人类能力的异化和工具化,才能把这些能力还给人类。这意味着,马克思最终批评了费尔巴哈将宗教本质解析为人类本质的尝试,因为他对克服错误观念的关注不足以克服资本主义社会的真正异化,也因为它预设了对人类本质的过度抽象和非历史的描述。马克思在他《关于费尔巴哈的提纲》的第六条中写道:"人的本质不是单个人所固有的抽象物,在其现实性上,它是一切社会关系的总和。"[②]

在这里,他批评费尔巴哈从历史进程中抽象出来,并没有完全打破原子化的个人的预设。马克思认为,在这种从历史和社会中抽象出来的基础上,费尔巴哈"他只能把人的本质理解为'类',理解为一种内在的、无声的、把许多个人纯粹自然地联系起来的普遍性。"[③]在马克思看来,每个人都没有与生俱来的本质。因此,他批评费尔巴哈没有看到宗教情绪和孤立的个人都是社会产物,并批评他对这个世界的批判态度不够。马克思和恩格斯在《德意志意识形态》中认为,青年黑格尔派在历史中只看到恢宏壮阔的事件,以及宗教和理论的斗争。他们忘记了宗教"幻想"的根源在于真实的物质条件,而且最终对他们来说,"世界戏剧仅限于莱比锡宗教会议"[④]。对于费尔巴哈的"思辨的唯物主义",马克思针对性地提出"实践的唯物主义",用《关于费尔巴哈的提纲》著名的第十一条来说,他试图改变世界,而不仅仅是解释世界[⑤]。

---

① 此句引自马克思的《关于费尔巴哈的提纲》,参看《马克思恩格斯选集》第2卷,北京:人民出版社2012年版,第134页。在阿尔都塞看来,马克思从宗教批判到政治批判的转变并不是理论上的转变,而只是借助费尔巴哈的理论增加了另一个分析对象。然而,这低估了从对天国的批判到对世俗世界的批判这一转变的价值,参见 *The Humanist Controversy and Other Writings*, ed. François Matheron, trans. G. M. Goshgarian, London: Verso, 2003. p. 245。

②③《马克思恩格斯选集》第1卷,北京:人民出版社2012年版,第139页。

④ Karl Marx and Friedrich Engels, "The German Ideology", in Marx with Engels, Collected Works, Vol. 5, p. 64. 现有的《德意志意识形态》中译本中并无此句,这句话出现在英文版"费尔巴哈"章的"唯心主义历史概念和费尔巴哈的伪共产主义"一节。

⑤ 参见《马克思恩格斯选集》第1卷,北京:人民出版社2012年版,第136页。

四、"主要的认识论障碍":论劳动概念

阿甘本对马克思从天国到人间模式的二分论的分析,有助于我们理解为什么他在批判早期马克思的实践论的同时,一再回到《1844年经济学哲学手稿》,而把马克思的后期作品排除在外,并明确拒绝阿尔都塞关于应该放弃阅读青年马克思作品的建议。尽管如此,阿尔都塞对青年马克思的批判的某些方面不仅预示了阿甘本后来对《巴黎手稿》的绝大多数批判,而且还打破了他长期对马克思世俗化基督教的批判的依赖,这种依赖影响了该作品对实践的描述。在阿尔都塞认为是"唯心主义的羁绊"和"令人难以忍受,甚至是罪恶的蛊惑"的所有概念中①,他挑出了一个被认为是马克思主义思想核心的概念:劳动。阿尔都塞写道:"劳动概念并不是一个马克思主义的概念"②。阿尔都塞比阿甘本走得更远,他拒绝"所有的劳动意识形态",无论它们是以《1844年经济学哲学手稿》为出发点,还是以生产"实践"的现象学为目标③。阿尔都塞认为,计划、实践和创造的语言是一种精神主义的唯心主义——"是最反动的唯心主义形式,因为它疯狂地以宗教为模型"④。

阿尔都塞认为,马克思在《1844年经济学哲学手稿》中的理论创新,是将劳动和历史的概念引入费尔巴哈的概念模式中——前者来自斯密;后者来自黑格尔。阿尔都塞认为,古典政治经济学、黑格尔辩证法和作为人的异化和剥夺的历史的人本主义理论的这种结合的最终结果是一个巨大的理论僵局;此外,劳动的概念是"一个主要的认识论障碍"⑤。众所周知,阿尔都塞的观点是,马克思直到1845年的理论上的"突破"才克服这个僵局。他写道:"马克思对古典政治经济学的全部批判,'包括摧毁国民经济

---

① Louis Althusser, "The Humanist Controversy", in *The Humanist Controversy and Other Writings*, ed. François Matheron, trans. G. M. Goshgarian, London: Verso, 2003. p. 265.

②③ Ibid. p. 289.

④ Ibid. p. 265.

⑤ Louis Althusser, "The Humanist Controversy", in *The Humanist Controversy and Other Writings*, ed. François Matheron, trans. G. M. Goshgarian, London: Verso, 2003. p. 289.

学家所接受的劳动概念',以便用一套新的概念取代它,包括'劳动过程'、'劳动力(不是劳动)'、'抽象劳动'等。"①

在这里,我不想大量讨论这个所谓的认识论的断裂,我只想说,阿尔都塞正确地指出,写作《资本论》时的马克思已经对诸如"劳动"和"生产"这样的抽象概念进行了批判,因为它们掩盖了资本主义劳动和资本主义生产方式的特殊性,并使之自然化。事实上,这样的立场是马克思对古典政治经济学家的批判的核心,他们提出了一个历史上特定的人的形象,"这种合乎自然的个人并不是从历史中产生的,而是由自然造成的"②。在《1857—1858 年经济学手稿》中马克思将其研究对象定义为"物质生产"③亦即在特定社会形式下生产的个人。马克思强调的一点是,"一切生产都是个人在一定社会形式中并借这种社会形式而进行的对自然的占有"④。奴隶的劳动不是农奴的劳动,也不是无产者的劳动,都不能被视为人类的本质。虽然"劳动"似乎是一个简单的范畴,但马克思在《1857—1858 年经济学手稿》中指出,"劳动"这个抽象范畴是以现实的发达社会中的各种劳动的总体为前提的,而且个人不仅仅局限于单一的劳动形式,而是"个人很容易从一种劳动转到另一种劳动"⑤的社会形式为前提的,从而使具体劳动种类成为一个偶然的或无关紧要的事情。

从这个角度来看,早期马克思在《1844 年经济学哲学手稿》中对劳动的论述,可以被视为掩盖了资本主义下劳动的特殊性。资本主义下劳动的决定性因素不是劳动者受制于另一个人的意志,而是他或她受制于资本的非个人统治,"现在表现为过去的死劳动对活劳动的统治"。⑥正如马克思所说,"经济关系的无声的强制保证资本家对工人的统治。"⑦。这并不意味着直接武力变得毫无必要,也不意味着胁迫关系——例如奴隶

① Louis Althusser, "The Humanist Controversy", in *The Humanist Controversy and Other Writings*, ed. François Matheron, trans. G. M. Goshgarian, London: Verso, 2003. p. 289.

②《马克思恩格斯选集》第 2 卷,北京:人民出版社 2012 年版,第 684 页。

③ 同上书,第 683 页。

④ 同上书,第 687 页。

⑤ 同上书,第 704 页。

⑥《马克思恩格斯文集》第 8 卷,北京:人民出版社 2009 年版,第 467 页。

⑦《马克思恩格斯全集》第 44 卷,北京:人民出版社 2001 年版,第 846 页。

制——会消失。然而，正如伍德所指出的，在资本主义条件下，“行使权力的是经济和资本主义的‘抽象’的‘自主’法则，而不是资本家故意把他的个人权威强加给工人”①。阿甘本对继承自基督教的意志形而上学的解构，倾向于把直接服从主人意志的亚里士多德家族奴隶的典型形象与资本主义经济中的当代工人混为一谈。因此，它没有触及晚期马克思不仅要理解而且要推翻的资本主义的具体的经济强制力。

阿甘本似乎在《王国与荣耀》的几年前就认识到了这一点，当时他在《剩余的时间》中转而分析资本主义劳动的特殊性，并认为“马克思提出的无产阶级的救赎功能”②。他在那里写道，无产阶级不仅体现了每一个具体职业或劳动形式的偶然性，而且无产阶级“只有通过自我强制才能解放自己”③。阿甘本进一步发展了马克思关于这种革命性的自我否定的无产阶级主体的描述，认为无产阶级可以打破同质化的时间和基督教安济的延迟救赎的主体的模型，而这是一个需要进一步研究的问题。

---

① Ellen Meiksins Wood, *Democracy against Capitalism*, Cambridge: Cambridge University Press, 1995. p. 41.

② Giorgio Agamben, *The Time That Remains: A Commentary on the Letter to the Romans*, trans. Patricia Dailey, Stanford: Stanford University Press, 2005. p. 30.

③ Ibid. p. 31.

从赤裸生命到荣耀政治——浅论阿甘本 homo sacer 思想的发展谱系

蓝江
（南京大学哲学系）

在阿甘本的著作中，homo sacer 是其最难理解的概念之一。本文从 1995 年阿甘本最开始提出的 homo sacer 出发，分析了其作为双重例外的特殊含义，以及其在例外状态下的存在模式。经过进一步对阿甘本近期的《语言的圣礼》《王国与荣耀》《主业》等最新著作的考察，本文梳理出阿甘本从早期对政治纯粹生命性的关怀，到近期更为深入到中世纪和近代脉络中寻找与剖析 homo sacer 得以生成的内在于西方文化和政治核心处的奥秘。

对于阿甘本来说，他所有著述中最为重要的就是 homo sacer 系列。当 1995 年他的第一本 homo sacer 出版时，这本书便引起了西方学术界的一次争论，尤其是他在书中提出的赤裸生命（bare life）和生命政治（bio-politics）概念，更是一时间成了学术界的热门用语。此后，他对奥斯维辛集中营的分析进一步刻画出 homo sacer 在现代社会的形象，他的结论——"现代社会是一个大集中营"，几乎是福柯在《规训与惩罚》中提出的"现代社会是一个大监狱"命题的进一步推进。不过，问题也因此而产生。实际上，无论是 homo sacer 的概念本身，还是他曾大量使用过的赤裸生命、生命政治等词汇，都在很大程度上遭到了误读，在当代中国对阿甘本的解读中，这种误读也未能幸免。实际上，对阿甘本 homo sacer 和赤裸生命概念误读的源头在于很多人忽视了最初的《homo sacer：主权权力与赤裸生命》与近几年阿甘本在这个标题下继续完成的系列[①]，尤其是作为2.2《王国与荣耀：安济与治理的神学谱系》，2.3《语言的圣礼：誓言考古学》，2.5《主业：责任考古学》之间的衔接关系问题。或者说，我们今天需要弄清楚的是，在homo sacer 1中阿甘本讨论的赤裸生命问题，与后来的2系列中的例外状态、统治，治理与荣耀，誓言、职责等概念之间是否存在关联，而阿甘本又是如何从生命政治的主体过渡到后来的基督教仪式研究以及随之而来的治理和责任问题？

一、homo sacer的双重含义

与汉娜·阿伦特不同，阿甘本并没有诉诸一个全新的概念——极权主义——来化解纳粹体制诞生的秘密，同时也不会用“平庸的恶”之类的概念来指责处于纳粹官僚体制中的艾希曼的作为。在阿甘本看来，尽管纳粹体制是一种新型的政治现象，并诞生于现代性的运作机制下，但是，不能说纳粹体制以及集中营式的管理模式是一种在一瞬间出现的新生事物，而这种新生事物缔造了人类历史上的最大的邪恶。激发阿甘本思考的，与其说是“新”，不如说是“旧”。作为有过古典学功底熏陶的阿甘本，不愿意简单地在现代性表皮下做出一种肤浅的解释，而是寻找这种特殊的现代机制是否有着更深刻根源。在这个方面，福柯的谱系学方法为阿甘本指明了一条道路，即通过对历史上文献的梳理和阐释，从中找到一条

① 阿甘本的现已出版的homo sacer系列情况是这样：《homo sacer：主权权力与赤裸生命》(*homo sacer. Il potere sovrano e la nuda vita*)；homo sacer2.1《例外状态》(*Stato di Eccezione. Homo sacer II*，1)；2.2《王国与荣耀：安济与治理的神学谱系》(*Il regno e la gloria. Per una genealogia teologica dell'economia e del governo. homo sacer II*，2)；2.3《语言的圣礼：誓言考古学》(*Il sacramento del linguaggio. Archeologia del giuramento. homo sacer II*，3)；2.5《主业：职责考古学》(*Opus Dei. Archeologia dell'ufficio. Homo sacer II*，5)；3《奥斯维辛的残余：档案与证言》(*Quel che resta di Auschwitz. L'archivio e il testimone. Homo sacer. II*)；4.1《至高的清贫》(*Altissima povertà. Regole monastiche e forma di vita. Homo sacer IV*，1)。现在尚未出版的是homo sacer的2.4，此外，既然《至高的清贫》一书用的是4.1，也就说明，在4系列下面应该还有后续的研究。

理解当代政治结构的方式。从20世纪末以来,阿甘本就一直秉承着这种极富涵养的引经据典的写作风格,而这种写作风格,在根本上,与阿甘本自己所要寻求的道路是一致的,也就是说,阿甘本试图在更悠远的历史空间中,找到诞生现代政治[①]的秘密。他认为,这个秘密需要在 homo sacer 这个概念的谱系中去寻找。

homo sacer 是拉丁语词汇,最早出现在罗马法体系中。与现代法律体系不同,homo sacer 甚至不是一个概念上和意义上明确的用词(或者正是 homo sacer 一词的模棱两可性质,才让阿甘本钟情于此),根本原因在于,这个词同时具有两个完全不同的意思。所以,在翻译成现代语言的过程中,面对 homo sacer 这样的词汇一定会遇到麻烦。事实上,正如阿甘本指出的那样,这个词对应于现代英语中的两个意思:一个是被诅咒之人(an accused man),另一个是神圣之人(the sacred man)。前者意味着这样的人的不纯洁性,在法理意义上,被诅咒之人也是可以被任何人杀死而不受到法律制裁的人。另一个意义涉及宗教,即这种人不能作为牺牲献祭于诸神[②]。

从词源学来说,sacer 这个词本义是分隔和分离,那么 homo sacer 实际上应当理解为被区分开来或者被排斥在外的人。这样,我们便可以在古罗马意境中进一步来理解这个词的含义。在罗马共和国时期,存在着平民(plebs)和公民(citizens)之分,当然,既不属于公民,也不属于平民的,就是这种被区隔的人。在罗马城邦法律中,只有公民和平民才适用于法律,对于这种被隔开的人,实际上,既无法律上的适用,更不会受到保护,也正因为如此,杀死他们才不会被法律所制裁。

不过,近代历史学家蒙森(Mommsen)却对 homo sacer 的内涵作出了

---

① 这种现代政治,既包括现代欧美流行的"民主政治",也包括纳粹体制下的极权政治,在阿甘本看来,实际上"民主政治"和极权政治是一个硬币的两面,两者附着的根基是一致的,而这个根基实际上根植于更悠久的传统,即西方历史上的神学政治体系。

② 实际上,这个词的中译也比较麻烦,国内 Homo Sacer 的译法大致有两种意见,一种将之翻译为牲人,与阿甘本在书中提到的"赤裸生命"相对应。但实际上,由于阿甘本反复强调,Homo Sacer 不能作为牺牲献祭于神灵,那么 Homo Sacer 就不可能是作为献祭用的牲人。华东师范大学的吴冠军教授将这个词翻译为"神圣人"是比较贴近这个词的原意的,但是,在中文角度来说,"神圣人"的概念,与可以被任何人杀死而不被治罪的形象相去甚远。

另外的解释。蒙森等人将 sacer 一词的名词形式 sacratio 看成是远古时代的弱化了的或者说世俗化了的宗教法的残余,在古罗马时期,这种带有宗教法残余性质的法律与普通的刑法,尤其在死刑问题上,很难区分开来。而匈牙利学者卡洛伊·柯雷尼(Károly Kerényi)则给出了更为重要的解释,柯雷尼认为之所以 homo sacer 是神圣的,并不是因为他们的纯洁,相反,他们已经受到了诅咒,因而决不能将它们献祭于诸神。不过,柯雷尼指出了另一个重要事实:"homo sacer 不能作为牺牲的对象,原因十分简单:sacer 意味着它们已经为诸神所拥有,另一个世界的诸神已经以另外的方式占有了它们,因此我们不需要通过一个新的行为将它们献给诸神。"[①]这样,除了纯粹法律上的意义之外,homo sacer 还有一个宗教上的意义,即不可能用于宗教献祭,甚至不能参加宗教仪式的人。而 homo sacer 不能献祭、不能参加仪式的原因十分简单,因为它们已经是诸神的人了,换句话说,由于被诸神所有,homo sacer 从诸神那里获得神圣性,犹如诸神的财物一般,它们从一开始就被打上了 sacer 的神圣烙印。不过,柯雷尼的解释并不让人信服,homo sacer 的神圣性并不在于他早已被诸神所拥有,而是另外的原因。在厄尔努-梅伊(Ernout-Meillet)那里,不能献祭的原因在于,"sacer 决定了一个人或事物不可能触碰之后不会弄脏自己"。或许,我们看到了另外一种解释的可能性,即 homo sacer 不能献祭的原因不在于神已经拥有了它,而是因为诸神从一开始就不想要它,因为它是污秽,避免让之秽乱天国,唯有强调在献祭的时候不能用 homo sacer。

实际上,问题到这里并没有解决。亦即,两种看起来完全不相干的意思何以在一个词汇中体现,并被阿甘本用之于现代情境?换句话说,在这两个截然不同的语义背后,存在着某种必然的联系,而这种联系,在现代的政治话语中,出于某种缘故,一直被遮蔽着。我们可以先从法律的情形来思考:为什么杀掉 homo sacer 不会被治罪?为了说明这一点,阿甘本引

---

① Giorgio Agamben, *Homo Sacer: Sovereign Power and Bare Life*, Daniel Heller-Roazen trans. Stanford: Stanford University Press, 1995, p. 73.

入了 zoē 与 bios 的区别，前者是纯粹自然状态下的生命，一种与动物生命相同的生命。bios 则是亚里士多德在《政治学》中所界定的一种生命，即一种城邦中的生命。这样，我们每一个人都有两个生命，一种是纯粹自然的 zoē，一种是生活在政治之中并被政治所架构的 bios。那么，法律框架所面对的对象显然不是前者，而是生活在具体城邦中并被城邦的律法所规定的 bios。这样的逻辑也可以反过来理解，只有受到城邦法律的规定并适用于城邦法律的人，才是 bios。这种情况下，城邦的法律是一种面对 bios 而不是面对 zoē 的法律。只有当我们触犯了具有 bios 架构的人的权益时（如我侵害了他的财产或生命），才会受到法律的追究和制裁，而法律也只会保护那些作为 bios 架构下的人的权益。在古罗马时期，平民和公民虽然等级不同，但是都属于法律架构下的对象，因此，他们都拥有 bios 的生活。相反，homo sacer 则不同，他们既不属于平民，也不属于公民，甚至不属于外邦人（罗马法中对于外邦人仍然有相关的法律规定），这种人是一个绝对法律上的例外之物，他的生活的方方面面，尤其是他的生命，没有任何法律上的保障。那么，我们可以这样来理解，在这一层次上，杀掉 homo sacer 而不被治罪意味着 homo sacer 被排斥在人的律法（ius humanum）之外。阿甘本说："杀人无罪（impune oocidi）采取的是人的法律的例外形式，因为其悬置了关于杀人的法律适用性，而这一点归功于努马·蓬皮利乌斯（Numa Pompilius）的话：'如果某人想杀害自由人，那么他会被治以杀人罪名'（Si quis hominem liberum dolo sciens morti duit, parricidas esto）。"①这样，蓬皮利乌斯的话成了双刃剑，一方面，蓬皮利乌斯强调杀掉自由民（hominem liberum）是杀人罪，但是，这句话也反衬了，如果杀死的不是自由民（如奴隶主杀死属于自己的奴隶）便不会在法律上被追究。这样，homo sacer 构成了一个外在于自由民，在根本上也外在于人法（ius humanum）的范畴。实际上，即便法律规定得再符合公义，那种普世之光也无法照耀到 homo sacer 的头上。正如阿甘本反复关心的监禁

① Giorgio Agamben, *Homo Sacer: Sovereign Power and Bare Life*, Daniel Heller-Roazen trans. Stanford: Stanford University Press, 1995, p. 81.

在古巴关塔那摩监狱中的囚犯，他们是纯粹的法律上的例外者，不仅是美国法律的例外者，甚至是全世界法律的例外者。这样，homo sacer 被坚决地挡在人的法律和人类公义的门槛之外，他们甚至连在人类之中寻得一个等级的资格都没有，唯一具有的，只有他们那纯粹得如同动物草芥一般的生命。

不过问题在这里还没有结束，homo sacer 不仅仅是人法的例外，更重要的是，它们也不能被献祭。正如厄尔努-梅伊所说，homo sacer 的不纯洁性，是它被排斥出宗教仪式的原因所在。在严格的宗教法律上来说，人对诸神的献祭，在根本上源于人类对诸神的誓约（如《圣经》中亚伯拉罕对上帝的誓约），这种誓约的成立，便构成神与人之间的神法（ius divinum）。这种神圣法涉及神对人的恩泽，以及人对神的赞美与献祭。显然，我们献祭于神的人或物，必须是纯洁的，任何不洁的东西都会被排斥在神圣仪式之外。那么，homo sacer 在这里遭到了第二重排斥，也就是说，在被人法所排斥之后，又被神法所排斥，它们不仅构成了人法上的例外，也构成了神法上的例外。人法上的例外意味着它们无法享受到世俗法律的保护，神法上的例外则意味着它们永远得不到神恩的眷顾。正如阿甘本所说："同时将其排除于人法和神法的裁决之外，这种强制性暴力开启了一种既非神圣行为亦非世俗行为的人类行为领域。而这个领域恰恰是我们试图在这里要理解的领域。"①的确，这是一个从未被开启过的领域，与之前谈论受压迫阶级和阶层的理论不同，阿甘本关注的既不是统治阶级也不是被统治阶级，而是在这二者之外，被绝对地排斥在这种划分之外的残余物。当马克思在《共产党宣言》中宣称，世界被划分成资产阶级和无产阶级时，我们忘却了还有一些人（可以将之看成这种划分之下的 homo sacer）连进入这种划分的资格都没有。

而在这个被双重排斥的领域，生命变成了纯粹赤裸的生命，他们没有法律和政治架构的保护和惩罚，也没有神的恩泽与天谴，他们如同蝼蚁一

① Giorgio Agamben, *Homo Sacer: Sovereign Power and Bare Life*, Daniel Heller-Roazen trans. Stanford: Stanford University Press, 1995, pp. 82－83.

般，蜷缩在这个世界上，在这个世界上，他们唯一留下的就是这个如草芥一般的性命。不仅如此，这个唯一留下的赤裸的性命，仍然面临着朝不保夕的危险，随时可以在主权权力的淫威下，被滥用，或被剥夺走。的确，阿甘本的 homo sacer 的指控在深度上超越了前人，超越了包括阿伦特和福柯在内的思想家，当赤裸生命连受压迫的资格都不存在的时候，我们何来谈论他们的解放问题？当他们只有以性命行事，并游走于生与死的门槛时，我们一切的怜悯，我们那些酸腐的正义的陈词滥调都会变成最虚伪的假象。

二、例外状态

事实上，阿甘本的第一本《homo sacer：主权权力与赤裸生命》仅仅是一个开局。它为我们开启了一个以往政治学和哲学研究的空白领域，即对 homo sacer 进行任意处置的主权领域。不过，这个主权领域究竟是怎样形成的？那些在主权权力领域中拥有权力的人又是如何获得主权权力的？对于这些问题的回答，阿甘本并没有在第一本书中给出。实际上，我们可以看成这是阿甘本给自己出的一个谜题，而他在之后的十几年中，一直致力于解开这个谜题。当然，这是一个循序渐进的过程，我们需要看到，阿甘本是如何从这个新开辟的领域一步步过渡到对深埋在西方政治制度肌理下最隐秘的制约因素的剖析。

实际上，阿甘本的 homo sacer 研究已经潜在地将批判的矛头指向了西方启蒙理性以来的天赋人权观，而这种人权观最杰出的代表就是洛克。在《政府论》中，洛克从自然法角度论证了人从其降生开始就拥有的一种自由和权利："自然状态有一种为人人所应遵守的自然法对它起着支配作用；而理性，也就是自然法，教导着有意遵从理性的全人类：人们既然都是平等和独立的，任何人就不得侵害他人的生命，健康，自由或财产。"①必须注意的是，洛克意义上的自然法状态并非后来建立起稳固政治秩序的状

① 洛克：《政府论》（下卷），叶启芳、瞿菊农译，北京：商务印书馆 1996 年版，第 6 页。

态，在某种意义上，洛克的自然法与霍布斯的《利维坦》中谈到的一切人对一切人的战争的自然状态是一致的。不过，与霍布斯不同的是，洛克认可了即便在这种战争状态中，人也有一种遵循自然法的状况。在后世的列奥·施特劳斯的绎读中，施特劳斯将洛克的这段话解释为："这样，存在着一种生而有之的自然权利，而不是什么生而有之的自然义务。……它之所以是限于一切义务的权力，乃是出于与霍布斯将自我保全的权力确立为根本性的道德事实同样的理由：必须容许人们保卫他们的生命，避免横死于暴力之下，因为他准备驱使着如此这般的形式，是由于某种自然的必然性，那与驱使一块石头往下掉的自然的必然性如出一辙。"①

如果把洛克的学说，以及列奥·施特劳斯的绎读，与阿甘本的 homo sacer 系列放在一起阅读，问题会变得十分有意思。在洛克的自然法理论中，自然法对于人的自然权利的保障是穷尽一切的，也就是说，任何人都必须得到自然法的保障，并享有基本的自然权利。列奥·施特劳斯在十分现代的意义上，将这种声音放大了，亦即，将人具有自然权利的必然性同物理科学中的必然性相提并论，一言以蔽之，毫无例外地遵循这个法则。在洛克和列奥·施特劳斯谈到毫无例外的时候，阿甘本已经为我们谈到了其中的例外。实际上，在洛克的那段文字中，洛克有一个隐含的自然法前提，在列奥·施特劳斯的转述中被有意识地忽略了，即"有意遵从理性的全人类"，这个名称，显然不是人类的全集，而是一种带有倾向性的子集。法国哲学家福柯在《疯癫与文明》中把这个问题讲得很透，在我们既有的认识和理论体系中，倾向于以意志健全的正常人作为思考的中心点，而无意识地将不正常的人排斥在外。这也是现代意义上的健全的人与精神疾病人之间的隔离制度的开始，也只有建立了这种隔离制度，古典自由主义的天赋的自然权利才能畅行无阻。正如福柯所说："禁闭、监狱、地牢甚至酷刑，都参与了理性与非理性之间的一种无声对话，一种斗争的

① 列奥·施特劳斯：《自然权利与历史》，彭刚译，北京：三联书店 2003 年版，第 232 页。

对话。……在疯癫和理性之间不再有任何共同语言。”①

不过阿甘本的立场并不是在福柯意义上来说的，阿甘本并没有像福柯一样强调理性与非理性、文明与疯癫的对抗，以及前者对后者的禁闭和隔绝。实际上，阿甘本是从完全不同的角度提出了这个问题，即 homo sacer，一种以赤裸生命生存的个体，实际上并非疯癫和非理性的。他们的生命成为人法和神法的双重例外，不在于他的疯癫，而在于他的例外（exceptio）。准确来说，阿甘本的结论比福柯更为恐怖，福柯假定了只有那些不符合标准的非理性的、不正常的人才会被隔绝，成为监禁的对象。阿甘本实际上在说，我们每一个人，只要条件符合，都有可能成为社会中的 homo sacer，其条件并不取决于我们正常与否。那么，福柯的框架在刹那间便被阿甘本的模式所消化。也就是说，理性与非理性，文明与疯癫，正常与病态之间的区分，这是隔绝和摒弃 homo sacer 的一种现代方式，而这种隔绝与摒弃 homo sacer 的方式自远古时代就存在着，而且一直会在未来一段时间里存在。这样，随着条件的变化，我们实际上无法把握我们是否会变成下一个 homo sacer。因为，人法和神法的光芒并不是一开始，或者永远照射在我们身上。一旦在某种情况下，我们的生命对法律与宗教来说变成了一种例外的存在，我们就立即变成了只剩下赤裸生命的 homo sacer。

不过，问题并不仅限于此。对于福柯的研究，阿甘本更感兴趣的是其晚期的生命政治研究②。他在《homo sacer》一书中引用了福柯在《性史》第一卷的一句话：“长期以来，主权权力的一个代表性的特权是有权利定

① 米歇尔·福柯：《疯癫与文明》，刘北成译，北京：三联书店 1999 年版，第 242—243 页。

② 必须指明的是，阿甘本对福柯的生命政治的研究是建立在对福柯误读的基础上。福柯的生命政治与人口统计学和卫生防疫学的兴起有关，与之相伴随地提出了人口安全的概念。阿甘本在自己对赤裸生命和纳粹集中营的理解上提出了自己的生命政治学。实际上，莱姆克清晰地看到了阿甘本对福柯生命政治学问题的误读：“阿甘本在他的分析中排除了生命政治学的核心内容。他认为例外状态不仅仅是政治的起源，也是政治的目的。在这种框架下，政治在不断地生产神圣人的过程中耗尽了自身，而这种神圣人必须被看成是非生产性的，因为‘赤裸生命’一旦被创造出来，要么被镇压，要么被杀掉。阿甘本消解了这个事实，即生命政治的干预决不会将自己局限于生物性存在和政治生存之间的对立的。”参见 Thomas Lemke, *Biopolitics: An Advanced Introduction*, New York: New York university Press, 2011, pp. 59 - 60。

人生死。”[①]阿甘本认为，福柯这句话道出了 homo sacer 存在的根本状态，换句话说，homo sacer 的生与死并不掌握在自己手中，而是掌握在主权权力那里。一旦变成法律与宗教的例外，homo sacer 就成了任人宰割的对象。这样，任何具有权力去决定他们生死的人都成为了主权者。这也是阿甘本很喜欢谈奥斯维辛集中营的原因，并将奥斯维辛集中营的证言与档案作为 homo sacer 3 的直接内容。因为在集中营里，任何一个营员（无论是犹太人、吉普赛人、斯拉夫人，甚至是有罪而关押于此的日耳曼人），在守卫面前都变成了随时会被宰割的对象，而任何一个有权力杀害他们的人都成了主权权力者。这样，在这样一种情况下（即例外状态下），每一个营员根本没有最基本的权利，霍布斯和洛克论证过的自我保存的权力都成了讽刺，尤其是面对一群如死人般在集中营行走的“穆斯林”[②]时，现代西方政治哲学的人道主义最后的遮羞布也会随之消逝。而这种完全暴露在主权权力之下的生命就是阿甘本意义上的赤裸生命。它是一种与动物生命难分彼此的生命状态，在阿甘本看来，这种赤裸生命状态，比起那种天赋人权的状态，更为“自然”。

于是，在推翻了具有天赋权利的自然状态的可能性之后，阿甘本自然也推翻了西方政治哲学的另一个基础命题：即良好的法治与民主的秩序状态乃是正常的社会状况的命题。在演绎出赤裸生命和 homo sacer 的形象之后，阿甘本提出了一个惊世骇俗的结论，现代政治社会的稳定结构建立在对 homo sacer 的双重排斥基础上的，也就是说，建立起那种良序运行的社会，需要一种排斥性机制。这种排斥不是外来性排斥，如对异乡人的排斥。这是一种包含性排斥（inclusive exclusion）。即在赤裸生命层次

---

① Giorgio Agamben, *Homo Sacer: Sovereign Power and Bare Life*, Daniel Heller-Roazen trans. Stanford: Stanford University Press, 1995, pp. 82 - 83. 亦可参见 Michel Foucault, *La Vonlonté de savoir*. Paris: Gallimard, 1976, p. 119。

② 这个概念并不是真正的伊斯兰教徒，而是在阿甘本的《奥斯维辛的残余》一书中记载了集中营中一种特殊的存在群体，他们已经超过了营养不良的极限，如同行尸走肉般在集中营中行走，没有人关心他们的生与死，甚至那些营员也不愿意同他们讲一句话。在阿甘本看来，他们正处在生与死不分的状态中，他们的生与死已经与整个世界毫无关系。参看 Giorgio Agamben, *Remnants of Auschwitz: The Witness and the Archive*, Daniel Heller-Roazen trans. New York: Zone Books, 1999, pp. 41 - 87。

上，homo sacer 是包含在政治体制之中的，而在政治和法治结构上，homo sacer 是被排斥在体制之外的。包含性排斥是一种现代政治的基本模式，在我们的政治体制中，有意识地对他们的存在视而不见（用巴迪欧的话说，他们存在，但他们并不实存）。

那么相对于正常的政治秩序及其排斥机制之外，在阿甘本看来，还存在着另一种更为根本的秩序。而这种政治秩序才真正奠基了我们误认为正常秩序的幻象。这种政治秩序就是例外状态。在政治学和法学中，对例外状态谈得最多的是德国的法学家和政治神学家卡尔·施米特，在其《政治神学》中，施米特提出了他的例外状态的概念。例外状态也可以看成紧急状态，是在某种特殊事件发生之后产生的一种有别于平日的社会状态。比如，在 9·11 事件发生后，美国宣布了这种紧急状态。例外状态最大的特征是对日常的法律的悬置，我们不能以平日里处理和裁定事物的方式来面对例外状态，在这种状态下，作为日常生活准绳的法律在瞬间被悬置了（不是失效了），对其的法律适用停止了。用阿甘本的话说："例外状态带来了'整个现存法秩序的悬置'，所以它似乎'将自身扣除于任何法的考量'，并因此确实在它事实存在的实体中，也就是说，在它的核心，它无法采取法的形式。"①

不过，无论是施米特，还是阿甘本，与之前的政治理论家不同，他们并不认为例外状态是一个彻底的失控的无序混乱的状况。对日常法律的悬置，并不意味着在例外状态下是没有法律可言的。施米特十分重视的是，在例外状态下，其秩序是如何运转的。事实上，我们看到，在许多例外状态下，秩序并不是像想象中那样陷入混乱，而是取而代之为另一种秩序。但是这种秩序在政治上是如何产生的？施米特的答案是存在一种适用于另一种秩序的最终裁决。在罗马法中，也规定了在日常秩序被悬置之后，由元老院授权于执政官，进行全权的裁决。那么事实上，原先法律裁决，在例外状态下变成了最终权力的裁决，实质上，那种裁决是让潜藏在表层法律框架下的隐秩序直接显露出来发挥作用，并形成了一种不同于日常

① 阿甘本：《例外状态》，薛熙平、林淑芬译，台北：麦田出版 2010 年版，第 114 页。

的秩序，即阿甘本的“法律”[1]。

这样，在阿甘本的带领下，我们看到了隐藏在那个日常的表层法律之下，起到奠基性作用的“法律”的存在。在罗马共和国时期，这种“法律”表现为授予执政官以全权的裁决权力，以便应付例外状态导致的表层法律的真空状态。一旦正常的政治秩序不再起作用，被悬置，并不意味着政治的终结，而是激活了一种平常不会适用的政治秩序。例如，在国家元首被刺杀的情况下，会诞生一种紧急状态，由副手或某个子嗣临机代行一切权力，直至建立起新的秩序状态为止。这样，法律奠基在“法律”之上，一种表层秩序奠基在一种带有专断色彩的最终全权权力之上。阿甘本的例外状态学说，彻底穿透了当代民主体制的幻象，即这种民主体制是一种日常运行机制，在例外状态下，民主机制会让位另一种隐性的，显然不能称之为民主的政治机制。在这种政治机制下，起作用的是专断的裁决权。

然而，即便到这一步，阿甘本的问题仍然没有解决。尽管他的火眼金睛穿透了民主政治背后的真相：即现代民主政治实质上奠基在例外状态下的专断权力之上，但对政治的回溯仍然没有到达他需要的那一步，即那个真正产生 homo sacer 的政治体制最初是在什么情况下出现的？

三、誓言与政治构序

无论是表层的法律秩序，还是隐藏在其下，只在例外状态中表现出来的全权裁决的主权政治，都是 homo sacer 的结果，而不是原因。事实上，对于例外状态的研究并没有帮助阿甘本找到将人区分为纯粹自然生命性存在 zoē 和被政治和社会制度所架构的 bios 之间的根源所在。不仅如此，问题反而加深了，因为原本在表层体制下作为被排斥对象的 homo sacer，或许在例外状态下不再是 homo sacer（例如，战争爆发时，皇帝的特赦会让一部分囚犯变成具有 bios 的战士）。在临时的专断权力之下，仍然存

[1] 阿甘本用这种带删除线的“法律”表达的是不同于法律的潜在秩序。也就是说，在日常法律被悬置之后，仍然有一种不被人们称作为法律的“法律”起作用。

在着 bios 和 zoē 的区分，而且赤裸生命的问题，也不会在例外状态下得到解决。

我们知道，阿甘本的问题在于，导致 homo sacer 和赤裸生命生成的 zoē 与 bios 的二分结构是如何形成的，这种二分结构又是如何经过人类历史的发展，并在今天的现代社会中存活下来的。在 2.1 的分析中，阿甘本已经发现，无论是表层的民主政治还是专制体制，实际上都不得不依靠一个在例外状态中才能展现出来的，最终归结为最终裁决的主权权力，但是，在例外状态中，并没有指明，这种主权权力是如何从大众那里获得权威并实施其权力的。例外状态的价值仅仅在于，将隐藏于正常政治秩序背后的隐性的“法律”凸显出来，但是为什么，这种画上横杠的“法律”会将最终裁决的权力交予一个主权者手中？主权者何以拥有这种权力而不遭到质疑和反抗？由此可见，例外状态尚不是政治权力结构二分的终极原因，也不是这种二分结构诞生的源头。

为了溯及这个权力二分源头，阿甘本在大量参阅古代和中世纪的文献基础上，加上近代人类学对原始部落的田野考察，阿甘本发现了仪式(liturgy)的重要性，这种仪式并不是特指宗教仪式，而是泛指一切涉及部落和城邦重要活动的仪式(如在古希腊时期的雅典，悲剧演出和观看本身就是一种仪式)。与其说阿甘本感兴趣的是仪式本身，不如说，他感兴趣的是仪式上的一个构成性要素，即誓言。正如他在《语言的圣礼》开篇就指出：“誓言的根本作用在于进行政治建构。”①为什么是誓言构成了最初的政治结构？在说明这个问题之前，还必须要澄清一个理论。因为许多理论家习惯将原初的政治结构回溯到黑格尔主奴辩证法那里，认为是一个强力的主人与一个相对弱小并被主人所征服的对象构成了最初的政治关系。在科耶夫的《黑格尔导读》中，的确是这样来描述的：

如果人的存在仅仅在导致主人和奴隶关系的斗争中并通过这种

① Giorgio Agamben, *The Sacrament of Language*: *An Archaeology of the Oath*, Adam Kotsko trans. Stanford: Stanford University Press, 2011, p. 2.

斗争产生,那么这种存在的逐渐实现和显现就只能根据这种基本的社会关系。如果人不是别的,仅仅是其发展过程中,如果人在空间的存在是人在时间中或作为时间的存在,如果被揭示的人的实在性不是别的,就是世界的历史,那么这种历史必定是主人身份和奴隶身份之间相互关系的历史:历史的"辩证法"是主人和奴隶的"辩证法"。[①]

这种主人和奴隶的辩证法,一直以来被视为人类社会最基本权力结构的原型。科耶夫解析得也算透彻,即主人的征服与自我意识的圆满是伴随着奴隶的臣服而实现的。但是,主人和奴隶的关系的确立却是一个比较大的问题。也就是说,即便主人用强力征服奴隶,但是奴隶未必心悦诚服。科耶夫在这里所用的词是"承认"。也即是说,主人之所以为主人,奴隶之所以成为奴隶,关键在于奴隶对主人的承认。"人的实在性只能作为'得到承认的'实在性在存在中产生和维持。一个人只有得到另一个人,另一些人——最终说来——所有其他人的'承认',他才是真正的人。"[②]由此可见,主人和奴隶之间的权力关系,并不是建立在征服和臣服基础上,而是建立在承认基础上。

问题的关键在于,奴隶如何承认主人?仅仅是主人说一句,"你认我做主人",奴隶说一声"好的,主人"就完事了吗?肯定没有这么简单,因为在科耶夫那里,奴隶的承认对于主人来说是至关重要的,一方面,奴隶的顺口一说,甚至是口是心非的回答未必是真的对主人的承认,这样,主人势必处在焦虑状态之中,主人必须判断,奴隶是真的臣服,还是一种策略性的回避,即一旦有机会,他就随时会抛弃主人而去。这是主人在世焦虑的根本所在,所以为了排除这种焦虑,奴隶的顺口一说是不会被完全当真的,也就是说,主人需要一种更为郑重其事的"承认",这种"承认"必须让奴隶无法背弃,甚至在背弃之后会遭到惩罚。这样,我们可以看到,主奴关系的确立根本不在于主人和奴隶的斗争,而是在于一个至关重要的话

① 科耶夫:《黑格尔导读》,姜志辉译,南京:译林出版社 2005 年版,第 9 页。
② 同上书,第 10 页。

语行为，而这个行为就是誓言。

在论证誓言对于政治创建与构序中的核心作用时，阿甘本十分详细地解读了西塞罗在《论责任》中的一段话：

> 但是我们起誓时，我们应当考虑的并不是我们若违誓食言恐怕会遭到什么样的惩罚，而是我们起誓后所负的责任：誓言是一种由宗教神圣性所支持的保证；郑重的诺言，比如在作为见证的神面前所许的诺言，必须神圣地加以履行。①

西塞罗的本义在于说明，我们有着信守誓言的责任。但是，在阿甘本看来，誓言意味着一种权力关系得以固定下来，也就是说，起誓一方向被起誓一方的保证，确立了一种权力关系的存在。在阿甘本看来，实际上誓言的内容并不重要，重要的是誓言的形式对于一种权力关系的建构，与语言学家关心誓言的语法和语义结构不同。阿甘本关心的实质上是一种起誓者对谁起誓的关系，即起誓者何以认为有必要向被起誓者保障自己誓言的真实性？也就是说，誓言建立的是一种责任关系，责任，西塞罗所用的是 officiis，实际上这是现代意义上的职位（office）一词的词源，这个词源表明，誓言建立起的不仅仅是一种彼此间的负责的责任，而且是一种长此以往的永恒的职责。在基督教仪式中，仪式上的誓言，不仅仅代表着一种临时的责任关系，更重要的是，"誓言确立了侍奉天主的永恒职责"②，从此之后，发过誓言的信徒，都会成为天主众多臣僚中的一员。同样，我们可以联想起官员在就职时的誓言，以及党员在入党时的誓言，都同样具有这种政治上建构关系。在他们发誓之前，他们没有实际上成为权力关系的一员，惟有在他们起誓之后，这种关系才得以建立。尽管在现代意义上，

① 西塞罗：《论老年 论友谊 论责任》，徐奕春译，北京：商务印书馆 2003 年版，第 264 页。事实上，阿甘本非常欣赏西塞罗的这段话，不仅在 2.3 的《语言的圣礼》中一开始就引用了这段话，而且在 2.5《主业：责任考古学》中，基本上都是围绕着对这句话的解读而展开的。

② Giorgio Agamben, *Opus Dei: An Archaeology of Duty*, Adam Kotsko trans. Stanford: Stanford University Press, 2013, p. 8.

誓言的性质受到了弱化(阿甘本也注意到了这一点),这种誓言也逐渐在内容上变得空洞。但是我们可以这样来理解,即便在现代意义上,我们看中的也是这种誓言的形式效果,而不是内容效果,誓言保障了一种关系类型的存在,而内容在这种关系类型中则是可有可无的。

阿甘本谈到的誓言实际上还涉及另一个更为复杂的问题。誓言是由什么东西加以保障的?如果誓言得不到保障,那么誓言就是与信口开河的言辞相差无几。誓言作为誓言,一定有着与日常的话语根本不同的东西,当然,我们可以说,誓言建构起了人们在社会生活中的权力结构关系,但是,如果没有一个确切之物作为保障的话,这种权利结构关系会随时有崩溃的危险。实际上,科耶夫也早已发现了其中的奥秘,在后来的《法权现象学纲要》中,他谈到了在主奴辩证法基础上衍生出来的法权关系是如何得到保障的。科耶夫假定了A与B发生了某种权力关系,这种权力关系建立在"承认"基础上(科耶夫并没有谈誓言),但是A与B如果对这种权力结构关系产生异议,如B不再服从于A的命令,这个时候,A仅仅靠殴打B是解决不了问题的。在科耶夫看来,这个时候需要一个"公正无私的第三方"进行干预,也就是说,这个第三方要超越于A与B的立场,来介入到两者的纠纷之中,而正是这个第三方的在场,使得A与B的权力关系得到保存。科耶夫说:"A的权利不是那个公正无私的第三方进行干预的原因,而是干预后的结果。换句话说,法权应看作是公正无私的第三方已进行干预的那些个案的法典化。"①我们可以将科耶夫的这段文字解释为:A与B的权力和权利关系,实际上,需要建立在一个公正无私的第三方的前提下。

回到阿甘本誓言的情形,当A向B起誓,发誓要信守职责时,只有A与B的关系是无法真正建立起结构性的关系的。因此,在这种情况下,我们也需要向科耶夫学习,建立一个公正无私的第三方。但是不是随意一个人就可以充当这个第三方,因为,科耶夫对这个第三方限定了十分严格的条件:(1) 他的地位要超越于A与B之上;(2) 他必须是大公无私的。

① 科耶夫:《法权现象学纲要》,邱立波译,上海:华东师范大学出版社2011年版,第16—17页。

任意的人格性的存在都无法保障这两个条件，因此，我们需要在誓言中设定一个更高级也更为公正的存在物，作为我们誓言的见证，并力图让誓言得到保障实施。在这一刻，我们看到了，誓言不仅仅是人的誓言，不仅仅是A与B之间的誓言，这里必须要假定一个超越性的高高在上的绝对公正的C的存在，由此，誓言不仅生产出A与B的关系，而且生产出一个绝对性的C来凌驾于誓言之上，并保障誓言得到实施。也正是在这一刻，我们看到了诸神的诞生，C就是那个高高在上，目睹着我们起誓的神灵，而他的存在，以及他的非凡的神力，确保这誓言得以实施和进行。

事实上，更确切地说，是违誓的可能性导致了誓言中需要假定一个非凡的神的在场。倘若不存在违誓的可能，我们根本不需要诸神的在场，就可以直接建立起人们之间的权力关系。也正是因为我们存在着违誓，而且一个轻易的违誓行为，不仅会摧毁誓言，而且会摧毁整个权力关系的结构，因此，对于违誓行为一定要坚决地杜绝。因此，诸神的在场是出于对违誓行为的诅咒的需要而出现的。作为需要在行为上坚决杜绝的违誓行为，只有建立在恐怖基础上才能实现，这个根本要素就是诸神的诅咒。因此，阿甘本说："誓言似乎是由三个元素衔接起来的：誓词，让诸神共睹，以及对违誓的诅咒……而这三个要素在术语上和事实上都是如此紧密地交织在一起。"①其中，在阿甘本看来，最为关键的要素是违誓的诅咒，也正是违誓的诅咒，制造了由诸神的愤怒，并将惩罚降罪与违誓者。不过，这里需要注意的是，作为无神论的阿甘本更关心的，不是在基督教结构中天主如何降罪的问题，更重要的是，我们是如何在誓言中生产出"天主共睹"以及他们对于违誓的愤怒与惩罚的。显然，只有在假设中设定了诸神的存在，并设定了他们对于可能违誓的诅咒，我们才能在誓言中形成一种对违誓后果的恐惧，才能保障誓言所誓之内容的实施。从逻辑上，我们看到了一个颠倒的关系，不是因为诸神在场，我们的誓言才具有了效力，恰恰相反，在阿甘本看来，只是因为我们要实现誓言的效力，我们才需要生产出

① Giorgio Agamben, *The Sacrament of Language: An Archaeology of the Oath*, Adam Kotsko trans. Stanford: Stanford University Press, 2011, p. 31.

具有诅咒效力的诸神。这样，诸神，乃至上帝，是人类誓言的产物，是处于对违誓惩罚而诞生的一种想象性关系，以这种恐怖性想象，以及对违誓的恐惧，人们在誓言下结成了共同体（如基督教共同体就是这样形成的）。

这样，阿甘本在《语言的圣礼》之中开创了两个十分惊异的结论，人类的誓言，是构筑我们这个世界人与人之间关系，甚至是构筑我们同上苍的诸神之间关系的关节点。在誓言中，我们不仅通过起誓行为构筑了世俗社会的权力结构关系，同时，为了杜绝违誓行为，我们也生产出诸神，以他们的诅咒作为誓言的保障。这样，位于我们社会中心处的两种关系都是诞生于誓言，誓言创立了我们所生活的整个世界，甚至创立了天国。在前一种意义上，誓言为世俗社会的人与人之间的关系而立法，从而创造了法律和政治秩序；在后一种意义上，誓言设定了超越性的天国，让我们臣服于诸神的神通之下，是以我们的宗教关系得以产生。由此可见，在我们起誓那一刻，同时创立了法律与宗教，同时创立了人法（ius humanum）和神法（ius divinum），在誓言中，从一种自然的 zoē 走入了同时得到人法和神法保障的 bios 状态，誓言，才是 zoē 与 bios 之分的关键。

我们在这里已经隐约看到了 2.3 中誓言考古学同 homo sacer 的联系。在前文的分析中，我们已经指出，homo sacer 是一个被双重排斥的概念，它既被人法所排斥，也被神法所排斥。那么，回到誓言的场景，什么样的人才是被双重排斥的人呢？很简单：违誓之人。在违背誓言的过程中，违誓者既破坏了人与人之间的权力结构关系，也因为违誓遭到神的诅咒。由于违誓，违誓者不被共同体所承认，因此他的性命变成了赤裸生命。另一方面，神的惩罚不是直接的惩罚，神的惩罚向来是通过人的行为来进行的，也就是说，神的诅咒事实上代表着人可以随意对违誓者的生命加以戕害。

于是，誓言缔造了最原初的排斥与分裂，在原初遵从誓言和违誓者之间做出了区分，前者具有了受到人法和神法眷顾的 bios，而后者由于违誓，bios 遭到彻底的剥夺，沦为一种赤裸生命状况，他成了原初的 homo sacer，成为最初的包含性排斥的对象。

四、安济与荣耀政治

不过，阿甘本的溯源工作并不满足于对违誓者这个原初的 homo sacer 的发现，他关心的不仅仅是起誓那一刻，誓言对我们生命形式的决定性作用，而且也关心我们的生命状态在起誓之后的发展。而这个内容恰恰是 2.2《王国与荣耀》所要处理的内容。

在誓言中，我们缔造了两个王国，一个是世俗王国，这个王国的结构是由誓言直接缔造出来的，另一个是神圣天国，这个天国是出于对誓言的监督以及对违誓的惩罚的必要性而被生产出来的。而两个王国的范式是，天国以及诸神的统治凌驾于世俗王国之上，因为天国与诸神具有绝对超越于世俗王国的权力，因此，天国，在誓言的设定中，必然拥有着对世俗王国的统治权力。同时，世俗王国，因为存在着对诸神的恐惧，也必须真心诚意地侍奉着天上的王国。这是誓言形成了两个王国，亦即两个范式之间的对应关系，而这两种方式一直存在于西方的政治与文化中，尤其以中世纪为最。

阿甘本为什么要关心神圣天国与世俗王国之间的关系问题？这个关系与之前讨论的 homo sacer 究竟有何联系？对于这个问题的回答，我们必须再次返回到施米特那里。在《宪法学说》(*Verfassungslehre*)中，施米特曾提出过一个著名的命题，“上帝统治，但不治理”①。施米特的说法实际上引出了两种不同的权力，一种是绝对在上的统治权，这是最高的裁决权力；另一种是治理权，因为真正的统治者并不会事事关心，他会让他自己的臣僚去处理这一类问题，即上帝委派他在人间的代表来治理世俗世界。这是两种不同的权力，虽然最终的权柄、最高的权威归于最高的统治者(上帝，或者对于世俗王国来说，最高的权柄归于国王、皇帝等)，但是真正对俗世起作用的因素不是统治，而是治理。换句话说，在我们日常生活

---

① 转引自 Giorgio Agamben，*The Kingdom and the Glory*：*For a Theological Genealogy of Economy and Government*，Lorenzo Chiesa trans. Stanford：Stanford University Press，2011，p. 74.

中，我们更多看到的是代表着最高主权者行事的臣僚和牧师们的治理行为，我们根本看不到那个高高在上的统治者，在许多描述中，统治者从来不向我们露出真身，即便是世俗王国的国王和皇帝，也喜欢将自己封禁在与世隔绝的紫禁城中。

那么，我们应该如何理解统治者或上帝统治下的治理？由于统治者或上帝不直接实施治理，他们的行为完全由代理性的臣僚来完成（臣僚在俗世中代替统治者或上帝实施治理的结构性关系是由誓言来实现的），那么臣僚是如何对最高权柄者负责的？臣僚的治理如何保障统治者的治理，或者上帝的治理？上帝或统治者是否有足够的能力来控制臣僚的行为？

正如我们前文所说，在阿甘本看来，上帝的形象不过是我们起誓语言的一种产物，这样的上帝不可能真正对世俗世界产生作用，所有上帝的行为都是通过其代理人来实现的。正如《王国与荣耀》一书封面用的是一个带有十字架的空王座，上帝就如同那个代表着最高权力象征的空王座上空空如也的椅子一样，也就是说，在我们的誓言实际产生的现实秩序中，根本不需要一个具有实际作用的上帝，一个直接对我们产生作为的统治者，那个王座仅仅只是作为起誓而生产的一种空能指的代表。正如阿甘本所说："一个空王座，这种出现在早期基督教和拜占庭巴西利卡王庭的拱门和后殿弧顶上的空王座（hetoimasia tou thronou），在某种意义上，或许就是权力最重要的象征。"①不过，如果上面的王座是空的，问题丝毫没有解决，那么处于世俗世界的上帝的代理人，如何保证他们的行为是上帝的统治意志的体现？

在这个地方，诞生了安济（oikonomia）神学，这种神学表明，上帝不言，但是治理中所有的一切都已经在冥冥中体现出他的意志，上帝不需要通过具体的行为来体现它的统治，万物现有的秩序本身就是他自己意志的直接体现。在中世纪的神学家们看来，如果上帝事必躬亲地考察他所统

① Giorgio Agamben, *The Kingdom and the Glory: For a Theological Genealogy of Economy and Government*, Lorenzo Chiesa trans. Stanford: Stanford University Press, 2011, p. xiii.

治的一切事物，并不能说明上帝的高贵，相反，会降低上帝的身份。阿甘本用亚里士多德的话来说："神不断地关注每一个体，每一个特殊事物，会显得他自己是比他创造的诸物更低阶的东西。"①而另一位早期的基督教思想家阿佛洛狄西亚的亚历山大(Alexander of Aphrodisias)则用更明确的态度表明了这种安济神学存在的模式：

> 王对于他所统治的诸物的恩典并不是以这样的方式来进行的：王并不关心一切，无论是普世事物，还是特殊事物，没有任何从属于他的事物会以某种方式——他一生致力于此——逃脱他的心智。王的心灵选择用普世一般的方式来实施他的恩典：他如此德高望重，不至于对诸多琐碎之物也事必亲躬。②

必须说明一下安济一词的来源。安济一词，来自古希腊语，其词根 oikos，意思是"家"，而在亚里士多德一本标题为 *Oikonomia* 的书中，该词则被定义为家政学。在亚里士多德那里，家(oikos)与城邦(politcs)是相对照的概念，对家的治理被称为家政学(oikonomia)，而对城邦的治理被称为政治学(politics)。家政学和政治学的区别不仅仅在于治理的范围上，在亚里士多德看来，城邦治理是民主制，因此是由许多人通过一定的程序来作出决策，这是一种多元统治，相反家庭治理的模式是家长制，以家长的统治为核心的一元统治。在中世纪的时候，由于历史的演变，oikonomia 被转述到上帝同世俗世界的关系上，显然，对于上帝统治的世俗世界，其中的关系不是政治性的，而是带有家的性质，是一种一元的父权制模式。这样，上帝世俗世界的关系是通过总体上的观照来实现的，在基督教神学中，上帝对世俗世界的观照也被称为神恩(Providence)。上帝已经秘密地将他的安济范式以神恩的方式降临于世间，只是我们这些代替上帝治理俗世的人无法参透其中的奥妙罢了。阿甘本认为中世纪将神恩的安济变

①② Giorgio Agamben, *The Kingdom and the Glory*: *For a Theological Genealogy of Economy and Government*, Lorenzo Chiesa trans. Stanford: Stanford University Press, 2011, p. 116.

成了一种安济的秘密。上帝的权威在这种安济的秘密充分体现出来。在这里我们很容易联想到孔子回答子贡的一句话“天何言哉？四时行焉，百物生焉。天何言哉？”在中世纪神学家们的解释中，上帝对于世界的统治是以奥秘的形式进行的，他不需要向我们言明，而这种不言明的行为一方面证实了他的神恩的眷顾，另一方面也显示出他超越于我们之上的高贵。神恩，以及这种秘密的安济，被中世纪的神父和思想家们以他们自己的方式推行着，也正是因为上帝的绝对在场（以空能指的方式绝对在场），导致了这些执行着上帝意旨的神父和臣僚必须小心揣摩着上帝的安济的奥秘，不敢随意地越雷池一步。也就是说，在上帝绝对在场的情况下，我们每一个人的生命是有保障的，因为对于治理者而言，他们必须为那个绝对在上的意志服务，不能偏离于他的恩泽（既不要多出，也不要减少他的恩泽）。简言之，上帝在场，或统治者在场，成了我们的生命不至于沦为赤裸生命的保障。

在现代语境中，尽管上帝已经逐渐被请下了神龛，但是，这并不代表着最终权柄的退场。在尼采那里，被杀死的是一个叫做上帝的最高权力者，但是，这不等于在上帝离去之后（实际上，根本没有存在过，上帝的存在，依赖于我们誓言与赞美），那把“空王座”也随之覆灭。实际上，在《王国与荣耀》一书的最后，阿甘本小心翼翼地研究了亚当·斯密《国富论》中的“看不见的手”的形象，在上帝逝去之后，“看不见的手”以及莱布尼茨的“隐性的内在秩序”都说明了作为奥秘的安济模式依然健在，只不过名称不再是上帝而已。相反，我们今天容易以自然规律的名义，代替上帝消逝之后留下的空王座的形象，自然规律体系、看不见的手、隐性的内在秩序以及先定和谐等观念依然成为我们这个时代安济的象征。也正因为如此，现代民主政治在表面上显示出一种更“自然”的色彩，看起来，由选票决定的领导人是“民意”的体现，实际上，隐含着一种现代式的安济神学。

与神恩的安济模式相对应的是，对于高高在上的权柄者而言，需要我们回报他对我们的恩泽。神恩与安济代表着一个被构想出来的最高权力自上而下的观照与统治，而荣耀神学或荣耀政治学，体现出我们自下而上地对最高权力者的维护。上帝不仅是至高无上的，同样也是荣耀的，他的至高无上和荣耀不仅通过其神恩和安济来体现，实质上，在阿甘本看来，他们的最高地位要一种更实际的东西来维护，这就是俗世世界，包括其臣僚和牧师对其的赞美。在教堂仪式中，其中最著名的一个仪式，就是唱赞美上帝的赞歌。在《圣经》中，就有大量的赞美上帝的赞歌集，在漫长的中世纪的过程中，也诞生了大量的赞美上帝的赞歌。不过，问题也随之而来，如果上帝是绝对者，为什么需要我们用赞歌来增添他的荣耀？这是因为上帝的荣耀有所欠缺，还是因为他本身是虚荣的？对于正统派基督教思想来说，这两个答案都是不可接受的，唯一可能的解释是，唱赞美我主的赞歌，本身就是我们成为信徒那一刻的使命和责任，当我们起誓的时候，已经包含了对上帝的侍奉的职责，而维系这个上帝的存在，通过我们的赞美，让其永恒地飘荡在天国。阿甘本在这里援引了犹太教卡巴拉主义的解释，实际上，上帝之所以需要我们的赞美，或者统治者需要臣民的赞美，都是说明这种至上权力的空洞性，只有通过赞美和欢呼，至上权力才能获得圆满。在阿甘本看来，这样的逻辑结构，与其说是上帝眷顾了人，不如说是人在赞美中滋养了神。“这最终意味着人是‘造物主的造物主’——或者至少是人维系了上帝的存在，不断地‘去修复’他——这可能出现在一个从未停止谴责人类创造的异教诸神的虚荣的宗教中。”①这样，空洞的上帝的能指，只能在我们不停的赞美下实现其存在，在这里，阿甘本延续了誓言中缔造上帝的一幕，我们不仅在誓言中生产了上帝和诸神，而且在我们的赞美中，不断地为诸神的存在提供营养，从而保障了他们的统治。由此可见，不仅神的降生，连同神的持续存在，都与我们的行为有关。

实际上，世俗中的统治者也是如此，在施米特对古罗马共和国的考察中，他发现了欢呼对于统治者的作用，当一个凯旋归来的执政官从城门走向中央广场时，会得到全体人民的欢呼。在施米特看来，这种欢呼才是最直接的民主的体现，其效力胜过全民公决。在人民欢呼声中，执政官被拥

① Giorgio Agamben, *The Kingdom and the Glory: For a Theological Genealogy of Economy and Government*, Lorenzo Chiesa trans. Stanford: Stanford University Press, 2011, p. 228.

戴为合法和正当的统治者，施米特将之视为人民制宪权：

> 对欢呼的科学发现，这是直接或纯粹民主程序的解释的出发点。我们一定不要忽视这一事实，即存在着作为社会现实的公共意见，这种意见并非纯粹是一种政治上的托辞，在所有的关键时刻，人民的政治含义可以得到认可，首先表现出来的赞成或反对的呼声，完全不依赖于投票程序，因为在这种投票程序下，他们的本真性会受到威胁，就人民全体的当下性而言，就是这种当下性界定了这种欢呼，但这种当下性被孤立的单个投票者和秘密的票箱所掏空。①

这里涉及古罗马人民（laos）和群众（ochlos）两个概念的区别，在欢呼之前，尚未制宪，他们只是没有统治者结构的群众，在欢呼之后，拥戴了统治者，体现了真正的直接民主，欢呼中的群众立马变成了人民。如果说起初的欢呼是人民自愿的，那么此后的欢呼则成为一种仪式性的规范，人民的欢呼变成了被统治者所控制的，作为人民责任需要的欢呼。在君士坦丁七世记载的拜赞庭帝国的加冕典礼上，会专门设置一种负责掌管人民欢呼的欢呼官（kraktai），这些欢呼官，在特定时候，会指示民众按照等级秩序依次进行欢呼！让人民喊出“吾皇万寿无疆！”“吾皇万岁万岁万万岁！”等口号，在这种欢呼声中，加冕仪式达到高潮。实际上，不仅是加冕仪式，日常生活中的皇帝出行，也会让臣民喊出“吾皇万岁！”的口号，实际上，统治者需要这种口号作为滋养，来维系他的最高权力的存在。相反，在仪式上，或者在特定时刻，没有按照要求去呼喊“吾皇万岁！”的人会被治罪，其罪行要高于一般的刑事犯罪。在古罗马，在执政官行进在城中的时候，前面有扈从拿着扈从法杖开道，这是一个带有斧钺的武器，同时也意味着，任何挡路、犯跸，甚至没有行礼叩拜或欢呼的人，会随时被扈从拿执法杖处死，处死是瞬间的，没有具体原因，它体现的就是最高权威的一

① Giorgio Agamben, *The Kingdom and the Glory*: *For a Theological Genealogy of Economy and Government*, Lorenzo Chiesa trans. Stanford: Stanford University Press, 2011, p171.

种象征性需要。

也就是说，在最高权力的象征性存在（空能指）与我们的叩拜、欢呼、赞美等行为之间存在一种直接性的责任关系，在后来的过程中，形成了一种类似于仪式规则的东西，如果不能尊重这些规则，立即会被处死。在 homo Sacer 4. 1《至高的清贫》中，阿甘本谈到了修道士生活的规则问题，这些规则是在仪式中一代代传承下来的，遵守这些规则成了作为修道士的义务和责任。而一旦违背这种规则，会被修道院和其他机构加以惩罚，其中最重的惩罚不是处死，而是革除教籍（excommunicatio），"在一段时间，被整个地排除在公共生活之外，而革除教籍的时间，由他罪行的轻重而定。"①革除教籍既是一种惩罚，也是一种生产 homo sacer 的方式，在一定意义上，这种惩罚对应于是否履行相对于最高权力者的侍奉义务。

这样，我们的生命状态，实际上与诞生于誓言和我们的欢呼中的最高统治的空能指密切相关，这个空能指是我们语言行为的产物，一旦它被生产出来，便凌驾在我们之上，强制性地要求我们不断地为这个空能指注入营养（赞美、欢呼、叩拜，等等），一旦我们拒绝为之提供其存在的营养，我们便有被降低为赤裸生命的可能。实际上，在阿甘本后来的结论中，无论是正常的秩序状态，还是临时的例外状态，都是需要我们去维护这种张力性的政治结构存在。

最后，阿甘本并不建议以杀死统治者或杀死上帝的方式来终结我们的悲剧性命运，因为这样做的话只是处决了位于空王座上的主权的幻象，在根本上并没有摧毁这种二元结构。甚至在王座上空无一人的时候，这个作为最高象征的空能指依然可以发挥作用。在现有的书籍中，阿甘本并没有提出一个很好的方案来解决这种二元分裂，他最后的方案是安息，即一个特殊日子的来临（弥赛亚的来临，类似于巴迪欧和齐泽克所谈的特殊事件的不可能的降临），在那一刻，一切事物，包括最高权力者，都不再起效果，即安息了。这样，在阿甘本看来，对于最高权力者——那个被创

① Giorgio Agamben, *The Highest Poverty: Monastic Rules and Form-of-life*, Adam Kotsko trans. Stanford: Stanford University Press, 2013, p30.

造出来的空能指，我们的任务不是不顾一切地反抗，因为这种反抗不仅不会让统治者降低其统治的效力，相反，会进一步强化其统治，显示其统治的在场。相反，我们的任务是安息，我们安息也意味着最高权力者的安息，即大安息。正如阿甘本所说："荣耀机制在空王座的尊贵中找到了其最完美的解码。其目的就是在治理机制中把握那种不可思考的安息——让其成为它的内在动力——而不可思考的安息构成了最终的神之秘密。在展现了神之安息的客观荣耀和赞美中，人类安息与庆祝其永恒的大安息日的荣耀是一样的。神圣和世俗的荣耀机制在这里和谐一致了，根据主导我们研究的目的，我们可以将之作为一种认识论范式，这会让我们穿透权力的核心机密。"①

① Giorgio Agamben, *The Kingdom and the Glory*: *For a Theological Genealogy of Economy and Government*, Lorenzo Chiesa trans. Stanford: Stanford University Press, 2011, p245.

马克思哲学与当代国外马克思主义评论

马克思在“《神圣家族》的准备材料”中对需要的论述①

伊萨克·鲁宾②

1927年，在由梁赞诺夫主编的《马克思恩格斯文库》（俄文版）第三卷上，出版了马克思1844年写作的“《神圣家族》的准备材料”。在这篇文献中，除了可以发现马克思有关分工、分工与私有财产的关系的十分重要的评论外，还可以找到马克思对于生产和消费关系论述的萌芽，即围绕人的需要问题展开的论述。在这些论述中，马克思受到了费尔巴哈人类学的影响，并致力于批判性地改造黑格尔辩证法。通过对需要问题的分析，马克思围绕生产和消费的关系问题展开了深入的考察。在对资产阶级经济中消费问题的思考中，马克思开始认真思考现代社会中的阶级问题。这构成了马克思走向辩证唯物主义、历史唯物主义的重要出发点。有关生产和消费的关系问题，马克思在《政治经济学批判》和《资本论》中给出了进一步的阐述。

在《马克思恩格斯文库》第三卷中，梁赞诺夫编辑出版了马克思1844

① 伊萨克·鲁宾（1886—1937），苏联马克思主义经济学家、马克思恩格斯文献学专家，曾在莫斯科马克思恩格斯研究院工作，参与编辑《马克思恩格斯全集》历史考证版。20世纪70年代以来，鲁宾的代表作《马克思的价值理论》（1923年）在西方左翼学界产生了广泛影响。本文译自鲁宾《马克思论生产与消费》（1930年）的第一部分，标题和分段为译者所加，文中注释为原作者所作。参见Isaak Il'ich Rubin, “Marx's Teaching on Production and Consumption (1930)”, in Richard B. Day & Daniel F. Gaido ed, *Responses to Marx's Capital*, Brill, 2017。——中译注。

② 译者简介：龚琴，南京大学马克思主义学院博士研究生。——中译注。

年写作的"《神圣家族》的准备材料"①。在这期间,马克思仍然主要致力于哲学、法与国家问题的研究。但是,与理论经济学相关的问题已经以单独的评论或较长的注释等形式,与这些问题紧密交织在一起。正是因为在马克思的早期著作中,经济学的内容与哲学、历史社会学的内容密不可分,所以对这一内容的分析即便困难重重,但也意义重大。除了有关分工、分工与私有财产的关系等十分有趣的评论外,我们还可以在这部作品中发现生产与消费关系论述的萌芽。围绕生产与消费的关系问题,马克思后来在《政治经济学批判》和其他著作中进行了充分的论述。

一

1843—1844 年间,马克思深受费尔巴哈哲学著作影响。但是,梁赞诺夫令人信服地指出,"马克思虽然接受了费尔巴哈人类学,但与费尔巴哈不同,他继承并发展了黑格尔辩证法中的革命性因素"②。接下来我们将会看到,这一观点在马克思对人类需要的论述中可以得到确证。马克思之所以能够提出并说明人类需要的问题,是以他对自己在黑格尔和费尔巴哈中发现的思想的有机改造为基础的。

将人类需要和满足需要的对象之间关系统一起来的思想是由黑格尔明确表达的。但是在他那里,这种统一却具有唯心主义的特征,因为人纯粹被视为是精神上的"自我意识",而客体仅仅是精神的"异在"的产物。因此,对主体来说,客体仅仅是表面上独立的东西。主体意识到外部事物

---

① "《神圣家族》的准备材料"重刊于 1929 年编辑出版的《马克思恩格斯全集》(俄文版)第三卷。该文最初与《黑格尔法哲学批判》、"马克思中学时期的作品",作为"马克思未发表的手稿",一同被收入 1927 年出版的《马克思恩格斯文库》(俄文版)第三卷,编者是大卫·梁赞诺夫。"《神圣家族》的准备材料"一文分为四个部分:私有财产和劳动、私有财产和共产主义、什么是黑格尔辩证法、生产需要和分工。该文实际为后来发表的《1844 年经济学哲学手稿》的第三笔记本。1932 年出版的《马克思恩格斯全集》历史考证版第一部分第 3 卷,收入了《1844 年经济学哲学手稿》笔记本。因此鲁宾写作该文时,主要参照的是梁赞诺夫编辑的"《神圣家族》的准备材料"。该文对于把握《1844 年经济学哲学手稿》的早期传播和研究,具有重要的学术补遗价值。——中译注。

② 参见 Институт К. Маркса и Ф. Энгельса: Архив К. Маркса и Ф. Энгельса, Кн. 3, - Москва: Гос. изд-во, 1927 г., стр. 133。

只是自我意识的异在的产物,它“属于自己的本质而仍缺少的东西”①。主体在外部对象中看到了自身的“片面性”,同时它也意识到对象“包含有满足欲望的可能性,对象因而是与欲望相适应的,也正是由于这个原因,欲望也被客体激发起来”②。因此在主体中出现了通过外部事物的消灭(消费)来满足欲望的需要,来证明外部事物独立的想象性特征及其与主体自身的真实同一。“通过欲望的满足,主体与客体自在存在着的同一性就建立起来了,主体的片面性和客体表面独立性就被扬弃了。”③

著名的黑格尔研究专家伯兰德认为,黑格尔的这些观点可以概括为:“需要的满足事实上表明了对立面的真正统一”,也就是主客体之间的真正统一。对黑格尔来说,这种统一性具有唯心主义的特征,客体仅仅是主体的外化,后者代表着自我意识的纯粹的精神本质。尽管黑格尔的思想具有唯心主义的特征,但是我们可以在其中发现很多费尔巴哈和马克思后来进一步发展的重要的环节。这些环节包括:主体的片面性感觉和对外部对象的需要;客体作为主体自身存在必要补充的地位;外部事物与需要的联系经由它而得到实现;诚然,作为所有这些环节的一般哲学基础,主体与客体统一的原则是以唯心主义的方式展开的。

费尔巴哈以唯物主义的方式重新理解了需要。下面的两处经典引文出自费尔巴哈在1844年前后对马克思产生重大影响的作品。在《关于哲学改造的临时纲要》中,费尔巴哈写道:“只有感到痛苦的实体才是必然的实体,没有需要的存在是多余的存在……只有具有丰富的惨痛经验的实体,才是神圣的实体,没有痛苦的实体是一种没有实体的实体,没有痛苦的实体不是别的,仅仅是一种无感觉、无物质的实体。”④

但是对黑格尔来说,人把需要作为外部事物,因为外部事物是在他人的创造性活动中,由人自身、他的“自我意识”的纯粹精神本质所创造的。

① 黑格尔:《精神哲学——哲学全书第三部分》,杨祖陶译,北京:人民出版社2006年版,第224页。

② 同上书,第223页。

③ 同上书,第224页。

④ 路德维希·费尔巴哈:《费尔巴哈哲学著作选集》上卷,荣震华、李金山等译,北京:商务印书馆1984年版,第110页。

对费尔巴哈来说,对外部事物的需要来自人的感性的、物质的本质。非物质的、纯粹精神的人,用黑格尔的话来说,没有任何对外部事物的需要。

费尔巴哈对黑格尔的反对更多是在他接下来的一部作品《未来哲学原理》中提出的。他说:“只有感性的实体需要在它以外的其他食物才能存在。我需要有空气才能呼吸,需要有水才能喝,需要有动植物的食料才能吃,但是我的思想就不需要——最低限度不直接需要——任何东西……能呼吸的实体必须牵涉在它之外的另一个实体,必须有其主要的对象,只有依赖这个对象像这样存在,而这个对象则是存在于它之外的。”①

1844年,当马克思写作“《神圣家族》的准备材料”的时候,他依据费尔巴哈哲学,开展了一场反对黑格尔唯心主义的斗争。因此可以理解的是,在马克思的早期作品中,他谈及需要和消费时,延续了费尔巴哈对人的感性本质的强调。马克思写道:“人直接地是自然存在物,人作为自然存在物,而且作为有生命的自然存在物,一方面具有自然力、生命力,是能动的自然存在物;这些力量作为天赋和才能、作为欲望存在于人身上;另一方面,人作为自然的、肉体的、感性的、对象性的存在物,同动植物一样,是受动的、受制约的存在物,就是说,他的欲望的对象是作为不依赖于它的对象而存在于他之外的;但是,这些对象是他需要的对象;是表现和确证他的本质力量所不可缺少的、重要的对象……说一个东西是对象性的、自然的、感性的,又说,在这个东西自身之外有对象、自然界、感觉,这都是同一个意思。饥饿是自然的需要,因此,为了使自身得到满足,使自身解决饥饿,它需要自身之外的自然界,自身之外的对象。饥饿是我的身体对某一对象的公认的需要,这个对象存在于我的身体之外,是使我的身体得以充实所或不可缺的。一个存在物如果在自身之外没有自己的自然界,就不是自然存在物,就不能参加自然界的生活,一个存在物如果在自身之外没有对象,就不是对象性的存在物。”②

---

① 路德维希·费尔巴哈:《费尔巴哈哲学著作选集》上卷,第125页。
② 马克思:《1844年经济学哲学手稿》,北京:人民出版社2018年版,第103页。

这里很容易发现马克思的这些语句与前文引述的费尔巴哈著作之间的相似性。和费尔巴哈一样，马克思把人的感性特征作为讨论的起点，解释了人与自然的密切关联。正如马克思所说，“感性（见费尔巴哈）必须是一切科学的基础”①。在这个基础上，马克思创立了他的需要学说。接着费尔巴哈的讨论，马克思从人的感性本质出发，阐述了人类需要和满足需要的对象之间的最为紧密的联系。作为自然存在物，人依赖于自身之外的自然物。另一方面，这些自然物服务于人的需要的满足、人的生命表现的丰富化。

二

如果马克思仅限于阐明人类的感性受动性本质，他将不会跳出费尔巴哈划定的理论边界。但是，正如梁赞诺夫在谈论上述引文时所指出的那样，即便在马克思推崇费尔巴哈的那段时间里，他也“继承和发展了黑格尔辩证法的全部革命因素”。我们将在马克思对需要和消费的论述中确证这一事实。在我们所讨论的马克思早期著作中，人已经不仅仅是受动的存在物，仅仅对外部对象有所需要，而且也是活动的、历史变化着的社会存在物。

在前文引述的段落中，马克思从一开始就根据活动与受动的对立来描述人的本质。人不仅仅是一个受动的、因需要不能满足而痛苦的存在物，而且也是能动的、在他的活动中体现自身“本质力量”的存在物。较之黑格尔从抽象的纯粹的自我意识的精神活动来看待人的能动性，马克思用“丰富的、活生生的、感性的、自我对象化的具体活动”②即劳动活动代替了黑格尔的自我意识。但是人类一旦从事劳动活动，就不仅是自然存在物，而且也是社会存在物：“活动和享受，无论就其内容或是就其存在方式来说，都是社会的活动和社会的享受”③，人的历史变化着的本质源自于人

① 马克思：《1844 年经济学哲学手稿》，北京：人民出版社 2018 年版，第 86 页。
② 同上书，第 112 页。
③ 同上书，第 79 页。

的社会本质,“整个所谓世界历史不外是通过人的劳动而诞生的过程”①。

正如我们所看到的,尽管马克思采用了费尔巴哈的感性的人作为讨论的出发点,但是他并没有驻足于此。他从自然的人转向了社会的人,即活动的人和历史变化着的人。正是通过社会的人,马克思进一步发展了他关于生产与消费关系的基本观点。

在社会中,这种关系表明,在人类的需要和满足人类需要的对象之间,存在着一种巨大的力量。在社会中,所有的对象并不是以被自然直接给予的形式出现。它们不再是自然的对象,而是人类自己的创造物。它们是人的活力的展现,是人自身本质的社会展现。

“随着对象性的现实在社会中对人说来到处成为人的本质力量的现实,成为人的现实,因而成为人自己的本质力量的现实,一切对象对他说来也就成为他自身的对象化,成为确证和实现他的个性的对象。”②

对象自身以一种人化的方式,即作为人类活动的结果和人类力量的显现的方式存在。

但是,人类的活动不仅会改变其直接面对的外部的对象,而且也改变了人本身的感觉和需要。“只有音乐才能激起人的音乐感。”③

“社会的人的感觉不同于非社会的人的感觉,只是由于人的本质客观的展开的丰富性,主体的、人的感受的丰富性,如有音乐感的耳朵、能感受形式的眼睛,总之,那些能成为人的享受的感觉,即确证自己是人的本质力量的感觉,才一部分发展起来,一部分产生出来。”④

只有在人类本质的对象化发展的财富状态中,如由人的活动创造的形形色色的对象世界中,人的需要和感觉的发展与完善才成为可能。在这种情况下,人周围的物的世界的人化与人自身感觉(需要)的产生是同一个过程。这个过程是人的活动的结果,反过来,这个过程也是人的本质力量的展现。

显然,马克思的思路是这样的。人类能动的本质体现在其能动的劳

① 马克思:《1844年经济学哲学手稿》,北京:人民出版社2018年版,第89页。

②③ 同上书,第83页。

④ 同上书,第84页。

动活动中,因此也体现在它创造的事物中。为满足人类需要而创造的事物,反过来也作用于人,丰富了人类的感觉与需要。正是因为人的这种能动活动同时改变着外部世界的对象和人自身的需要,才形成了人的需要和满足需要的对象的完全统一。需要与需要的对象并非两种不同的、彼此之间异在的、以外在方式相互作用的现象。我们看到的是这些现象之间相互渗透,对象正是为了满足需要而由人类活动创造出来的。反过来,需要只有在环境即由人创造的对象世界中才能得到发展和丰富。在这里,马克思已经明确提出了人类需要与满足需要的对象之间的辩证关系问题。在这一早期著作中,马克思已经克服了需要与对象之间外在关联的普遍观念。在这里,马克思克服了资产阶级经济学家的错误。资产阶级经济学家把人的需要作为论述的起点,进而把对象当作满足这些特定需要的外部手段。但是他们将人的需要作为事先给定的,与生产过程和由这一过程创造的物的世界无关的东西。毋庸赘言,奥地利学派关于需要的全部学说,就是建立在这样一种有关需要与对象联系的纯机械理解基础上的。这一理解是以边沁的功利主义理论,以及在这一问题上遵循边沁的所有李嘉图派经济学家为基础的。在我们所面对的这篇文献中,马克思已经轻蔑地拒绝了功利主义、享乐主义的心理学。这种心理学"从效用的外部关系的角度"来考察现象,仅仅用"需要、一般需要"①这些术语来表达人类创造活动的"伟大财富"。在批判施蒂纳的著作中,马克思对功利主义心理学进行了更深刻、更详细的批判。这篇著作是由梁赞诺夫在《马克思恩格斯文库》俄文版第四卷上首次发表的②。

马克思关于需要和外部对象辩证关系的理解,为他更好地理解人类需要发展的规律提供了广泛的可能性。事实上,在我们已经引用的文章中,可以发现这样一种思想的萌芽:人类感觉和需要的发展的整个过程是人类自身活动发展的结果。

"五官感觉的形成是迄今为止全部世界历史的产物。囿于粗陋的实

---

① 马克思:《1844 年经济学哲学手稿》,北京:人民出版社 2018 年版,第 85 页。

② 参见 Институт К. Маркса и Ф. Энгельса: Архив К. Маркса и Ф. Энгельса, Кн. 4, - Москва: Гос. изд-во, 1929 г., стр. 215 - 291。

际需要的感觉,也只具有有限的意义。对一个忍饥挨饿的人来说并不存在人的食物的形式,而只有作为食物的抽象存在;食物同样也可能具有最粗糙的形式,而且不能说,这种进食活动与动物的进食活动有什么区别。”①

马克思在这里提出了这样一种观念:当我们谈论对食物的需要的时候,即使这种需要源于人的自然本性,但这种需要自身在历史发展的过程中会发生变化并采取不同的形式,换言之,它是历史的产物。(马克思在《政治经济学批判》中同样也是使用饥饿的例子,进一步发展了这一观点。稍后,我们将对此作进一步的说明。)

马克思提供了一种有关需要发展的更为精确的描述。需要的发展和丰富,是同人周围对象世界的丰富相一致的。既然对象世界是由人类劳动或工业创造的,因此我们必须在工业发展的过程中找到对人类需要变化过程的最终解释。“工业的历史和工业已经生成的对象性存在,是一本打开了的关于人的本质力量的书,是感性地摆在我们面前的人的心理学。”②工业是“人的本质力量的公开的展示”③。

我们已经回顾了马克思在“《神圣家族》的准备材料”中所展开的讨论。它们包含着关于生产与消费关系的丰富思想的核心。需要与外部对象不是机械的对立,而是和外部对象密切关联。人类需要的特定发展被理解为一个历史的过程。这个过程依赖于工业,也就是重要的人类活动、人类劳动的发展。然而,在马克思的讨论中仍然存在着不足。这些不足或许可以用费尔巴哈哲学的影响来解释。马克思是从人的本质力量展开他的讨论的,人的本质力量体现在那些产生对象的多样化世界的活动中。因此,对象世界和人的需要的丰富化作为同时并行的过程,被理解为人的本质力量的体现,被理解为存在于人的本性之中的潜能——即便是以一种尚未展开的形式。更进一步,尽管马克思已经在能够引起人类需要改变的意义上强调了能动的、实践的活动的重要性,但是这里所凸显的在很

① 马克思:《1844年经济学哲学手稿》,北京:人民出版社2018年版,第84页。
② 同上书,第85页。
③ 同上书,第86页。

大程度上并不是这种活动所产生的对物的知觉，即生产过程中的人的能动活动。

三

至此，我们概述了马克思关于需要发展的一般规律的思想。可以认为马克思所说的人类感觉和需要丰富化的条件只有在社会主义社会中才能完全存在。在马克思看来，在对象世界日益多样化和丰富化的影响下，人类感觉和需要的"自然的"发展的理想图景，只有在社会主义社会中才能够完全实现。作为人的需要发展图景的反题，马克思为我们描绘了在资产阶级经济中普遍存在的状况。

现在让我们转向分析资产阶级经济中的需要和消费。马克思此时还没有分清楚简单商品经济和资本主义经济，但是我们将尝试在他的评论中，将存在于任何一种商品经济的典型特征与资本主义经济的特殊特征区分开来。马克思将资产阶级社会的特征概括如下：

"在国民经济学家看来，社会是市民社会，在这里任何个人都是各种需要的整体，并且就人人互为手段而言，个人只为别人而存在，别人也只为他而存在。"①

马克思经常提到的资产阶级社会的特征，在《神圣家族》中有更详细的论述。

"因为一个人的需要，对于另一个拥有满足这种需要的资料的利己主义者来说，并没有什么明显的意义，就是说，同这种需要的满足并没有任何直接的联系，所以每一个人都必须建立联系，这样就相互成为他人的需要和这种需要的对象之间的皮条匠。"②

这里很容易看出，马克思认为任何一种商品经济都可以概括为：每一个人通过满足他人的需要来满足自己的需要。即便是亚当·斯密也已经

---

① 马克思：《1844年经济学哲学手稿》，北京：人民出版社2018年版，第130—131页。

②《马克思恩格斯全集》第2卷，北京：人民出版社1957年版，第154页。

注意到了，商品经济中满足人类需要的过程存在这一特定的维度。他在《国富论》的第二章写道：

“人类随时随地都需要同胞的协助，要想仅仅依赖他人的恩惠，那是一定不行的，他如果能够刺激他们的利己心，使有利于他，并告诉他们，给他做事，是对他们自己有利的，他要达到目的就容易多了。”①

大概是由于斯密的影响，黑格尔也注意到了“市民社会”中的成员在满足需要方面的相互依存关系。②

马克思表达了和在上述引用的段落中的相同的思想，他描绘了商品经济中需要的满足过程的基本特征。后来，马克思在《政治经济学批判》中深化了这一思想，即在商品经济中只有通过交换才能使生产者的需要的满足成为可能。从中，他得出了关于使用价值和价值的矛盾等一系列极其重要的、有价值的结论。但是在我们这里所讨论的早期作品中，马克思还没有着手分析简单商品经济。基于他在早期著作中的摘录，商品生产者在满足其需要方面相互依存，仅仅是为了直接讨论资本主义经济并揭示其所有本质的、不可化解的矛盾。这一摘录部分存在于梁赞诺夫编辑并以“需要，生产和分工”③为题出版的片段中。

马克思在这一片段的开头有以下考虑：一旦商品生产者只有在首先满足另外一个个人的需要后才能满足自身的需要，他的兴趣就在于人为地激发他人的新的需要。

“每个人都指望使别人产生某种新的需要，以便迫使他做出新的牺牲，以便使他处于一种新的享受，从而陷入一种新的经济破产。每个人都力图创造出一种支配他人的、异己的本质力量，以便从这里面获得他自己

① 亚当·斯密：《国富论》，郭大力、王亚楠译，北京：商务印书馆 2015 年版，第 12 页。

② 参见《法哲学原理》第 189 节，黑格尔写道：“政治经济学就是从上述需要和劳动的观点出发，然后按照群众关系和群众运动的质和量的规定性以及它们的复杂性来阐明这些关系和运动的一门科学。这是现代世界基础上所产生的若干科学的一门。它的发展是很有趣的，可以从中见到思想（见斯密、萨伊、李嘉图）是怎样从最初摆在它面前的无数个别事实中，找出事物简单的原理，即找到事物中发生作用并调节着事物的理智。”黑格尔在补充部分认为政治经济学“这门科学使思想感到荣幸，因为它替一大堆的偶然性找出了规律。” 参见黑格尔《法哲学原理》，范扬、张企泰译，北京：商务印书馆 1961 年版，第 204—205 页。

③《马克思恩格斯全集》第 42 卷，北京：人民出版社 1979 年版，第 132 页。

的利己需要的满足。"①

结果是激起了精致的、非自然的,甚至是臆造出来的欲望、幻想、奇想和怪想。

"没有一个宦官不是厚颜无耻地向自己的君主献媚,并力图用卑鄙的手段来刺激君主麻木不仁的享受能力,以骗取君主的恩宠。……工业的宦官迎合他人最下流的念头,充当他和他的需要之间的牵线人,激起他的病态的欲望,默默地盯着他的每一个弱点,然后要求对这种殷勤服务付酬金。"②

因此,结果是需要的日益精致化,对致富的怪想、对奢侈的追求和挥霍无度的消费。

在这里很容易看出,马克思是逐渐从简单商品经济过渡到资本主义经济的。他从每一个商品生产者只有通过交换才能满足他的需要的事实,得出结论说,卖方需要去激起消费者对奢侈的人为需要。然而,显然奢侈的需要只有在阶级社会中才能发生。在阶级社会中,有产阶级为自己获得更多的剩余价值。挥霍的可能性来自一个阶级对另一个阶级的剥削。正如马克思在他的早期著作中表明的,这并不是卖方激起消费者人为需要的结果。

马克思恩格斯在他们早期作品中对奢侈和浪费问题的关注,可以由他们受空想社会主义者的著作影响来解释。空想社会主义者把富人阶层的奢侈和浪费看作资本主义社会的罪恶之一。此外,马克思对于奢侈问题的兴趣还是因为该问题在古典经济学家中引起了争论。代表地主贵族的经济学家(马尔萨斯、罗德戴尔等)认为地主奢侈浪费的生活方式,包括对贵重奢侈品的消费,为资本主义工业创造了巨大的市场。与代表地主贵族的经济学家正好相反,代表工业资产阶级的经济学家(李嘉图、萨伊等)强调:懒惰的土地贵族的非生产性消费造成了巨大损失,节俭有助于新的资本的增加和生产的扩张。马克思细心地发现这场争论的焦点在于

① 马克思:《1844 年经济学哲学手稿》,北京:人民出版社 2018 年版,第 117 页。
② 同上书,第 118 页。

支持奢侈还是支持节俭。马克思阐明了双方立场的缺陷,他认为代表地主贵族的经济学家的错误在于他们把挥霍直接当作发财致富的手段,而另一边则是:

“装腔作势地不承认,正是突发的怪想和念头决定生产;它忘记了‘考究的需要’,它忘记了,通过竞争,生产只会变得日益全面、日益奢侈;它忘记了,按照它的理论,使用决定物的价值,而时尚决定使用。”①

我们可以看到:马克思关于奢侈和节俭问题争论的理解,一方面受到了空想社会主义的影响,另一方面也受到了马尔萨斯和他的追随者的影响。马克思抨击对富人完善的需要、任意的奇想和突发的怪想等的强调,高估了它们在作为整体的资本主义生产过程中的作用。马克思甚至提到了经济学家中类似于萨伊学说的观点,即物的价值由效用来决定。恩格斯也曾表达了这样一种关于富人的突发的怪想会影响商品价值的观点。他在《国民经济学批判大纲》中写到,“效用取决于偶然情况,时尚和富人的癖好”②。

四

如果撇开马克思夸大了富人的非生产性消费的重要性不谈,我们可以发现在这些早期研究中存在一个非常有价值的特征。从一开始,马克思就是从阶级的角度提出整个消费问题的。他描绘了构成资本主义社会的各个阶级的消费,并认真分析了各阶级消费的典型特征。马克思描述了他认为的土地贵族的典型的挥霍无度的生活方式。另一方面,马克思认为工业资产阶级展现清醒而朴素的思维方式。正如我们所看到的那样,工业主确实人为地激起了消费者的需要,从而促进了奢侈品的消费。但是在进一步的发展过程中,工业资产阶级开始积极地反对地主贵族的奢侈和浪费。

---

① 马克思:《1844年经济学哲学手稿》,北京:人民出版社2018年版,第121—122页。

②《马克思恩格斯选集》第1卷,北京:人民出版社2012年版,第27页。

“当然,工业资本家也享受。他决不退回到违反自然的粗陋需要。但是,他的享受仅仅是次要的事情,是一种服从于生产的休息;同时他的享受是精打细算的,从而本身就是一种经济的享受,因为资本家把自己的享受也算入资本的费用。因此,他为自己享受所挥霍的钱只限于这笔花费能通过会带来的利润的资本再生产而重新得到补偿。可见,享受服从于资本,享受的个人服从于资本化的个人,而以前的情况恰恰相反。”①

马克思在这里再次清晰地指出了消费的阶级特征,与工业资产阶级相适应的消费的各种典型特征,以及它与土地贵族消费的不同之处。②

然而,当谈到工业资产阶级和地主贵族时,尽管不同阶级的消费呈现出不同的特征,但是就有产阶级和工人的对立而言,消费的阶级特征要更为明显。资本主义社会一方面导致了“需要的精致化和满足需要的资料的精致化”③,另一方面,同时也造成了“需要的畜生般的野蛮化和彻底的、粗陋的、抽象的简单化”。④正如其他的社会主义者一样,马克思用清晰的笔调描绘了资本主义社会中工人低级的和简单的需要。对工人来说,问题不只是马克思此前在一个无阶级社会中所描述的那个过程,即人的需要的逐渐丰富的过程,停止了,而且是在资本主义经济中,即使是工人依据其生理本质所提出的纯粹的生理或自然需要,也无法得到满足。

“对于工人来说,甚至对新鲜空气的需要也不再成其为需要了。……光、空气等,甚至动物的最简单的爱清洁的习性,都不再是人的需要了。肮脏,人的这种堕落、腐化,文明的阴沟(就这个词的本义而言),成了工人的生活要素。完全违反自然的荒芜,日益腐败的自然界,成了他的生活要素。他的任何一种感觉不仅不再以人的方式存在,而且不再以非人的方式因而甚至不再以动物的方式存在。”⑤

此前,我们追溯了人类需要和感觉的逐渐丰富化和人性化。现在,我们发现人类需要退化到了动物的需要,甚至更甚。以食物为例,马克思再次说明了这一过程。

---

① 马克思:《1844 年经济学哲学手稿》,北京:人民出版社 2018 年版,第 129 页。

② 在《资本论》中马克思再次说明了工业资产阶级和土地贵族消费的不同之处。

③④⑤ 马克思:《1844 年经济学哲学手稿》,第 119 页。

“人不仅没有了人的需要，他甚至连动物的需要也不再有了。爱尔兰人只知道有吃的需要，确切地说，只知道吃马铃薯，而且只是感染上斑点病的马铃薯，那是质量最差的一种马铃薯。”①

但是马克思认为，工人的消费不仅仅是挥霍浪费的富人的消费的对立面。马克思不仅强调了二者之间的尖锐对立，还指出了二者之间存在的不可分割的联系。在这里我们看到了贯穿马克思著作始终的辩证方法的作用。富人的浪费的消费和工人的贫瘠的消费是同一个资本主义社会的两个方面，它们相辅相成，相互制约。“需要和需要满足的资料的增长造成需要的丧失和需要资料的丧失”②，工业资产阶级从土地贵族奢侈的和工人的粗陋的需要中获利。

“工人的粗陋的需要是比富人的讲究的需要大得多的来源。伦敦地下室住所给房产主带来的收入比宫殿带来的更多，就是说，这种住所对房产主来说是更大的财富，因此，用国民经济学的话来说，是更大的社会财富。正像工业利用需要的讲究来进行投机一样，工业也需要利用需要的粗陋，而且人为的造成需要的粗陋来进行投机。”③

马克思在这里已经指出，无论是有产阶级的奢靡的消费，还是工人的简单商品的大规模消费，都对资本主义生产来说十分重要。但是也正如我们所看到的那样，青年马克思仍然像其他早期社会主义者一样，夸大了奢侈的重要性。后来，马克思在《哲学的贫困》中，则强调了大众消费品的重要性。

我们可以看到，“《神圣家族》的准备材料”中包含了马克思总体上关于人的需要发展的规律，以及资本主义社会中消费的特征的重要的评论。就前者而言，马克思在这里强调了人类需要的历史变化特征，以及体现在生产过程中的，需要的发展过程和人类活动的发展过程之间密不可分的联系。就后者而言，在马克思对资本主义经济的思考中，他着重强调了消费的阶级特征，并描述了地主贵族、工业资本家、工人消费的具体特征。

① 马克思：《1844 年经济学哲学手稿》，北京：人民出版社 2018 年版，第 119 页。
② 同上书，第 120 页。
③ 同上书，第 124 页。

就此而言，即便是在早期笔记中，马克思也已经超越了他那个时代的许多资产阶级经济学家。这些资产阶级经济学家试图讨论“消费者”，但没有首先将工人消费者和资本家消费者区分开来。然而，马克思还没有将不同阶级的消费与资本主义生产过程的分析联系起来。因此，他对不同阶级消费的观察更多带有的是一种社会学或新闻报道的特征，而非经济学的特征。这些有关资本主义经济讨论的第二个不足是：它们与此前一般意义上关于人类需要发展规律的评论缺乏关联。在第二部分的摘录中，马克思描绘了资本主义社会的消费，但这更像是第一部分摘录的思想的对立面，而非其继续和发展。在第一部分的摘录中，问题是感性和需要的人化。而在第二部分的摘录中，它们被剥夺了自身的人的属性。正如马克思所提到的那样，这一点不仅适用于饥饿的工人，也适用于挥霍的富人。第一部分手稿解决的是无阶级社会中人类需要丰富化的“自然”过程。而第二部分手稿则描述了资本主义社会中工人以及富人消费的“非自然”特征。

后殖民理论与世界工人阶级的形成[①]

露西亚·普莱德拉②
（伦敦国王学院欧洲与国际研究系）

本文讨论了后殖民主义指责马克思是欧洲中心主义思想家的两个主要根源，即认为他的价值理论局限于国家层面，以及他的亚细亚生产方式（AMP）概念暗示着对亚洲的贬低。文章首先探讨了古典政治经济学如何为理解资本主义和历史唯物主义创造了条件，同时它又矛盾地将民族主义和欧洲中心主义作为方法论基础。文章根据仍未完全出版的马克思的《伦敦笔记》（1850—1853），论证了马克思始终在国际层面上发展劳动价值理论。此外，在1853年夏天，他质疑贝尔尼埃的东方专制主义理论，而愈发关注印度人民的具体状况和反殖民主义的抵抗形式。文章认为，通过克服原子论与线性的发展观，马克思能够认识到新兴的世界工人阶级相互依赖、互为一体的力量的物质性源起。

---

① Lucia Pradella，Department of European and International Studies，King's College London. 本文原出处：Pradella，Lucia. "Postcolonial theory and the making of the world working class." *Critical Sociology* 43. 4 - 5 (2017)：573 - 586. ——中译注。

② 作者简介：露西亚·普莱德拉，伦敦国王学院欧洲与国际研究系高级讲师，伦敦大学亚非学院、威尼斯大学研究员；译者简介：张墨研，中国艺术研究院马克思主义文艺理论研究所助理研究员。——中译注。

引言

后殖民研究成功地揭示了帝国主义的历史和遗产，表明解殖民化（decolonization）改变了这种关系，但没有消灭这种关系[①]。他们的主要贡献之一在于对欧洲中心主义的批判，他们指出欧洲中心主义的思维方式深刻影响了现代西方思想，即使是马克思主义也未能幸免。事实上，马克思主义的许多分支已经淡化或拒绝了殖民主义和帝国主义的重要性，宣布了农民阶级的终结，并将全球南方和北方的斗争割裂开来。

当早期的庶民研究（subaltern studies）尚强调马克思解放计划的潜力，后殖民研究则即便不是对马克思公开宣战；也与马克思拉开到了极限距离，将他的思想与西方的殖民话语连接起来[②]。不同的马克思主义学者回击了这些批评，指出马克思（主义）一贯的反帝国主义批判[③]。[④] 在英语世界，像阿吉兹·阿罕默德（Aijaz Ahmad）、奥古斯特·尼姆兹（August Nimtz）和普拉纳夫·贾尼（Pranav Jani）等知名学者都强调了马克思著作中重要但被低估的方面，阐明了他对帝国主义和反殖民主义运动的关注。最近，凯文·安德森（Kevin Anderson）基于新的《马克思恩格斯全集》（Marx-Engels-Gesamtausgabe）历史考证版展示了马克思关于非西方社会的著作及晚期笔记，证明了非西方社会在马克思本人的研究中日益显著的中心地位。

这些与后殖民研究的论战突出了马克思作品的重要方面，显示了它与社会解放实践的持续相关性。然而，在我看来，它们并没有能够从根本

---

① Ania Loomba, *Colonialism/postcolonialism*. London: Routledge, 2005, pp. 2, 22.

② Chaturvedi V. (ed.), *Mapping Subaltern Studies and the Postcolonial*. London: Verso, 2010, p. vii.

③ Bartolovich C. and Lazarus N., *Marxism, Modernity and Post-colonial Studies*, Cambridge: Cambridge University Press, 2002; Loomba A, *Colonialism/Postcolonialism*, London: Routledge, 2005; Parry B, *Postcolonial Studies: A Materialist Critique*, London: Routledge, 2004.

④ 维微克·奇伯（Vivek Chibber）最近出版的著作（2013）试图对该项目的理论基础作出马克思主义批判，但并未将这种批判建立在对帝国主义和殖民主义的分析之上。

上破坏把马克思当作欧洲中心主义思想家进行批评的根源。在《后殖民主义理性批判》中，斯皮瓦克提出了我认为是此类批评的两个主要前提，与马克思对价值形式和亚细亚生产方式（AMP）的分析有关。在她看来，首先，马克思的价值理论“仅限于对其形态在英国的发展进行描述”，并产生符合英国利益的结果；但价值形式也允许理解殖民主义和新自由主义下的新国际分工①。其次，马克思的亚细亚生产方式概念与亚洲的现实相去甚远，并隐含着对亚洲的贬低，尽管它也可以发挥解构杠杆的作用，显示目的论方法的局限。

在我看来，斯皮瓦克的主张显示了对马克思分析这两个相关问题的误解。至关重要的是，劳动价值理论并不局限于自我封闭的国家经济，而是包括作为帝国主义体系的资本主义，并为我们提供了对欧洲中心主义进行内在批判的工具。为了证明这一点，本文第二节通过研究欧洲中心主义与“方法论民族主义”（methodological nationalism）的联系，在理论上和历史上对其进行定位：研究这两种相互关联的方法在古典政治经济学中的起源，这一部分还明确了古典政治经济学中就含有能够对它们进行质疑的概念资源②。

接着，借助对马克思关于殖民主义的著作和他的伦敦笔记的研究，我转向分析马克思对政治经济学的批判。虽然这些笔记（1850—1853年）仍有部分没有出版，但我在柏林·勃兰登堡科学与人文学院（Berlin-Brandenburg Academy of Sciences and Humanities）查阅了它们的抄本。③ 根据这些新材料，我在第三节中讨论了马克思价值理论的国际方面，并质疑萨米尔·阿明、凯文·安德森和大卫·哈维等著名马克思主义学者中仍普遍存在的理解，即马克思将英国视为一个国家经济体。然后我指出，马

① Spivak GC, *A Critique of Postcolonial Reason: Towards a History of the Vanishing Present*, Cambridge, MA: Harvard University Press, 1999, p. 99.

② Lazarus N., “The fetish of ‘the West’ in postcolonial theory”, in Bartolovich C and Lazarus N (eds), *Marxism, Modernity and Post-colonial Studies*, Cambridge: Cambridge University Press, 2002, p. 61.

③ 在本文中，我参考了社会历史国际研究所（International Institute of Social History）档案中的马克思笔记分类，马克思和恩格斯笔记的完整索引见：http://www.iisg.nl/archives/en/files/m/ARCH00860full.php#N11241。

克思对作为帝国主义体系的资本主义的分析，使他能够得出对历史的非目的论的理解，这也是他的亚细亚生产方式概念的依据。因此，本文质疑佩里·安德森和贾鲁斯·巴纳吉等著名马克思主义学者作出的解释，即亚细亚生产方式的概念意味着贬低亚洲的欧洲中心主义思想，相反，本文认为，通过克服原子论和线性的发展观，马克思认识到了相互依附和阶级力量的种子能够颠覆欧洲中心主义的物质基础。

欧洲中心主义和方法论民族主义

在政治经济学领域，迄今为止对欧洲中心主义和方法论民族主义的起源的研究极其有限①：这种反思需要克服这些相互关联的方法。自20世纪70年代以来，越来越多的学者指出，民族国家虽然在历史上是一个相对晚近的发展，但已经被归化和假定为历史分析和历史目的（telos of history）的起点。社会被认为是与国家和国家领土相吻合的，而国际投资和移民则被认为是国家发展道路的变化②。将国家与社会等同导致低估殖民主义和帝国主义在资本主义发展中的重要性。作为这种发展的产物，国际不平等被自然化，西方被描绘成世界其他国家的典范。这种观点导致了对发展的阶段论（stageist）解释，根据这种解释，每个民族，在孤立的情况下，都必须经历同样的阶段，才能发展或实现“社会主义”，作为资本主义国家的替代方案。③ 因此，相对于萨义德所说的“欧洲西方经验”，非西方世界被认为与那里普遍存在的真实状况相对无关。这种路线弱化

---

① 特别见 Hobson JM, “Part 1: Revealing the Eurocentric foundations of IPE: A critical historiography of the discipline from the classical to the modern era”, *Review of International Political Economy*, 2013, 20(5): 1024－1054; Matin K., Redeeming the universal: Postcolonialism and the inner life of Eurocentrism. European Journal of International Relations, 2013, 19(2): 353－377; Pradella L., *Globalization and the Critique of Political Economy: New Insights from Marx's Writings*, London: Routledge, 2014。

② Van der Linden M., *Workers of the World: Essays toward a Global Labour History*. Leiden: Brill, 2008.

③ 苏联革命的国家化进程有助于“世界历史和国家历史作为一系列普遍阶段的融合”（Bailey和Llobera，1981：52）。

了“属下”(subaltern)民族的集体力量,并直接或间接地为欧洲和西方对世界其他地区的统治进行辩护。

相对于爱德华·萨义德将欧洲中心主义的起源追溯到了欧洲的中世纪,萨米尔·阿明则将其定义为一种独特的现代现象,与前现代形式的民族中心主义不同①。在阿明看来,欧洲中心主义出现在19世纪,是对资产阶级社会批判的一种防御性回应②。在这一节中,我将指出古典政治经济学同时为对资本主义和历史唯物主义认识奠定了基础,也为方法论民族主义和欧洲中心主义提供了依据。

与通常的假设不同,民族国家并不总是政治经济学分析的起点。将欧洲经济视为殖民体系,重商主义经济学家将工业资本的历史起源与发生在欧洲“发现”和殖民美洲之后的国际进程以及在亚洲和非洲的商业扩张背景下的商业和高利贷剥夺联系起来,亚当·斯密和大卫·李嘉图对劳动价值理论的阐述为理解资本在生产领域的起源奠定了前提。他们着眼于资本主义的历史特性,把这个系统作为一个整体来看待,并指出了资本和雇佣劳动之间的对立关系。他们认识到了资本和劳动力的国际流动性,并为把积累视为为一个帝国主义进程奠定了基础,这一进程导致了更具竞争力资本在国际上的凝聚和集中③。

这种将资本主义理解为一种对立的国际体系的做法,排除了将社会视为孤立整体的观点,以及相应的对历史的阶段性理解,使得有可能在理论上将社会间的相互作用作为变革的动力。这就解释了为什么说古典政治经济学为阐述唯物主义的历史观念作出了贡献。他们不仅在分析前资本主义社会时运用了唯物主义方法;通过揭露阶级的经济对立,他们还发现了“历史斗争和发展的根源”④。因此,他们为将阶级斗争置于经济和历

① Amin S., Eurocentrism. New York: Monthly Review Press, pp. vii, 1989, 101 - 2.

② Lazarus N., The fetish of “the West” in postcolonial theory. In: Bartolovich C and Lazarus N (eds) Marxism, Modernity and Post-colonial Studies. Cambridge: Cambridge University Press, 2002, pp. 49 - 50.

③ Pradella L., New developmentalism and the origins of methodological nationalism. Competition and Change, 2014, 18(2): 178 - 191.

④ Marx K. and Engels F. (1989a) *Collected Works*, Vol. 24, Marx and Engels: 1874 - 83. Moscow: Progress Publishers, p. 392.

史分析的中心创造了条件。斯密的《国富论》是分析亚洲社会政治经济的第一次尝试，它为批判东方专制主义理论奠定了基础，这种理论是在欧洲与亚洲贸易扩张之后出现的，它使欧洲人宣称自己在道德和政治上比奥斯曼中东、波斯、印度和中国的文明具有优势①。此外，尽管李嘉图缺乏明确的历史解释，但他对资本劳动和雇佣劳动之间对立关系的分析也为理解塑造亚洲社会的对立关系奠定了基础。

然而，由于他们自然化了资本主义生产方式，斯密和李嘉图并没有始终如一地发展劳动价值理论，也没有明确地提出以阶级对立为中心的历史和社会变革理论。相反，他们肯定了资本主义生产是以国家层面的人口消费为目的这一观点的正确性。因此，他们制定了一个经济模式，该模式以资本和劳动力的国际不动性（immobility）为前提，并将资本积累的过程与市场和帝国的扩张分开。由此产生的国际贸易观点是基于商品在预设的独立国家之间流通的假设，这些国家都可以在完全竞争的体系中繁荣起来。在李嘉图的国际贸易理论中，货币似乎只是一种流通手段，而不是一种支付手段、囤积手段、世界货币和普遍的价值尺度，而作为一种流通手段，货币在各国之间流动以保证它们在世界市场上的平衡②。

在缺乏对社会对立的分析的基础上，自由贸易学说也意味着对人类社会的研究采取了目的论和线性方法。像亚当·斯密这样的古典经济学家同时肯定和否定了殖民主义和市场扩张对西欧工业发展的重要性。因此，他们申明所有民族都必然孤立地经历相同的发展阶段：从原始社会到农业阶段，从农业和手工业的结合到现代工业。由于欧洲似乎是文明的高峰，资产阶级关系被“悄悄地偷渡进来，作为社会抽象的不可侵犯的自

① Krader L., *The Asiatic Mode of Production: Sources, Development and Critique in the Writings of Karl Marx*, Assen: Van Gorcum, 1975, p. 119; Rubiés J-P, Oriental despotism and European Orientalism: Botero to Montesquieu. Journal of Early Modern History: Contacts, Comparisons, Contrasts, 2005, 9(1-2): 111.

② Ricardo D., *The Works and Correspondence of David Ricardo, Vol. 1: On the Principles of Political Economy and Taxation, ed. Sraffa P.*, Indianapolis: Liberty Fund, 2004 [1817], pp. 136-7;另见 Moseley F., Introduction, in *Marx's Theory of Money: Modern Appraisals*, Basingstoke: Palgrave-Macmillan, 2005, pp. 1-18.

然法则”[1]，而前资本主义社会则被解释为与之相反。这种方法导致了对亚洲社会的严重歪曲，也导致了对现有不平等的自然化。在马克思所定义的“原始积累的神话”中，个人和整个民族的“内在”特征说明了他们在国际分工中的地位。

价值理论

因此，劳动价值论的阐述为研究塑造全球资本主义的反作用力和唯物主义地理解历史和前资本主义社会创造了条件。如果说欧洲中心主义是一种源于以西方为中心的剥削性帝国主义体系并使之合法化的思维方式，那么，古典政治经济学对欧洲中心主义的创造与批判都作出了贡献。相应地，马克思对政治经济学的批判决不局限于国家层面，它也为我们提供了欧洲中心主义的批判工具。马克思的笔记显示，他从经济研究的一开始就调查了欧洲扩张主义、殖民主义和不平等交换。他将欧洲经济视为殖民体系，研究了欧洲的工业化与殖民地和附属国的非工业化和贫困化之间的联系[2]。此外，马克思谴责自由主义的世界主义的帝国主义性质，追溯了阶级对立与国际对立之间的联系。他对资本主义作为帝国主义体系的理解，使阶段论的发展观大幅弱化，他在 1845 年关于弗里德里希·利斯特的文章草稿中明确拒绝了这种观点[3]。

因此，与斯皮瓦克的观点相反，马克思确实巩固了“对帝国主义问题的具体的学术制约”。不过，在 1840 年，马克思尚未从理论上克服古典政治经济学的主要矛盾，虽然他采纳了劳动价值论，但他对货币数量论的坚

---

① Marx K.，*Grundrisse*：*Foundations of the Critique of Political Economy*（Rough Draft），Harmondsworth：Penguin，1973 [1857 - 8]，p. 87.

② Pradella L.，*Globalization and the Critique of Political Economy*：*New Insights from Marx's Writings*. London：Routledge，2014，pp. 68 - 91.

③ Marx K.，“Draft of an article on Friedrich List's book Das Nationale System der Politischen Oekonomie”，In：Marx K. and Engels F.，*Collected Works*，Vol. 4. Moscow：Progress Publisher，1975.

持使他无法克服李嘉图国际贸易理论的基本假设①。此外,按照李嘉图的地租理论,马克思还认为,初级商品价格的上涨把工人的工资压低到了生理上的最低限度。因此,当时的马克思低估了帝国主义的经济后果,低估了实际工资由于技术发展和工人斗争而增加的可能性。

这种"经济悲观主义"有助于我们理解马克思在 1848 年革命期间的过度乐观,以及由此导致的马克思和恩格斯在这一时期的国家政策的局限性。在那时的他们看来,工业化国家的无产阶级斗争不可能取得任何重大的经济成果,必然引发为废除资本主义本身进行的斗争。这种观点没有考虑到殖民地人民的能动性,并暗示西欧的社会革命可以导致世界上所有人民的解放②。因此,尽管马克思从来就不是斯皮瓦克所认为的那种欧洲帝国主义的有机知识分子③,但在 19 世纪 40 年代,他对国际革命的看法保留了一丝隐含的欧洲中心主义,这反映了马克思尚未克服古典政治经济学的局限性及其矛盾的国家观。

在我看来,《伦敦笔记》代表了马克思阐述劳动价值理论的一个真正的转折点④。在认真研究货币原理与银行理论之争的基础上,马克思开始批判李嘉图的货币数量论。这使他能够考虑到货币的不同功能,并连贯地将抽象的、普遍的劳动、商品整体价值的实体作为他的价值论的出发点。因此,马克思可以把世界范围内的"原始积累"过程和工业积累的扩张主义趋势纳入他的资本概念。马克思通过对货币数量理论的批判,对李嘉图的比较优势理论和地租理论提出了质疑,并彻底推翻了马尔萨斯的人口理论。随着他对劳工运动、技术和资本主义扩张主义的研究,这些成就使他能够削弱工资趋于生理最低限度的观点。马克思还研究了李嘉

① Shaikh A., "Foreign trade and the law of value", Part I. *Science and Society* 43: 281 - 302; Shaikh A. (1980) "Foreign trade and the law of value", Part II. *Science and Society*, 1979, 44: 27 - 57.

② Pradella L., *Globalization and the Critique of Political Economy: New Insights from Marx's Writings*. London: Routledge, 2014, pp. 85 - 9.

③ 斯皮瓦克将马克思描述为欧洲资本主义的有机知识分子,但也将其描述为不同于康德和黑格尔的全球思想家。

④ Pradella L., *Globalization and the Critique of Political Economy: New Insights from Marx's Writings*. London: Routledge, 2014.

图式社会主义对剩余价值概念的表述，剩余价值的提取需要对外贸易和帝国的持续扩张。然后，他进一步研究了工业化和殖民主义之间的关系，摘录了第一批“自由贸易帝国主义”的理论家，如亨利·布鲁姆(Henry Brougham)、爱德华·吉本·韦克菲尔德(Edward Gibbon Wakefield)和赫尔曼·梅里维尔(Herman Merivale)。

重要的是，这些成就使马克思得以发展他的剩余价值理论，不仅预设了世界市场的历史地位，而且预设了其逻辑上的首要地位。如果说从1840年初开始，马克思在他的历史和经济研究中已经确定了殖民主义和市场扩张过程对西欧工业化的核心作用，那么只有在《伦敦笔记》中，他才从理论上将世界市场纳入他对政治经济学的批判。因此，正是在《伦敦笔记》中，马克思为将帝国主义的分析完全纳入他的资本积累的概念中奠定了前提。

在《资本论》第一卷中，马克思认为资本来源于世界货币：通过所谓原始积累部分考察的高利贷和商业剥夺的过程积累起来的世界货币，通过劳动剥削的手段转化为资本。此外，在其不断的再生产中，资本被分解为剩余价值：它完全是剥削工人阶级的产物。反过来，工人阶级不是被设想为一个国家阶级，而是被设想为一个不断发展的世界工人阶级。事实上，在《资本论》中，马克思预先假定英国制度是完全全球化的[1]。这种抽象化使他能够将工业资本的扩张主义倾向和资本主义发展的极端限制(extreme limit)概念化，得以识别其一般规律。在这个模型中，资本主义生产方式的普遍化趋向于具体地把个人还原为简单的社会必要劳动，即商品价值的实质。资本是一个全球性的体系，它导致了不均衡和联合发展模式的多样性，但这些模式却服从于资本的总体逻辑，特别是工人阶级贫困的绝对规律。

这种解释质疑了早期庶民研究中对马克思的阶级概念的主流解释，后者认为它是欧洲中心主义的，因此不适用于全球南方。马克思的社会

---

① Marx K.，*Capital：A Critique of Political Economy*，Vol. I，trans. Fowkes B. Harmondsworth：Penguin，1976 [1867－90]，p. 727.

模式完全由资本家和雇佣劳动者组成，并不像马塞尔·范德林登所认为的那样，意味着“狭隘的工人阶级概念”①，仅专注于北大西洋地区而无视国际上存在的许多不同形式的劳动剥削。相反，这种模式使我们有可能把资本主义制度作为一个整体来设想，并确定其总体发展的趋势。由于生产者与生产资料的分离是资本主义社会的一般关系，即使在生产没有正式成为资本主义的地方，马克思也假设它的存在。这种抽象使他能够考虑到这样一个事实，即正如贾鲁斯·巴纳吉(Jairus Banaji)所指出的，在其世界范围内的扩张中，特别是在被殖民世界，资本整合并吸纳(subsume)了不同于雇佣劳动关系的剥削形式。这种抽象也反映了这样一个事实，即资本主义积累涉及通过竞争和国家直接干预对农民、工匠和自营职业者的无产阶级化进程，尽管是非线性的。② 在这个框架中，这些社会阶层的主客观状况的种族化和国家层面，都在国际阶级斗争的背景下被加以理解。

亚细亚生产方式

因此，与斯皮瓦克的第一个批评相反，马克思的价值理论为具体分析从历史上的殖民主义到当下新自由主义的资本主义下的国际分工奠定了条件。在这一节中，我将讨论斯皮瓦克的第二个相关的批评，即马克思的亚细亚生产方式概念意味着贬低亚洲的观点。和萨义德一样，斯皮瓦克对马克思的批评的基础不仅缺乏对其关于亚洲的大量著作的详细分析，而且源于“对马克思关于印度的神秘著作所提出的复杂问题在印度主要历史学家自己的研究中的实际表现漠不关心——也许就是不知道”③。由

---

① Van der Linden M., *Workers of the World: Essays toward a Global Labour History*, Leiden: Brill, 2008, pp. 19 - 20.

② Banaji J., *Theory as History: Essays on Modes of Production and Exploitation*, Leiden: Brill, 2010. 关于这一方法的更详细讨论，见 Pradella L, *L'attualità del Capitale: Accumulazione e impoverimento nel capitalismo globale*, Padua: Il Poligrafo, 2010, pp. 64 - 9; Pradella L, Imperialism and capitalist development in Marx's Capital. Historical Materialism, 2013, 21 (2): 124 - 125.

③ Ahmad A., *In Theory: Nations, Classes, Literatures.* London: Verso, 1992, p. 222.

于对他关于印度的著作的详细分析超出了本文的范围[①]，在本节中，我将重点放在马克思未发表的关于印度的伦敦笔记（笔记21—23）中的亚细亚生产方式概念的早期来源上。这些笔记写于1853年的夏天，证明了马克思对作为全球体系的资本主义的分析是沿着他对世界历史和前资本主义社会的唯物主义研究进行的。它们还对一些对亚细亚生产方式概念的调和的马克思主义（consolidated Marxist）解释提出了质疑，后者与斯皮瓦克对亚细亚生产方式是欧洲中心主义的批评部分一致。

例如，在巴纳吉看来，亚细亚生产方式概念是建立在一系列错误假设的基础上的，这些假设始于印度村庄自给自足的神话，以及弗朗索瓦·贝尔尼埃（Franc,ois Bernier）正式提出的关于印度没有私人土地产权和任何重要类型的阶级构成的错误主张。[②] 因此，马克思的亚细亚生产方式概念将意味着延续了贝尔尼埃的东方专制主义观点，根据该观点，亚洲的君主保留了绝对的土地财产，所以不存在私有财产，而农民生活在贫困和恐惧之中。此外，亚细亚生产方式的概念借鉴了19世纪早期的英国描述，这与大多数印度村庄的现实相去甚远，并使殖民和剥夺土著社区合法化。对巴纳吉来说，只有在19世纪70年代，马克思才质疑其中的一些假设：

> 很明显，到了19世纪70年代，当他读到科瓦列夫斯基时，他已经放弃了他早先关于政府是所有土地的原始所有者的观点，谴责政府的教义特征，以及它在使法国人（在阿尔及利亚）和英国人（在印度北部）对原住民社区的剥夺合法化方面发挥的作用。[③]

这种有影响力的解释忽略了一个事实，即马克思最初确实遵循了贝

① 见 Pradella L.，*L'attualità del Capitale*：*Accumulazione e impoverimento nel capitalismo globale*，Padua：Il Poligrafo，2010；Pradella L，*Globalization and the Critique of Political Economy*：*New Insights from Marx's Writings*，London：Routledge，2014.

② Banaji J.，*Theory as History*：*Essays on Modes of Production and Exploitation*，Leiden：Brill，2010，pp. 15 - 18.

③ Ibid.，p. 20.

尔尼埃的东方专制主义理论[①]，但在1853年夏天，他对这一理论提出了根本的质疑[②]。这一发展的关键是他阅读了海伦(AHL Heeren)的《关于古代人民的政治和贸易》(*De la politique et du commerce des peuples de l'antiquité*)第三卷。这项工作记录了主要在印度南部存在的公共财产，该地区没有像北方那样受到持续的领土征服。马克·威尔克斯(Mark Wilks)的《印度南部的历史素描》(*Historical Sketches of the South of India etc*)将每个村庄描述为一个公社或一个复制了原始共产主义形象的小共和国。威尔克斯还对绝对土地财产(absolute land property)的想法提出质疑，因为它与社会的存在不相容。威尔克斯挑战了那些将土地所有权归于君主的人，从迪奥多鲁斯-西古勒斯(Diodorus Siculus)和斯特拉博(Strabo)到贝尔尼埃(Bernier)、泰弗诺(De Thévenot)、夏尔丹(Chardin)、塔韦尼耶(Tavernier)等，在威尔克斯看来，所有这些人都认为专制主义的想象性后果是真实的。如果说在印度中部私有财产的存在几乎被完全遗忘，威尔克斯则记录了南部私有财产的踪迹，而在其他地区，私有财产的状况与欧洲各地一样完美。

在《爪哇史》(*History of Java*)中，爪哇及其属地的总督托马斯·斯坦福·莱佛士(Thomas Stanford Raffles)确认，巴厘岛保持着古老的公社宪法和被称为"帕尔纳卡斯"(Parnakas)的波达尔(Potails)司法制度，服从于拥有无限权力的邦主(rajah)。莱佛士令人信服地指出，君主并不是普遍的地主，土地几乎每年都要作为独立耕种的家庭不可剥夺的财产进行重新分配。他还记录了在泗水(Surabaya)以东地区的村庄里存在着岛上普遍旧有的选举做法。除了选举，爪哇的村庄组成与印度教徒的极为相似。此外，对于乔治·坎贝尔来说，在英国征服之前，印度的任何一个村庄社群都存在集体所有制与个人所有制并存的情况，与德国、罗马和希腊

---

① 《致恩格斯的信》，1853年6月2日，见 Marx K. and Engels F., *Collected Works*, Vol. 39, Marx and Engels: 1852 - 55. Moscow: Progress Publishers, 1983, p. 330。

② Brentjes B., Marx und Engels in ihrem Verhältnis zu Asien, in Karl Marx und Friedrich Engels zur Geschichte des Orients: Wissenschaftliche Beiträge der MLU Halle 1983(35). Halle (Saale): Abt. Wissenschaftspublizistik d. Martin-Luther-Universität, 3 - 30.

社群的结构相当。坎贝尔考察了不同程度的社群民主，在他看来，这些民主在很大程度上受到严格的种姓劳动分工的限制。他还描述了英国人推行的土地改革，他们在孟加拉引入了柴明达尔(zamindari)制度，在马德拉斯引入了游特瓦里(ryotwari)制度，在旁遮普推行村庄制度，并解散了西北部的社群。地税、盐税、鸦片税和其他税收从农民那里勒索了大量的产品，使他们变得贫穷。

至关重要的是，马克思在他的笔记本中指出，公社的存在驳斥了贝尔尼埃关于君主拥有土地的理论。此外，在阅读巴顿的《亚洲君主制原则》时，马克思了解到对农民状况的一种解释，这种解释与贝尔尼埃的解释相反。在巴顿看来，在印度和埃及，农民(ryot)享有一种"财产占有权"(possessory property)——一种以耕种义务为交换条件的世袭权力——它与君主的绝对所有权不同，后者有权转让或指派土地。与欧洲的做法和偏见直接相反，土地的直接劳动者……在古代印度斯坦是政府最青睐的对象，是唯一的土地永久拥有者。

因此，在 1853 年夏天，马克思意识到印度存在着与土地公有制相联系的民主传统，也承认存在着土地的个人财产。这为更明确地分析像印度这样的国家的具体阶级形式奠定了条件。此外，马克思先于印度的主要历史学家，如拉纳吉特・古哈(Ranajit Guha)和帕莎・查特吉(Partha Chatterjee)，研究了印度社会不同程度的民主及其非平等因素和种姓划分。在 1853 年 6 月 14 日给恩格斯的信中，马克思与贝尔尼埃的东方专制主义观点保持距离①。他还认为，是东印度公司收回了对土地的绝对权利，这在以前的国家是不可想象的，从而造成了人口的贫困化和征用过程。

由于巴顿对"占有权"(possessory right)和"所有权"(proprietary right)的区分，在《大纲》中，马克思将具体的共同体财产与主权者手中抽

---

① Marx K. and Engels F., *Collected Works*, Vol. 39, Marx and Engels: 1852 - 55. Moscow: Progress Publishers, 1983, p. 344.

象的产权区分开来①,在他看来,社群的统一性似乎是超越他们的特殊东西,但社群是土地的实际所有者。君主通过税收/租金的方式占有社群或家庭的剩余农业产品,并可以利用他们的集体劳动组织公共工程。国家组织的公共工程与一种特殊形式的剩余劳动力的榨取和剥削有关,标志着亚细亚生产方式是第一种对立性(antagonistic)的生产方式。

因此,与艾哈迈德和巴纳吉等学者的认识相反,在 19 世纪 50 年代初,马克思就对印度缺乏私人土地所有权的东方主义理论提出了质疑。这一认识标志着他对历史的理解出现了真正的转折点。所有权现在似乎是一种次要的关系,预示着劳动和它的物质资源之间的原始统一性,不同形式的占有与社群从这里产生。与萨义德的论点相反,马克思在 1853 年《纽约每日论坛报》发表的关于印度的文章中提出的英国殖民主义的双重使命的想法,并不是基于对东方和西方之间本体论差异的根深蒂固的信念。相反,如果说有什么不同的话,1853 年,马克思克服了当时盛行的西方和东方的二元论表征,为阐述《大纲》中提出的人类发展的统一方案奠定了基础。在这一点上,马克思将前资本主义的形成定位于一个历史进程中,正如帕塔·查特吉(Partha Chatterjee)所说,其统一动力在于人类群体和土地之间原始统一性的逐渐瓦解。②

此外,马克思的亚细亚生产方式概念并不意味着亚洲社会低人一等,也没有忽视前资本主义文明的成就。诚然,在马克思眼里,社群结构阻碍了更复杂的劳动分工的发展,但这对马克思来说并不等同于完全没有发展或技术停滞不前,也不排除社群间交互网络的存在,如阿罕默德和巴纳吉所坚持的那样。马克思深知,自近代以来,美洲、欧洲和亚洲之间的货币流通已然发展起来,而他认为,在印度,商品交换尚未渗透到社群的内部基础中,这主要与过剩的生产有关③。生产和贸易之间的这种分离妨碍

① Levine N., "The myth of Asiatic restoration". The Journal of Asian Studies, 1977, 37(1): 77, 81.

② Chatterjee P., "More on modes of power and the peasantry", in Ranajit G (ed.) *Subaltern Studies II*, Delhi: Oxford University Press, 1983, pp. 311 - 349.

③ Marx K., *Grundrisse: Foundations of the Critique of Political Economy* (Rough Draft), Harmondsworth: Penguin, 1973 [1857 - 8], p. 227.

了结构转型的内部发展趋势。[①] 不过，对马克思来说，亚细亚生产方式的高生产力水平构成了欧洲市场扩张的障碍，这就解释了为什么殖民者旨在利用国家权力破坏农业和国内工业之间的联盟，并迫使土著生产者专门从事初级领域的生产。

随着这种对印度民众具体情况的日渐关注，我们可以和古哈一样说道，“庶民”不仅成为历史和社会学调查的对象，而且是他们自己历史的创造者。马克思对社群的分析与他对农民意识和抵抗形式的兴趣有关，后来像查特吉这样的学者对其进行了探析[②]。在后殖民主义讨论中，往往被低估的事实是，从19世纪50年代初开始，马克思便将反殖民主义抵抗视为日益重要的因素。1850年1月，马克思对太平天国革命的尝试表示赞许[③]，他克服了此前对国际革命的“单向”(unidirectional)观点，追溯了宗主国内部的无产阶级斗争与殖民地反殖民运动之间的关系。[④] 马克思是第一位支持“通过印度人民的斗争实现”印度民族解放的欧洲主要知识分子和政治活动家[⑤]。在备受争议的《英国在印度统治的未来结果》一文中，他表示希望印度的反殖民革命能够打破种姓制度，明确提出了动员印度

① Krader L., *The Asiatic Mode of Production: Sources, Development and Critique in the Writings of Karl Marx*, Assen: Van Gorcum, 1975, p. 168. 当代研究朝贡帝国的学者所谈为“发展”而非“进化”：在像罗马帝国、莫卧儿王朝和清朝那样时空相距遥远的帝国中，生产力的发展并没有抵消其相似性，生产力的发展决定性地改变了社会结构，见 Bang PF, Rome and the comparative study of tributary empires, *Medieval History Journal*, 2003, 6(2): 213。另见马克思：《中国和欧洲的革命》，发表于1853年6月14日的《纽约论坛报》，见 Marx K and Engels F, *Collected Works*, Vol. 12, Marx and Engels: 1853 - 4. Moscow: Progress Publishers, 1979, p. 93。

② Chatterjee P., “The nation and its peasants”, in Chaturvedi V (ed.) *Mapping Subaltern Studies and the Postcolonial*, London: Verso, 2000, p. 13.

③ Marx K. and Engels F., *Collected Works*, Vol. 10, Marx and Engels: 1849 - 51. Moscow: Progress Publishers, 1978, p. 267.

④ 另见马克思：《中国和欧洲的革命》，发表于1853年6月14日的《纽约每日论坛报》，参见 Marx K. and Engels F., *Collected Works*, Vol. 12, Marx and Engels: 1853 - 4. Moscow: Progress Publishers, 1979, p. 93。

⑤ Habib I., *Essays in India History: Towards a Marxist Perception*, New Delhi: Tulika Books, 1995, p. 58.

群众实现民族独立和塑造印度发展道路的中心地位①。如果英国人为印度出现统一的反殖民运动创造了条件，那么这个运动也可以加速危机因素的产生，并对英国作出反应，因为英国已经具备了进行社会主义革命的条件。四年后的印度兵起义部分证实了他的预言。

创造世界工人阶级

因此，马克思的价值形式分析和他对亚细亚生产方式的概念化，是他对资本主义作为一个帝国主义体系的整体批判的一部分，这个体系在特定的社会形态之间创造了不平衡和相互联系。在这一节中，我将指出马克思的价值理论和他的亚细亚生产方式概念只有在理论和实践的联系中才能被理解。事实上，他对资本主义的内在批判研究了资本的起源与再生产及其被取代的条件。对马克思来说，虽然在前资本主义社会中，生产的目的是社群的再生产，但在资本主义制度中，生产力的增长使得社群解体，不过，由于它是基于劳动合作的，它为个人和整个"人类共同体"之间的新综合奠定了前提②。这种革命逻辑从根本上破坏了古典政治经济学特有的目的论和阶段论历史观，将社会经济发展的不同阶段的存在转化为征服经济上欠发达社会的标准。这种对立的发展逻辑被一种关于革命进程及其普遍解放潜力之间的国际相互联系的观点所取代。

因此，马克思没有把《〈政治经济学批判〉导言》中所列的不同的生产方式理解为孤立自足的整体，而是在全球资本主义积累过程的背景下，在其与以前的社会形态的持续互动中加以理解③。当然，他也曾自问，人类是否能"在没有亚洲社会状态的根本革命的情况下完成自己的命运"④，但

---

① Marx K. and Engels F., *Collected Works*, Vol. 12, Marx and Engels: 1853 - 4. Moscow: Progress Publishers, 1979, p. 217.

② Marx K., *Grundrisse*: *Foundations of the Critique of Political Economy* (Rough Draft), Harmondsworth: Penguin, 1973 [1857 - 8], p. 488.

③ Krader L., *The Asiatic Mode of Production*: *Sources*, *Development and Critique in the Writings of Karl Marx*, Assen: Van Gorcum, 1975, p. 177.

④ Marx K. and Engels F., *Collected Works*, Vol. 12, Marx and Engels: 1853 - 4. Moscow: Progress Publishers, 1979, p. 132.

他这样做是为了确定国际革命胜利的必要条件，而并非孤立地考虑每个民族为达到“社会主义”所必须经历的阶段。

这就解释了为什么在他的研究过程中，马克思对前资本主义社会形态进行了越发差异化的分析，确定了塑造这些社会形态的社会对立，并因此确定了它们的革命潜力①。正如圣胡安所言，亚细亚生产方式的概念作为一个“启发式工具”(heuristic tool)，消除了马克思对历史理解中的任何目的论决定论②。这一概念的形成与他日益认识到国际革命运动中反殖民斗争的重要性密切相关。在我看来，这一总体观点质疑了关于马克思思想单线或多元线性的长达数十年的争论，这一争论基于对发展的原子论解释，并侧重于专注形式在形式上的次序，而没有将其内容与马克思超越资本的观点联系起来③。亚细亚生产方式的概念肯定“显示了目的论方法的局限性”，但不是像斯皮瓦克认为的那样，是一种“解构的杠杆”④。这个概念展示了目的论方法的局限性，因为它是马克思在世界范围内对资本积累的内在批判的一部分，因此与他的国际革命观点有着不可分割的联系。

在19世纪50年代，马克思重新阐述了他的“不断革命”(permanent revolution)的观点，将前资本主义国家和殖民地国家的农民和反殖民运动结合起来。如果恩格斯之前曾对阿尔及利亚抵抗运动的失败和美国吞并墨西哥表示欢迎，那么他随后则支持阿尔及利亚宗教力量领导的反殖民抵抗运动⑤。马克思改变了对俄国的态度，他以前认为俄国是一个令人绝

---

① Anderson K., *Marx at the Margins: On Nationalism, Ethnicity, and Non-Western Societies*, Chicago, IL: University of Chicago Press, 2010, pp. 162 - 3.

② San Juan E. Jr, *The poverty of postcolonialism*, Pretexts: Literary and Cultural Studies, 2002, 11(1): 63.

③ Currie K., “The Asiatic mode of production: Problems of conceptualising state and economy”, *Dialectical Anthropology*, 1984, 8: 253.

④ Spivak GC, *A Critique of Postcolonial Reason: Towards a History of the Vanishing Present*, Cambridge, MA: Harvard University Press, 1999, p. 97.

⑤ Nimtz AH, “The Eurocentric Marx and other related myths”, in Bartolovich C and Lazarus L (eds) *Marxism, Modernity and Post-colonial Studies*, Cambridge: Cambridge University Press, 2002, p. 68.

望的保守社会,并把农奴解放运动视为“世界上发生的最重大的事情之一”①。1859年1月,马克思首次将传统的乡村社区“米尔”(mir)作为一个可能的革命抗争点②。此外,正如他在1882年为《共产党宣言》俄文第二版所写的序言所显示的那样,马克思始终认为,这样的运动需要与欧洲的社会革命联系起来,才能产生社会主义的结果。

这种内在的政治维度排除了对属于亚细亚生产方式本身的社会潜力的概括,因此需要更精确的背景化。例如,在他写给维拉·扎苏里奇(Vera Zasulich)的第一封信的草稿中(写于1881年2月底至3月初),马克思多次对比了俄国和印度的公社制度,认为俄国是唯一一个公社仍在全国范围内广泛存在的欧洲国家;此外,与印度不同的是,俄国更加融入世界市场,没有被外国势力入侵③。在我看来,这些段落证明,尽管他后来对印度社会进行了深入研究,但马克思并没有像凯文·安德森所认为的那样,在印度发现类似于俄国的革命可能性④。如果这是真的,那就证实了马克思关于英国殖民主义在印度的“双重使命”的想法并不是基于一个亚细亚生产方式的欧洲中心主义观点,而是基于他对印度具体政治形势的分析,特别是对其内部分裂造成的困难的分析。虽然讨论这个有争议的论点超出了本文的范围,但值得强调的是,根据帕莎·查特吉(Partha Chatterjee)的观点,这些分裂有助于解释为什么尽管印度的地方起义人数众多,但其政治影响却不如中国⑤,然而,在有关亚细亚生产方式的论争中,马克思关于中国的论述往往被低估了。不过,在第二次鸦片战争期间,马克思无条件地支持中国的抵抗,并预言即使发生第三次侵略战争,

---

① Marx K. and Engels F., *Collected Works*, Vol. 41, Marx and Engels: 1860 - 64. Moscow: Progress Publishers, 1983, p. 3.

② Ibid., pp. 146 - 147; Anderson K., *Marx at the Margins*: *On Nationalism*, *Ethnicity*, *and Non-Western Societies*, Chicago, IL: University of Chicago Press, 2010, p. 55.

③ Ibid., pp. 349, 352.

④ Anderson K., *Marx at the Margins*: *On Nationalism*, *Ethnicity*, *and Non-Western Societies*, Chicago, IL: University of Chicago Press, 2010, p. 236.

⑤ Chatterjee P., "The nation and its peasants", in Chaturvedi V (ed.) *Mapping Subaltern Studies and the Postcolonial*, London: Verso, 2000, p. 20; Habib I, The peasant in Indian history, *Social Scientist*, 1983, 11(3): 21 - 64.

英国人也不可能征服这个国家，与印度不同，英国人在中国没能夺取国家政权，也没能颠覆中国的经济基础。由于其生产力发达，中国得以保持价格竞争力，并保证了农村人口适宜的生存条件。①

结论

本文凭据马克思关于印度和前资本主义社会的部分尚未出版的笔记，提出了对马克思的政治经济学批判的新解释，为马克思主义与后殖民研究的结合作出了贡献。虽然许多马克思主义学者已经注意到了后殖民批评对欧洲中心主义的传播与普遍化问题的洞察力，但他们质疑这些批评能否用于马克思，他们同时强调了马克思思想与当代解放实践的相关性。在本文中，我聚焦于马克思政治经济学批判中两个有争议的方面：他的价值理论和亚细亚生产方式概念。我质疑马克思主义学者中占主导地位的两种主要解释，我认为这两种解释是批评马克思是欧洲中心主义思想家的真正根源：一种观点认为马克思的价值形式分析仅限于国家层面，因此排除了对殖民主义和帝国主义的分析，另一种观点认为他的亚细亚生产方式概念意味着对亚洲的贬低。

为了讨论这两种相互关联的解释，我分析了古典政治经济学中价值形式分析与历史理解之间的联系。我认为，劳动价值理论的阐述使斯密和李嘉图能够将资本主义概念化为一个帝国主义体系，并认识到阶级斗争是社会和历史变化的基本因素。然而，由于缺乏对劳动剥削的一致性分析，这些古典著作以国家为分析单位形成一个单线模式，根据这个模式，每个民族都必须经历相同的阶段才能实现发展。因此，欧洲中心主义的根源在于古典著作中对资本主义矛盾的和谐化再现。重要的是，马克思的批判建立在这些古典著作的科学成果之上，但对整个经典政治经济学体系提出了质疑。马克思的革命性方法使他能够将资本主义视为一种历史决

① Marx, "Trade with China", article published in the New York Daily Tribune on 3 December 1859, See Marx K and Engels F (1980) *Collected Works*, Vol. 16, 1858–60. Moscow: Progress Publishers, p. 539.

定的、可被超越的生产方式,正是由于这个原因,它可以被视为一个总体。

这种革命性的方法使马克思能够在国际层面上不断发展劳动价值理论。通过在《伦敦笔记》中对货币数量论的质疑,他可以将支撑西欧工业化的殖民和市场扩张过程纳入资本概念。此外,在预设英国体系完全全球化的前提下,马克思在《资本论》第一卷中将资本视为一种帝国主义的、不断扩张的体系。他认为殖民战争和暴力剥夺生产者等"原始积累"的形式是世界范围内资本积累过程的重要组成部分。资本似乎是一种结合了不同的剥削和压迫关系的全球体系,但由于它是建立在劳动合作和工人阶级普遍化的基础上的,它也为其自身的取代创造了条件。因此,马克思对政治经济学的批判为认识构成国际革命运动的不同力量,克服历史的目的论解释奠定了基础。

这种对马克思价值理论的解读也为理解他的亚细亚生产方式概念提供了新的思路。本文强调了一个在马克思主义文献中仍然被低估的关键点:1853 年夏天,马克思对贝尔尼埃的东方专制主义理论提出了质疑,他此时已明白,这一理论反映了欧洲殖民剥夺和剥削来的利益。马克思承认印度存在不同形式的土地财产(包括私有财产),以及与土地共同所有权相关的民主传统。因此,他打破了长期以来形成的西方民主和东方专制的二元概念,为对历史和人类发展的统一理解奠定了前提。在这个框架下,社会组织的社群形式在理论和政治层面上都显示了目的论和线性方法的局限性。马克思逐渐认识到,反殖民和以农民为基础的斗争不是全球资本主义中心阶级斗争的外部因素,而是国际革命运动中的积极力量。

这种解读为思考马克思主义与欧洲中心主义的后殖民批判之间的互补性开辟了新的空间。马克思关于世界工人阶级的概念阐明了当今反资本主义和帝国主义的劳工和社会运动之间的相互依存关系,并表明了国际团结对其进步的核心作用。此外,他不断尝试更新自己的分析,以应对这些运动的具体和不断变化的情况,这表明有必要详细阐述基于政治实践的欧洲中心主义批判。事实上,只有与多元但统一的世界工人阶级的斗争联系起来,才有可能发展出一个能够超越欧洲中心主义的政治计划,因为它能够克服支撑欧洲中心主义的帝国主义体系。

哲学与社会科学：引介布尔迪厄与帕瑟隆[①]

路易·阿尔都塞

本文源于一份录音和数篇手稿，是阿尔都塞于1963年12月6日在巴黎高等师范学校的一个研讨班上，向学生们引介皮埃尔·布尔迪厄和让-克劳德·帕瑟隆。借此机会，阿尔都塞提出了有关社会科学地位的问题，并暗示布尔迪厄和帕瑟隆代表了同期研究活动中不尽相同的流派，因为他们离开高师后有不同的经历和实践。阿尔都塞首先考察人文科学与传统建制的文学系或人文系之间的关系。构建一门人类关系科学的缘由何在？既然社会科学已经建立起来，阿尔都塞便尝试定义其属性。他认为社会科学有三种形式：抽象和一般的理论、民族学和经验社会学。他仔细讨论了社会科学各种形式的优缺点。之后，阿尔都塞追问构成科学的特性，认为科学必须拥有针对实在不同成分的独立理论视角，同时，科学必须拥有一种自我指涉性——或如他所说，科学必须指向自身。阿尔都塞暗示，根据他提出的科学标准，同时代的社会科学在哲学上尚不完备。阿尔都塞以这种方式引介布尔迪厄与帕瑟隆，邀请人们一同思考布尔迪厄与帕瑟隆的实践是否满足他的科学标准。

① 本文原为阿尔都塞的录音和手稿，收藏于当代出版纪念中心（Institut Mémoires de l'édition contemporaine），档案编号：ALT2. A40－03. 01。法文底本由夏洛特·布朗许（Charlotte Branchu）与德里克·罗宾斯（Derek Robbins）转录和整理，蕾切尔·戈姆（Rachel Gomme）转译为英文，见 Louis Althusser，"Philosophy and Social Science: Introducing Bourdieu and Passeron，" *Theory，Culture & Society*，Vol. 36，No. 7—8，2019，pp. 5—21. 译者简介：吴子枫，江西师范大学阿尔都塞与批评理论研究中心，研究方向为当代法国理论；许松影，华中师范大学中国农村研究院（政治科学高等研究院），研究方向为社会理论与知识社会学。

我的任务是说明这里正在发生的事情。我们要问的第一个问题很宏大，那就是：什么是人文科学？既然人人都在谈论人文科学，那么按理说每个人就都知道人文科学是什么，但实际上，一旦你向宣称知道的人提出这个问题，他们在回答的时候还是会犯难。我们每个人都会犯难，所以我不想说太长时间，这就是我们目前的处境。人文科学，或近来以人文科学为人所知的这个领域，是一个高度问题化的(problematic)领域，这意味着它仍是一个在寻找自身定义的领域：它包含什么，或者说，人文科学领域的边界在哪里？一旦提出这个问题，我们就遇到了人文科学的难题，也就是遇到了人文科学自身的难题性属性。我们可能会说，目前有两个人文科学的概念，一个广义的，一个狭义的。最近我在一家书店看到一本书，一个小册子，由一家专门出版有关实践问题的出版社发行。这本小册子题为《人文科学》，我打开书，看到这样几个字：人文地理学、政治经济学、社会心理学。所以，如果有一种狭义的人文科学定义，那这些就是了。广义的人文科学定义体现在"文学与人文科学系"(Faculty of Letters and Human Sciences)这个名称上，这两个术语之间的连词扼要地提出了问题。文学与人文科学系：既然文学系被冠之以"文学与人文科学系"的名称，这也就提出了一个广义的人文科学定义，也就是说，人文科学应当包括以文学之名为人所知的领域。

这样一来，有关人文科学这一概念的外延，我们就有了两个定义，一个狭义的，一个广义的。为什么同时有两个定义？如果从"文学与人文科学系"这一名称的角度提出问题，我们首先应当问：不同于今天所说的人文科学领域，传统上的文学领域(field of Letters)究竟包含什么内容？什么是文学领域？文学领域就是文学系所教授的一切内容，本质说来也就是：法语文学、古典文学、拉丁语、希腊语、历史学、地理学、哲学与其他哲学分支，如哲学史、逻辑学与认识论、伦理学、社会学、心理学等。所以，一听到"文学"这个词，我们就知道自己面对的是一个一般性领域，这个领域本质上关系到一切与人类生产有关的事物。当然，文学系并没有涵盖一切与人类生产有关的事物，例如法律归属法学院，医学归属医学院，药剂学是个特例，但基本也归属到医学院。大致说来，这就是人文科学的构成了。

我可以直说，到这里就已经有问题了，追溯文学系的历史会让我们遇到系科冲突的难题——这都是些老旧的康德式记忆了。人文科学并没有涵盖所有与人的科学有关的领域，换言之，人文科学并不包含所有由人类活动所生产出的对象。然而，即便如此，记录下这一区分的存在并在文学系这个层面上提出问题就已经很有趣了。在并称“文学与人文科学系”之前，“文学”是什么？根据古老的传统，文学就是人文学科（the Humanities），这是一个非常古老的传统，可以追溯到中世纪教育，以及随后发生在14到15世纪欧洲（特别是法国）的人文主义革命或说人文主义反动。那么人文学科又是什么？它的本质内涵便在于文学这个概念，后者指的是文艺之物，也就是由人类活动（尤其是修辞术）所生产出的诸多对象。如大家所知，在中世纪，一切都被修辞术支配着。但修辞术是什么意思？什么是修辞术？我不想纠缠细节，总体说来，修辞术包含两样东西，一样是知道如何言说，另一样则是知道如何欣赏言说者。因而从根本上讲，人文学科就是有关既存作品的研究，即有关艺术作品或文艺作品的研究。一方面，它是一种加工既有文艺作品的能力，一种欣赏和消费既有文艺作品的能力，无论这些文艺作品是哲学、美学、纯文学、诗歌、历史或其他；另一方面，它又是个人再生产文艺作品的能力。修辞术就是知道如何言说和知道如何欣赏言说者，这两者归根到底是一件事。换言之，人文学科从最深层的意义上讲是一种艺术（art）。而艺术这个词应当按当时的做法被理解为人的技艺，所以，人文学科也就是书写的技艺、研究大师著作的技艺或阅读的技艺。例如，蒙田（Montaigne）写作散文的时候就是在践行人文学科——该词本义如此，也就是说，蒙田知道如何阅读他人撰写的文字，知道如何欣赏他人的文字，并且将这种能力应用在自己的生活中；同时，蒙田也知道如何再生产自己的反思，其成果也用于陶冶他人，正如他阅读普鲁塔克（Plutarch）的作品来陶冶自己一样。

所以，人文学科是一种实践，一种艺术，其本质并非实践的科学，而是实践的技艺。它既是品鉴既存作品和艺术品、并在生活中使用的技艺，也是有能力之人偶尔生产作品与艺术品的技艺。这就是人文学科。所以，如果我们追问统率这门有关消费和再生产的实践技艺的基本范畴是什么,我们便能看到——尽管我无法证明,但事实并不复杂,所以我们确实能看到,这些基本范畴是审美的、道德的和宗教的范畴:这一点非常明显,例如,艺术品被认为既是审美快感的根源,我们的兴趣源于艺术品本身的美,同时,又被接受为一种道德实践的教喻。在蒙田阅读普鲁塔克的时候,他轻而易举地将某人的生活经历与自己的生活经历作比较,他将两者平行,在两者之间画上等号,这就是《随笔集》(*Les Essais*)。因此,人文学科中充斥着美学、道德和宗教范畴,它是一种道德形式,一种道德在其中已存在很长时间的形式。如大家所见,人文学科与科学毫无关系,在这个意义上,它不仅是一个对象的领域,也是一个维持鲜活且具体关系的技巧的领域。也就是说,一方面,人文学科是消费这些对象、占有这些对象、评判这些对象、在日常生活中应用这些对象的技艺,而这些活动就被视为审美生活、道德生活、宗教生活或政治生活等,可统称为实践生活;另一方面,人文学科也是再生产这些对象的技艺,是做前人做过之事的技艺,也就是修辞术。以上就是统率人文学科这个领域的基本范畴。

对任何想在当前创造一门文化(或同等之物)科学的人来说,很明显,他必须先天地拒斥上述范畴,必须质疑统率这个领域的所有隐含范畴。为了创建一门科学,他必须质疑统领整个领域的道德价值、美学价值和宗教价值。这是很明显的。倒不是说这些价值全无意义,而是说应当让这些价值本身成为反思对象,从而科学地研究文学系或人文学科整个领域,既包括其中的对象,也包括在其中起支配作用的范畴和价值。所以难题在于创建一门针对这个领域的科学。因为人文学科和文学系变成了人文科学——如何创建一门有关它们的科学。为什么需要创建一门科学?为什么需要改造这个既有消费对象,也有消费、生产和使用等技巧的领域?为什么需要创建一门有关于它的科学?

可以这么说,烹饪也是消费对象,也是文化现象。法式烹饪是文化现象,中式烹饪也是,等等。有关烹饪的作品当然存在,也就是说,人们可以总结出一套有关如何准备饭菜的技巧,也就是烹饪修辞术。市面上有不少关于美食的书籍，其中一些还颇有审美价值。烹饪品味会促进抽象的理论发展，然而即便如此，烹饪修辞术中的关系，一方面仍然是有关消费和品位的关系，另一方面是有关生产和再生产的关系。烹饪研究可能存在。很久以前在这间屋子里任职过的公爵，其中一位不就曾经筹划创建一个国家烹饪研究中心[①]？在他看来，我们可以从烹饪过程中使用吸油纸这件事得出不同凡响的内容。这是另一个问题了，不过我想说的是理解这一点并不难。换言之，修辞术和人文学科之间的关系，就如同烹饪与烹饪研究之间的关系一样。请原谅我通过这个比较把人文学科的对象给降格了，但毕竟柏拉图在思考修辞术和诡辩术之间的关系时，在讨论审美和烹饪的关系时，也曾做过类似的比较[②]。比较不是推理，但通过比较可以看到已然建立起的关系类型。因此，如果我们想创建一门有关这个领域——就让我们说人文学科领域吧——的科学，视角需要彻底改变，新的科学不再围绕对以上对象的消费、品鉴或潜在再生产，而是谁会创建有关这个领域的科学。这正是处在“人文科学”这个简单表达的中心的事业，处在与“文学系与人文科学”这个短语的中心的事业。这个领域必须被改造成一个科学领域。为什么？因为改造的要求已经提出来了。这是个我没必要在这里解释的文化和历史现象：为什么人们要创建一门历史科学(science of History)，一门社会科学(science of Societies)，为什么要创建科学社会学、科学心理学、科学法律理论等——无需什么辩护，这是个事实，事情就是这样。

我们在此便面临这项任务，并且这里也是我们得出不同于上述两种定义——针对人文科学的狭义和广义定义——的地方。从法律上讲，“文学系”改称“文学与人文科学系”的时候，实际上便是在法律上强调或在原则上指出广义定义的必要性。而事实上，当我们追问人文科学在今天所涵盖的领域是什么的时候，我们想到的是我上面提到的那个小册子的定义，也就是人文地理学、政治经济学和社会心理学。换言之，狭义的人文

---

① 指圣阿尔贝，又称“大阿尔贝”。——英译注

② 出自《高尔吉亚篇》，见《柏拉图全集》(上卷)，王晓朝译，第310—314页，北京：人民出版社，2018年，第310—314页。

科学不包括文学史，不包括文化社会学，不包括法律社会学，不包括有关意识形态历史的科学，不包括有关科学史的科学，不包括有关哲学史、道德意识形态历史和宗教意识形态历史的科学，等等。这样一来就存在一个矛盾。而这个矛盾意味着什么？不过是意味着这项事业还未完全展开，只是开了个头，还有很广阔的领域需要覆盖。而这又意味着什么？意味着人文科学应当覆盖之前以文学系——人文学科为人所知的这整个领域，但事实上，这个领域中只有一小部分才经受了科学方法的更新，剩下的部分依然如故。

大家应该已经了解了目前的状况，对接下来要谈的社会学内容有了背景性认识。社会学或多或少就包含在这个被认为已经打开、已经成为一个科学领域的场地中，说或多或少是因为并非每个人都认为问题已然解决，并非每个人都认为社会学已经晋升为科学。针对社会学的这同一个问题要再问一次：它有权成为一门科学吗？它是否已经是一门科学了？某种程度上，我并不是立马就要回答这个问题，而是要用更精确、更严格的术语提出难题：我们能说社会学在今天已经是一门科学了吗？

这个问题有两种提法：我们可以通过事物的事实状态——也就是社会学当前的实际处境——来提问，我们也可以通过法理的定义来提问。第一种问法可以这样表述：我们看一看当下的社会学是什么样的，然后问当下的社会学是科学的吗？这是提出难题的第一种方法。另一种提出难题的方法是这样问的：科学之为科学需要什么条件？换言之，这也就是描述和发展科学这个概念。很明显，保龄球游戏不是科学，物理学是科学，烹饪不是科学，甚至烹饪的窍门也不是科学。什么是科学？只要在什么是科学这个问题上达成基本共识，我们也就能知道当前的社会学是不是科学了。这是第二个问题。我没有时间长篇大论，只能针对前述两个问题提出一些参考。

第一个问题：社会学当前的状态如何？它如何呈现自身？在我看来，当前的社会学呈现为以下三种形式：(1) 抽象的和一般的理论；(2) 民族学；(3) 经验社会学。请容我对这三种形式略作说明。当前，呈现为抽象和一般理论的社会学可在古尔维奇(Gurvitch)①先生那里找到。历史悠久且现在已是一门科学的社会学是从孔德(Auguste Comte)、涂尔干(Durkheim)、莫斯(Mauss)等人发展而来的,也就是说,是从一些哲学家的作品中发展而来的,他们提出了有关社会学的哲学理论。在当今法国,在当下的1963年,社会学从本质上讲就是这一理论传统的全面发展,这是一个以抽象和一般理论为代表、可以追溯到涂尔干、莫斯乃至孔德的理论传统。我们也可以说,按同样方式,一种马克思主义社会学也有可能存在,也就是说在马克思的基础上,我们也能发展出一套抽象的社会学理论,而且可以利用组成这套抽象理论的概念思考社会现实。这样一种马克思主义的社会学或多或少存在,当然了,古尔维奇可以说他自己就是一名马克思主义者——不过这是另一个问题了。简言之,如果你要找抽象理论的模型,那在法国就是古尔维奇了。有必要说明一下,这种社会学主要存在于法国,它在英语国家中是找不到的,他们没有这种抽象理论的传统,甚至对这种传统很头疼。去年,移民到美国的拉扎斯菲尔德(Lazarsfeld)②先生来到法国,在索邦教一门经验社会学批判的研讨课,但他实际讲的是经验社会学,因为美国除此之外别无其他。没有任何理论传统,这既是优势也是劣势。

社会学当前存在的第二种形式是民族学,它能够追溯到很久以前。坦白说,我对民族学的理解受惠于布尔迪厄(Bourdieu)和帕瑟隆(Passeron),这一点很重要,应该让大家知道。事实上,社会学当前最具体、最准确也最真实的形式,就是民族学。民族学提出一个用来理解社会现实的模式,这个模型的历史很久,在民族学的初创期就已经构建起来,有着可观的理论优点。什么是民族学?或者应当这样问:相对于抽象理论家,民

① 指乔治·古尔维奇(Georges Gurvitch,1894—1965)。古尔维奇战时流亡于纽约,1945年返回斯特拉斯堡大学,1948年执掌索邦大学社会学讲席。他的《社会学的当代召唤》(*La vocation actuelle de la sociologie*)首版于1950年,1963年,此书修订后改为两卷本再版。他的《辩证法与社会学》(*Dialectique et sociologie*)出版于1962年。——英译注

② 保罗·拉扎斯菲尔德(Paul Lazarsfeld,1901—1976),1933年从维也纳移居美国,1949到1971年任教于哥伦比亚大学。1962年,拉扎斯菲尔德在巴黎索邦大学开设讲座,他的《量化社会学史笔记:趋势、来源与难题》("Notes on the History of Quantification in Sociology: Trends, Sources and Problems")1961年首次发表。——英译注

族学家的典型举动是什么？如果你愿意，民族学可以是列维-斯特劳斯(Lévi-Strauss)[①]那样的田野工作：他大概花了一两年时间做田野，他的作品里也有民族学分析；或者说，民族学就是跑到非洲去描绘一个特定原始社会那些人所作的事。一定程度上，在列维-斯特劳斯的比较民族学之后，民族学就是《忧郁的热带》(*Tristes Tropiques*)的某些章节，特别是当列维-斯特劳斯这样说的时候："我去到某某部落，我在那里待了三个月，这些是我看到的东西，我与部落中人一起生活，这都是我观察到的。"布尔迪厄在阿尔及利亚做的也是民族学。他在卡比利亚(Kabylia)待了一年半，与当地人长时间生活在一起，也就是说，他就生活在他所分析的事物之中。这种做法有什么优缺点？第一个优点是直接接触现实，所以并不抽象。这种做法无可替代，每个人都会说：你不应当想象一个原始社会是什么样的，你必须在其中生活。

民族学的第二个优点是，通过在其中生活，研究者就能知晓社会的格式塔(the Gestalt)，也就是社会的所有真实要素。换言之，研究者看到了社会的所有真实关节点(articulations)。而只要看到了事物的形成，他们就不会搞错，他们就能看到家庭关系和亲属关系，就能看到经济生活、政治生活和意识形态等。研究者或多或少直接知觉到——注意，这提出了另一个难题——他们所要科学分析的具体对象的真实结构。采用某些方法让这些关节点清晰可见，这就是民族学家的理想：让关节点浮现出来，让人们看到这些构成有关科学对象的根本理论结构的关节点。甚至在柏拉图传统中，对象也必须被毫厘不差地描绘出来，不能有一丝偏误：剔骨不能在当中，必须从关节处下刀。民族学家因为与社会直接接触，所以的确看到了真实的结构和分工。布尔迪厄和帕瑟隆告诉我，这种方法不仅适用于原始社会，在所谓的农村社会学中也是格外有效。的确，任何生活在乡村的人都能看到各种分工，都能如其所是地看到有关人、社会和家庭

① 克洛德·列维-斯特劳斯(Claude Lévi-Strauss，1908—2009)，1935 到 1939 年在巴西开展田野调查，1941 到 1948 年居住在纽约。返回法国之后，列维-斯特劳斯在 1955 年出版了《忧郁的热带》，1958 年出版了《结构人类学》(*Anthropologie Structurale*)。1959 到 1982 年间，列维-斯特劳斯是法兰西学院的院士，讲席名称为社会人类学。——英译注

的现实，看到有关经济活动和法律法规的现实，甚至在对田野的描绘中也能看到社会现实。大家记得布尔迪厄曾说过：这方面的书已经写出来了，例如，意大利历史学家和社会学家埃米利奥·塞雷尼(Emilio Sereni)①，以一部研究意大利风景的杰作开启职业生涯。大家知道，现在也有关于圈占地的著作，也就是有关田地构成或土地分割方式的作品。土地分割方式也是社会区分，也就是对人的区分，土地区分让人的分工清晰可见，也就是让社会的基本关节点清晰可见。意大利的风景不同于布列塔尼地区(the Breton)的风景，而布列塔尼地区的风景又不同于法国北部地区的风景，有的地方田地用树篱隔开，有的地方则是敞田，这是一个可见的社会结构指标。我不再多说，总之，所有这些事情都是很简单的。

我直接指出民族学这种做法的缺点：民族学的确已经出现了一批经典之作，他们是当前最真实、最科学也最可信的文献。的确，民族学家把这种方法用得很好，用在原始社会，也就是小型整体社会上的时候，民族学家写出了很好的作品，他们在原始社会中立即就能看到一切，用自己的眼睛就能看到所有关节点，这就从科学上提出了一个难题：只有在亚里士多德而非伽利略的意义上，这些关节点才是裸眼可见可感的。对伽利略来说，关节点不可见，关节点在亚里士多德的意义上才是可见的。我想说的是，民族学家的这种方法与原始社会或特定的人类存在形式——如乡村生活——十分契合，因为对象仍然相对原始、可以看见，比如研究者可以看见田地的分割。然而，一旦我们处理的是更加复杂的社会，例如现代社会，民族学的方法严格说来就不适用了。研究者怎样才能看见和直接感觉到构成现代社会，也就是现代工业社会的诸多关节点的格式塔？即便这些结构是经由人的规划而来，裸眼也绝不可能看到它们，生活在社会中并不意味着理解社会：一个人只是在股票交易所待上两年时间并没有什么用处，尽管在此过程中确实能看到股票交易的运作方式、股份转换的方式等，然而，这个人对股票交易本身实际上仍然一无所知。与此不同，

① 埃米利奥·塞雷尼(Emilio Sereni，1907—1977)，他的《意大利农业风景史》(*Storia del Paesaggio Agrario Italiano*)出版于1961年。——英译注

民族学家只要在原始社会中待上三个月就能看清楚所有关节点。既然(某些对象的)格式塔不可见,那我们就得使用其他办法。这是民族学和民族学实践的局限,但与此同时,民族学实践有非常真实的东西在内。一些情况中,这种自我民族学方法是唯一可行的方法,唯一能结出果实的方法,而且这种方法实际上已经硕果累累。

当前存在的第三种社会学形式,我称之为经验社会学。经验社会学是个神圣的术语,它究竟是什么?经验社会学就是意在克服民族学局限的科学尝试。面对当代法国这样的整体社会,民族学家的感觉并不可靠。要辨认出当代法国的关节点,我们就不能采用观察或体验的办法,而应当借助于一些间接的方法,因为仅仅生活在法国是不够的。正是在这个意义上,经验社会学可以说是一门弥补上述根本理论空白的学科。经验社会学是现代的伟大工程,它发端于美国,但现如今在包括法国在内的世界各地都已经很发达了。大家可能记得法国也有的先行者,哈布瓦赫(Halbwachs)就是经验社会学的奠基人之一,你们同意吗?不同意?多少有一点吧?同意?简言之,经验社会学同样有一个法国传统,它是伟大的事业。什么是经验社会学?它是一门称自己为科学的学科,至于究竟是不是就得另说了。总之它说自己是科学,也尝试利用伽利略式的方法来研究那些不能被研究者直接感觉到其结构的对象,从而发现可见现象的本质,亦即利用间接方法发现可见现象的不可见本质,正像伽利略物理学所做的那样。所以,这些方法类似于物理学的方法,都是数学上可控或可行的方法。

以一个在当前经验社会学中占主导地位的典型方法,即调查法(survey method)为例。调查法的目标是查明一个地区中或一群人头脑中的东西,研究对象是感觉不到的,我们知道自己的感觉不可靠,因为感觉很肤浅,而问题正在于揭示隐而不见的东西,也就是某一地区正在发生之事的本质。所以,研究者使用一种间接方法来做调查。研究者让被研究的人说话,但不是要求他们回答研究者向自己提出的问题,而恰恰是一些并非研究者要求自己回答的问题。也就是说,被研究的人所要回到的是一些间接问题,而这些问题貌似与研究者向自己提出的问题没有关系——

也不应当有关系。通过分析被研究的人对这些问题的回答，研究者或说社会学家就能得出客观和科学的结论，这些结论也与提问人和答问人的主观性无关。这就是调查法的操作过程。这意味着，研究者试着从很多被调查的个体那里获得主观描述，在对这些主观证词加以科学批判的基础上，分辨出被调查者生活于其中却未能有所意识的客观现实。要得出这种科学且客观的结果，研究者要使用一整套方法，主要包括以下几种：第一条预防性科学措施在于对要回答问题的人进行抽样，以确保不仅问题妥当，而且对于研究者想要研究的那个群体来说，回答问题的人也有充分的代表性。所以，全部难题就在于掌握一份合适的样本，以有限数量的样本逼近研究者所想要的群体意见。很明显，如果想知道巴黎地区所有肉贩的意见，那研究者就不能跑到波尔多或者马赛；另一方面，即便就是在巴黎地区，研究者也不能随意找肉贩问话，因为第十六区（arrondissement）的肉贩和穆夫塔尔街（the rue Mouffetard）①的肉贩并不一样。因此，这是个查找的问题，换言之，存在巴黎地区的肉贩意见这么个东西，问题只在于找出应该调查哪些肉贩。随便这个人或那个人可不行，因为要问的人得能够代表肉贩世界的社会学现实，通过不断询问一个又一个的抽象个体，研究者终于得到了肉贩的法人（corporate body），至于这个法人是否真的存在，这就是另外的问题了。调查法大致就是如此。一旦研究者收集到了这些主观证词，那么，这些主观证词加总起来的结果就被认为代表了相应的客观意义，也正是到这里，研究者才开始处理信息。而在研究者处理信息的过程中，数学方法就派上用场了。数学方法首先用来制作标准样本，接着用来解读从标准样本得到的结果。一定程度上，经验社会学就是在这里使用的科学方法，在这里使用数学方法并提出若干对理论而言十分重要的方法论难题。

所以，全部问题都在于弄清楚主观证词是否符合现实——或某一种现实，而答案只能是：有时符合，有时不符合。因为大家都知道，弄清楚巴

① 穆夫塔尔街在巴黎第五区，是所谓“拉丁区”（the Latin quarter）的一部分，也是巴黎最富有的地区之一，明显比第十六区繁华。——英译注

黎地区肉贩群体中是否存在一般意见(general opinion)的问题本身,可能符合现实,也可能不符合现实,因为肉贩群体可能在某个议题上有一般意见,但也有可能在任何议题上都没有一般意见。如果所寻求的意见根本不存在,那研究者的方法再科学也无济于事。也就是说,压倒方法的关键问题在于:研究者希望回到的问题本身是否恰当。调查研究的一般程序在于,首先,制定出一份调查问卷,利用数学方法建立一个可靠的被调查者样本,向样本中的人提出这些问题;之后,研究者又利用数学方法解读被设想为客观的样本数据。然而,以上所有程序都预设了研究者向被研究者提出的问题是有道理的,亦即研究者所提问题对应着切实存在的客观对象。这实际上是一个极为重要的历史性问题,因为我们总担心自己提出一些对象并不存在的问题,而康德是第一个理论化这一问题的人。社会学家相信对象存在,所以认为自己有权提出任何问题,但社会学家完全有可能提出对象并不存在的问题。我这里只讲康德。康德提出的有关可能性(possibility)和科学存在的一般理论就没有对象,这在人类思想史上是头一次。这也就是《纯粹理性批判》(*Critique of Pure Reason*)的本质所在。可能性理论,乃至于必然性理论都是如此,因为康德的必然性理论本质上正在于没有对象的科学必然存在。抱歉在谈经验社会学的时候提到康德,但我相信这确实是一个理论难题。康德证明无对象科学的存在不是历史偶然,因为从人类理性的角度看,无对象科学不仅可能存在,而且必然存在。在康德所处时代,这些无对象科学就是形而上学、理性心理学和宇宙论。这一点值得铭记于心,因为在康德那里,一切善好、理性和有价值之物都基于这个观点,即存在没有对象的科学。如果要做一般说明,我们可以提出下述问题:似乎只有彻底应用科学方法,特别是以严格的数学形式呈现的方法,才能促进科学事业的整体进步;然而,只有在这项事业对应着实际存在的对象的时候,我们所处理的才是科学。

这就是全部问题所在。如果我们所处理的只不过是貌似科学的发展,只是方法论细节上的科学发展,而这种发展实际上并不存在相对应的对象,那么,我们就必须等康德过来,等他向我们解释创造出无对象的科学究竟何以可能以及何以不可避免。我希望社会学不必等待自己的康德来改造自身，相反，从 18 世纪德国唯心主义哲学（也就是伟大的批判哲学）的教训出发，社会学自己便能提出下面这个问题："我正在创建一门科学，但是，这门科学的对象有可能并不存在吗？"我希望社会学会如此作答：某些情况下，对象的确存在，并且已经做过科学规定；但某些情况下，对象并不存在。

这就把我们引向了第二种提出社会学难题的方式。我早前说过一些，所以接下来快点讲。我想说的是，有人可能会问自己什么是科学，也可能会把这个理想的科学定义与我们一致认可的社会学的当前状态相比较。也就是说，我们可能以如下方式提出问题：对当前的我们来说，什么是科学？科学由什么构成？

用非常图示化的术语来说，科学总是由三种基本要素的存在所定义，一方面是具有特定形式的一般理论，其形式的具体表现取决于这门科学的发展水平；另一方面则是适合于理论的特定方法论。这就是科学的主观和客观方面——如果大家愿意这么说的话，科学就存在于此：今天的物理学便是物理学的理论以及方法和实验，其中，方法也包括理论物理学家的理论工作方法，因为众所周知，物理学中既有实验物理学家，也有理论物理学家。除理论和方法外，科学的第三个要素是这两个的真理，也就是说，科学是自身的对象。大家没听错，我说科学是自身的对象。这是什么意思呢？实际上，这正是事情的要害所在。科学自己把自己视为对象，它是针对自身的形式，换言之，它针对自身而非其他。除物理学自身外，再没有哪个学科把物理学当作自己的对象；除数学外，再没有哪个科学学科把数学视为自己的对象：数学安坐其位，没人想着要偷走它的对象，物理学也是如此。那心理学呢？与数学和物理学情况不同，心理学处境堪忧，其他人都在褫夺它的对象：神经学家、生理学家、医疗师、社会学家、历史学家——各门学科都从自己的角度拽走心理学的对象。社会学的对象同样纷争不断。文学史的情况又如何呢？一门学科的对象被摆上货架，竞标者踊跃出价，此类情况并不少见。这提出了不少其他问题，但根本上讲，我们可以说，所谓科学模范（scientific model）就是一门拥有自己的对象并且其他人不会偷也不会质疑这一对象的科学学科。因此，任何科学学科都有一个对象，一个科学但不乏争议的对象，科学便依此成长，其过程并非完全确定，而是不断猜测。一般说来，倘若有人质疑他人的继承权，那多半是因为没有确定的法定继承人。一些家庭围绕土地分割争吵不断，只是因为事情并不清楚，有些地方不对。所以，一门科学必然有一个恰当的对象。

同样根本并且也十分重要的是，科学的对象和科学的理论与方法论应当处在恰当的关系中。换言之，除理论和方法论契合之外，理论与方法论也应当和对象契合。对象不应该明显超过理论与方法论，理论与方法论也不应该明显超过对象。这就意味着理论必须是对象的理论，方法必须是对象的方法，理论、对象与方法应该是一个有机的整体，尽管他们之间的关系并非一成不变。有关方法在理论与对象之间的位置，我不再深入。简单说来，方法在科学的理论实践中，充分反映了理论与对象的关系，也就是说，方法就是对这一关系的规定。方法是理论与对象之间关系的主动实现，是实际科学实践中理论与对象之间充分的契合关系。科学通过有意识运用自身方法——也就是运用理论及其对象之间既存关系的技巧——加工其对象，以揭示新的真理。这是另外一些问题了。

到这里，我们就有了一个对科学的定义。首先，科学有自己的对象；其次，科学有一套真正适用于其理论和对象的方法。这个定义基本充分，不至于还有什么严重的理论难题。如果将如此理解的科学与社会学的当前状态相比较，我们便能清楚看到，当前的社会学还不够科学，有大量悬而未决的难题。我前面针对方法讲的话，到这里却颠倒过来。仅仅构思好的方法并不够，因为经常使用的方法（例如试验法、问卷法，等等）必须对应着理论和对象，这个条件必须满足。当前的社会学却并不总是如此，因为一般说来，使用调查法的社会学家并没有预先提出自己的研究对象究竟是否存在的问题，这简直不可想象！此外，社会学家也没有自问如下问题：自己研究的对象确实是本学科而不是其他学科的吗？因为心理学家可能会说社会学家搞错了，后者研究的明明是心理学的对象。如果碰巧这种心理学并不存在——我是说作为一门科学的心理学并不存在，如果碰巧心理学不可能作为科学存在，那么这位心理学家所谈的就是一连串的错误解读，而其他心理学家却以为他说的这个对象真实存在，并且也的确属于心理学。大家看到这里的历史性误解了吗？

以上大致就是我们如何提出当前社会学与一般性人文科学间关系这一问题的方式，应当理解，人文科学在人类文化史中占有一个特定的位置，因为它们不得不涵盖原先由人文学科或文学系所占据的位置。

现在，帕瑟隆在我左边①，再过去是布尔迪厄。他们之前都是高师的学生，都是哲学家。一个人必须得先是哲学家，然后才能成为社会学家吗？也不尽然。哲学家（身份）对社会学研究有害吗？从既有的经验看，并非如此。但哲学家身份会有弊端吗？有可能。不管怎么说，他们之后会讲这些，会向大家讲述他们的故事。然而，他们不只是哲学家。他们是哲学家的部分原因在于他们获得了哲学教师资格，人总得生活。显然，除非你是天才并且已经和朱利亚尔（Julliard）出版社签订了合同，否则思想工作也总得要有个地方。所以，取得教师资格，去到一所中学，在拥挤的教室里上课，然后又设法摆脱这一处境，在某一天成为研究助理，等等。所有这些事情都呼应着阿尔及利亚战争，因为布尔迪厄本人在阿尔及利亚待了两年，做了一些与低级工兵身份不符的工作，也就是一些民族学研究。他是如何完成这些研究的？这是他的故事，他会解释的。事实上，他们两人某种程度上代表了我上面提到的三种社会学形式的具体结合。他们是哲学家，所以当然读过古尔维奇，也就是说他们了解作为绝对一般性理论的社会学。我并不是说他们只读过古尔维奇：古尔维奇是一个寓言式的例子，是一个理想个体，正如太阳之于亚里士多德那样，古尔维奇作为个体，自身就是一类。

另一方面，坐在我左边更远一些、卷发、个子稍矮的这位，他做民族学，真正的民族学，在阿尔及利亚待了一年半。也就是说他知道第二种形式的社会学是什么样子的，他也已经写过相关的书，所以他会解释的。帕瑟隆不做民族学，他不会讲这些。目前，他们两位已经合作了一年半，做

① 阿尔都塞强调的不同研究路径显然是针对布尔迪厄和帕瑟隆来说的，下文中“他”和“他”的指代对象有时候并不清楚，但阿尔都塞的理想型区分却毫不含糊。——英译注

的是经验社会学。所以大家可以看到这样的景象，布尔迪厄的思考涵盖了抽象社会学、民族学和经验社会学这三类。帕瑟隆不做民族学研究，大家可以清楚看到，这是他不如布尔迪厄身体强壮的原因。不过，这也令帕瑟隆有一些优势，他更贴近哲学训练，这与生活在柏柏尔人中间长达一年半的经历完全不同。一个人在和柏柏尔人一起生活的时候，有时候会丧失掉概念（能力），而要找回他们就必须努力工作，尤其是在阿尔及利亚战争期间。

好了，布尔迪厄和帕瑟隆就是大家要的代表了（社会学不同形式）具体结合的人物。他们是文化之物（cultural objects）——我为这个说法道歉（笑），但他们确实是文化之物。他们会和大家谈一谈他们的社会学研究，解释他们目前正在做什么。某种程度上，由他们自己说出来的思想历程和当前研究，无论如何都揭示了当代社会学的现实与难题。因为他们已经从事过其他形式并且开始做经验社会学研究，他们开始应用已有的方法，也就是说，他们做其他人在做并且认为应当做的事情，即必须有好的样本，好的问卷，恰当地收集材料，然后加工材料使之数学化，如此便万事大吉！他们认识到某些东西：有一天，他们问了一个问题，然后得到了绝妙的答案，但是，这个答案所对应的对象却并不存在。这就让人有些头疼了，你有了答案，而且是真正真实、真正科学的答案，问题解决了，一切都很好，除了答案所对应的那个对象还不存在。我无意恭维一些研究的处境，如果有人想做一项社会学研究，例如，弄清楚童贞女玛丽亚在耶稣出生时是否仍是童贞之身，即便是这个问题，研究者也总是能得到一个答案。

无论如何，他们也会讨论我想研究的这个问题，也就是说，他们的工作会在他们开展研究的实际条件下进行。大家请放心，他们工作的实际条件也会是大家工作的实际条件，而且反过来说也成立，他们也在大家工作的实际条件下进行研究，因为这正是他们的目标。他们目前正在写的一本书，处理的就是这个问题：当前文化传播的基本形式是什么？他们已经科学地——哦，科学地——得出结论：当代社会中，文化传播的基本形式并非广播、电视等其他大众媒介，而是学校。大家可能会说，他们没必要看得太远,但是大家得相信他们非看得如此之远不可,因为这种观点在当代社会学中还远远不是主流。这就是他们得出结论的方式和研究教育的原因:他们既研究自己的行为,也研究大家的行为。而这也是我们将要研究的东西,是他们这一年将要研究的东西,用一种科学的方法来研究,也就是使用既有的诸多科学方法来研究,不时还要质疑方法本身:这个方法能用吗?不过,这只是因为他们喜欢打断事情,他们并不认为沿着一条路走到底自然就会踏上另一条路,他们知道,任何走在巴黎市区的人都会遇到下面这种情况:总有些路是走不通的死路。

东欧新马克思主义关于乌托邦的激进想象

马建青①
（中山大学马克思主义哲学与中国现代化研究所暨哲学系）

乌托邦概念在东欧新马克思主义理论的自我更新和走向实践的过程中发挥着关键作用。东欧新马克思主义理论家不再相信“乌托邦的历史哲学”能为人的解放提供一劳永逸的解决方案，因为这种被“误用”的乌托邦在现代性的进程中变成了奴役人的力量，不仅无助于人的历史性拯救，而且堵上了从当下通向未来的道路。他们基于马克思主义人道主义重构的乌托邦既是人道化的乌托邦，也是否定的乌托邦，因为它既是出于人、通过人并为了人的积极力量，也是超越现存秩序并朝向可能世界的否定力量。经过改造的乌托邦始终与激进的社会政治诉求相关，因而是激进的乌托邦。但是，它是脆弱的，缺乏坚实的支撑，很难历史地实现，难免沦为空想。

众所周知，马克思和恩格斯对乌托邦（空想）主义持严厉的批判态度。他们所批判的主要不是乌托邦主义想象的内容，而是它缺乏现实的社会转变途径。在他们看来，虽然乌托邦社会主义者通过激进的批判深刻揭示了旧世界的缺陷，并对在理论上扬弃了旧世界的新世界做了天才的想

---

① 马建青，男，（1982—），山西和顺人，中山大学马克思主义哲学与中国现代化研究所暨哲学系教授，主要从事马克思主义社会历史理论研究。本文为国家社会科学基金项目“东欧新马克思主义伦理思想及其现实启示研究”（项目编号：21BZX109）的阶段性研究成果。

象，但是他们并没有指明从旧世界通往新世界的现实道路。虽然马克思和恩格斯在多个场合一再申明自己的学说是与乌托邦主义相对立的科学，并强调马克思主义者与空想社会主义者在立场上有着根本的区别，但这并未能阻止后人将乌托邦概念同马克思恩格斯观点联系在一起。有意思的是，这项工作在相当程度上是由马克思主义者来推动和完成的。恩斯特·布洛赫将曾被贬黜的乌托邦概念上升到哲学人类学的层面，通过乌托邦揭示人类固有的希望之源。瓦尔特·本雅明将乌托邦主义和马克思主义融合在他的弥赛亚的马克思主义之中。而在将乌托邦概念进行重构并将其与马克思主义结合起来这项理论事业中，东欧新马克思主义理论家的工作值得关注。比如，布达佩斯学派的代表人物阿格妮丝·赫勒提出的合理性乌托邦或道德乌托邦，波兰新马克思主义代表人物齐格蒙特·鲍曼提出的积极乌托邦，以及南斯拉夫"实践派"提出的实践乌托邦，等等。可以说，乌托邦概念同"人""需要""实践"和"批判"等概念如同砖石一般共同构筑了东欧新马克思主义的理论大厦，并始终在理论的自我更新和走向实践的过程中发挥关键作用。这一情况在赫勒那里表现得尤为典型，因为她"一直致力于将乌托邦理念置于哲学事业的中心位置"①。在此情况下，阐明、分析和评论东欧新马克思主义的关于乌托邦的激进想象显得尤为必要。这不仅有助于从总体上把握东欧新马克思主义的精神实质，而且有助于澄清马克思主义与乌托邦主义的历史性关系，进而理解当代社会理论和政治理论关于乌托邦的各种争论的实质。

一、"乌托邦的历史哲学"的批判

生活于 20 世纪并对其有着深刻体验的东欧新马克思主义理论家不再相信已经显得"不合时宜"的思辨的历史哲学②能为人的解放提供一劳

① 约翰·格里姆雷：《阿格妮丝·赫勒——历史旋涡中的道德主义者》，马建青译，哈尔滨：哈尔滨工程大学出版社 2022 年版，第 293 页。

② 一般来说，思辨的历史哲学以"大写的历史"为对象，试图抽象地将多样性、丰富性、异质性的历史还原为某种可藉由理性掌握的单一模式。在 20 世纪的思想进程中，这种历史哲学因其脱离社会历史现实的宏大历史叙事而饱受诟病。

永逸的方案。自然,他们也不再相信"乌托邦的历史哲学",因为被"误用"的乌托邦变成了脱离人并试图压制人的抽象的、绝对的力量。不仅如此,他们甚至认为,"乌托邦的历史哲学"在一定程度上促成了现代文明的灾难以及东欧现实社会主义的失败,因为这种"过分普遍化"的历史哲学帮助技术理性登上了王座,助长了极权主义。曼海姆在意识形态和乌托邦之间划分的严格界限已经被技术理性涂抹。于是,乌托邦这种超越现存秩序的否定力量变成了维持和巩固现存秩序的肯定力量,尽管在很多情况下乌托邦主义者对此并无多大的自觉。在赫勒看来,这种历史目的论式的哲学通过抽象的理性将乌托邦的运动力量还原为某种僵死的绝对者,并通过绝对者的绝对权力剥夺了世俗世界中男男女女的自由和责任。对于本雅明的弥赛亚式的乌托邦主义,她一针见血地指出,那种认为任何行动都无条件地为乌托邦服务的观点渗透了专制主义的先验价值观,因为行动最终还是被抽象的伦理目标所吞噬。在此意义上,"对现代性进行合法化的哲学在极权主义国家的灭绝集中营里得到了实现并不是一个比喻……就是实际发生的情况"①。科拉科夫斯基也认为,每一种意识形态都包含了关于完美社会的技术蓝图,即"社会乌托邦"。当"社会乌托邦"被制度化,"当人们开始宣布精神智慧的统治已初步实现,纯粹的理性已登上尘世的王位并且掌握、掌管着国家的时候,它就成为一种危险的神话"②。后果便是,抽象理性制造了"恐怖",导致了现代世界里"禁忌"的消失和人的价值世界的荒芜。鲍曼将这种观点推向了极致。在他眼中,大屠杀就是以技术理性为内核的现代文化发展的必然产物。这种技术理性通过同一性逻辑消除一切可能性和差异性,正如"园丁"那样将一切"杂草"割除。而在这个过程中,乌托邦文化想象也被技术理性化为一种可付诸实践的特定社会规划,成了技术理性霸权统治的帮凶。这种观点可以在波普尔对"乌托邦工程"成功地制造了"人间地狱"的激进批判和后现代主义对乌托邦主义的激进拒斥中找到回声。

---

① 阿格尼丝·赫勒:《现代性理论》,李瑞华译,北京:商务印书馆2005年版,第18页。

② 柯拉科夫斯基:《意识形态和理论》,俞长彬、钱学敏译,《哲学译丛》1980年第2期,第53页。

"乌托邦的历史哲学"不仅在理论上否定了人的主体性和超越性,而且在现实中堵塞了人从当下走向未来的道路。东欧新马克思主义理论家发现,"乌托邦的历史哲学"在现实中容易导致两种错误且极端的行动路线。一条路线具有决定论或宿命论的色彩。采取这种路线的人倾向于认为,既然乌托邦是依据客观规律而必然实现的目标,那么人只需按照规律行事便可。在这种路线中,人成为完全受目标和规律支配的被动者。在赫勒看来,无论是赞成还是反对宏大叙事的理论立场,都没有什么根本的不同,因为它们都是"启示性的",已提前将历史结局告诉了人们。于是,剩下的最后斗争将是"倾听"。"即使完全自动化和机器人使人能够生活在这样一个天堂中的那一天将会到来,我们也不要沉溺于乌托邦的预言中,在安排我们今天的生活上它不会带领我们前进一步。"①另一条路线则具有浪漫主义色彩。采取这种路线的人倾向于站在道德制高点上对整个社会历史进行无情的,甚至是彻底否定的批判,并在道德理想的范围内试图实现一种不可能的超越。从根本上来说,"乌托邦的历史哲学"是"思辨的和形而上学的……更多的是一种空想的产物……更多的是对于希望和信心的表述……实际上,乌托邦视域很多时候确实要为社会力量从历史可行性人物转为注定失败的浪漫主义冒险的结果负责。"②这是因为,"乌托邦主义者对社会现实提出的唯一抗议就是断言社会现实在道德上是错误的,他用来影响社会现实的唯一方式是告诉人们这个世界应该是什么样的才能符合那些绝对标准"③,而他们对于如何介入现实并合理地改变现实无能为力。像马克思一样,东欧新马克思主义理论家注意到了乌托邦主义在实现人类解放这个问题上所遇到的根本性困难,即它是空想的。

正如启蒙的进程充满了"辩证法",乌托邦的概念史和精神史也是一部"辩证的"历史。它提升了人的自主性,也将人转变为它的附属物;它带

① 亚当·沙夫:《马克思主义与人类个体》,杜红艳译,哈尔滨:黑龙江大学出版社 2015 年版,第 137 页。

② 格尔森·舍尔编:《马克思主义的人道主义与实践——实践派论文集》,姜海波、刘欣然、宋铁毅译,哈尔滨:黑龙江大学出版社 2017 年版,第 25 页。

③ 莱泽克·科拉科夫斯基:《走向马克思主义的人道主义——关于当代左派的文集》,姜海波译,哈尔滨:黑龙江大学出版社 2013 年版,第 115 页。

来人的解放，也将人置于外在力量的压迫之下。尽管如此，东欧新马克思主义理论家并不认为哈贝马斯所讲的“乌托邦力量的穷竭”已是不争的事实，也不认为反乌托邦主义是合理的选择。虽然他们不满“乌托邦的历史哲学”，但对于乌托邦本身则持保留态度。实际上他们也注意到，乌托邦在人类文明史上对人的生存和发展起过非常重要的作用，而且在任何关于合理社会的乌托邦愿景都被循规蹈矩的社会政治文化所拒斥的20世纪，乌托邦精神无论对于个性的完成还是对于社会的改造都显得尤为可贵。东欧新马克思主义理论家给自己提出了拯救乌托邦概念的理论任务。问题在于如何拯救。一般而言，拯救之路有两条：一是对传统的乌托邦构架进行加固和强化，用新的绝对者取代旧的绝对者，为人们继续提供精神家园。二是对传统的乌托邦进行颠覆和革命，用现实的个人取代想象的超验实体，在个人的深处寻求改变世界的力量。东欧新马克思主义理论家选择了第二条道路。可以说，东欧新马克思主义理论家主要不是从内容的角度来具体描述乌托邦是什么，而是从形式和功能的角度将乌托邦解释为某种不断超越现实的力量。尽管如此，这个共同的见解并不容易被识别出来。

二、人道的乌托邦

在东欧新马克思主义理论家看来，如果无法正确认识“人是什么”这个问题，也就不可能真正认识我们当下的处境以及我们可能拥有的未来。诚如波兰新马克思主义理论家、教育家苏霍多尔斯基所指出的，“在这样一个艰难而严峻的世界中，问题不仅仅在于人们能够做什么，而且在于他们是什么。”[①]为了揭开“斯芬达克斯之谜”，他们不约而同地回到马克思，以期复兴马克思主义的人道主义。在马克思看来，人从根本上是一种能通过“自由的有意识的活动”不断克服和超越各个矛盾进而不断实现超越的自由的存在。东欧新马克思主义理论家都在不同程度上继承了马克思

① 亚当·沙夫、莱泽克·科拉科夫斯基、齐格蒙特·鲍曼等：《人的哲学与现代性批判——波兰新马克思主义文集》，郑莉、张笑夷、马建青等译，哈尔滨：黑龙江大学出版社2017年版，第503页。

关于人的类本质的这种思想。这一点在认为马克思主义从根本上就是人道主义的南斯拉夫"实践派"那里表现得尤为突出。在他们看来,"人在本质上是一种实践的存在,即一种能从事自由的创造性活动并通过这种活动改造世界、实现其特殊潜能、满足其他人的需要的存在"①。而人的实践活动的"本质规定性"在于"自由"。人是实践的存在也就意味着人是自由的存在,反之,人是自由的存在也意味着人是实践的存在。

因此,人不是"安分守己"的存在,不会满足于自己的有限性以及集中表达了全部有限性的此岸世界,而总是将目光投向与有缺陷的此岸世界不无对立的美丽的彼岸世界,并试图通过种种努力来实现美丽新世界。尽管这个过程充斥着曲折、困难和失败,但人的这种基本需要无法被取消,并一再通过梦想、理想、希望、空想等表现出来。人离不开乌托邦,而且总是需要某种乌托邦在场,因为乌托邦不过是人的超越性或形而上学维度的另一种表述,也是人的类特性或总体性的另一种表达。南斯拉夫实践派的布尼卡·科西奇认为,作为人的生命终极追求之表现的文化必然包含着对乌托邦的追寻。因为"乌托邦是一种更高意义的存在,是对死亡的拒斥……是创造性和意识的动力和预兆……没有对现实以及不利于创造性的人类需要和力量之世界的自觉否定……文化便宣判了自身的无意义,宣判了自身的死刑"②。赫勒之所以认为好人就是乌托邦,是因为她在一定程度上认为乌托邦是人的自觉意愿。对此,她解释道:"对乌托邦的意愿不能被视作纯粹实践的意愿(在这个词的康德意义上)而是被视作与倾向和欲望相联系的,并部分地被倾向和欲望激发的意愿。"③同样,科拉科夫斯基既批判乌托邦主义的空想性,又批判反乌托邦主义的倾向,因为他很难想象对于人这种价值存在而言没有乌托邦的"路标"将会意味着什么。

对"恶"的追求将导致人性的堕落、文化的衰败乃至历史的灾难。而

① 米哈伊洛·马尔科维奇、加约·彼得洛维奇编:《实践——南斯拉夫哲学和社会科学方法论文集》,郑一明、曲跃厚译,哈尔滨:黑龙江大学出版社2010年版,第18页。

② 同上书,第209页。

③ 阿格妮丝·赫勒:《历史理论》,李西祥译,哈尔滨:黑龙江大学出版社2015年版,第331页。

且,也只有“善”能引导和规范人的行动以便创造一个更好的世界。无论从经验的角度还是从价值的角度来看,活着的人都有责任将乌托邦设想为“善”的价值规范。在东欧新马克思主义那里,当乌托邦不再是某种单极性思维所创造的消除了所有可能性的终极状态之后,它变成了一套为人们所共同享有的价值理念和规范。但是,乌托邦并不向人们做出任何承诺,也并不必然导向某种预定的幸福。它出自人的精神世界,并发出召唤,唤醒个体中沉睡的力量,以便他积极地向着乌托邦的方向前行。它并不背离个人自由,而是以尊重这种自由为前提。在某些情况下,它被人们选择;而在某些情况下,它也可能被人抛弃。无论如何,它悬置于现实的人面前,并将自己的人性之光投向前进的路上。东欧新马克思主义对乌托邦概念的谨慎和开放态度并不意味着乌托邦的现实效力大打折扣,而是意味着乌托邦的思考方式和使用方式发生了根本性转变,意味着一种新的“历史意识”的出现。“人类文化精神的硬核开始从‘绝对意识’向‘极限意识’转变……换言之,新历史意识不再为人提供现成的东西和关于历史的明确答案,而是通过人的自我巩固而使人能在任何历史条件下,在任何困境中创造价值,主宰历史。”[①]对于赫勒来说,在后现代自由和多元化的境况中,乌托邦理念必须与个人的自由以及人们多元化的生活方式相兼容。主要关注南斯拉夫社会主义改革实践问题的南斯拉夫“实践派”寄希望于乌托邦,又不希望乌托邦剥夺了人们的希望。对于科拉科夫斯基来说,全部的问题在于保持乌托邦的不完美性和非终极性,以使它不再是终结人的“好奇本能”的敌对力量。同时,需要指出的是,作为价值规范的乌托邦潜在地行使着评价标准和衡量尺度的功能。“一切具体目标都必须以乌托邦的标尺来度量”[②]。这为他们现实地开展人道主义批判提供了前提。当他们不约而同地谈到社会异化问题时,乌托邦的价值理念似乎能更清晰地显示出来。很难想象人道主义批判理论脱离开人道主义的价值前提还能成立。东欧新马克思主义理论家毫不隐讳这一点。

---

① 衣俊卿:《历史与乌托邦——历史哲学:走出传统历史设计之误区》,哈尔滨:黑龙江教育出版社1995年版,第187页。

② 阿格妮丝·赫勒:《历史理论》,李西祥译,哈尔滨:黑龙江大学出版社2015年版,第342页。

乌托邦开始严肃认真地对待人自身。它承认现实的人是历史的主体,而非各种非现实的实体。它强调人的超越性,并试图将这种超越的力量外化为改变世界的力量。它不会为人之有限性的命运感到羞耻,并继而逃避,而是坦率承认它,积极面对它,并试图将人的有限性转化为全部意义的生发之源。它接受了人的矛盾性,并试图在人的现实的矛盾运动中寻求扬弃矛盾的现实之路。于是,乌托邦与人之间的历史性鸿沟便消失了,因为乌托邦作为绝对的化身不再是外在于人的东西,而是回到了人自身,并且将人作为最终目的。这也就意味着,人无需在超验的他者之中寻找绝对,而需回返自身并将自身深处的全部力量尽可能地释放出来,因为人自己就是那个绝对。在东欧新马克思主义理论家看来,乌托邦的人道化是(后)现代境况必然导致的精神效应。这不仅是因为"乌托邦的历史哲学"已经在历史演进中受到了严重的挑战,遭遇了深刻的危机,而且是因为20世纪人的主体意识、自由意识、超越意识和责任意识都得到了前所未有的发展,任何理论都不能对此置若罔闻。

三、否定的乌托邦

根本而言,东欧新马克思主义是一种"人道主义批判理论"①。在理论上,它致力于在马克思主义人道主义的基础上发展一种"批判的社会哲学";在实践上,它致力于在马克思主义人道主义的地平线上批判旧世界和探索新世界。"人道主义批判理论"这一共同的理论立场和价值取向决定了乌托邦在东欧新马克思主义那里从来不是作为一种肯定现存秩序的保守力量而存在的,而是作为深度介入社会历史现实的否定力量而存在的,而且它的全部意义主要在于它的否定性。在布洛赫看来,乌托邦作为远不同于当下的"福地乐土"决不是某种已经被确定下来的"无",而是作为行动意志和有待实现的"尚未"。它总是意味着从一种状态向一种状态

① 衣俊卿:《人道主义批判理论——东欧新马克思主义述评》,北京:中国人民大学出版社2005年版,第10页。

的过渡、转变和超越。显然，东欧新马克思主义继承了这种观点并将其放置在马克思的辩证法的构架内做了深化和拓展。

否定的乌托邦首先意味着一种可能视域的开启，一种“改造愿望”的生成。也就是说，“不快乐意识从乌托邦获得生命力量”①。对于东欧新马克思主义理论家来说，人在世俗世界的集体沉默是无法容忍的，因为这可能意味着人们将不会拥有自己的未来。他们希望乌托邦能帮助人们打破沉默，形成精神自觉，积极建构自身与自己的世界。乌托邦向人们提出对他们来说可能是最好的世界，并与对他们来说可能是“坏的”世界形成鲜明对比。它是如此的美好，并如此真切地表达了人们的渴望，以至于深陷于意识形态泥沼并欣然将现存世界接受为最好世界的人们禁不住将自己的目光投向它。这一动作是意味深长的，不仅意味着他开始注意到一种新的可能性，而且意味着他可能会在颠覆“坏的”世界的道路上迈出重要一步。当一个可能的地平线被打开之后，当下就被“相对化”了，也被总体化了。一方面，当下不过是总体的历史进程中的一个否定的环节；另一方面，当下总是承载和表达了关于超越社会历史现实的总体性内容。无论从哪个方面来看，“每一种乌托邦，甚至最朴素的一种，例如一个新医疗系统的乌托邦或者一个住房供给计划的乌托邦，都超越了现实”②。不仅如此，东欧新马克思主义理论家更希望超越意识能带来革命行动。他们或多或少将乌托邦与社会运动联系起来，认为乌托邦对于社会运动不仅不可或缺，而且非常重要。在谈到左派与乌托邦的关系时，科拉科夫斯基明确强调，左派需要乌托邦，甚至是被乌托邦所规定的，因为作为“谋求世界激烈变革的社会运动在意识上的相似物”，作为“对变革的争取”，“乌托邦仍然是对现实开展行动的工具和规划社会活动的工具”③。他甚至认为，每一种革命都与乌托邦相关，乌托邦是社会变革的前提性条件。虽然马

---

① 格尔森·舍尔编：《马克思主义的人道主义与实践——实践派论文集》，姜海波、刘欣然、宋铁毅译，哈尔滨：黑龙江大学出版社 2017 年版，第 117 页。

② 阿格妮丝·赫勒：《碎片化的历史哲学》，赵海峰、高来源、范为译，哈尔滨：黑龙江大学出版社 2015 年版，第 82 页。

③ 莱泽克·科拉科夫斯基：《走向马克思主义的人道主义——关于当代左派的文集》，姜海波译，哈尔滨：黑龙江大学出版社 2013 年版，第 65 页。

尔科维奇认为空想的乌托邦常以悲剧收场，但是他也指出，“历史中的一些重要突破也几乎不可能没有一定的乌托邦幻想，没有宏大历史创举的理想化”①。实际上，东欧新马克思主义对乌托邦所具有的革命潜能的肯定只是表达了这样一个真理：革命离不开作为主体的人和人的主观性。

乌托邦应始终保持自身否定的姿态，而不是被现实化。因为，它之所以是自身就是因为它是人们关于可能世界的想象，是与现存现实不同的他者。如果它被现实化，它也就失去了否定的维度而不再是自身。关于这一点，鲍曼的思考是极为典型的。鲍曼认为，自从19世纪便已成为现代世界的“积极乌托邦”的社会主义在未实现自身之前始终保持着巨大的创造力。但是，当它宣称在此岸世界实现后，它的创造力也不复存在。鲍曼不无失望地讲道：“现代社会主义的两个世纪的历史开始于它身着乌托邦的盛装华丽登场，结束于它的实现所产生的无能为力。”②值得注意的是，鲍曼批判的并非一般的社会主义，而是当时东欧的现实的社会主义。当原本对社会主义抱有信心的鲍曼反观东欧时，他看到的不是社会主义理想的实现，而是社会主义理想的背叛，不是与资本主义工业化进程不同的乌托邦，而是资本主义的工业乌托邦本身。只不过在这个乌托邦之中，官僚阶层取代了资本家，政治纪律取代了创造力量。据此他得出结论说，人们需要一个新的乌托邦来取代现实的社会主义和资本主义。虽然鲍曼对新的乌托邦的到来持悲观态度，但他始终相信乌托邦应该是否定的。在他看来，“只有在被认为展现了一种从根本上不同于——如果不是对立于——现存制度的制度时，某种思想体系才是乌托邦的，也才能促进人的活动”③。鲍曼的这种观点也为科拉科夫斯基、马尔科维奇、赫勒等人共享。科拉科夫斯基认为，当今世界不仅需要代表一般价值的乌托邦，而且需要对现代世界进行反省的“怀疑主义”。他的做法无非是让乌托邦始终在否定之否定的持续运动中来完成规范和牵引世界的重任。马尔科维奇

① 格尔森·舍尔编：《马克思主义的人道主义与实践——实践派论文集》，姜海波、刘欣然、宋铁毅译，哈尔滨：黑龙江大学出版社2017年版，第26页。

② Bauman, *Socialism: The Active Utopia*, London: George Allen & Unwin, 1976, p. 36.

③ Ibid., p. 17.

根据马克思的辩证法的观点，将一切存在理解为人的实践的对象，并将一切对象理解为一个不断发生变化的过程。赫勒构造的激进乌托邦的合理性不在于它所表达的价值的本质是什么，而取决于人们是否能依据它所提供的内容并在它的引导下而现实地从事活动。

东欧新马克思主义理论家认为否定并不是抽象的否定，不是对某种现象做纯粹的道德谴责，也不是对某个事物做完全的摧毁。否定是具体的否定，既是否定的，也是建构的，是否定和建构的辩证统一。诚如科拉科夫斯基所指出的，"否定不是建构的对立面——它只是对现有条件的确证的对立面……炸毁一所房子的对立面不是建造一所新的房子，而是保留现有的房子"①。正因为否定是具体的否定，所以否定一定是社会的、历史的否定，也就是说，一定是关于实践并只能在实践中完成的。乌托邦的否定力量是否能实现，不在于乌托邦的目标是否能实现，而在于它是否能最大程度地动员人们来为着它行动。一旦乌托邦变得"彻底"，能为群众所掌握，也能转化为"物质力量"，那么乌托邦的否定力量才真正具有了现实性。从这个角度来看，否定的乌托邦其实也是人道化的乌托邦，不过是人道主义的两种相对不同的表达方式。人道化的乌托邦勾勒了乌托邦的一般结构，否定的乌托邦呈现了乌托邦的基本功能。二者共同讲述了在什么意义上人才能拥有自己的可能世界。

四、脆弱的乌托邦

如果说传统的乌托邦是使人受屈辱和被奴役的外在力量，那么东欧新马克思主义将其改造为出于人、通过人并为了人的内在力量。如果说传统的乌托邦是人这种可能性存在的终结者，那么东欧新马克思主义将其改造为使人不断实现否定和超越的牵引者。由此，乌托邦从天上降落至尘世，破除了哲学的抽象顽疾，获得了人性的内容，也在一定程度上获

---

① 莱泽克·科拉科夫斯基：《走向马克思主义的人道主义——关于当代左派的文集》，姜海波译，哈尔滨：黑龙江大学出版社 2013 年版，第 63 页。

得了具体的社会历史内容,并在激进政治诉求的推动下成为介入和改变现实世界的重要力量。乌托邦游移于意识和行动、现实和可能之间,并通过活着的人的当下的活动将意识外化为行动,将可能转化为现实。无疑,这是一种捍卫人的自由事业的激进的乌托邦。但是不得不承认,东欧新马克思主义对乌托邦的改造工作很难说是成功的。

东欧新马克思主义"在捍卫人的自由和自决,走向自我实现和实践的具体道路上,既强调个体的自由和解放,又坚持共同体理念"①,努力将"个体"和"共同体"相调和。同样,激进的乌托邦主要由如下两个要素所规定的:一是一般的价值,它代表"共同体理念"或类利益;二是具体的个人,他是一般价值的具体承载者和实现者。二者缺一不可。没有前者,乌托邦是不值得的;没有后者,乌托邦是不可实现的。但是,这两个要素在推动乌托邦的实现方面是无力的。任何一个社会都需要某种社会秩序,遵从某种或多或少表达了每个人的利益从而能为每个人所共享的价值规范。东欧新马克思主义理论家认同这一点。不仅如此,他们认为价值规范应该是"好的",应该能促进人的自由全面发展。毋庸置疑,对于任何一个有良知的人来说,一般的价值规范应被设想为是"好的"。东欧新马克思主义理论家希望这些一般价值规范能激励、引导和规范人们的行动,从而推动乌托邦的实现。但是,这一目标的实现不能仅仅依靠一般价值规范的牵引和驱动,还需要每个人的现实的活动,而且后者更为重要。他们对此很清醒。于是,他们将目光转移到具体的个人身上。他们论证说,命运并不在他者手中,而在每个人手中。如果每个人都能自觉地成为历史主体并负起责任,历史便更容易走向并拥抱人们。显然,这种见解本身包含了过多的人道主义想象。成为历史主体绝非仅凭一己之自觉和努力便能成就之事,从根本上仍受制于社会历史条件,是历史发展到一定阶段的产物。虽然人的主体意识自 20 世纪初到现在得到了极大的发展,但这种意识尚不是完全自觉的。因为,在资本主义的"一切人反对一切人"的原则

① 张笑夷:《中东欧历史文化精神与东欧新马克思主义的理论特质——基于历史文化社会学的视角》,《学术交流》2019 年第 11 期,第 33 页。

下，整个社会的分裂状态严重阻碍了人的类本质的生成。如果说人还不是人自身，那么也就谈不上人的主体性以及随之而确立下来的主体意识。在马克思看来，人的主体意识的确立只有在真正的人类史阶段才是现实的。问题的根本不在于人是否能实现精神和文化自觉，而在于自觉的社会历史土壤是否已经出现。如果没有出现，首要的任务是创造这样现实的土壤，而不是仅仅停留在理论层面单纯地做道德呼吁，尽管这种呼吁并不是毫无效果的。

同时可以看到，激进的乌托邦并不稳定，因为其内部充斥着矛盾。在有些情况下，一般价值变成了个人自由地从事活动的障碍。在赫勒、科拉科夫斯基、鲍曼等人那里，道德意义上的"好人"是"绝对的乌托邦"[①]。人们应该听从"好人"的召唤，不断地向着"好人"前进。虽然"好人"不是绝对的权威，也不会强制性地行使自己的普遍威权，每个人都可以选择是否成为"好人"，但是，"好人"在一定程度上也成了每个人的内在权威，因为他的情感、判断、行动都受到"好人"的影响和制约。一个人可以不选择成为"好人"，却无法躲开每一个携带着类价值的"好人"的目光。当他们宣称人是自由的存在并从中推出"好人"就是乌托邦的结论时，也就在一定程度上取消了人的自由，因为人的自由在于自由地成为"好人"。马克思在评价路德的宗教改革时指出："路德战胜了虔信造成的奴役制，是因为他用信念造成的奴役制代替了它。他破除了对权威的信仰，是因为他恢复了信仰的权威……他把肉体从锁链中解放出来，是因为他给人的心灵套上了锁链。"[②]这段精彩且深刻的评价同样适用于东欧新马克思主义的乌托邦改造工作：它克服了乌托邦作为超历史实体对人的奴役，也使人臣服于一般的人道主义信念；它破除了对外在绝对的信仰，也恢复了内在信仰的权威；它使人从锁链中解放出来，也给人套上了锁链。而在有些情况下，个人的自由活动变成了一般价值的对立面。东欧新马克思主义理论家寄予厚望的每个男男女女在一定程度上是自足的存在。他们是自由

① 阿格妮丝·赫勒：《碎片化的历史哲学》，赵海峰、高来源、范为译，哈尔滨：黑龙江大学出版社2015年版，第156页。

②《马克思恩格斯文集》第1卷，北京：人民出版社2009年版，第12页。

的，能独立地做出判断和选择。令人担心的是，任何一个个体都有可能取代一般价值而登上价值等级体系的最高处。他可以无视所谓的一般价值，甚至站在一般价值的对立面。当乌托邦不再承载人们对一般价值的期待时，那么它也解体了。显然，东欧新马克思主义理论家意识到了一般和个别之间的矛盾，并试图加以解决。但他们失败了，因为他们试图对一个不是理论问题而是实践问题的问题作理论的解决。

尽管激进的乌托邦是脆弱的，缺少坚实的支撑，难以历史地实现，最终难免流于空想，但我们决不能怀疑东欧新马克思主义理论家的精神虔诚和理论努力。事实上，每个人都有责任去唤醒那些沉睡的人们。人们应当坚信每个个体的灵魂深处始终存在着某种不会彻底消失的力量，它终会在某个时刻喷发而出，令人及世界变了容颜。

国内有关冷战后西方市场社会主义思潮研究综述

邓思杨①
（南京大学马克思主义学院）

作为当代西方的社会思潮与经济思潮之一，市场社会主义在20世纪90年代的再次复苏，引发了国内外学界对市场机制与社会主义关系的广泛关注。本文试图通过对市场社会主义概念进行多重诠释，聚焦冷战后不同时期西方市场社会主义思潮的发展，简要概括关于冷战后西方市场社会主义思潮的质疑及其回应，从不同角度思考其理论定位。在对国内学界关于冷战后西方市场社会主义思潮的研究进行学理审视的基础上，肯定其已有的成绩，同时指出其研究仍存在一些问题，可以从不同方面对其进行深化与拓展，以期为相对全面、系统地了解冷战后西方市场社会主义的发展提供一点参考借鉴。

东欧剧变后，历史终结论甚嚣尘上，世界社会主义运动陷入低谷，但关于市场与社会主义的讨论不曾间断。基于对苏联计划经济体制的反思以及对资本主义经济制度的批判，冷战后的西方市场社会主义者积极探索如何将市场机制与社会主义有机结合，在新形势下走不同于二者的道路。市场社会主义思潮在20世纪90年代的复兴，极大地促进了当代西

① 作者简介：邓思杨，女，南京大学马克思主义学院博士研究生，主要研究方向为国外马克思主义哲学。

方市场社会主义的发展，为处于低谷中的社会主义运动带来了一缕曙光。西方世界过去十几年间的经济危机余震，右翼民粹主义逐步兴起，社会主义思想在政治哲学、经济学和政治辩论中出现了谨慎的复苏。与此同时，市场社会主义迎来了新的发展契机。

西方市场社会主义较为清晰地表达了当代西方部分马克思主义者与社会主义追随者的理论诉求，对资本主义国家如何走向社会主义道路进行了有益的探索。西方市场社会主义者试图将市场机制与社会主义结合以实现自身的价值追求，是对社会主义、世界马克思主义和马克思主义理论本身的发展。西方市场社会主义者通过对冷战后西方市场社会主义思潮进行学理上的分析与审视，坚持以社会现实问题为导向、多重学科相融合的理论研究视角与方法，为我们批判资本主义经济制度、探究市场机制与社会主义的辩证关系、发展社会主义学说提供了重要的理论依据，为我国研究冷战后西方社会主义的思想发展提供了相应借鉴。由于我国学界对市场社会主义的研究尚且存在一些局限，故建议我国学者在关注西方市场社会主义发展动态的同时，综合运用多种理论工具拓宽研究视野，以提高自身的理论素养与研究水平。

一、“市场社会主义”概念的多重诠释

研究西方市场社会主义思潮，必须首先厘清什么是市场社会主义。不少中外学者认为市场社会主义正式诞生的标志是旅美波兰经济学家奥斯卡·兰格(Oskar Lange)1936—1937 年间发表在《经济研究评论》第四卷第一期与第二期的《论社会主义经济理论》。虽然兰格没有明确使用“市场社会主义”这一术语，在其之前也有不少学者提出社会主义能够与市场兼容的观点，但兰格较早将市场社会主义理论化与系统化，为后续研究者提供了一定的理论启发，故被认为是市场社会主义的奠基人。近一个世纪以来，东西方的市场社会主义者不断探索如何将市场与社会主义相结合，发展出了多种理论模式，并在东欧多个国家进行过实践探索。迄今为止，国内外学界关于什么是市场社会主义并没有形成统一的认识，有

必要对市场社会主义这一概念加以说明,进一步了解其内涵及价值取向。在大卫·麦克莱伦(David McLellan)看来,“可以有这样或那样的市场,几乎每个社会都有市场,为了公共利益而以强有力的方式控制和调节市场,这就是我所认为的市场社会主义。”①姜辉在提炼当代西方市场社会主义重要组成部分的基础上,将其划分为侧重“公有制+市场=公平+效率”的狭义市场社会主义与强调“混合所有制+市场=效率+公平+民主+自由”的广义市场社会主义。② 余文烈与吕薇洲总结国内外学术界关于市场社会主义发展阶段的不同观点,较为全面地概括了20世纪末中西方学者对市场社会主义的具体定义,从而指出市场社会主义是世界社会主义运动中一股重要思潮,是对将近一个世纪以来倡导和探索社会主义与市场经济相结合的道路与模式的笼统称谓。③ 结合众多中外学者对市场社会主义的诠释,不妨从狭义与广义两个方面来看待当代西方市场社会主义。狭义的市场社会主义指90年代之后形成的那批直接以“市场社会主义”命名的市场社会主义理论模式,虽然主张狭义市场社会主义的学者并不一定是坚定的马克思主义者,但他们或多或少都有些社会主义的价值追求,如追求平等、反对资本主义私有制。广义的市场社会主义在涵盖狭义市场社会主义的基础上,既有主张利用市场发展社会主义的学者,也有提倡用计划发展资本主义的理论。此外,广义的市场社会主义也包括左派对新自由主义的反动。

市场与社会主义的关系是市场社会主义从诞生之日起必须回答的重要问题,部分学者主张从这个角度来定义市场社会主义。在俞可平看来,反对指令性计划经济的逻辑结果是倡导市场经济。20世纪90年代,国外社会主义学者的最强呼声是将市场机制引入社会主义经济体制,把这种

---

① 宋朝龙:《右翼民粹主义崛起背景下再论英国的市场社会主义思潮——对话英国著名学者戴维·麦克莱伦教授》,《长白学刊》2022年第2期,第8页。

② 姜辉:《西方市场社会主义理论面临的挑战与发展前景》,《国外社会科学》1999年第5期,第49—55页。

③ 余文烈、吕薇洲:《关于市场社会主义的发展阶段及其定义》,《教学与研究》1999年第11期,第58—60页。

市场机制与社会主义经济相结合的思想称为市场社会主义。[①] 从西方市场社会主义的形成背景与理论基础来看，市场社会主义者对马克思市场观的批判主要集中在市场的废存问题上。传统马克思主义者对资本主义的批判包含对市场的批判，而西方市场社会主义者认为在社会主义社会中废除市场是不可行的。当代西方市场社会主义在突破传统市场社会主义二元机制论的基础上，努力将市场经济与社会主义相结合，提出市场中性论、市场与社会主义联姻论、市场机制主导论，形成了当代西方市场社会主义的理论新形态。[②] 张宇认为，不论在多大程度上或何种范围内引入市场机制，广义的市场社会主义是指那些试图在社会主义经济中引入市场机制的各种理论和实践；狭义的市场社会主义则是主张把公有制和市场经济结合起来，使市场机制在社会主义经济中发挥基础性作用的理论和主张。[③] 此外，还有学者将市场社会主义视为"泛指国外学者在将近一个世纪关于社会主义和市场经济能否结合、如何结合等一系列问题的探讨中，所形成的将市场和社会主义联结在一起的理论模式和实践形式"[④]。从市场社会主义的关键词出发，关注以市场与社会主义关系为核心的逻辑主线，打破了将计划与社会主义绑定、市场与资本主义挂钩的陈旧观念。

从对冷战后西方市场社会主义具体运行机制的探讨来看，西方学者一般将其看作"既区别于以美国为代表的市场资本主义，又区别于以苏联为代表的计划社会主义的一种独立的社会主义经济体制"[⑤]。与之类似，《新帕尔格雷夫经济学大辞典》从市场社会主义的核心概念出发，将其视为"一种经济体制的理论概念（或模式），在这种经济体制中，生产资料公有或集体所有，而资源配置则遵循市场（包括产品市场、劳动市场和资本

---

① 俞可平：《全球化时代的"社会主义"——90年代以来西方社会主义研究述评》，《马克思主义与现实》1998年第2期，第46—57页。

② 张志忠：《当代西方市场社会主义形成的原因探析》，《南昌大学学报（社会科学版）》2000年第3期，第13—17页。

③ 张宇：《市场社会主义反思》，北京：北京出版社1999年版，第40页。

④ 吕薇洲：《市场社会主义论》，郑州：河南人民出版社2002年版，第8页。

⑤ 胡代光主编：《现代市场经济的理论与实践》，商务印书馆1995年版，第167页。

市场)规律"[①]。约瑟夫·斯蒂格利茨(Joseph Eugene Stiglitz)基于对20世纪90年代部分东欧国家转型实践的系统反思,提出"市场社会主义指的是一种经济组织形式,在该形式下,政府占有生产资料(所有社会主义体制均是如此),但是和市场经济一样运用价格对资源进行配置"[②]。杨永志与杜弘韬对国外关于市场经济与社会主义结合的理论进行探索,强调市场机制主导论是市场社会主义的主流思想、更多地从非经济的视角研究社会主义与市场经济的结合、普遍主张对资本主义的有效机制进行充分利用,追求社会主义与市场经济结合的公平与效率双赢,密切关注未来社会信息在资源配置中的地位和作用。[③] 从经济体制、经济组织形式或经济制度等不同角度理解冷战后的西方市场社会主义,有助于更准确地把握其理论实质,将其与市场资本主义及计划社会主义更好地区别开来。

此外,还有一种代表性观点从市场社会主义的目标出发,将其看作实现社会主义的手段,为人们理解市场社会主义提供了一个新的理论视角。埃斯特林(Saul Estrin)和格兰德(Julian Le Grand)在《市场社会主义》一书中提出"运用市场来实现社会主义的目的便是我们所指的市场社会主义"[④]。马克西·涅托(Maxi Nieto)也认为:"市场社会主义这一术语泛指主张通过市场机制来实现某些社会主义目标(如社会平等和工人参与)的经济模式。"[⑤]在一些学者眼里,市场社会主义是一种向社会主义经济过渡的优良道路。在布坚科看来,市场社会主义"是正在形成的社会主义社会的一个特殊变种,这个社会生产发展水平不高,还不能根除'市场经济',不得不利用市场机制提高生产力和为将来进入经典模式的社会主义社会

① 约翰·伊特韦尔、默里·米尔盖特、彼得·纽曼主编:《新帕尔格雷夫经济学大辞典》(第3卷),陈岱孙编译,北京:经济科学出版社1996年版,第363页。

② 约瑟夫·E.斯蒂格利茨:《社会主义向何处去:经济体制转型的理论与证据》,周立群、韩亮译,吉林:吉林人民出版社2011年版,第8—9页。

③ 杨永志、杜弘韬:《国外关于市场经济与社会主义结合的理论探索》,《毛泽东邓小平理论研究》2004年第8期,第47—49页。

④ 索尔·埃斯特林、尤利安·勒·格兰德:《市场社会主义》,邓正来、徐泽荣等译,北京:经济日报出版社1993年版,第1页。

⑤ 马克西·涅托、范连颖:《市场社会主义理论的一个评论性考察》,《国外理论动态》2022年第2期,第79页。

准备前提。”①值得注意的是，不同学者对于社会主义的具体目标有各自的见解，因而他们的理论侧重点不同，具体的理论模式也不尽相同。将市场社会主义作为实现社会主义理想目标的手段，虽然是一种工具主义的思想，但仍为现时代批判资本主义社会、探索如何向社会主义过渡提供了较有价值的理论参考。在研习西方市场社会主义思潮的过程中应时刻警惕西方新自由主义思潮的影响，避免使市场社会主义沦为资产阶级改良的方案。

以上对市场社会主义的定义大多比较宽泛，没有划分具体阶段，而不同时期的市场社会主义有其特殊的发展特点与理论重点。本文以冷战结束为界，冷战前的市场社会主义者主要探索如何在生产资料国有制基础上，在中央计划体制下利用市场做大蛋糕，建立社会主义资源配置方式展开讨论。冷战结束后兴起的西方市场社会主义思潮，相关学者大多基于对东欧剧变、苏联解体的反思，以及对资本主义制度下自由市场的批判，提出建立新的市场社会主义模式。虽然冷战后的西方市场社会主义仍以实现社会主义为最终目标，但其理论不再以政治为导向，不再在具体国家试验市场社会主义的实践方案，而是从多重角度诠释冷战后西方市场社会主义理论，更加注重经济民主、社会平等、企业效率、生态环保等，更侧重理论探索。

二、聚焦不同时期西方市场社会主义思潮的发展

从西方市场社会主义的发展历程来看，东欧剧变之后，西方左翼学者探索除了苏联计划经济体制与西方资本主义国家自由主义市场经济之外的第三条道路，市场社会主义顺势而兴。随着我国市场经济体制改革的开展，涌现了一股市场社会主义研究热潮。从冷战后西方市场社会主义思潮发展的不同阶段及其关注焦点、具体理论模式、对其质疑及其回应等

---

① A. P. 布坚科：《从中、苏、俄的经验看市场经济和市场社会主义》，《现代国际关系》1996 年第 9 期，第 52 页。

多重研究视角出发，国内学术界出版、发表和翻译了大量市场社会主义相关的文献，及时追踪这一时期国外市场社会主义理论研究的步伐。

西方市场社会主义在提倡充分发挥市场机制积极作用的同时，以实现社会主义为自身价值目标。苏东剧变后，西方左翼学者发展出了新的市场社会主义理论模式，丰富和发展了世界社会主义学说，为处于低谷中的社会主义运动带来了一线生机。冷战后至今的西方市场社会主义不断充实、发展着自身，其价值目标、理论内涵、理论焦点、理论模式也在不断调整。金融危机之后，西方市场社会主义的捍卫者提倡以经济民主取代西方资本主义民主，为人民大众争取更多利益。国内学者大致以2008年金融危机为界，根据其理论侧重点的变化，将冷战后西方市场社会主义思潮划分为两个不同阶段。

国内学者对冷战后至金融危机这一时期西方市场社会主义的价值取向发表了不同见解。张志忠从西方市场社会主义的核心价值目标出发，探索如何实现公平与平等。① 项久雨从西方市场社会主义的价值维度出发，简要阐述其价值理念、价值运动、价值关系，并概括20世纪90年代至21世纪初西方市场社会主义的新价值特征，即在建构市场社会主义价值理论时，把经济、政治和社会文化作为一个整体来看待。② 金瑶梅从市场与社会主义的关系、社会所有制、社会主义的价值目标三方面，对苏东剧变以后的西方市场社会主义理论及其主体特征进行简要的理论分析。③ 以上研究紧密围绕市场社会主义的价值观进行理论探析，有利于国内学界更深刻地把握其价值属性，其既有向社会主义靠拢的趋势，也包含资本主义改良方案的色彩，在学习思考的过程中需要加以甄别。

实现西方左翼学者社会主义理想的关键不仅在于描述社会主义具有何种价值目标、关注哪些现实问题，更重要的是如何通过市场社会主义来

① 张志忠：《当代西方市场社会主义者的公平和平等观探析》，《内蒙古社会科学》2004年第3期，第98—103页。

② 项久雨：《论西方市场社会主义的价值维度》，《马克思主义研究》2004年第3期，第81—87页。

③ 金瑶梅：《浅析苏东剧变以后的西方“市场社会主义”理论》，《当代国外马克思主义评论》2012年辑刊，第177—188页。

实现这一理想。国内学界主要围绕20世纪90年代至21世纪初西方市场社会主义的发展模式及其理论特征展开讨论。余文烈与刘向阳概括出截至21世纪初当代市场社会主义的六大特征:改良或替代资本主义的社会政治目标、市场主导的经济运行机制、形式多样的社会所有制结构、兼顾平等与效率的价值取向、突出政治民主和经济民主、浓厚的乌托邦色彩。① 王卫和宁少林站在马克思主义的立场上对20世纪90年代市场社会主义思潮进行理论剖析,在介绍20世纪90年代市场社会主义思潮发展背景的基础上,系统阐述了新时期的代表模式和理论主张。② 宋衍涛和陈明磊通过简要阐述20世纪90年代西方市场社会主义的不同模式,总结其理论表征和基本内容,指明各种理论模式发展的局限所在,③有利于批判地看待20世纪90年代兴起的西方市场社会主义思潮。从不同理论模式入手,对冷战后西方市场社会主义思潮进行分析,辩证地看待西方市场社会主义,有助于更深入地了解各种模式的运行机制及其理论特点,有效避免对西方市场社会主义形成单一、刻板的印象。

2008年金融危机爆发后,西方左翼学者的话语权被严重削弱,本不属于社会主义理论显学的市场社会主义研究热潮在国外逐渐冷却下来。这一时期,我国对西方市场社会主义的研究更倾向于聚焦具体问题,譬如刘明明从西方市场社会主义者关于社会公正的理论中汲取合理建议,从中思考实现我国社会公正的路径。④ 黄瑾以大卫·施韦卡特《超越资本主义》一书为基础,以市场社会主义的市场观为线索,一方面梳理市场社会主义理论的发展脉络,包括传统市场社会主义对市场等于资本主义的批判,以及当代市场社会主义对资本主义等于市场的批判。另一方面,呈现当代市场社会主义理论的基本观点,即着力于揭露把资本主义等同于市

① 余文烈、刘向阳:《当代市场社会主义六大特征》,《国外社会科学》2000年第5期,第2—8页。

② 王卫、宁少林:《90年代西方市场社会主义思潮述评》,《教学与研究》2001年第10期,第63—68页。

③ 宋衍涛、陈明磊:《20世纪90年代西方市场社会主义的三种模式》,《当代世界与社会主义》2003年第6期,第54—59页。

④ 刘明明:《实现我国社会公正的路径思考——基于市场社会主义的启示》,《西北农林科技大学学报(社会科学版)》2013年第1期,第133—139页。

场以掩盖其私有制本质属性的欺骗性，片面强调发挥市场自发力量否定国家宏观调控的荒谬性。[①] 从西方市场社会主义的视野出发，在具体语境下把握西方市场社会主义思潮，促进学界对其基本主张及其观点的理解。

从对冷战后西方市场社会主义发展态势的研究来看，部分学者试图在分析其发展脉络的基础上，把握其发展新动向。随着金融危机的爆发与新自由主义的失灵，西方市场社会主义也在不断发展完善。部分国外学者如大卫·米勒(David Miller)、约翰·罗默(John. E. Roemer)、大卫·施韦卡特、詹姆斯·扬克(James A. Yunker)等人对自己的理论进行了不同程度的修改与完善，法国学者托尼·安德烈阿尼(Tony Andréani)提出建立一种市场社会主义框架下的经济民主。刘明明和尹秋舒在分析市场社会主义新发展的背景基础上，重点探察经济民主市场社会主义的现实逻辑和理论逻辑，介绍新世纪以来市场社会主义的最新发展动向，并运用马克思主义的立场和方法分析其进步意义与不足之处。[②] 宋朝龙在与大卫·麦克莱伦直接对话的基础上，结合新时代背景，就新自由主义因放纵金融资本积累而导致社会的深度危机、英美国家民粹主义的崛起及其困局、市场社会主义对英美等国的理论和实践价值等议题进行讨论与交流，并对麦克莱伦教授的最新观点进行评析。[③] 国内部分学者密切关注西方市场社会主义思潮的发展动态，能够较为及时地反映西方马克思主义研究的新领域和新成果，为提高有关当代西方市场社会主义的认知提供重要理论资源。

三、关于冷战后西方市场社会主义思潮的质疑及其回应

冷战后西方市场社会主义在世界范围内有所发展，同时也伴随着一

---

① 黄瑾：《市场社会主义的市场观——写在〈超越资本主义〉(第二版)中文译本出版之前》，《政治经济学评论》2015 年第 2 期，第 168—181 页。

② 刘明明、尹秋舒：《经济民主：新世纪以来市场社会主义的最新发展动向》，《当代经济研究》2019 年第 3 期，第 49—56 页。

③ 宋朝龙：《右翼民粹主义崛起背景下再论英国的市场社会主义思潮——对话英国著名学者戴维·麦克莱伦教授》，《长白学刊》2022 年第 2 期，第 1—12 页。

系列反对与质疑。因为市场的存在，市场社会主义依旧有竞争，仍会出现不公平的现象，存在潜在的失业问题。不少国内外学者质疑市场社会主义是不是真正的社会主义、市场社会主义能否真正替代资本主义、发展西方市场社会主义的可能性与必要性等。市场社会主义的卫道士对以上问题发表了一系列见解，捍卫自己的理论主张。

20 世纪 90 年代，西方学界不少学者就市场社会主义进行了一场声势浩大的辩论。克里斯托夫·皮尔森(Christopher Pierson)对苏东剧变后至 21 世纪初出现的西方市场社会主义模式作了系统评论，既从理论上探讨了市场与社会主义结合的可能性，也探讨了市场社会主义与民主政治结合的可能性。① 在《市场社会主义：社会主义者之间的争论》一书中，以大卫·施韦卡特、詹姆斯·劳勒(James Lawler)、希勒尔·蒂克庭(Hliiel Ticktin)以及伯特尔·奥尔曼(Bertell Ollman)为例，简要介绍当时英美马克思主义者关于市场社会主义的论争。在《市场社会主义：历史、理论与模式》一书中，余文烈等学者从传统社会主义立场、右翼自由主义、其他西方学者的质疑这三方面出发，总结国外理论界对市场社会主义的批判，并整理了市场社会主义批判的批判。约翰·罗默在 2016 年的访谈中承认，由于暂时还无法彻底消除私有制，市场与社会主义相结合的过程需要解决很多问题。即便如此，他仍然认为市场与社会主义是相容的。② 有观点认为，基于市场的生产结构与自觉的、理性的、民主的经济调控不相容，否认市场社会主义能够作为资本主义社会替代方案的观点。马克西·涅托以大卫·施韦卡特提出的经济民主为例，考察马克思揭示的商品流通与资本之间的有机联系，指出市场社会主义在经济方面、政治方面与生态方面都存在许多问题。③ 通过关注国内外学者有关西方市场社会主义的理论主张及争鸣，能够为国内学界相对全面、客观地看待西方市场社会主

① 克里斯托夫·皮尔森、易鸣：《市场社会主义的新模式》，《马克思主义与现实》2001 年第 3 期，第 56—65 页。

② 约翰·罗默、梁爽、黄斐、刘军：《社会主义、马克思主义和平等——耶鲁大学教授约翰·罗默访谈》，《社会科学辑刊》2016 年第 6 期，第 5—9 页。

③ 马克西·涅托、范连颖：《市场社会主义理论的一个评论性考察》，《国外理论动态》2022 年第 2 期，第 79—91 页。

义提供宝贵的理论资源。

在对西方市场社会主义进行深入分析的基础上，国内学者回答了西方市场社会主义是不是社会主义、如何看待西方市场社会主义的发展前景等问题。有些学者认同西方市场社会主义在某些方面优于现行的资本主义经济制度这一观点，例如余文烈认为左翼对市场社会主义的批评主要集中在市场竞争所带来的不良后果上，即经济上的失利、自我尊严的丧失以及共同体意识的削弱。与此同时，他还指出市场社会主义在解决劳动与资本的分离、以平等的方式在全社会范围内分配利润的社会模式、其社会模式在技术革新、消除公害、发展社会公益等方面都比资本主义私有企业更具优越性这三方面具有社会主义性质。① 张志忠将 20 世纪 90 年代至 21 世纪初的西方市场社会主义具有内在逻辑性的三个理论新形态概括为市场手段论、市场中性论、市场主导论。② 通过以上三方面的论证，西方市场社会主义深入回答了社会主义何以能够同市场联姻的问题。就冷战后西方市场社会主义的发展前景而言，有观点认为，市场社会主义的复苏需要两个基本条件，一个是动摇人们对资本主义迷信的资本主义发生的重大危机，另一个是设计出合理的制度模式并在实践中检验。21 世纪以来的西方市场社会主义具备了这两个条件，其发展前景值得期待。③ 基于对 20 世纪 90 年代西方市场社会主义三种代表模式的分析，宋衍涛和陈明磊认为，在以追求利润最大化的经理管理型企业为基础的模式中，证券经济只是对资本市场的一种不真实的虚构，它既缺乏真正资本市场的竞争效率，也缺乏传统国有制的直接计划的优点，同时也难以真正保证分配中的平等。而以工人所有制或工人管理的企业为基础的模式对于工人自治的种种修正可能并没有完全解决资本主权和劳动者主权的矛盾，强调限制资本权力的、没有资本家的资本主义模式实质上不过是对资本

① 余文烈：《什么是市场社会主义？》，《当代世界与社会主义》1997 年第 1 期，第 68—70 页。

② 张志忠：《当代西方市场社会主义的理论新形态》，《内蒙古社会科学》2001 年第 1 期，第 79—84 页。

③ 刘明明：《21 世纪初的西方市场社会主义》，《学术界》2013 年第 4 期，第 220—228 页。

主义的一种改良，难以超越民主社会主义的理论界限。[①] 还有学者如史小宁站在马克思主义的立场，指出当代西方市场社会主义与马克思主义确实有着一定的历史联系，但其既不是马克思主义的正统，也不是社会主义的主流，其本质特征是社会改良主义，是对资本主义现存制度合法性的直接挑战，与马克思开创的科学社会主义相去甚远。[②] 由此看来，当代西方市场社会主义的发展仍然任重道远，其作为批判西方资本主义的理论范式，能够为我们批判西方资本主义制度，探索如何进一步协调社会主义与市场机制的关系，探索新时代下社会主义的实践道路具有重要启迪作用。面对这样一种非马克思主义正统的社会主义，我们必须科学分析并谨慎借鉴当代西方市场社会主义。

四、有关冷战后西方市场社会主义理论定位的不同思考

针对部分国外学者混淆西方市场社会主义与中国特色社会主义市场经济体制这一现象，许多国内学者如张嘉昕、田佳琪、[③]张金才[④]等人共同认为，有必要理清西方市场社会主义思潮与中国的社会主义市场经济之间的相似性与差异性，消除部分学者将市场社会主义与中国的社会主义市场经济加以等同的误区，阐明中国社会主义市场经济在何种意义上超越了西方市场社会主义。史小宁强调，必须区分思想领域的社会主义与社会制度领域的社会主义。“前一层次回答的是‘什么是社会主义的问题’，侧重于理论的建构与设想，往往苦于找不到现实的实践通道，以一种批判资本主义社会的思潮而存在，或以资本主义的改良方案而存在。当代西方市场社会主义就属于思想领域的社会主义。而后者回答的是‘如何实现和巩固社会主义制度的问题’，是在社会主义制度已经建成的框架

① 宋衍涛、陈明磊：《20 世纪 90 年代西方市场社会主义的三种模式》，《当代世界与社会主义》2003 年第 6 期，第 54—59 页。

② 史小宁：《论当代西方市场社会主义价值观的“正统性”》，《求实》2012 年第 3 期，第 60—62 页。

③ 张嘉昕、田佳琪：《中国社会主义市场经济理论与西方市场社会主义思潮之比较》，《学术交流》2013 年第 5 期，第 108—112 页。

④ 张金才：《市场社会主义与社会主义市场经济》，《社会主义研究》2002 年第 1 期，第 59—62 页。

内，不断丰富和拓展社会主义的理论与实践。”[①]有中国特色的社会主义明确属于社会制度领域的社会主义，我们必须划清当代西方市场社会主义和中国特色社会主义的根本界限，清晰地阐明西方市场社会主义与我国社会主义市场经济体制之间的差异，尽可能消除人们对西方市场社会主义的错误认识，旗帜鲜明地批判当代西方市场社会主义的资本主义改良实质。

我国许多学者共同认为，冷战后西方市场社会主义思潮能为我国经济发展发挥相应的理论参考与借鉴作用。有学者从西方马克思主义学派关于资源配置机制的新探索的角度来讨论市场社会主义，试图从中找出可供中国特色社会主义发展和建设所借鉴的思想材料。从研究冷战后西方市场社会主义思潮的实际意义出发，部分学者如张志忠[②]、于良春、[③]项久雨[④]、刘明明[⑤]、颜鹏飞[⑥]等人均认为，当代西方市场社会主义能够为我国社会主义市场经济的理论创新与实践发展提供重要启示，为我国实现公平与效率的有机统一，坚持以公有制为主体、多种所有制经济共同发展的基本经济制度，更好地协调政府与市场的关系，为我国社会主义市场经济体制建设添砖加瓦。围绕市场、计划与社会主义，平等与效率，市场经济与混合所有制，市场经济与社会主义民主制度这四大方面的关系展开深入探究，金瑶梅指出，社会主义能够与市场机制兼容。[⑦] 此外，还有观点从更宏观的角度出发，认为在世界社会主义运动遭遇挫折时，西方市场社

---

① 史小宁：《论当代西方市场社会主义价值观的“正统性”》，《求实》2012 年第 3 期，第 60—62 页。

② 张志忠：《当代西方市场社会主义对中国社会主义市场经济的启示》，《科学社会主义》2001 年第 2 期，第 45—48 页。

③ 于良春：《西方市场社会主义理论及其对我国的启示》，《当代世界社会主义问题》2000 年第 1 期，第 93—99 页。

④ 项久雨：《论西方市场社会主义的借鉴价值》，《学习与实践》2007 年第 12 期，第 40—45 页。

⑤ 刘明明：《中国特色社会主义与市场社会主义比较·借鉴·超越》，《西北农林科技大学学报(社会科学版)》2014 年第 1 期，第 138—142 页。

⑥ 颜鹏飞：《西方马克思主义学派关于资源配置机制的新探索——论市场社会主义》，《安徽大学学报》1995 年第 1 期，第 3—8 页。

⑦ 金瑶梅：《论当代西方市场社会主义对中国社会主义市场经济的启示》，《当代世界与社会主义》2016 年第 3 期，第 99—104 页。

会主义有助于人们重新建立对社会主义的信心。① 综上，许多研究者认为，冷战后西方市场社会主义能够为进一步推动中国社会主义市场经济的理论创新与实践发展提供重要启示。

20 世纪 90 年代至 21 世纪初，国内学界十分关注西方市场社会主义思潮的发展状况。与此同时，在研习西方市场社会主义思潮的过程中，国内学者意识到其理论存在着一些局限。张宇认识到，冷战后西方市场社会主义在公有制与市场经济兼容性问题上还存在一些理论分歧和实际困难需要加以克服，关键在于如何在肯定市场机制作用的同时制定好实现社会主义目标的制度安排。② 朱奎从新市场社会主义的理论源泉、兰格模型及奥地利学派的挑战、新信息经济学对其的批评、罗默和贝德汉模型及其内在逻辑和方法论等方面出发，对以罗默模型和贝德汉模型为代表的新市场社会主义理论模型展开分析，指出新市场社会主义理论只是考虑了激励与产权变革问题的一般均衡理论的拓展，其内在逻辑和方法论都存在重大缺陷。③ 张宇从经济哲学的视角出发，指出当代西方市场社会主义模式的根本问题在于，没有以一般市场的中立性和工具性为立论基础，从而使得市场社会主义模式带有机械组装性，其所追求的效率目标和平等目标间存在冲突。④ 在批判地分析冷战后西方市场社会主义思潮的基础上，从不同角度指出其思想局限及其发展所面临的现实问题，有利于更深刻、辩证地把握冷战后西方市场社会主义思潮。

总的来看，冷战后至今的西方市场社会主义思潮固然存在着一些不足之处，但其辩证地看待市场机制在具体实践中所扮演的角色，批判资本主义现实社会的理论思维仍然值得借鉴。在研究冷战后西方市场社会主义思潮的过程中，我们应坚守马克思主义立场，取其精华，去其糟粕，警惕其改良主义与新自由主义倾向的腐化，用辩证的眼光批判地看待冷战后西方市场社会主义。

---

① 金瑶梅、夏小华：《西方市场社会主义浅析》，《海派经济学》2020 年第 4 期，第 162—170 页。

② 张宇：《市场社会主义理论的回顾与反思》，《教学与研究》1997 年第 9 期，第 40—44 页。

③ 朱奎：《新市场社会主义理论研究述评》，《学术研究》2004 年第 8 期，第 43—48 页。

④ 狄仁昆：《“社会主义市场”存在论——对当代西方“市场社会主义”合理性问题的哲学思考》，《国外社会科学》2005 年第 1 期，第 17—23 页。

五、对学界相关研究的学理审视及其展望

通过对国内学界关于冷战后西方市场社会主义思潮研究现状的分析可知，目前我国学术界的相关研究取得了重要进展，有关冷战后西方市场社会主义学者的研究水平与理论创新能力不断提高，取得了丰硕成果，对深入理解冷战后西方市场社会主义思潮发挥了重要的作用。同时也应看到，冷战后西方市场社会主义随着时代的发展依然在不断丰富，其理论内涵、意义与价值、理论缺陷等有待进一步分析说明，我国有关冷战后西方市场社会主义研究还存在一些问题亟待解决。基于现有研究，未来国内学界对冷战后西方市场社会主义思潮的研究可以从以下几方面进行深化与拓展：

首先，我国有关冷战后西方市场社会主义的研究从整体上看，处于有一定数量的研究成果，但研究水平有待进一步提高，研究范围有待继续拓展的阶段。部分学者缺乏相关研究的问题意识，学术原创能力不够强，主要体现为跟随西方学者的脚步，总结其理论观点与研究概况，较少学者有足够能力和兴趣去提出新的问题。另一方面，目前国内有关冷战后西方市场社会主义的研究范围尚未充分扩展，研究对象大多聚焦于倡导市场社会主义的知名学者及其理论，如约翰·罗默、大卫·施韦卡特、詹姆斯·扬克、大卫·米勒、托马斯·韦斯科夫等，对另一些同样具备研究价值的市场社会主义理论模式没有给予相应的关注。此外，还有一些没有明确主张市场社会主义，但同样反对资本主义经济模式、捍卫市场与社会主义，属于泛市场社会主义的理论观点并没有被囊括进来。理查德·沃尔夫(Richard Wolff)、科斯塔斯·潘拉若塔基斯(Costas Panayotakis)、加尔·阿尔佩罗维茨(Gar Alperovitz)、阿伦·恩格勒(Allan Engler)、汤姆·马勒森(Tom Malleson)等当代西方学者的理论主张，对于现阶段批判资本主义、辩证地看待市场机制与社会主义经济模式具有极为重要的理论价值，值得关注。

目前国内相关研究尚未能较为系统、完整地反映冷战后至今西方市场社会主义的发展状况。要想改变这一现状，需要广大研究者加倍努力，

不断增强问题意识，在冷战后西方市场社会主义思潮相关研究的突出问题上取得明显进展。对此，我国广大理论工作者应坚持以马克思主义为指导，科学分析并谨慎对待西方市场社会主义思潮，不仅要加强对冷战后西方市场社会主义的理论关注，还要深刻把握其内涵，进一步突出相关研究的理论价值与思想价值。

其次，国内现有的研究未能反映冷战后至今西方市场社会主义研究的全貌与最新动态，具有一定的片面性与滞后性。冷战后至今的西方市场社会主义研究不仅以经济民主为主，还涉及女权主义、阶级分析方法、政治经济学批判、追求平等与公正、强调伦理与道德的重要作用、重视生态问题等多重维度，极大地丰富了当代西方市场社会主义的内涵。与此同时，国内学界很少涉及这方面的研究，尚未充分把握冷战后西方市场社会主义思潮的整体发展态势，未能充分追踪冷战后西方市场社会主义思潮发展的理论前沿。

西方市场社会主义思潮不断发展完善，对其进行理论分析与考察，不能采取教条主义或拿来主义的态度，应该用全面的、发展的、辩证的眼光看待冷战后西方市场社会主义的理论发展动态。建议国内学者逐步提升自身的理论研究能力与水平，跟踪并分析冷战后西方市场社会主义思潮的最新研究成果与发展动态，增强理论研究的时代性与实践性，做西方市场社会主义研究的同时代人，而不是其理论的追随者。

第三，西方市场社会主义思潮不仅是一股社会思潮，也是一种经济思潮，涉及多元学科与多重研究视角，不能仅从单一的维度对其进行评判。从目前国内有关冷战后西方市场社会主义研究者的理论背景来看，大多是经济学与马克思主义哲学专业出身。与此相对，一些西方市场社会主义学者具有政治学、社会学、数学等其他学科的理论背景。习近平总书记指出："哲学社会科学研究范畴很广，不同学科有自己的知识体系和研究方法。对一切有益的知识体系和研究方法，我们都要研究借鉴，不能采取不加分析、一概排斥的态度。"①在学习借鉴冷战后西方市场社会主义思潮

① 习近平：《在哲学社会科学工作座谈会上的讲话》，北京：人民出版社 2016 年版，第 18 页。

的同时，要立足中国，把握当代，防范和警惕西方市场社会主义的自由化倾向。此外，还应进一步提升研究水平，鼓励相关研究者从自身专业背景出发，结合其他专业或学科的研究视角，实现不同专业间的学术联盟。通过运用不同的研究方法与理论工具，加强学科间的合作与交流，着力提高研究的深度、广度、专业度，充分体现跨学科合作研究的优势，实现对西方市场社会主义的多元化、多层次解读与研究，为丰富发展市场社会主义的研究提供坚实的理论基础。

克里斯多夫·约翰·阿瑟的抽象劳动理论——基于马克思《资本论》及其手稿的评析

刘晓晓①

阿瑟认为在马克思的《资本论》及其手稿中有两种抽象劳动。一是通常理解的在商品交换关系中表现出来的作为价值实体的抽象劳动；二是在资本生产关系中“作为雇佣工人活劳动的形式规定性的抽象劳动”，即他所谓的“新的抽象劳动”。历史辩证法的缺失，使他强调前者在与资本相联系意义上的历史特殊性，而不理解作为价值实体的抽象劳动概念实质上是对一切商品交换关系的“科学抽象”。这一视域局限又进一步使他不能准确把握抽象与具体的辩证关系，把发生在交换领域中资本对雇佣劳动的抽象，误解为生产领域中“新”的抽象劳动。而在生产领域中，人本主义哲学立场又使他未能深挖资本利用雇佣劳动（实则劳动力商品）的特殊使用价值来进行剥削这一本质内容。最终只能得出资本增殖过程对劳动过程的颠倒关系。

马克思对抽象劳动的研究，是他建立劳动二重性理论，由此解剖资本主义内在矛盾运动，以最终论证其必然灭亡的关键环节。意识到抽象劳动理论的重要性，克里斯多夫·约翰·阿瑟（Christopher J. Arthur）在体系辩证法的方法论视域中，围绕社会形式（social form）重新思考马克思在

① 刘晓晓（1995—），女，河北邯郸人，汉族，中国石油大学（北京）马克思主义学院讲师。

《资本论》及其手稿中的抽象劳动问题。他不仅“重塑”了作为价值实体的抽象劳动,而且还提出第二种“新的抽象劳动概念”。系统梳理阿瑟研究抽象劳动这一基础性问题的思想脉络,不仅可以把握其方法论及核心观点,而且更应该基于马克思的《资本论》及其手稿,对此问题进行辨析并澄清抽象劳动的科学要义,以进一步参透马克思批判理论的要点,在研究西方马克思主义的过程中辨别方向。

一、阿瑟的第一种抽象劳动及其问题

1. 处于商品交换关系中作为价值实体的抽象劳动

阿瑟认为,马克思的文本中其实存在着两种抽象劳动概念。第一种是处在商品关系中作为价值实体的抽象劳动,这可追溯到古典政治经济学的价值理论。阿瑟认为,在马克思那里,这部分内容位于且仅限于《资本论》第1章,典型地体现为以下段落:“如果把商品体的使用价值撇开,商品体就只剩下一个属性,即劳动产品这个属性。……随着劳动产品的有用性质的消失,体现在劳动产品中的各种劳动的有用性质也消失了,因而这些劳动的各种具体形式也消失了。各种劳动不再有什么差别,都化为相同的人类劳动,抽象人类劳动。”这“只是同一的幽灵般的对象性,只是无差别的人类劳动的单纯凝结……这些物,作为它们共有的这个社会实体的结晶,就是价值——商品价值”①。对第一种抽象劳动的解读,阿瑟突出了以下两点:一方面,他不认同主流马克思主义者的倾向,即从自然性或技术性层面阐释马克思的抽象劳动②。阿瑟则重点关注了社会形式概念,凸显并深化抽象劳动的社会性和关系性维度。另一方面,阿瑟反对用“简单商品生产”的“模型”解读马克思的《资本论》。他指出,这一术语并没有出现在《资本论》中,它只是恩格斯的发明,随后又被

① 《马克思恩格斯全集》第44卷,人民出版社2001年版,第50—51页。

② 参见克里斯多夫·约翰·阿瑟:《新辩证法与马克思的〈资本论〉》,高飞等译,北京:北京师范大学出版社2018年版,第43页。

斯威齐(Paul Marlor Sweezy)、米克(Ronald L. Meek)和曼德尔(Ernest Mandel)等沿用,他们坚持把《资本论》开头几章解读为简单商品生产模式。

在反对的基础上,阿瑟认为《资本论》一开始的研究对象就是资本主义商品和货币的流通,是资本主义总体。他强调抽象劳动的历史特殊性。只有在资本关系的特定社会形式中,价值概念以及作为其内容的抽象劳动概念才能客观地被确立并得到解释,这必然是对资本主义生产关系的最抽象概括。那么,抽象劳动的规定性也只有在资本主义社会形式中才可以具体形成,"价值的任何'实体'——例如抽象劳动——不可能先于资本主义基础上的普遍化商品生产而存在"①。在阿瑟看来,在前资本主义社会中,讨论作为价值实体的抽象劳动是没有意义的。他解释到,此时社会生产的目标还不是价值增殖,资本并不是抽象总体且未严格监管劳动时间,货币只是能够发生交换的形式上的中介,价格也处于相对偶然的状态。在这种社会经济条件下,作为价值实体的抽象劳动范畴"是不能被充分地概念化的(inadequately conceptualised)",其"含义是不确定的(insufficiently determinate)"②,因此抽象劳动也是不存在的。总之,阿瑟把抽象劳动形成价值的社会形式锚定在了特定的资本关系上。

在把握马克思的作为价值实体的抽象劳动思想时,重视对抽象性进行权力批判的阿瑟,突出了抽象劳动的社会关系维度;他也认识到,要抽象出作为价值实体的抽象劳动这一范畴,需要有发达的现实条件,即资本主义社会基础。这是值得肯定的。但是,基于马克思在《资本论》及其手稿中关于抽象劳动的论述,仍需要对阿瑟从历史特殊性角度解读的第一种抽象劳动进行辨析和澄清。

2. 作为价值实体的抽象劳动概念是对商品交换关系的科学抽象

阿瑟突出了抽象劳动的社会关系性,但要注意,他把交换抽象视为资

① 克里斯多夫·约翰·阿瑟:《新辩证法与马克思的〈资本论〉》,高飞等译,北京:北京师范大学出版社2018年版,第51页。

② 同上书,第44页。

本主义体系的本体论基础[①]，这种社会形式实际上指向经验层面上的交换关系，该理论视域中的商品关系也只是商品交换关系。他进一步将社会形式框定在具体的、特定的资本主义社会，把作为价值实体的抽象劳动定位在资本主义历史阶段。在阿瑟看来，抽象劳动是价值的实体规定，所以对此观点的辨析，首先要弄清价值是否形成于资本主义社会。

一方面，价值本质上是实现人类劳动的社会联合的一种历史形式。不管在何种社会，人类的生存和发展都需要劳动，劳动必然在社会联系中进行，以此才能实现社会的能量变换。“任何一个民族，如果停止劳动，不用说一年，就是几个星期，也要灭亡……这种按一定比例分配社会劳动的必要性，绝不可能被社会生产的一定形式所取消”[②]。但是，在不同的历史条件下，实现劳动的社会结合的形式会发生变化。当人类社会出现私有制时，生产资料被私人占有，劳动具有私人性；于是“在生产者面前，他们的私人劳动的社会关系……不是表现为人们在自己劳动中的直接的社会关系，而是表现为人们之间的物的关系和物之间的社会关系”[③]。这就出现了价值现象，产生了商品的价值问题，也就形成规定商品价值内容的抽象劳动。所以，只要有商品交换或商品关系，就有决定商品价值的抽象劳动，这是商品交换社会中的共性存在。它不仅存在于发达的或成熟的商品交换阶段，即资本主义社会，同样也存在于简单商品交换阶段，即前资本主义社会。可见，阿瑟的观点：价值及作为其实体的抽象劳动不可能存在于前资本主义社会中，是错误的。

另一方面，确实如阿瑟所言，价值概念以及作为价值实体的抽象劳动概念，只有在发达的资本主义经济关系中才能作为概念被抽象出来，才能在认识论中得到把握。现实社会关系发展地越复杂、越成熟，概念的抽象程度就越高，概念才越科学；这同样说明，抽象程度高的概念“充分”适合于最复杂的现实社会关系。因此，价值概念及作为其实体的抽象劳动概

---

① 参见克里斯多夫·约翰·阿瑟：《新辩证法与马克思的〈资本论〉》，高飞等译，北京：北京师范大学出版社2018年版，第89页。

②《马克思恩格斯文集》第10卷，人民出版社2009年版，第289页。

③《马克思恩格斯全集》第44卷，人民出版社2001年版，第90页。

念在资本主义"条件并在这些条件之内""具有充分的适用性"①。但这并不意味着，如阿瑟认为的那样，这些概念"仅仅"适用于它们得以抽象出来的资本主义商品关系。价值概念以及作为价值实体的抽象劳动概念并非现实层面上的具体事物，而是思维中的科学抽象。它们是对现实商品关系的共性概括和本质把握，不仅充分适用于资本主义商品交换关系，同样适用于前资本主义社会中的简单商品交换关系。只是在后一阶段上，由于现实商品关系的不发达、不成熟，概念的适用度还比较弱。故此，这里涉及的是概念的适用"程度"或实现"程度"的问题，而不是阿瑟认为的概念的"适用与不适用"的问题。总之，作为价值实体的抽象劳动概念适用于一切商品交换关系，只是在不同发展阶段上的商品交换关系中，这一概念的适用程度有所差异。

3. 体系辩证法的遮蔽与历史辩证法的缺失

阿瑟混淆抽象劳动概念的充分适用性与普遍适用性，源于他背后的核心方法论。他所坚持的"新辩证法"是体系辩证法，即"被用来概念化(conceptualise)既存具体整体的诸范畴的表述问题"②，并以此来对抗历史辩证法。他指出，马克思对资本等诸类概念的分析源于黑格尔哲学，于是阿瑟要重估黑格尔。在阿瑟看来，存在两种重估黑格尔的模式：一种是聚焦于黑格尔研究世界历史之发展逻辑的历史辩证法，一种是聚焦于概念形式运动的体系辩证法。对此，他反对前者，而试图用后一种模式重建马克思的《资本论》。这是因为，阿瑟认为《资本论》研究的是"同一对象(the same object)"，是"以一系列内在关系为特征的总体(a totality)"③，即资本主义社会，而不是历史辩证法所展示的历时性的发展阶段之间的联系。为了支撑自己的体系辩证法立场，阿瑟援引了马克思《〈政治经济学批判〉导言》中的文本，即"因此，把经济范畴按它们在历史上起决定作用的先后次序排列是不行的，错误的"④。

---

①《马克思恩格斯全集》第30卷，人民出版社1995年版，第46页。

② 克里斯多夫·约翰·阿瑟：《新辩证法与马克思的〈资本论〉》，高飞等译，北京：北京师范大学出版社2018年版，第6页。

③ 同上书，第21页。

④ 克里斯多夫·约翰·阿瑟：《新辩证法与马克思的〈资本论〉》，高飞等译，北京：北京师范大学出版社2018年版，第6页。参见《马克思恩格斯全集》第30卷，人民出版社1995年版，第49页。

从表面上来看，阿瑟的确具有马克思的文本依据，但关键问题是，他并未准确理解马克思在此处指出的从抽象上升到具体的方法论与解读视域。马克思的叙述并非从思维中演绎出范畴与范畴之间的运动逻辑，而是以社会历史内在矛盾的发展过程作依托；他的概念并非断绝和现实世界发展过程之间的联系，而是客观现实中已经存在的社会内容在头脑中的反映。当马克思科学地抽象出作为价值实体的抽象劳动概念时，他的理论视域中已经内含了整个私有制阶段上的商品交换关系或交换现象，以及这些关系从简单状态到发达状态的历史发展过程。这表明，概念适用程度的不同实则表征的是历史的差别，是现实社会关系的发展，是从简单商品交换关系上升到资本主义商品交换关系的矛盾运动过程。唯物史观保证了马克思的思维抽象的客观性与科学性，从而区别于一般认识论意义上的抽象。

当阿瑟困于结构与历史的对立，机械割裂二者之间的内在关系，并以体系辩证法遮蔽历史辩证法时，必然导致其缺乏宏大的社会历史感，缺失现实发展过程的思路，以及社会历史内在矛盾运动的阐释维度。框限于结构性维度的概念也就失去社会历史性张力而沦为一个要素。因此，阿瑟把作为价值实体的抽象劳动概念在前资本主义商品关系中的不充分适用误解为了不适用，进而得出抽象劳动并不存在于前资本主义社会的结论。总之，正是唯物主义历史辩证法的缺位使阿瑟无法认识到，作为价值实体的抽象劳动概念实质上是对商品交换关系的科学抽象，是对共性的把握。阿瑟对第一种抽象劳动的误读，必然影响到他提出的第二种抽象劳动。

二、阿瑟的第二种“新的抽象劳动”及其两重问题

1. 处于资本生产关系内部的雇佣劳动之抽象形式规定性

仅仅停留于决定交换价值的第一种抽象劳动，还不能使阿瑟回应关于抽象劳动的“抱怨”：“如果抽象劳动被归于一种交换抽象，那么它如何

会是一个生产范畴?"①阿瑟发现,当转向对资本生产关系的讨论时,马克思就不再关注商品交换行为中的抽象劳动,而是致力于发生在价值增殖过程中的资本对雇佣劳动的抽象。阿瑟非常重视与资本对立的雇佣劳动的抽象形式规定性,并将之视为"新的抽象劳动概念",它是产生于资本生产关系中的第二种抽象劳动,且并存于处在商品交换关系中的第一种抽象劳动。阿瑟的这一概念,主要源自他对马克思《1857—1858年经济学手稿》"资本章"中的"资本和劳动的交换"章节的解读,"劳动作为同表现为资本的货币相对立的使用价值,不是这种或那种劳动,而是劳动本身,抽象劳动;同自己的特殊规定性决不相干,但是可以有任何一种规定性……"②

阿瑟指出,处于资本主义生产关系中的第二种抽象劳动,不仅使流通行为中的第一种抽象劳动"得到补充(complemented)",而且"更为基础(more fundamental)"③。"普遍化的商品流通仅仅存在于资本主义生产基础上"④。致使他认为,只有在资本生产环节,雇佣劳动的抽象规定性才能得以确定。阿瑟继续追问雇佣劳动在资本生产关系内部被抽象的原因,对此他解释到,"产业资本把所有劳动都视为完全等同的——因为产业资本忽视所有劳动的具体特殊性而平等地剥削它们"⑤。资本同一化雇佣劳动的各种具体规定性,是为了平等地对其进行剥削。而这种剥削带来的关键问题是"产生了同质性(homogeneous)的产品即资本积累本身"⑥。总之,阿瑟想强调的重点是:在生产领域中,资本会对雇佣劳动的具体异质性进行抽象,目的是更好地剥削工人以获得尽可能多的剩余价值。

在对马克思的劳动之抽象性思想的分析过程中,阿瑟理解了从商品交换关系到资本生产关系的逻辑转换,由此深入到价值增殖过程的本质

---

① 克里斯多夫·约翰·阿瑟:《新辩证法与马克思的〈资本论〉》,高飞等译,北京:北京师范大学出版社2018年版,第16页。

② 同上书,第46页。参见《马克思恩格斯全集》第30卷,人民出版社1995年版,第254页。

③ 同上书,第47、51页。

④ 同上书,第51页。

⑤⑥ 克里斯多夫·约翰·阿瑟:《新辩证法与马克思的〈资本论〉》,高飞等译,北京:北京师范大学出版社2018年版,第47页。

维度，这是值得肯定的。但基于马克思的《资本论》及其手稿，仍然有两重问题需仔细辨析：第一，资本把雇佣劳动视为抽象，究竟是否如阿瑟认为的那样，发生在生产领域中呢？第二，在生产领域中，究竟是否如阿瑟认为的那样，资本为了自我增殖重视的是雇佣劳动的抽象性呢？

2. 对第一重问题的回应：资本对雇佣劳动的抽象发生在交换领域中

在资本主义商品市场上，劳资交换要遵循商品交换的基本规律，即价值规律。它要求交换双方作为身份平等的商品占有者，以价值量为基础，实行等价交换。第一，从劳动力的卖者一方看，和任何其他商品的卖者一样，他要让渡自己的使用价值才能实现其作为劳动力的交换价值，即他的劳动本身便不归自己所有。从货币资本的占有者一方看，他按照劳动力的交换价值支付工资，从而获得后者的使用价值，即劳动力一天的劳动便归前者所有。第二，从资本家的角度来看，他无疑希望用尽可能少的货币交换到更多的劳动力商品，此时他关心的是劳动力商品的交换价值及作为其货币表现的价格。交换价值是价值在市场上的外在表现，价值则由背后的抽象劳动决定。因此，在进行交换活动时，进入资本家眼中的是工人劳动的抽象性，而不是各种异质性的具体劳动。阿瑟关注的资本对雇佣劳动的抽象正是发生在交换领域中，而不是他认为的发生在生产领域中。他倚立的文本依据其实就是马克思在一般交换关系中对劳资关系的论述："所有权同劳动相分离表现为资本和劳动之间的这种交换的必然规律。被设定为非资本本身的劳动是：(1) 从否定方面看的非对象化劳动……(2) 从肯定方面看的非对象化劳动……在同资本相对立的劳动方面，还应该注意的最后一点是：劳动作为同表现为资本的货币相对立的使用价值，不是这种或那种劳动，而是劳动本身，抽象劳动。"①

澄清上述问题后就会发现，阿瑟所谓的第二种"新的抽象劳动"即和资本构成交换关系的抽象劳动，其实并不"新"，它只是商品交换关系在资本主义阶段进一步发展的体现。交换关系是在商品相对地表现自己价值的过程中形成的。那么，只要是商品交换关系，其中都存在价值，也就都

①《马克思恩格斯全集》第30卷，人民出版社1995年版，第253—254页。

存在作为价值实体的抽象劳动，即阿瑟指出的第一种抽象劳动。它是对商品交换关系的共性把握，属于科学抽象的层面，这在前面的论述中已经得到说明。但是，生产方式和经济关系是历史发展着的。到了资本主义形态，商品交换就呈现为劳资交换，这是商品交换关系在资本主义经济关系中的具体特点或个性表现，此时和资本对立的雇佣劳动仍然具有抽象劳动性。所以，根本不是阿瑟认为的"两种"抽象劳动，一种是交换领域中决定交换价值的抽象劳动，一种是生产领域中和资本对立的雇佣劳动之抽象形式规定性。实际上，就是一种抽象劳动，一种存在于交换关系中的抽象劳动。只是由于劳资交换关系是一般商品交换关系在历史发展过程中经过资本中介后的具体表现，存在于一般商品交换关系中的抽象劳动也就表现为了与资本对立的雇佣劳动之抽象特性。这正是马克思从抽象上升到具体的科学方法的体现。

阿瑟撇开历史发展的线索后，在静态层面上直接从资本主义结构中的劳资交换关系这一具体出发，"似乎是正确的。但是，更仔细地考察起来，这是错误的"。因为，这还只是没有进行科学抽象的无概念的感性具体，而不是从思维抽象上升到思维具体。只有后者才是真正的现实起点，因为它是"具有许多规定和关系的丰富的总体"，而不是关于整体的"混沌的表象"①。从前面分析可知，阿瑟确实没有从共性的角度把握商品交换关系，缺失了科学抽象的"铺垫"，当他直接面对劳资交换关系这种特殊的商品关系时是看不到这种独特性的。商品交换关系的资本主义特性或个性要想真正地被揭示出来，就必须将其放在共性之中，尤其是放置于社会历史发展过程中和其他历史时期的商品交换关系进行比较。由此可见，没有准确地把握"共性"与"个性"或"抽象"与"具体"的辩证关系，致使阿瑟不能理解劳资交换关系只是一般商品交换关系这一共性在历史发展过程中的个性表现，他才会把内含于其中的雇佣劳动之抽象形式规定性误认为是存在于资本生产关系内部的第二种新抽象劳动。循着阿瑟从商品交换关系推进到资本生产关系的思路，在他想批判的实现价值增殖的生

① 《马克思恩格斯全集》第 30 卷，人民出版社 1995 年版，第 41 页。

产领域中,资本究竟倚重雇佣劳动的什么方面呢?

3. 对第二重问题的回应:资本在生产领域中关注的是雇佣劳动(实则劳动力商品)的特殊使用价值

澄清劳资交换是一般商品交换的进一步发展后就会发现,前者遵循的是体现资本主义本质特征的经济规律,即在剩余价值生产的基础上才自由展开的价值规律。这意味着,第一,资本主义的劳资交换必定会绑缚一个生产过程或劳动过程,此过程中发生的是资本对劳动的占有和剥削,这就是劳资关系在进行了平等的交换过程之后的第二个维度。事实上,就在阿瑟引用的《1857—1858 年经济学手稿》中的那段话后面,马克思就明确指出了这一维度:"现在我们来看看过程的第二方面。如果是一般说的交换过程,那么资本或资本家同工人之间的交换现在是完成了。现在接着发生的是资本同作为资本的使用价值的劳动的关系"①。马克思思想中的劳资关系是两个维度的统一。

第二,第二个维度的劳动过程又不能离开第一个维度的交换过程。这里的理论质点在于,货币资本交换过来的并不是死劳动,而是一种活劳动。"货币所有者购买了劳动能力,也就是与劳动能力相交换以后(购买在双方达成协议时就已完成,即使以后才进行支付),就把它作为使用价值进行使用,进行消费",这一"消费过程,同劳动过程是一致的,或者确切地说,就是劳动过程本身"②。

第三,在劳动过程中,由工人劳动力的使用价值提供的活劳动,与这种劳动力所包含的过去劳动,是两个不同的量。后者是维持工人一天的生存必需的费用,这决定他在市场上的交换价值。一比较就会发现,劳动力的使用价值在实际的劳动过程中所能创造的价值量,多于劳动力商品在市场上被交换的价值量,这个余额就是剩余价值。可见,剩余价值的源泉是雇佣劳动,是劳动力的特殊使用价值。在资本主义生产关系下,"劳动……是资本本身的使用价值",那么雇佣劳动进行的创造价值的生产活

---

①《马克思恩格斯全集》第 30 卷,人民出版社 1995 年版,第 255 页。

②《马克思恩格斯全集》第 32 卷,人民出版社 1998 年版,第 59 页。

动，对于资本来说“只能是资本本身的再生产——保存和增大资本这种实际的和有效的价值”[①]。

因此，在资本生产关系中，为了实现自我增殖的目的，资本真正注意的是雇佣劳动（实则劳动力商品）的特殊使用价值，而不是阿瑟突出的对雇佣劳动之具体性或特殊性的抽象。在资本对劳动的剥削关系中，呈现出来的反而是由劳动力的使用价值体现出的具体劳动或特殊规定性的劳动。

阿瑟没有重视劳动力商品的特殊使用价值的主因在于：他不理解这种使用价值是资本主义商品生产与交换阶段的形式规定。历史辩证法的缺失使阿瑟把劳动力商品的特殊使用价值和一般商品的使用价值简单地进行了等同；并且认为后者是不重要的，因为它只是价值的物质载体。“尽管使用价值是商品交换的条件，但商品在价值形式中才能获得交换价值……商品的自然存在仅仅是它价值的‘承担者’（正如马克思所说的那样）。”[②]阿尔布瑞顿（Robert Albritton）对此评论，“通过把使用价值推至幕后，阿瑟把资本变成纯粹的形式，这反过来又致使他过分强调纯粹形式确定在整个理论中的作用”[③]。当阿瑟把商品的使用价值当作理论前提时，他从一开始就陷入了始自于古典经济学家的“抽掉”或轻视使用价值之理论意义的窠臼中。实际上，包括阿瑟在内的当今西方激进左翼中的很多学者，在所谓“重塑”或重新解读《资本论》及其手稿的过程中，都是直接接过古典经济学家的结论，然后外加一个批判维度，这是他们共同的理论逻辑。

识别阿瑟这种错误的关键在于，在马克思那里，使用价值是一个社会历史概念。在简单商品交换阶段，交换的双方是为了获得满足自己需要的使用价值。此时的“使用价值，即内容，商品的自然特性本身，不是作为

① 《马克思恩格斯全集》第 30 卷，人民出版社 1995 年版，第 255、255—256 页。

② 克里斯多夫·约翰·阿瑟：《新辩证法与马克思的〈资本论〉》，高飞等译，北京：北京师范大学出版社 2018 年版，第 45 页。

③ Robert Albritton, Review: The New Dialectic and Marx's Capital by Christopher J. Arthur, *Labour*, 2004, Vol. 54, pp. 342 - 344.

经济的形式规定而存在的"[①]，而只是前提性存在。但是，在商品交换得到充分发展了的资本主义商品交换阶段，体现资本主义生产关系本质特征的不再是一般的商品交换关系，而是劳资交换关系。资本购买的劳动力虽然也是商品，但已不是在简单商品交换活动中买来被直接消费掉的一般商品，而是一种活的劳动能力。资本正是利用劳动力的特殊使用价值来无偿占有剩余价值，即资本对劳动进行剥削。所以，在劳资关系中，劳动力的使用价值就不再是"作为物质前提处在经济学和经济的形式规定之外"，而是作为资本自我增殖的手段"进入经济学"[②]之中。

至于能否深入到劳动力商品的特殊使用价值以抓住其面向资本增殖过程的根本特征，归根到底取决于背后的哲学立场。的确如阿瑟所言，在价值增殖的生产过程中，活劳动被假定为抽象是其"所获得的社会形式的问题"[③]。但马克思并不止于对活劳动之抽象形式的概括，而是继续挖掘它在这种社会形式中的丰富内容，即其所具有的用来创造剩余价值的特殊使用价值。马克思对剩余价值的生产与资本对劳动的剥削的解剖已经超越了交换层次上的数量关系，而上升到社会历史性关系，并根植入资本主义生产关系的矛盾性。对这种内在矛盾运动的揭示，必须具备历史唯物主义思维。

反之，当阿瑟仅仅停留于描述现象层面上的抽象形式时，他恰恰掩盖了问题本身，即资本在生产过程中对雇佣劳动的剥削问题。阿瑟致力于活劳动的抽象形式规定性，而不能觉察到劳动力商品的特殊使用价值这一内容，源于其人本主义哲学立场。人本哲学从人性出发，强调人的鲜活生命以及本真的交往活动；由此，在资本主义市场经济中，阿瑟自然会把批判的视角盯住资本对主体劳动之具体异质性的"抹平"、货币对人之多样性的"同一"、交换价值对社会关系之丰富性的"抽象"等。这种人本主义式的批判就是当代西方哲学被赋予的角色。在学科分工体系十分细致

① 《马克思恩格斯全集》第 30 卷，人民出版社 1995 年版，第 224 页注释 1。

② 同上书，第 224—225 页注释 1。

③ 克里斯多夫·约翰·阿瑟：《新辩证法与马克思的〈资本论〉》，高飞等译，北京：北京师范大学出版社 2018 年版，第 50 页。

的西方学界，对资本逻辑的研究往往都是从单一维度切入，哲学便被界定为剖析资本逻辑产生的文化效应，其中一个具体表现就是对社会关系之抽象性的批判。阿瑟自称对《资本论》进行的哲学反思就是这种人本主义哲学，而非历史唯物主义哲学。

综上，阿瑟批判的最终目标是资本主义生产关系的价值增殖本性。但是，一方面，当他把批判的靶子瞄准资本对雇佣劳动的抽象时，其理论视域实际上只是交换关系，而并没有进入他自认为已经深入到了的资本生产关系内部。另一方面，在资本主义生产关系中，资本自我增殖的真正秘密是对劳动力的特殊使用价值的占有，而并不是阿瑟抓住并放大的对雇佣劳动之具体异质性的抽象。

三、劳动的生产力“表现为”而非“是”资本的生产力

对抽象性批判的过分倚重使阿瑟从一般交换关系的层次审视劳资关系，而不能深入到本质性的剥削关系，那么他只能在资本对具体劳动的抽象中实证性地得出颠倒关系，即价值增殖过程对一般劳动过程的颠倒。他随后详细地解释了这一颠倒概念。“人们常常这样认为，生产性劳动是隐藏在价值交换和资本积累的表象背后的本质……然而，在马克思把生产力归因于资本的段落里可以恰当地引出一个相反的路向：资本是生产的真正主体……资本在劳动和机械中，中介化自身（正如马克思所说，劳动是资本借以增殖的‘中介活动’）。总而言之，第二种观点是对第一种观点的颠倒(inversion)”①。这表明，阿瑟反对一种惯常理解，即本质上进行的是雇佣工人的劳动或主体的劳动，资本只是一种“表象”、“次要的现象”或劳动联合的“中介形式”。他指出，马克思的文本中有一种与之相反的思路，即生产的主体是资本，劳动反而只是资本增殖的手段或工具。进而，他认为价值增殖过程颠倒了一般劳动过程。但与此同时，阿瑟强调资

① 克里斯多夫·约翰·阿瑟：《新辩证法与马克思的〈资本论〉》，高飞等译，北京：北京师范大学出版社 2018 年版，第 59 页。

本的生产力其实就是劳动的生产力，“物质劳动过程同时也就是价值增殖过程”①，两种观点都正确。由此，他得出“同样的事情也就有了两个分析框架”（同上），一种是物质劳动过程的分析框架，一种是价值增殖过程的分析框架。总之，在资本对劳动的抽象问题中，阿瑟精准地看到资本主义生产过程是一般劳动过程和价值增殖过程的统一，并试图分析两个过程的关系。阿瑟的这种研究方向是值得肯定的。然而，对他得出的“资本的生产力”及“两种分析框架”结论需要进行综合辨析。

首先，要识别资本是否是生产力，就要先澄明生产力这一范畴。生产力作为一种生产的力量，在其一般规定性上，体现的是人改造自然的物质力量及其结果。正如马克思在《德意志意识形态》中指出的，历史的前提是现实的人，由此第一个历史活动就是能够维持人的生命存续的物质生产活动，而物质生活的生产就是劳动②，这是人类社会存在所必须具有的基础。但是，在现实生活中，生产力一定会和生产关系构成矛盾运动以此塑造社会形态，马克思的历史唯物主义正是对真实的社会生活及其内在本质的揭示。这表明，生产力是一个社会历史性概念，脱离于生产关系的生产或劳动是抽象的、非历史的。在不同的社会形态或社会关系中，生产力的发展会表现出不同的特点和方式。在小私有制生产阶段，只存在简单的个体劳动生产力或限于家庭范围内的生产力。在此时的物质生产条件下，劳动者都是单独的个体或和家庭成员一起，在小块土地上开展物质生产活动，而并不存在能够应用社会生产力的方式或手段。在本质上，这一阶段是排斥社会劳动生产力发展的。到了资本主义私有制，“资本主义生产第一次大规模地发展了劳动过程的物的条件和主观条件，把这些条件同单个的独立的劳动者分割开来”③。通过形成协作、分工的劳动关系，以及实现劳动和自然科学的结合，个体劳动便被组织成社会劳动。马克思指出，形成与发展社会的劳动生产力正是资本的历史任务。

① 克里斯多夫·约翰·阿瑟：《新辩证法与马克思的〈资本论〉》，高飞等译，北京：北京师范大学出版社 2018 年版，第 60 页。

② 参见《马克思恩格斯文集》第 1 卷，人民出版社 2009 年版，第 580 页。

③《马克思恩格斯文集》第 8 卷，人民出版社 2009 年版，第 539 页。

其次,资本使社会劳动生产力取代个人劳动生产力,无疑反映出历史进步性。但是,马克思转而强调,“资本是把这些条件作为统治单个工人的、对单个工人来说是异己的力量来发展的”①,这说明资本主义也导致了社会劳动和工人个体劳动之间的尖锐对抗。马克思认为,资本的这种神秘性根植于资本主义生产关系。在资本主义私有制下,“由许多单个的局部工人组成的社会生产机构是属于资本家的”③,这使得通过个体劳动的联合所形成的生产力表现为资本的生产力。所以,资本的生产力实际上只是在资本主义生产条件下生产力发展呈现出的历史特点;资本只是实现生产力发展的方式,它根本不是生产力,生产力的内容和源泉仍然是劳动。对于资本的生产力问题,阿瑟援引的马克思的文本实则已清楚地给出了说明,“我们已经在生产过程中看到,劳动的全部主体生产力怎样表现为资本的生产力”④。一言蔽之,是劳动的生产力“表现为”(appear as)而非“是”(is)资本的生产力。但要注意,虽然不是阿瑟认为的前者“是”后者,但也不能仅停留于“不是”。关键在于,这种形式逻辑的思维模式在解决此问题时本身就应该被质疑并否定,阿瑟就是在二元对立中进行选择,这也是人本主义和结构主义争论的根本原因。正确的思路不是纠结于哪一边,而是要去探究为什么必然会出现“表现为”问题,这才是对此问题的社会历史性追问。

最后,确实如阿瑟认为的那样,资本主义生产由两个不同的过程组成,首先是一般劳动过程,但本质上是价值增殖过程。前一过程中,劳动者是主体,生产资料是客体,劳动者在各种具体劳动中使用生产资料完成劳动过程;后一过程中,资本是主体,雇佣劳动是客体,资本这种生产资料使用活劳动自行完成增殖。然而,这只是在认识论层面上理论分析出来的“两个”过程,阿瑟的两种分析框架就是在这一层面上被建构出来的。相反,在历史唯物主义的科学方法论下,马克思立足实践,指出在现实生

① 《马克思恩格斯文集》第 8 卷,人民出版社 2009 年版,第 539 页。

③ 《马克思恩格斯全集》第 44 卷,人民出版社 2001 年版,第 417 页。

④ 克里斯多夫·约翰·阿瑟:《新辩证法与马克思的〈资本论〉》,高飞等译,北京:北京师范大学出版社 2018 年版,第 56 页。参见《马克思恩格斯全集》第 46 卷,人民出版社 2003 年版,第 53 页。

活中实则就是“同一个”生产过程。资本主义生产的本质是价值增殖过程,但是,它又必须通过一般劳动过程的形式表现出来。现实生活中能被看到的永远只是劳动过程,是工人主体在劳动过程中进行的各种特殊的、一定的和多样的具体劳动;然而,这并不是真的劳动过程,因为一般劳动过程带来的结果恰恰不是它的结果,而是资本的自行增殖;但是,这个本质性的价值增殖过程,在现实中永远也呈现不出来。马克思认为,“表现为”问题反映的是资本主义生产过程的吊诡,但这并非黑格尔的理性的狡计,而是社会历史过程,是资本主义社会现实。它根源于资本主义生产关系的内在矛盾性。马克思只是把实践中存在着的资本逻辑的复杂性与矛盾性,以概念辩证法的形式表现了出来并加以剖析。

概而言之,马克思同样指出一般劳动过程和价值增殖过程的不同,但他不止于此。实践方法论的转换,使马克思把理论上分析出来的两个过程放在社会历史过程中,意识到这是同一个资本主义生产过程的“表现为”问题,即资本的生产力只是劳动生产力的表现。一言蔽之,资本的生产力只是表象或现象,劳动的生产力才是本质。这反映的是一种矛盾。与之相反,方法论的滞后使阿瑟无法从现实实践出发,于是,他困在理论上建构出来的两个并列的框架中。更重要的是,马克思认为出现这一矛盾很正常,因为它就是现实,是现实中资本主义生产关系的内在矛盾性与雇佣劳动的异化性。在资本主义社会中,正是工人自己的劳动创造着资本对自己的剥削,并且完成着资本主义生产关系的生产与再生产。然而,阿瑟却把存在于现实社会生活中的矛盾关系,看作两个独立框架的颠倒关系。当他只重视资本对劳动的抽象而非对劳动力的特殊使用价值的占有时,便会以颠倒关系遮蔽并取代本质性的剥削关系。由价值增殖过程对劳动过程的颠倒,阿瑟认为价值增殖的社会表现形式就变成自主性的了①;而这种自主性又呈现为概念的自我演绎,他最终走向唯心主义。对

① 参见克里斯多夫·约翰·阿瑟:《新辩证法与马克思的〈资本论〉》,高飞等译,北京:北京师范大学出版社 2018 年版,第 60 页。

此，费洛(Alfredo Saad-Filho)认为"'新辩证法'是唯心主义的……这种黑格尔主义的方法不健康而且具有潜在的误导性"①。当阿瑟抛弃唯物主义历史辩证法，把《资本论》中的方法完全靠向黑格尔的逻辑学之后，他必然得出此结论。

四、结语

马克思政治经济学批判的哲学基础是唯物史观。在他的理论视域中，抽象劳动是和具体劳动共同构成商品中的劳动二重性的存在，而劳动的二重性"是理解政治经济学的枢纽"。马克思正是在劳动二重性中得出商品中蕴含的价值和使用价值的内在矛盾，由此论证了资本主义的必然灭亡。"就使用价值说，有意义的只是商品中包含的劳动的质，就价值量说，有意义的只是商品中包含的劳动的量，不过这种劳动已经化为没有进一步的质的人类劳动。"②由于每个资本家都追求超额利润，他们会不断采用新技术以提高个体生产力，这最终使社会整体的生产力得到提升。商品的使用价值越来越多，而形成商品价值的源泉在不断萎缩，一般利润率必然下降，资本主义也就丧失了存在的基础。可见，马克思的抽象劳动理论，分析的是资本主义社会的内在矛盾运动。阿瑟在人本哲学的影响下，分析的是资本对主体劳动的抽象化，但是外在的人性批判是不能使现实的资本逻辑革命化的。阿瑟只是人本主义之抽象批判模式的一个典型代表，这种批判思路的流行折射的是马克思唯物史观的式微。所以，基于《资本论》及其手稿，深度辨析阿瑟的抽象劳动理论，对于理解并科学地发展马克思的资本批判理论显得尤为迫切。

---

① 阿尔弗雷多·萨德-费洛:《马克思的价值:当代资本主义政治经济学批判》,周丹、孔祥润译.北京:社会科学文献出版社 2021 年版,第 32 页。

②《马克思恩格斯全集》第 44 卷,人民出版社 2001 年版,第 55、59 页。